HISTOIRE
DU
CONSULAT
ET DE
L'EMPIRE

TOME IV

PARIS, IMPRIMÉ PAR PLON FRÈRES, 36, RUE DE VAUGIRARD.

HISTOIRE

DU

CONSULAT

ET DE

L'EMPIRE

FAISANT SUITE

A L'HISTOIRE DE LA RÉVOLUTION FRANÇAISE

PAR M. A. THIERS

TOME QUATRIÈME

PARIS

PAULIN, LIBRAIRE-ÉDITEUR

60, RUE RICHELIEU

1845

HISTOIRE
DU CONSULAT
ET
DE L'EMPIRE.

LIVRE QUINZIÈME.
LES SÉCULARISATIONS.

Félicitations adressées au Premier Consul par tous les cabinets, à l'occasion du Consulat à vie. — Premiers effets de la paix en Angleterre. — L'industrie britannique demande un traité de commerce avec la France. — Difficulté de mettre d'accord les intérêts mercantiles des deux pays. — Pamphlets écrits à Londres par les émigrés contre le Premier Consul. — Rétablissement des bons rapports avec l'Espagne. —Vacance du duché de Parme, et désir de la cour de Madrid d'ajouter ce duché au royaume d'Étrurie. — Nécessité d'ajourner toute résolution à ce sujet. — Réunion définitive du Piémont à la France. — Politique actuelle du Premier Consul à l'égard de l'Italie. — Excellents rapports avec le Saint-Siège. — Contestation momentanée à l'occasion d'une promotion de cardinaux français. — Le Premier Consul en obtient cinq à la fois. — Il fait don au Pape de deux bricks de guerre, appelés *le Saint-Pierre* et *le Saint-Paul*. — Querelle promptement terminée avec le dey d'Alger. — Troubles en Suisse. — Description de ce pays et de sa Constitution. — Le parti unitaire et le parti oligarchique. — Voyage à Paris du landamman Reding. — Ses promesses au Premier Consul, bientôt démenties par l'événement. — Expulsion du landamman Reding, et retour au pouvoir du parti modéré. — Établissement de la Constitution du 29 mai, et danger de nouveaux troubles par suite de la faiblesse du gouvernement helvétique. — Efforts du parti oligarchique pour appeler sur la Suisse l'attention des puissances. — Cette attention

LIVRE XV.

Août 1802.

exclusivement attirée par les affaires germaniques. — État de l'Allemagne à la suite du traité de Lunéville. — Principe des sécularisations posé par ce traité. — La suppression des États ecclésiastiques entraîne de grands changements dans la Constitution germanique. — Description de cette Constitution. — Le parti protestant et le parti catholique; la Prusse et l'Autriche; leurs prétentions diverses. — Étendue et valeur des territoires à distribuer. — L'Autriche s'efforce de faire indemniser les archiducs dépouillés de leurs États d'Italie, et se sert de ce motif pour s'emparer de la Bavière jusqu'à l'Inn et jusqu'à l'Isar. — La Prusse, sous prétexte de se dédommager de ce qu'elle a perdu sur le Rhin, et de faire indemniser la maison d'Orange, aspire à se créer un établissement considérable en Franconie. — Désespoir des petites cours, menacées par l'ambition des grandes. — Tout le monde en Allemagne tourne ses regards vers le Premier Consul. — Il se décide à intervenir, pour faire exécuter le traité de Lunéville, et pour terminer une affaire qui peut à chaque instant embraser l'Europe. — Il opte pour l'alliance de la Prusse, et appuie les prétentions de cette puissance dans une certaine mesure. — Projet d'indemnité arrêté de concert avec la Prusse et les petits princes d'Allemagne. — Ce projet communiqué à la Russie. — Offre à cette cour de concourir avec la France à une grande médiation. — L'empereur Alexandre accepte cette offre. — La France et la Russie présentent à la diète de Ratisbonne, en qualité de puissances médiatrices, le projet d'indemnité arrêté à Paris. — Désespoir de l'Autriche abandonnée de tous les cabinets, et sa résolution d'opposer au projet du Premier Consul les lenteurs de la Constitution germanique. — Le Premier Consul déjoue ce calcul, et fait adopter par la députation extraordinaire le plan proposé, moyennant quelques modifications. — L'Autriche, pour intimider le parti prussien, que la France appuie, fait occuper Passau. — Prompte résolution du Premier Consul, et sa menace de recourir aux armes. — Intimidation générale. — Continuation de la négociation. — Débats à la diète. — Le projet entravé un moment par l'avidité de la Prusse. — Le Premier Consul, pour en finir, fait une concession à la maison d'Autriche, et lui accorde l'évêché d'Aichstedt. — La cour de Vienne se rend, et adopte le conclusum de la diète. — Recès de février 1803, et règlement définitif des affaires germaniques. — Caractère de cette belle et difficile négociation.

Félicitations de l'Europe au Premier Consul, au sujet de l'institution du Consulat à vie.

L'élévation du général Bonaparte au pouvoir suprême, sous le titre de consul à vie, n'avait ni surpris ni blessé les cabinets européens. La plupart d'entre eux, au contraire, y avaient vu un nouveau gage de repos pour tous les États. En Angleterre, où l'on observait avec une attention inquiète tout ce qui se passait chez nous, le premier ministre, M. Addington, s'était empressé d'exprimer à M. Otto la satisfaction du gouvernement britannique, et l'entière approbation qu'il donnait à un événement destiné à consolider en France l'ordre et le pouvoir. Bien que l'ambition du général Bonaparte commençât à inspirer des craintes, cependant on la lui pardonnait encore, parce que, dans le moment, elle était employée à dominer la Révolution française. Le rétablissement des autels, le rappel des émigrés, avaient charmé l'aristocratie anglaise, et en particulier le pieux Georges III. En Prusse, les témoignages n'avaient pas été moins significatifs. Cette cour, compromise dans l'estime de la diplomatie européenne pour avoir conclu la paix avec la Convention nationale, se sentait fière maintenant de ses relations avec un gouvernement plein de génie, et s'estimait heureuse de voir les affaires de France définitivement placées dans la main d'un homme, dont elle espérait le concours pour ses projets ambitieux à l'égard de l'Allemagne. M. d'Haugwitz adressa les plus vives félicitations à notre ambassadeur, et il alla même jusqu'à dire qu'il serait bien plus simple d'en finir sur-le-champ, et de convertir en une souveraineté héréditaire cette dictature viagère, qu'on venait de conférer au Premier Consul.

L'empereur Alexandre, qui affectait de paraître étranger aux préjugés de l'aristocratie russe, et qui entretenait avec le chef du gouvernement français une correspondance fréquente et amicale, s'exprima, au sujet des derniers changements, dans des termes pleins de courtoisie et de grâce. Il fit complimenter le nouveau Consul à vie avec autant d'empressement que d'effusion. Le fond d'idées était toujours le même. On s'applaudissait à Pétersbourg, comme à Berlin, comme à Londres, de voir l'ordre garanti en France d'une manière durable, par la prolongation indéfinie de l'autorité du Premier Consul. A Vienne, où l'on s'était plus ressenti qu'ailleurs des coups portés par l'épée du vainqueur de Marengo, une sorte de bienveillance personnelle semblait naître pour lui. La haine de la Révolution était si forte dans cette capitale du vieil empire germanique, qu'on pardonnait les victoires du général au magistrat énergique et obéi. On affectait même de considérer son gouvernement comme tout à fait contre-révolutionnaire, lorsqu'il n'était encore que réparateur. L'archiduc Charles, qui dirigeait alors le département de la guerre, disait à M. de Champagny, que le Premier Consul s'était montré par ses campagnes le plus grand capitaine des temps modernes; que, par une administration de trois années, il s'était montré le plus habile des hommes d'État; et qu'en joignant ainsi le mérite du gouvernement à celui des armes, il avait mis le sceau à sa gloire. Ce qui paraîtra plus singulier encore, la célèbre reine de Naples, Caroline, mère de l'impératrice d'Autriche, ennemie ardente de la Révolution et de la France, la reine de Naples, se trouvant à Vienne, et recevant M. de

Champagny, le chargea des félicitations les plus inattendues pour le chef de la République. — Le général Bonaparte, lui dit-elle, est un grand homme. Il m'a fait beaucoup de mal, mais le mal qu'il m'a fait ne m'empêche pas de reconnaître son génie. En comprimant le désordre chez vous, il nous a rendu service à tous. S'il est arrivé à gouverner son pays, c'est qu'il en est le plus digne. Je le propose tous les jours pour modèle aux jeunes princes de la famille impériale; je les exhorte à étudier ce personnage extraordinaire, pour apprendre de lui comment on dirige les nations, comment, à force de génie et de gloire, on leur rend supportable le joug de l'autorité. —

Certes, aucun suffrage ne devait flatter le Premier Consul autant que celui de cette reine ennemie et vaincue, remarquable par son esprit autant que par la vivacité de ses passions. Le Saint-Père, qui venait de terminer en commun avec le Premier Consul la grande œuvre du rétablissement des cultes, et qui, malgré beaucoup de contrariétés, attendait de cette œuvre la gloire de son règne, le Saint-Père se réjouissait de voir monter peu à peu vers le trône un homme, qu'il regardait comme l'appui le plus solide de la religion contre les préjugés irréligieux du siècle. Il lui exprima son contentement avec une affection toute paternelle. L'Espagne enfin, que la politique légère et décousue du favori avait un moment éloignée de la France, ne resta pas silencieuse en cette occasion, et se montra satisfaite

Août 1802.

Paroles de la reine de Naples sur le Premier Consul.

d'un événement, qu'elle s'accordait avec les autres cours à regarder comme heureux pour l'Europe entière.

Ce fut donc aux applaudissements du monde, que ce réparateur de tant de maux, cet auteur de tant de biens, se saisit du nouveau pouvoir dont la nation venait de l'investir. On le traitait comme le véritable souverain de la France. Les ministres étrangers parlaient de lui aux ministres français avec les formes de respect employées pour parler des rois eux-mêmes. L'étiquette était déjà presque monarchique. Nos ambassadeurs avaient pris la livrée verte, qui était celle du Premier Consul. On trouvait cela simple, naturel, nécessaire. Cette adhésion unanime à une élévation si subite et si prodigieuse, était sincère. Quelques appréhensions secrètes s'y mêlaient, il est vrai; mais elles étaient, en tout cas, prudemment dissimulées. Il était possible en effet d'entrevoir dans l'élévation du Premier Consul son ambition, et dans son ambition la prochaine humiliation de l'Europe; mais les esprits les plus clairvoyants pouvaient seuls pénétrer aussi profondément dans l'avenir, et c'étaient ceux-là qui sentaient le mieux l'immensité du bien déjà réalisé par le gouvernement consulaire. Cependant les félicitations sont choses passagères; les affaires reviennent bien vite rendre à l'existence des gouvernements, comme à celle des individus, son poids lourd et continu.

On commençait à ressentir en Angleterre les premiers effets de la paix. Ces effets, comme il arrive presque toujours en ce monde, ne répondaient pas aux espérances. Trois cents navires britanniques, envoyés à la fois dans nos ports, n'avaient pu vendre leurs cargaisons en entier, parce qu'ils apportaient des marchandises prohibées par les lois de la Révolution. Le traité de 1786 ayant autrefois imprudemment ouvert nos marchés aux produits britanniques, l'industrie française, surtout celle des cotons, avait succombé en très-peu de temps. Depuis le renouvellement de la guerre, les mesures prohibitives adoptées par le gouvernement révolutionnaire avaient été un principe de vie pour nos manufactures, qui, au milieu des plus affreuses convulsions politiques, avaient repris leur essor, et atteint un développement remarquable. Le Premier Consul, comme nous l'avons rapporté, au moment de la signature des préliminaires de Londres, n'avait garde de changer un tel état de choses, et de renouveler les maux qui étaient résultés du traité de 1786. Les importations anglaises étaient par conséquent rendues fort difficiles, et le commerce de la Cité de Londres s'en plaignait vivement. Cependant il restait la contrebande, qui se faisait dans de très-grandes proportions, soit par les frontières de la Belgique, encore mal gardées, soit par la voie de Hambourg. Les négociants de cette dernière place, en introduisant les marchandises anglaises sur le continent, et en dissimulant leur origine, leur ménageaient le moyen de pénétrer tant en France que dans les pays placés sous notre domination. Malgré les prohibitions lé-

Août 1802.

paix en Angleterre.

Activité des manufactures anglaises.

gales qui attendaient les produits britanniques dans nos ports, la contrebande suffisait donc pour leur créer des débouchés. Les manufactures de Birmingham et de Manchester étaient en assez grande activité.

Cette activité, le bas prix du pain, la suppression annoncée de l'*income-tax*, étaient des sujets de satisfaction qui balançaient jusqu'à un certain point le mécontentement du haut commerce. Mais ce mécontentement était grand, car le haut commerce profitait peu des spéculations fondées sur la contrebande. Il trouvait la mer couverte de pavillons rivaux ou ennemis; il était privé du monopole de la navigation que lui avait procuré la guerre, et n'avait plus pour se dédommager les grosses opérations financières de M. Pitt. Aussi se plaignait-il assez haut des illusions de la politique de la paix, de ses inconvénients pour l'Angleterre, de ses avantages exclusifs pour la France. Le désarmement de la flotte laissant oisifs un très-grand nombre de matelots, que le commerce britannique dans son état présent n'était pas capable d'employer, on voyait ces malheureux errant sur les quais de la Tamise, quelquefois même réduits à la misère : spectacle aussi affligeant pour les Anglais, qu'aurait pu l'être pour les Français, la vue des vainqueurs de Marengo ou de Hohenlinden mendiant leur pain dans les rues de Paris.

M. Addington, toujours animé de dispositions amicales, avait fait sentir au Premier Consul la nécessité de trouver des arrangements commerciaux qui satisfissent les deux pays, et signalé ce moyen comme le plus capable de consolider la paix. Le Premier Consul, partageant les dispositions de M. Addington, avait consenti à nommer un agent, et à l'envoyer à Londres, afin de chercher, de concert avec les ministres anglais, quelle serait la manière d'ajuster les intérêts des deux peuples, sans sacrifier l'industrie française.

{Août 1802.}

Mais c'était là un problème difficile à résoudre. L'empressement de l'opinion publique était tel à Londres pour tout ce qui concernait ces arrangements commerciaux, qu'on fit grand bruit de l'arrivée de l'agent français. Il se nommait *Coquebert;* on l'appela *Colbert;* on dit qu'il descendait du grand Colbert, et on loua fort la convenance d'un tel choix, pour la conclusion d'un traité de commerce.

Malgré la bonne volonté et la capacité de cet agent, un résultat heureux de ses efforts n'était guère à espérer. De part et d'autre les sacrifices à faire étaient grands, et presque sans compensation. Le travail du fer et le travail du coton constituent aujourd'hui les plus riches industries de la France et de l'Angleterre, et sont le principal objet de leur rivalité commerciale. Nous avons réussi, nous Français, à forger le fer, à filer et tisser le coton, en immense quantité, à très-bas prix, et naturellement nous sommes peu disposés à sacrifier ces deux industries. Le travail du fer n'était pas alors très-considérable. C'était surtout dans le tissage du coton et dans les ouvrages de quincaillerie que les deux na-

{Difficultés d'un arrangement commercial, entre la France et l'Angleterre.}

tions cherchaient à rivaliser. Les Anglais demandaient qu'on ouvrît nos marchés à leurs cotons et à leur quincaillerie. Le Premier Consul, sensible aux alarmes de nos fabricants, impatient de développer en France la richesse manufacturière, se refusait à toute concession qui aurait pu contrarier ses intentions patriotiques. Les Anglais, de leur côté, n'étaient pas alors plus qu'aujourd'hui portés à favoriser nos produits spéciaux. Les vins, les soieries étaient les objets que nous aurions voulu introduire chez eux. Ils s'y refusaient par deux raisons : l'obligation contractée envers le Portugal de ménager une préférence à ses vins ; et le désir de protéger les soieries, qui avaient commencé à se développer en Angleterre. Tandis que l'interdiction des communications nous avait valu la manufacture du coton, elle leur avait valu en retour la manufacture de la soie. Il est vrai que le développement de l'industrie du coton était immense chez nous, parce que rien ne nous empêchait d'y réussir complétement, et que l'industrie de la soie, au contraire, ne prospérait que médiocrement en Angleterre, par suite du climat, et par suite aussi d'une certaine infériorité de goût. Néanmoins les Anglais ne voulaient nous sacrifier ni le traité de Methuen, qui les liait au Portugal, ni leurs soieries naissantes, dont ils avaient conçu des espérances exagérées.

Ajuster de tels intérêts était presque impossible. On avait proposé d'établir à l'entrée des deux pays, sur les marchandises importées dans l'un et dans l'autre, des taxes égales au bénéfice que percevait la contrebande, de manière à rendre libre et profitable au trésor public un commerce qui ne profitait qu'aux fraudeurs. Cette proposition alarmait les manufacturiers anglais et français. D'ailleurs le Premier Consul, convaincu de la nécessité des grands moyens pour les grands résultats, considérant alors l'industrie du coton comme la première, la plus enviable de toutes, voulait lui assurer l'immense encouragement d'une interdiction absolue des produits rivaux.

Pour éluder ces difficultés, l'agent français avait imaginé un système séduisant au premier aspect, mais presque impraticable. Il avait proposé de laisser entrer en France les produits anglais quels qu'ils fussent, avec des droits modérés, à la condition pour le navire qui les importait, d'exporter immédiatement une valeur équivalente en produits français. Il devait en être de même pour les navires de notre nation allant en Angleterre. C'était une manière certaine d'encourager le travail national, dans la même proportion que le travail étranger. Il y avait dans cette combinaison un autre avantage, c'était d'enlever aux Anglais un moyen d'influence dont ils faisaient, grâce à leurs vastes capitaux, un usage redoutable en certains pays. Ce moyen consistait à faire crédit aux nations avec lesquelles ils trafiquaient, à se rendre ainsi chez elles créanciers de sommes considérables, et en quelque sorte commanditaires de leur commerce. C'est la conduite qu'ils avaient tenue en Russie

Août 1802.

Moyens imaginés pour concilier les deux industries rivales de France et d'Angleterre.

et en Portugal. Ils étaient devenus possesseurs d'une partie du capital circulant dans ces deux États. En accordant ces crédits, ils encourageaient le débit de leurs produits, et s'assuraient en outre la supériorité de celui qui prête sur celui qui emprunte. L'impossibilité où le commerce russe était de se passer d'eux, impossibilité telle, que les empereurs n'étaient plus libres dans le choix de la guerre ou de la paix, à moins de mourir sous le poignard, prouvait assez le danger de cette supériorité.

La combinaison proposée, qui tendait à renfermer le commerce anglais dans de certaines limites, présentait malheureusement de telles difficultés d'exécution, qu'il n'était guère possible de l'adopter. Mais, en attendant, elle occupait les imaginations, et laissait une certaine espérance de s'entendre. Cette incompatibilité des intérêts commerciaux ne suffisait pas cependant pour faire renaître la guerre entre les deux peuples, si leurs vues politiques pouvaient se concilier, et surtout si le ministère de M. Addington parvenait à se soutenir contre le ministère de M. Pitt.

M. Addington se regardait comme l'auteur de la paix, savait que c'était là son avantage sur M. Pitt, et voulait conserver cet avantage. Dans un long entretien avec M. Otto, il avait prononcé à ce sujet les paroles les plus sensées et les plus amicales. — Un traité de commerce, avait-il dit, serait la garantie la plus sûre et la plus durable de la paix. En attendant qu'on puisse s'entendre à cet égard, quelques ménagements du Premier Consul sur certains points, sont nécessaires pour maintenir le public anglais en bonne disposition envers la France. Vous avez réellement pris possession de l'Italie en réunissant le Piémont à votre territoire, et en déférant au Premier Consul la présidence de la République italienne; vos troupes occupent la Suisse; vous réglez en arbitres les affaires allemandes. Nous passons sur toutes ces extensions de la puissance française; nous vous abandonnons le continent. Mais il y a certains pays à propos desquels l'esprit du peuple anglais serait facile à échauffer : c'est la Hollande, c'est la Turquie. Vous êtes les maîtres de la Hollande; c'est une conséquence naturelle de votre position sur le Rhin. Mais n'ajoutez rien d'ostensible à la domination réelle que vous exercez actuellement sur cette contrée. Si vous vouliez, par exemple, y faire ce que vous avez déjà fait en Italie, en cherchant à ménager au Premier Consul la présidence de cette république, le commerce anglais y verrait une manière de réunir la Hollande à la France, et il concevrait les plus vives alarmes. Quant à la Turquie, une nouvelle manifestation quelconque des pensées qui ont produit l'expédition d'Égypte, causerait en Angleterre une explosion soudaine et universelle. De grâce donc, ne nous créez aucune difficulté de cette nature; concluons un arrangement tel quel au sujet de nos affaires commerciales; obtenons la garantie des puissances pour l'ordre de Malte, afin que nous puissions évacuer l'île, et vous verrez la paix se consolider, et les derniers signes d'animosité disparaître ¹. —

Ces paroles de M. Addington étaient sincères, et il en donnait du reste la preuve, en faisant les plus grandes diligences pour obtenir des puissances la garantie du nouvel état de choses, constitué à Malte par le traité d'Amiens. Malheureusement M. de Talleyrand, par une négligence qu'il apportait quelquefois dans les affaires les plus graves, avait omis de donner à nos agents des instructions relativement à cet objet, et il laissait les agents anglais solliciter seuls une garantie qui était la condition préalable de l'évacuation de Malte. Il en résulta des lenteurs fâcheuses, et plus tard de regrettables conséquences. M. Addington était donc de bonne foi, dans son désir de maintenir la paix. Moyennant qu'il ne fût pas vaincu par l'ascendant de M. Pitt, on pouvait espérer de la conserver. Mais M. Pitt, hors du cabinet, était plus puissant que jamais. Tandis que MM. Dundas, Wyndham, Grenville, avaient publiquement attaqué les préliminaires de Londres et le traité d'Amiens, il s'était tenu à l'écart, laissant à ses amis l'odieux de ces provocations ouvertes à la guerre, profitant de leur violence, gardant un silence imposant, conservant toujours les sympathies de la vieille majorité dont il avait eu l'appui pendant dix-huit années, et l'abandonnant à M. Addington jusqu'au jour où il croirait le moment venu de la lui retirer. Il ne se permettait au surplus

---

¹ Ces paroles sont le résumé exact de plusieurs entretiens, rapportés dans les dépêches de M. Otto.

aucun acte qui pût ressembler à une hostilité contre le ministère. Il appelait toujours M. Addington son ami; mais on savait qu'il n'avait qu'un signal à donner pour bouleverser le Parlement. Le roi le haïssait, et souhaitait son éloignement; mais le haut commerce anglais lui était dévoué, et n'avait de confiance qu'en lui. Ses amis, moins prudents qu'il n'était, faisaient à M. Addington une guerre non déguisée, et on les supposait les organes de sa véritable pensée. A cette opposition tory se joignait, sans se concerter toutefois avec elle, et même en la combattant, la vieille opposition whig de MM. Fox et Sheridan. Celle-ci avait constamment demandé la paix. Depuis qu'on la lui avait procurée, elle obéissait à l'ordinaire penchant du cœur humain, toujours enclin à moins aimer ce qu'il possède. Elle semblait ne plus apprécier cette paix tant préconisée, et laissait dire les amis exagérés de M. Pitt, quand ils déclamaient contre la France. D'ailleurs la Révolution française, sous la forme nouvelle et moins libérale qu'elle avait prise, paraissait avoir perdu une partie des sympathies des whigs. M. Addington avait donc des adversaires de deux espèces, l'opposition tory des amis de M. Pitt, qui se plaignait toujours de la paix; l'opposition whig, qui commençait à s'en féliciter un peu moins. Si ce ministère était renversé, M. Pitt était le seul ministre possible, et avec lui semblait revenir la guerre, la guerre inévitable, acharnée, sans autre fin que la ruine de l'une des deux nations. Par malheur, l'une de ces fautes que l'impatience des oppositions leur fait souvent commettre, avait procuré à M. Pitt un triomphe inouï. Quoique combattant déjà le ministère Addington en commun, mais non pas de concert, avec les amis exagérés de M. Pitt, l'opposition whig avait toujours pour ce dernier une haine implacable. M. Burdett fit une motion tendant à provoquer une enquête sur l'état dans lequel M. Pitt avait laissé l'Angleterre, à la suite de sa longue administration. Les amis de ce ministre se levèrent avec chaleur, et à cette proposition en substituèrent une autre, consistant à demander au roi une marque de reconnaissance nationale pour le grand homme d'État, qui avait sauvé la constitution de l'Angleterre, et doublé sa puissance. Ils voulaient aller aux voix sur-le-champ. Les opposants reculèrent alors, et demandèrent une remise de quelques jours. M. Pitt la leur fit accorder avec une sorte de dédain. Mais la motion fut reprise après ces quelques jours. Cette fois M. Pitt tint à être absent, et, en son absence, après une discussion des plus véhémentes, une immense majorité repoussa la proposition de M. Burdett, et lui substitua une motion qui contenait la plus belle expression de reconnaissance nationale pour le ministre déchu. Au milieu de ces luttes, le ministère Addington disparaissait ; M. Pitt grandissait de toute la haine de ses ennemis, et son retour aux affaires était une chance menaçante pour le repos du monde. Cependant on supposait plus qu'on ne connaissait ses desseins, et il ne disait pas une parole qui pût signifier la paix ou la guerre.

Les journaux anglais, sans revenir à leur langage violent d'autrefois, étaient moins affectueux pour le Premier Consul, et commençaient à déclamer de nouveau contre l'ambition de la France. Ils n'approchaient pas toutefois de cette violence odieuse à laquelle ils descendirent plus tard. Ce rôle était laissé, il faut le dire avec douleur, à des Français émigrés, que la paix privait de toutes leurs espérances, et qui cherchaient, en outrageant le Premier Consul et leur patrie, à réveiller les fureurs de la discorde entre deux nations trop faciles à irriter. Un pamphlétaire, nommé Peltier, voué au service des princes de Bourbon, écrivait contre le Premier Consul, contre son épouse, contre ses sœurs et ses frères, des pamphlets abominables, dans lesquels on leur prêtait tous les vices. Ces pamphlets, accueillis par les Anglais avec le dédain qu'une nation libre et accoutumée à la licence de la presse, ressent pour ses excès, produisaient à Paris un effet tout différent. Ils remplissaient d'amertume le cœur du Premier Consul, et un vulgaire écrivain, instrument des plus basses passions, avait le pouvoir d'atteindre dans sa gloire le plus grand des hommes, comme ces insectes qui, dans la nature, s'attachent à tourmenter les plus nobles animaux de la création. Heureux les pays accoutumés depuis long-temps à la liberté! ces vils agents de diffamation y sont privés du moyen de nuire; ils y sont si connus, si méprisés, qu'ils n'ont plus le pouvoir de troubler les grandes âmes.

A ces outrages se joignaient les intrigues du fa-

Août 1802.

Violence inouïe des gazettes écrites par les émigrés français réfugiés en Angleterre.

meux Georges, celles des évêques d'Arras et de Saint-Pol-de-Léon, qui étaient à la tête des évêques refusants. La police avait surpris leurs émissaires portant des pamphlets dans la Vendée, et essayant d'y réveiller les haines mal éteintes. Ces causes, toutes méprisables qu'elles étaient, produisaient cependant un véritable malaise, et finirent par amener de la part du cabinet français une demande embarrassante pour le cabinet britannique. Le Premier Consul, trop sensible à des attaques plus dignes de mépris que de colère, réclama, en vertu de l'alien-bill, l'expulsion d'Angleterre de Peltier, de Georges, des évêques d'Arras et de Saint-Pol. M. Addington, placé en présence d'adversaires tout prêts à lui reprocher la moindre condescendance envers la France, ne refusa pas précisément ce qu'on lui demandait, et ce qu'autorisaient les lois anglaises; mais il essaya de temporiser, en alléguant la nécessité de ménager l'opinion publique, opinion très-susceptible en Angleterre, et dans le moment prête à s'égarer sous l'influence des déclamations des partis. Le Premier Consul, habitué à mépriser les partis, comprit peu ces raisons, et se plaignit de la faiblesse du ministère Addington avec une hauteur presque blessante. Toutefois les rapports des deux cabinets ne cessèrent pas d'être bienveillants. Tous deux cherchaient à empêcher le renouvellement d'une guerre à peine terminée. M. Addington attachait à cela son existence et son honneur. Le Premier Consul voyait dans la continuation de la paix l'occasion d'une gloire nouvelle pour lui, et l'accomplissement des plus nobles pensées de prospérité publique.

L'Espagne commençait à respirer de sa longue misère. Les galions étaient, comme autrefois, la seule ressource de son gouvernement. Des quantités considérables de piastres, enfouies pendant la guerre dans les capitaineries générales du Mexique et du Pérou, avaient été transportées en Europe. Il en était arrivé déjà pour près de trois cents millions de francs. Si un autre gouvernement que celui d'un favori incapable et insouciant, avait été chargé de ses destinées, l'Espagne aurait pu relever son crédit, restaurer sa puissance navale, et se mettre en état de figurer d'une manière plus glorieuse, dans les guerres dont le monde était encore menacé. Mais ces richesses métalliques de l'Amérique, reçues et dissipées par des mains inhabiles, n'étaient pas employées aux nobles usages auxquels on aurait dû les consacrer. La plus faible partie servait à soutenir le crédit du papier-monnaie; la plus grande, à payer les dépenses de la cour. Rien ou presque rien n'était donné aux arsenaux du Ferrol, de Cadix, de Carthagène. Tout ce que savait faire l'Espagne, c'était de se plaindre de l'alliance française, de lui imputer la perte de la Trinité, comme si elle avait dû s'en prendre à la France du triste rôle que le prince de la Paix lui avait fait jouer, soit dans la guerre, soit dans les négociations. Une alliance n'est profitable que lorsqu'on apporte à ses alliés une force réelle qu'ils apprécient, et dont ils sont obligés de tenir grand compte.

<small>Août 1802.

État de l'Espagne depuis la paix.

Folle dissipation des richesses métalliques venues du Mexique.</small>

2.

Mais l'Espagne, quand elle faisait cause commune avec la France, entraînée à la guerre maritime par l'évidence de ses intérêts, ne savait plus la soutenir dès qu'elle y était engagée, devenait presque autant un embarras qu'un secours pour ses alliés, et se traînait à leur suite, toujours mécontente et d'elle-même et des autres. C'est ainsi qu'elle avait passé peu à peu d'un état d'intimité à un état d'hostilité à l'égard de la France. La division française envoyée en Portugal avait été indignement traitée, comme on l'a vu, et il avait fallu une menace foudroyante du Premier Consul pour arrêter les conséquences d'une conduite insensée. A partir de cette époque les rapports étaient devenus un peu meilleurs. Il y avait entre les deux puissances, outre les intérêts généraux, qui étaient communs depuis un siècle, des intérêts du moment, qui touchaient fort le cœur du roi et de la reine d'Espagne, et qui étaient de nature à les rapprocher du Premier Consul. C'étaient les intérêts nés de la création du royaume d'Étrurie.

La cour de Madrid se plaignait du ton de supériorité que prenait à Florence le ministre de France, général Clarke. Le Premier Consul avait fait droit à ces plaintes, et ordonné au général Clarke de conseiller moins, et plus doucement les jeunes infants appelés à régner. Par égard pour la cour d'Espagne, il avait laissé mourir en pleine jouissance du grand-duché de Parme le vieux grand-duc, frère de la reine Louise. Mais ce prince mort, son duché appartenait à la France, en vertu du traité qui constituait le royaume d'Étrurie. Charles IV et la reine son épouse le convoitaient ardemment pour leurs enfants, car cet accroissement de territoire eût fait du royaume d'Étrurie le second État d'Italie. Le Premier Consul n'opposait pas des refus absolus aux désirs de la famille royale d'Espagne, mais il demandait du temps, pour ne pas donner trop d'ombrage aux grandes cours, en faisant un nouvel acte de toute-puissance. En gardant ce duché en dépôt, il laissait aux cabinets qui protégeaient la vieille dynastie du Piémont l'espoir d'un dédommagement pour cette dynastie malheureuse; il laissait entrevoir au Pape une amélioration dans sa condition présente, qui était pénible depuis la perte des Légations; il laissait enfin reposer un instant les affaires d'Italie, tant remises sous les yeux de l'Europe depuis quelques années. Quoique différées, les nouvelles transactions au sujet de Parme avaient bientôt ramené l'un vers l'autre les deux cabinets de Paris et de Madrid. Charles IV venait, avec sa femme et sa cour, de se rendre en pompe à Barcelonne, afin de célébrer un double mariage, celui de l'héritier présomptif de la couronne d'Espagne, depuis Ferdinand VII, avec une princesse de Naples, et celui de l'héritier de la couronne de Naples avec une infante d'Espagne. On étalait à cette occasion dans la capitale de la Catalogne un luxe extraordinaire, et beaucoup trop grand pour l'état des finances espagnoles. De cette ville, on échangeait les plus gracieux témoignages avec la cour consulaire. Charles IV s'était empressé d'an-

Août 1802.

Parme, et désir de la cour d'Espagne d'ajouter ce duché au royaume d'Étrurie.

Espérances données par le Premier Consul à la cour d'Espagne.

noncer le double mariage de ses enfants au Premier Consul, comme à un souverain ami. Le Premier Consul avait répondu avec le même empressement et sur le ton de la plus franche cordialité. Toujours occupé d'intérêts sérieux, il avait voulu profiter de ce moment pour améliorer les relations commerciales des deux pays. Il n'avait pu obtenir l'introduction de nos cotonnades, parce que le gouvernement de Charles IV tenait à ménager l'industrie naissante de la Catalogne, mais il avait obtenu le rétablissement des avantages accordés jadis dans la Péninsule à la plupart de nos produits. Il s'était surtout attaché à réussir dans un objet de grande importance à ses yeux; c'était l'introduction en France des belles races de moutons espagnols. Antérieurement, la Convention nationale avait eu l'heureuse idée d'insérer dans le traité de Bâle un article secret, par lequel l'Espagne s'obligeait à laisser sortir, pendant cinq années, mille brebis, et cent béliers mérinos par an, avec cinquante étalons et cent cinquante juments andalous. Au milieu des troubles de cette époque, on n'avait jamais acheté ni un mouton ni un cheval. Par un ordre du Premier Consul, le ministre de l'intérieur venait d'envoyer des agents dans la Péninsule, avec mission d'exécuter en une seule année ce qui aurait dû être exécuté en cinq. L'administration espagnole, toujours fort jalouse de la possession exclusive de ces beaux animaux, se refusait obstinément à ce qu'on lui demandait, et alléguait comme excuse la grande mortalité des précédentes années. Cependant on comptait sept millions de moutons mérinos en Espagne, et cinq ou six mille de ces animaux ne pouvaient être difficiles à trouver. Après une assez vive résistance, le gouvernement espagnol se rendit aux désirs du Premier Consul, en apportant toutefois quelques délais à leur accomplissement. Les relations étaient ainsi redevenues tout à fait amicales entre les deux cours. Le général Beurnonville, récemment ambassadeur à Berlin, venait de quitter cette résidence, pour se rendre à Madrid. Il avait été appelé aux fêtes de famille données à Barcelonne.

Août 1802.

La sûreté de la navigation dans la Méditerranée occupait d'une manière toute particulière la sollicitude du Premier Consul. Le dey d'Alger avait été assez malavisé pour traiter la France comme il traitait les puissances chrétiennes du second ordre. Deux bâtiments français s'étaient vus arrêtés dans leur marche et conduits à Alger. Un de nos officiers avait été molesté dans la rade de Tunis par un officier algérien. L'équipage d'un vaisseau échoué sur la côte d'Afrique était retenu prisonnier par les Arabes. La pêche du corail se trouvait interrompue. Enfin un bâtiment napolitain avait été capturé par des corsaires africains dans les eaux des îles d'Hyères. Interpellé sur ces divers objets, le gouvernement algérien osa demander, pour rendre justice à la France, un tribut semblable à celui qu'il exigeait de l'Espagne et des puissances italiennes. Le Premier Consul, indigné, fit partir à l'instant même un officier de son palais,

Démêlé promptement terminé avec le dey d'Alger.

l'adjudant Hullin, avec une lettre pour le dey. Dans cette lettre il rappelait au dey qu'il avait détruit l'empire des Mamelucks; il lui annonçait l'envoi d'une escadre et d'une armée, et le menaçait de la conquête de toute la côte d'Afrique, si les Français et les Italiens détenus, si les bâtiments capturés, n'étaient rendus sur-le-champ, et si une promesse formelle n'était faite de respecter à l'avenir les pavillons de France et d'Italie. — Dieu a décidé, lui disait-il, que tous ceux qui seront injustes envers moi seront punis. Je détruirai votre ville et votre port, je m'emparerai de vos côtes, si vous ne respectez la France, dont je suis le chef, et l'Italie, où je commande. — Ce qu'il disait, le Premier Consul songeait en effet à l'exécuter, car il avait déjà fait la remarque que le nord de l'Afrique était d'une grande fertilité, et pourrait être avantageusement cultivé par des mains européennes, au lieu de servir de repaire à des pirates. Trois vaisseaux partirent de Toulon, deux furent mis en rade, cinq eurent ordre de passer de l'Océan dans la Méditerranée. Mais toutes ces dispositions furent inutiles. Le dey, apprenant bientôt à quelle puissance il avait affaire, se jeta aux pieds du vainqueur de l'Égypte, remit tous les prisonniers chrétiens qu'il détenait, les bâtiments napolitains et français qui avaient été pris, prononça une condamnation à mort contre les agents dont nous avions à nous plaindre, et ne leur accorda la vie que sur la demande de leur grâce, présentée par le ministre de France. Il rétablit la pêche du corail, et promit pour les pavillons français et italien un respect égal et absolu.

Août 1802.

L'Italie était fort calme. La nouvelle République italienne commençait à s'organiser sous la direction du président qu'elle s'était choisi, et qui comprimait de son autorité puissante les mouvements désordonnés, auxquels est toujours exposé un État nouveau et républicain. Le Premier Consul s'était enfin décidé à réunir officiellement l'île d'Elbe et le Piémont à la France. L'île d'Elbe, échangée avec le roi d'Étrurie contre la principauté de Piombino, qu'on avait obtenue de la cour de Naples, venait d'être évacuée par les Anglais. Elle avait été déclarée aussitôt partie du territoire français. La réunion du Piémont, consommée de fait depuis près de deux années, passée sous silence par l'Angleterre pendant les négociations d'Amiens, admise par la Russie elle-même qui se bornait à demander une indemnité quelconque pour la maison de Sardaigne, était soufferte comme une nécessité inévitable par toutes les cours. La Prusse, l'Autriche étaient prêtes à la confirmer par leur adhésion, si on leur promettait une bonne part dans la distribution des États ecclésiastiques. Cette réunion du Piémont, officiellement prononcée par un Sénatus-consulte organique du 24 fructidor an x (11 septembre 1802), n'étonna donc personne, et ne fut point un événement. D'ailleurs la vacance du duché de Parme était une espérance laissée à tous les intérêts froissés en Italie. Ce beau pays de Piémont fut divisé en six départements : le Pô, la Doire, Marengo, la Sesia, la Stura et le Tanaro. Il dut envoyer dix-sept députés au

État de l'Italie.

Réunion à la France de l'île d'Elbe et du Piémont.

Corps Législatif. Turin fut déclarée une des grandes villes de la République. C'était le premier pas fait par Napoléon, au delà de ce qu'on appelle les limites naturelles de la France, c'est-à-dire au delà du Rhin, des Alpes et des Pyrénées. Aux yeux des cabinets de l'Europe, un agrandissement ne serait jamais une faute, à en juger du moins par leur conduite ordinaire. Il y a cependant des agrandissements qui sont des fautes véritables, et la suite de cette histoire le fera voir. On doit les considérer comme tels, lorsqu'ils dépassent la limite qu'on peut facilement défendre, lorsqu'ils blessent des nationalités respectables et résistantes. Mais, il faut le reconnaître, de toutes les acquisitions extraordinaires faites par la France dans ce quart de siècle, le Piémont était la moins critiquable. S'il eût été possible de constituer immédiatement l'Italie, ce qu'il y aurait eu de plus sage à faire, c'eût été de la réunir tout entière en un seul corps de nation; mais, quelque puissant que fût alors le Premier Consul, il n'était pas encore assez maître de l'Europe pour se permettre une pareille création. Il avait été obligé de laisser une partie de l'Italie à l'Autriche, qui possédait l'ancien État vénitien jusqu'à l'Adige; une autre à l'Espagne, qui avait demandé pour ses deux infants la formation du royaume d'Étrurie. Il avait dû laisser exister le Pape dans un intérêt religieux, les Bourbons de Naples dans l'intérêt de la paix générale. Organiser définitivement et complétement l'Italie, était donc impossible pour le moment. Tout ce que pouvait le Premier Consul, c'était de lui ménager un état transitoire, meilleur que son état passé, propre à préparer son état futur. En constituant dans son sein une République, qui occupait le milieu de la vallée du Pô, il y avait déposé un germe de liberté et d'indépendance. En prenant le Piémont, il s'y faisait une base solide pour combattre les Autrichiens. Il leur donnait des rivaux en y appelant les Espagnols. En y laissant le Pape, en cherchant à se l'attacher, en y supportant les Bourbons de Naples, il ménageait l'ancienne politique de l'Europe, sans lui sacrifier toutefois la politique de la France. Ce qu'il faisait actuellement était, en un mot, un commencement, qui n'excluait pas plus tard, qui préparait au contraire un état meilleur et définitif.

Août 1802.

Les rapports étaient chaque jour plus affectueux avec la cour de Rome. Le Premier Consul écoutait avec une grande complaisance les plaintes du Saint-Père sur les objets qui le chagrinaient. La sensibilité de ce vénérable pontife était extrême pour tout ce qui touchait aux affaires de l'Église. La privation des Légations avait beaucoup réduit les ressources financières du Saint-Siége. L'abolition d'une foule de droits perçus autrefois en France, abolition qui menaçait de s'étendre même en Espagne, l'avait encore appauvri. Pie VII s'en plaignait amèrement, non pour lui, car il vivait comme un anachorète, mais pour son clergé, qu'il pouvait à peine entretenir. Cependant, comme les intérêts spirituels étaient, aux yeux de ce digne pontife, fort au-dessus des intérêts temporels, il se plaignait aussi avec dou-

Rapports du Premier Consul avec le Pape depuis le Concordat.

Réclamations du Pape au sujet des articles organiques.

ceur, mais avec un vif sentiment de chagrin, des fameux articles organiques. On se rappelle que le Premier Consul, après avoir renfermé dans un traité avec Rome, qualifié de Concordat, les conditions générales du rétablissement des autels, avait rejeté dans une loi tout ce qui était relatif à la police des cultes. Il avait rédigé cette loi d'après les maximes de l'ancienne monarchie française. La défense de publier aucune bulle ou écrit sans la permission de l'autorité publique; l'interdiction à tout légat du Saint-Siége d'exercer ses fonctions sans la reconnaissance préalable de ses pouvoirs par le gouvernement français; la juridiction du Conseil d'État, chargé des appels comme d'abus; l'organisation des séminaires soumise à des règles sévères; l'obligation d'y professer la déclaration de 1682; l'introduction du divorce dans nos lois; la défense de conférer le mariage religieux avant le mariage civil; l'attribution complète et définitive des registres de l'état civil aux magistrats municipaux, étaient autant d'objets sur lesquels le Pape adressait des représentations, que le Premier Consul écoutait sans vouloir les admettre, considérant ces objets comme réglés sagement et souverainement par les articles organiques. Le Pape réclamait avec persévérance, sans vouloir toutefois pousser ses réclamations jusqu'à une rupture. Enfin les affaires religieuses dans la République italienne, la sécularisation de l'Allemagne, par suite de laquelle l'Église allait perdre une partie du sol germanique, mettaient le comble à ses peines; et, sans la joie que lui causait le rétablissement de la religion catholique en France, sa vie n'aurait été, disait-il, qu'un long martyre. Son langage respirait, du reste, la plus sincère affection pour la personne du Premier Consul.

Celui-ci laissait dire le Saint-Père avec une patience extrême, et qui n'était pas dans son caractère.

Quant à la privation des Légations et à l'appauvrissement du Saint-Siége, il y pensait souvent, et nourrissait le vague projet d'accroître le domaine de saint Pierre ; mais il ne savait comment s'y prendre, placé qu'il était entre la République italienne, qui, loin d'être disposée à rendre les Légations, demandait au contraire le duché de Parme, entre l'Espagne qui convoitait ce même duché, entre les hauts protecteurs de la maison de Sardaigne qui voulaient en faire l'indemnité de cette maison. Aussi offrait-il de l'argent au Pape, en attendant qu'il pût améliorer son état territorial, offre que celui-ci eût acceptée si la dignité de l'Église l'avait permis. A défaut d'un tel genre de secours, il avait mis un grand soin à payer l'entretien des troupes françaises pendant leur passage à travers les États romains. Il venait de faire évacuer Ancône en même temps qu'Otrante, et tout le midi de l'Italie ; il avait exigé que le gouvernement napolitain évacuât Ponte-Corvo et Bénévent. Enfin, sur les affaires d'Allemagne, il se montrait disposé à défendre dans une certaine mesure le parti ecclésiastique, que le parti protestant, c'est-à-dire la Prusse, voulait affaiblir jusqu'à le détruire.

A ces efforts pour contenter le Saint-Siége, il joignait des actes de la plus gracieuse courtoisie. Il avait fait délivrer tous les sujets des États romains détenus à Alger, et les avait renvoyés au Pape. Comme ce prince souverain ne possédait pas même un bâtiment pour écarter de ses côtes les pirates africains, le Premier Consul avait choisi dans l'arsenal maritime de Toulon deux beaux bricks, les avait fait armer complétement, décorer avec luxe, et, après leur avoir donné les noms de *Saint-Pierre* et *Saint-Paul*, les avait envoyés en cadeau à Pie VII. Par surcroît d'attention, une corvette les avait suivis à Civita-Vecchia, pour ramener les équipages à Toulon, et épargner au trésor pontifical toute espèce de dépense. Le vénérable pontife voulut recevoir les marins français à Rome, leur montra les pompes du culte catholique dans la grande basilique de Saint-Pierre, et les renvoya comblés des modestes dons que l'état de sa fortune lui permettait de faire.

Un désir du Premier Consul, ardent et prompt comme tous ceux qu'il concevait, venait de susciter avec le Saint-Siége une difficulté, heureusement passagère et bientôt évanouie. Il désirait que la nouvelle Église de France eût ses cardinaux comme l'ancienne. La France en avait compté autrefois jusqu'à huit, neuf et même dix. Le Premier Consul aurait désiré avoir à sa disposition autant de chapeaux, et même plus, s'il eût été possible de les obtenir, car il y voyait un précieux moyen d'influence sur le clergé français, avide de ces hautes dignités, et un moyen d'influence plus désirable encore dans le sacré collége, qui élit les Papes, et règle les grandes affaires de l'Église. En 1789, la France comptait cinq cardinaux : MM. de Bernis, de La Rochefoucauld, de Loménie, de Rohan, de Montmorency. Les trois premiers, MM. de Bernis, de La Rochefoucauld, de Loménie, étaient morts. M. de Rohan avait cessé d'être Français, car son archevêché était devenu allemand. M. de Montmorency était l'un des refusants qui avaient résisté au Saint-Siége, lors de la demande des démissions. Le cardinal Maury, nommé depuis 1789, était émigré, et considéré alors comme ennemi. La Belgique et la Savoie en comprenaient deux : le cardinal de Frankemberg, autrefois archevêque de Malines, et le savant Gerdil. Le ci-devant archevêque de Malines était séparé de son siége, et ne songeait point à y reparaître. Le cardinal Gerdil avait toujours vécu à Rome, plongé dans les études théologiques, et n'appartenait à aucun pays. Ni l'un ni l'autre ne pouvaient être considérés comme Français. Le Premier Consul voulait qu'on accordât tout de suite sept cardinaux à la France. C'était beaucoup plus qu'il n'était possible au Pape d'accorder dans le moment. Il y avait, il est vrai, plusieurs chapeaux vacants, mais la promotion des couronnes approchait, et il fallait y pourvoir. La promotion des couronnes était une coutume, devenue presque une loi, en vertu de laquelle le Pape autorisait six puissances catholiques à lui désigner chacune un sujet, qu'il gratifiait du chapeau sur leur présentation. Ces puissances étaient l'Autriche, la

Pologne, la République de Venise, la France, l'Espagne, le Portugal. Deux n'existaient plus : la Pologne et Venise ; mais il en restait quatre, la France comprise, et il n'y avait pas assez de chapeaux vacants, soit pour les satisfaire, soit pour suffire aux demandes du Premier Consul. Le Pape fit valoir cette raison pour résister à ce qu'on exigeait de lui. Mais le Premier Consul, imaginant qu'il y avait dans cette résistance à ses désirs, outre la difficulté du nombre, qui était réelle, la crainte de montrer trop de condescendance envers la France, s'emporta vivement, et déclara que, si on lui refusait les chapeaux demandés, il s'en passerait, mais n'en voudrait pas même un, car il ne souffrirait pas que l'Église française, si elle avait des cardinaux, en eût moins que les autres Églises de la chrétienté. Le Pape, qui n'aimait pas à mécontenter le Premier Consul, transigea, et consentit à lui accorder cinq cardinaux. Mais comme on manquait de chapeaux pour suffire à cette promotion extraordinaire, et à celle des couronnes, on pria les cours d'Autriche, d'Espagne et de Portugal de consentir à un ajournement de leurs justes prétentions, ce qu'elles firent toutes trois avec beaucoup de grâce et d'empressement. On se plaisait alors à satisfaire spontanément à des désirs, que bientôt il fallut exécuter comme des ordres.

Le Premier Consul consentit à donner le chapeau à M. de Bayanne, depuis long-temps auditeur de rote pour la France, et doyen de ce tribunal. Il proposa ensuite au Pape M. de Belloy, archevêque de Paris ; l'abbé Fesch, archevêque de Lyon, et son oncle; M. Cambacérès, frère du second Consul, et archevêque de Rouen; enfin, M. de Boisgelin, archevêque de Tours. A ces cinq choix, il aurait voulu en joindre un sixième, c'était celui de l'abbé Bernier, évêque d'Orléans, pacificateur de la Vendée, principal négociateur du Concordat. Mais l'idée de comprendre, dans une promotion aussi éclatante, un homme qui avait tant marqué dans la guerre civile, embarrassait fort le Premier Consul. Il s'en ouvrit au Saint-Père, et le pria de décider tout de suite que le premier chapeau vacant serait donné à l'abbé Bernier, mais en gardant cette résolution, comme dit la cour de Rome, *in petto*, et en écrivant à l'abbé Bernier le motif de cet ajournement. C'est ce qui fut fait, et ce qui devint un sujet de chagrin pour ce prélat, encore peu récompensé des services qu'il avait rendus. L'abbé Bernier connaissait la bonne volonté du Premier Consul à son égard, mais il souffrait cruellement de l'embarras qu'on éprouvait à l'avouer publiquement : juste punition de la guerre civile, tombant du reste sur un homme qui, par ses services, méritait plus qu'aucun autre l'indulgence du gouvernement et du pays.

Le Pape envoya en France un prince Doria pour porter la barrette aux cardinaux récemment élus. Dès ce moment, l'Église française, revêtue d'une si large part de la pourpre romaine, était l'une des plus favorisées et des plus éclatantes de la chrétienté.

L'Église d'Italie restait à organiser d'accord avec le Pape. Le Premier Consul demandait un

Août 1802.

Concordat pour la République italienne. Mais, en cette occasion, le Pape ne voulut pas se laisser vaincre. La République italienne comprenait les Légations, et c'eût été, suivant lui, reconnaître l'abandon de ces provinces que de traiter avec la République dont elles relevaient. Il fut convenu qu'on y suppléerait au moyen d'une suite de brefs destinés à régler chaque affaire d'une manière spéciale. Enfin, Pie VII s'en rapporta entièrement aux conseils du Premier Consul, pour la constitution définitive de l'ordre de Malte. Les prieurés s'étaient assemblés dans les diverses parties de l'Europe, afin de pourvoir à l'élection d'un nouveau grand-maître, et cette fois, afin de faciliter l'élection, ils étaient convenus de s'en remettre au Pape du soin de la faire. Sur l'avis du Premier Consul, qui tenait à organiser l'ordre le plus tôt possible, afin de lui transférer prochainement l'île de Malte, le Pape choisit un Italien; ce fut le bailli Ruspoli, prince romain d'une grande famille. Le Premier Consul aimait mieux un Romain qu'un Allemand ou un Napolitain. Le personnage choisi était d'ailleurs un homme sage, éclairé, digne de l'honneur qu'on lui décernait. Seulement, son acceptation paraissait peu probable. On se hâta de la lui demander en écrivant en Angleterre, où il vivait retiré.

Les troupes françaises avaient évacué Ancône et le golfe de Tarente. Elles étaient rentrées dans la République italienne, qu'elles devaient occuper jusqu'à ce que cette république eût formé une armée.

Elles travaillaient aux routes des Alpes et aux fortifications d'Alexandrie, de Mantoue, de Legnago, de Vérone, de Peschiera. Six mille hommes gardaient l'Étrurie, en attendant un corps espagnol. Toutes les conditions du traité d'Amiens, relativement à l'Italie, étaient donc exécutées de la part de la France.

<small>Août 1802.</small>

Tandis que les esprits commençaient à s'apaiser dans la plupart des États de l'Europe sous l'influence bienfaisante de la paix, ils étaient loin de se calmer en Suisse. Le peuple de ces montagnes était le dernier qui s'agitât encore, mais il s'agitait avec violence. On eût dit que la discorde, chassée de France et d'Italie par le général Bonaparte, s'était réfugiée dans les retraites inaccessibles des Alpes. Sous les noms d'*unitaires* et d'*oligarques*, deux partis s'y trouvaient aux prises, celui de la révolution, et celui de l'ancien régime. Ces deux partis, se balançant presque à force égale, ne produisaient pas l'équilibre, mais de continuelles et fâcheuses oscillations. En dix-huit mois, ils s'étaient tour à tour emparés du pouvoir, et l'avaient exercé sans raison, sans justice, sans humanité. Il convient d'exposer en peu de mots l'origine de ces partis, et leur conduite depuis le commencement de la révolution helvétique.

<small>Agitations de la Suisse.</small>

La Suisse se composait, avant quatre-vingt-neuf, de treize cantons; six démocratiques : Schwitz, Uri, Unterwalden, Zug, Glaris, Appenzell; sept oligarchiques : Berne, Soleure, Zurich, Lucerne, Fribourg, Bâle, Schaffouse. Le canton de Neufchâtel

<small>La Suisse avant quatre-vingt-neuf.</small>

était une principauté dépendante de la Prusse. Les Grisons, le Valais, Genève, formaient trois républiques à part, alliées de la Suisse, vivant chacune sous un régime particulier et indépendant ; mais la première, celle des Grisons, par sa situation géographique, plus attirée vers l'Autriche ; les deux autres, le Valais et Genève, par la même raison, plus attirées vers la France.

La République française apporta un premier changement à cet état de choses. Pour s'indemniser de la guerre, elle s'empara du pays de Bienne, de l'ancienne principauté de Porentruy, et elle en fit le département du Mont-Terrible, en y ajoutant une partie de l'ancien évêché de Bâle. Elle prit aussi Genève, dont elle forma le département du Léman. Elle dédommagea la Suisse en lui adjoignant les Grisons et le Valais. Toutefois elle se réserva dans le Valais une route militaire, qui devait partir de l'extrémité du lac de Genève vers Villeneuve, remonter la vallée du Rhône, par Martigny et Sion, jusqu'à Brigg, point où commençait la célèbre route du Simplon, pour déboucher sur le lac Majeur. Après ces changements territoriaux qui étaient du fait de la République française, vinrent ceux qui étaient la conséquence des idées de justice et d'égalité, que le parti révolutionnaire voulait faire prévaloir en Suisse, à l'imitation de ce qui s'était accompli en France en quatre-vingt-neuf.

Le parti révolutionnaire se composait en Suisse de tous les hommes auxquels déplaisait le régime oligarchique, et ils étaient répandus aussi bien dans les cantons démocratiques que dans les cantons aristocratiques, car ils avaient autant à souffrir dans les uns que dans les autres. Ainsi, dans les petits cantons d'Uri, d'Unterwalden, de Schwitz, où le peuple tout entier, assemblé une fois chaque année, choisissait ses magistrats, et vérifiait leur gestion en quelques heures, ce suffrage universel, destiné à flatter un instant la multitude ignorante et corrompue, n'était qu'une dérision. Un petit nombre de familles puissantes, devenues maîtresses de toutes choses par le temps et par la corruption, disposaient souverainement des affaires et des emplois. A Schwitz, par exemple, la famille Reding distribuait les grades à sa volonté dans un régiment suisse au service d'Espagne, ce qui faisait l'unique objet de la sollicitude du pays, car ces grades étaient la seule ambition de tout ce qui ne voulait pas rester pâtre ou laboureur. Les petits cantons avaient en outre dans leur dépendance les bailliages italiens, et les gouvernaient, à titre de pays sujets, de la manière la plus arbitraire. Ces démocraties n'étaient donc, comme toute démocratie pure arrive à l'être avec le temps, que des oligarchies déguisées sous des formes populaires. C'est ce qui explique comment il y avait, même dans les cantons démocratiques, des esprits profondément blessés par l'ancien état de choses. Les provinces sujettes, à la façon des bailliages italiens, se retrouvaient dans plus d'un canton. Ainsi Berne gouvernait durement le pays de Vaud et l'Argovie. Enfin, dans les cantons aristocratiques, la bourgeoisie inférieure

Août 1802.

Août 1802.

Caractère de la révolution suisse, et imitation de l'unité française.

était exclue des emplois. Aussi, dès que le signal fut donné par l'entrée des armées françaises en 1798, le soulèvement fut prompt et général. Dans les cantons à provinces sujettes, les bailliages opprimés s'insurgèrent contre les chefs-lieux oppresseurs ; dans le sein des villes souveraines, la classe moyenne s'insurgea contre l'oligarchie. Des treize cantons on voulut en former dix-neuf, tous égaux, tous uniformément administrés, placés sous une autorité centrale et unique, rappelant l'unité du gouvernement français. On était dominé en agissant ainsi par le besoin de justice distributive, et surtout par l'ambition de sortir de l'état de nullité particulier aux gouvernements fédératifs. L'espérance de figurer un peu plus activement sur la scène du monde remuait alors très-vivement le cœur des Suisses, fiers de leur antique bravoure, et du rôle qu'elle leur avait valu autrefois en Europe, ennuyés de cette neutralité perpétuelle qui les réduisait à vendre leur sang aux puissances étrangères.

Dans cette application à la Suisse des idées de la Révolution française, amenée autant par la conformité des besoins que par l'esprit d'imitation, on disloqua certains cantons pour en faire plusieurs, comme on aggloméra plusieurs districts séparés pour en composer un seul canton. On divisa le territoire de Berne, qui avec l'Argovie et le pays de Vaud formait le quart de la Suisse, et on fit de l'Argovie et du pays de Vaud deux cantons séparés. On détacha d'Uri les bailliages italiens, pour créer avec ceux-ci le canton du Tessin. On grossit le canton d'Appenzell en lui adjoignant Saint-Gall, le Tokenbourg, le Rheinthal ; on ajouta au canton de Glaris les bailliages de Sargans, Werdenberg, Gaster, Uznach et Raperschwill. Ces additions accordées aux cantons d'Appenzell et de Glaris, avaient pour but d'y détruire à jamais l'ancien régime démocratique, en leur imposant une étendue qui rendait ce régime impossible. On constitua ces dix-neuf cantons dépendants d'un corps législatif, qui leur donnait des lois uniformes, et d'un pouvoir exécutif, qui exécutait ces lois, pour tous et chez tous. Il y eut en Suisse des ministres, des préfets et des sous-préfets.

Août 1802.

Le parti opposé, contre lequel toute cette uniformité était dirigée, adopta le thème contraire, et voulut le régime fédératif, dans sa plus grande exagération, avec ses irrégularités les plus bizarres, avec l'isolement complet des États fédérés les uns à l'égard des autres. Il le voulait ainsi, parce qu'à la faveur de ces irrégularités, de cet isolement, chaque petite oligarchie pouvait reprendre son empire. Les aristocraties de Berne, Zurich, Bâle, firent alliance avec les démocraties de Schwitz, Uri, Unterwalden, et s'entendirent parfaitement entre elles, car au fond elles voulaient toutes la même chose, c'est-à-dire la domination de quelques familles puissantes, aussi bien dans les petits cantons montagneux que dans les cités les plus opulentes. Les uns reçurent le nom d'*oligarques*; les autres, qui cherchaient dans l'uniformité de gouvernement la justice et l'égalité, reçurent le nom d'*unitaires*.

Les uns et les autres étaient aux prises depuis plusieurs années, sans avoir jamais pu gouverner la malheureuse Suisse, avec quelque modération et quelque durée. Les constitutions s'y étaient succédé aussi vite qu'en France, et dans le moment on s'agitait pour en faire une nouvelle.

Une circonstance rendait plus graves encore les troubles de la Suisse, c'était la disposition des partis à chercher leur appui à l'étranger, ce qui arrive toujours dans un pays trop faible pour ne relever que de lui-même, et trop important par sa position géographique pour être considéré d'un œil indifférent par ses voisins. Le parti oligarchique ayant beaucoup de relations à Vienne, à Londres, à Pétersbourg même, où un Suisse, le colonel Laharpe, avait formé le cœur et l'esprit du jeune Empereur, assiégeait toutes ces cours des plus vives instances : il les suppliait de ne pas souffrir que la France, en consolidant en Suisse le régime révolutionnaire, soumît à son influence une contrée qui était militairement la plus importante du continent. Il avait aussi de grandes relations avec l'Angleterre. Les bourgeois de Berne et de plusieurs cités souveraines avaient confié le capital de leurs économies municipales à la banque de Londres, conduite qui du reste leur faisait honneur, car, tandis que les villes libres, dans toute l'Europe, notamment en Allemagne, étaient perdues de dettes, les villes de la Suisse avaient amassé des sommes considérables. Le gouvernement anglais, sous le prétexte de l'occupation française, s'était sans scrupule emparé des fonds déposés. Depuis la paix, il ne les avait pas encore restitués. Les oligarques de Berne le suppliaient, s'il ne venait pas à leur secours, de retenir du moins les capitaux qu'ils avaient remis à la banque de Londres. Ils avaient confié environ dix millions à cette banque, et deux à celle de Vienne.

Août 1802.

Le parti révolutionnaire cherchait naturellement son appui auprès de la France, et il lui était facile de le trouver auprès d'elle, puisque les armées françaises n'avaient pas cessé d'occuper le territoire helvétique. Mais une pareille occupation ne pouvait pas durer long-temps. Il fallait prochainement évacuer la Suisse, comme on avait évacué l'Italie. Bien que l'obligation d'évacuer l'une ne fût pas aussi formellement stipulée que l'obligation d'évacuer l'autre, cependant, le traité de Lunéville garantissant l'indépendance de la Suisse, on pouvait regarder l'exécution des traités comme imparfaite, et la paix comme incertaine, tant que nos troupes ne s'étaient pas retirées. Aussi les observateurs politiques avaient-ils les yeux particulièrement fixés sur la Suisse, qui remuait, et sur l'Allemagne, où l'on partageait les territoires ecclésiastiques, pour voir si l'essai de pacification générale, qu'on tentait en ce moment, serait durable. Le Premier Consul avait pris la résolution bien formelle de ne pas compromettre la paix à l'occasion de ce qui se passait dans l'un et l'autre de ces pays, à moins toutefois que la contre-révolution, dont il ne voulait sur aucune des frontières de France, n'essayât de s'établir au milieu des Alpes. Il

Le parti révolutionnaire cherche à s'appuyer sur la France.

lui eût été facile de se faire accepter pour législateur de l'Helvétie, ainsi qu'il l'avait été de la République italienne; mais la *Consulte* de Lyon avait produit un tel effet en Europe, notamment en Angleterre, qu'il n'osait pas donner deux fois le même spectacle. Il s'en tenait donc à de sages avis, qui étaient écoutés, mais peu suivis, malgré la présence de nos troupes. Il conseillait aux Suisses de renoncer à la chimère de l'unité absolue, unité impossible dans un pays aussi accidenté que le leur, insupportable d'ailleurs aux petits cantons, qui ne pouvaient ni payer de gros impôts, comme Berne ou Bâle, ni se plier au joug d'une règle commune. Il leur conseillait de créer un gouvernement central pour les affaires extérieures de la Confédération; et, quant aux affaires intérieures, de laisser aux gouvernements locaux le soin de s'organiser suivant le sol, les mœurs, l'esprit des habitants. Il leur conseillait de prendre de la Révolution française ce qu'elle avait de bon, d'incontestablement utile, l'égalité entre toutes les classes de citoyens, l'égalité entre toutes les parties du territoire; de laisser détachées les unes des autres les provinces incompatibles, telles que Vaud et Berne, telles que les bailliages italiens et Uri; mais de renoncer à certaines agglomérations de territoire, qui dénaturaient plusieurs petits cantons, tels que ceux d'Appenzell et de Glaris; de faire cesser dans les grandes villes la domination alternative des oligarques et de la populace, et d'en finir par le gouvernement de la bourgeoisie moyenne, sans exclusion systématique d'aucune classe; d'imiter enfin cette politique de transaction entre tous les partis qui avait rendu le repos à la France. Ces avis, compris par les hommes éclairés, méconnus par les hommes passionnés, qui forment toujours le grand nombre, demeuraient sans effet. Toutefois, comme ils tendaient à ramener la révolution un peu en arrière, la faction oligarchique, alors opprimée, les accueillait avec plaisir, se berçant d'illusions, ainsi que faisaient à Paris certains émigrés français, et croyant que, parce qu'il était modéré, le Premier Consul voulait rétablir l'ancien régime.

Août 1802.

Une question de territoire ajoutait à cette situation une complication assez grave. Pendant la Révolution, la Suisse et la France, s'étant en quelque sorte confondues, avaient passé du système de neutralité à celui d'alliance offensive et défensive. Dans ce système, on n'avait pas hésité à concéder à la France, par le traité de 1798, la route militaire du Valais, aboutissant au pied du Simplon. Lors des derniers traités, l'Europe n'avait pas osé réclamer contre cet état de choses, résultat d'une longue guerre; elle s'était bornée à stipuler l'indépendance de la Suisse. Le Premier Consul, préférant par système la neutralité de la Suisse à son alliance, entendait jouir de la route du Simplon, sans être réduit à emprunter le territoire helvétique, ce qui était incompatible avec la neutralité; et il avait imaginé pour cela de se faire donner la propriété du Valais. Ce n'était pas là une grande exi-

Difficulté territoriale au sujet de la route du Simplon.

gence, car c'était de la France que la Suisse tenait le Valais, autrefois indépendant. Mais le Premier Consul ne le demandait pas sans compensation : il offrait en échange une province que l'Autriche lui avait cédée par le traité de Lunéville, c'était le Frickthal, petit pays fort important comme frontière, comprenant la route des villes forestières, s'étendant depuis le confluent de l'Aar avec le Rhin jusqu'à la limite du canton de Bâle, et liant par conséquent ce canton avec la Suisse. Ce petit pays, faisant face à la Forêt-Noire, avait, outre sa valeur propre, une valeur de convenance fort grande. Grâce à cet échange, la France, devenue propriétaire du Valais, n'avait plus besoin du territoire helvétique pour le passage de ses armées, et on pouvait revenir du système de l'alliance au système de la neutralité. Les Suisses, tant les unitaires que les oligarques, déclamaient sur ce sujet, à l'envi les uns des autres. Ils ne voulaient, à aucun prix, céder le Valais pour le Frickthal. Ils demandaient d'autres concessions de territoire le long du Jura, notamment le pays de Bienne, l'Erguel et quelques portions détachées du Porentruy. C'était leur livrer une partie du département du Mont-Terrible. Même à ces conditions, ils répugnaient encore à céder le Valais ; et, comme sous les intérêts appelés généraux, se cachent souvent des intérêts très-particuliers, les petits cantons, redoutant pour la route du Saint-Gothard la rivalité de celle du Simplon, poussaient au refus de l'échange proposé. Le Premier Consul avait fait occuper provisoirement le Valais par trois bataillons, ne voulant du reste prendre aucun parti avant l'arrangement général des affaires helvétiques.

Août 1802.

En attendant l'organisation définitive de la Suisse, il avait été formé un gouvernement temporaire, composé d'un conseil exécutif et d'un corps législatif peu nombreux. Divers projets de constitution avaient été rédigés, et secrètement soumis au Premier Consul. Celui-ci, entre ces divers projets, en avait préféré un, qui lui semblait conçu dans des vues plus sages, et l'avait renvoyé à Berne avec une sorte de recommandation. Le gouvernement provisoire, composé lui-même des patriotes les plus modérés, avait adopté cette constitution, et l'avait présentée à l'acceptation d'une Diète générale. Le parti unitaire exalté comptait dans cette Diète une majorité considérable, cinquante voix sur quatre-vingts. Bientôt il déclara la Diète constituante, rédigea un nouveau projet dans les idées de l'unité absolue, et affectant même de braver la France, proclama le Valais partie intégrante du sol de la Confédération helvétique. Les représentants des petits cantons se retirèrent, en déclarant qu'ils ne se soumettraient jamais à une pareille constitution. Maîtres du gouvernement provisoire, les patriotes modérés, en voyant ce qui se passait, se concertèrent avec le ministre de France Verninac, et prirent un arrêté par lequel ils cassèrent la Diète, pour avoir excédé ses pouvoirs, et s'être faite assemblée constituante lorsqu'elle n'était point appelée à l'être. Ils mirent eux-mêmes en vigueur la nouvelle constitution du 29 mai 1804, et pro-

Constitution du 29 mai 1804, approuvée par la France, et sa mise en vigueur.

cédèrent à l'élection des autorités qu'elle instituait. Ces autorités étaient le sénat, le petit-conseil, et le landamman. Le sénat se composait de vingt-cinq membres; il nommait le petit-conseil, qui se composait de sept, et le landamman, qui était le chef de la république. Le sénat ne nommait pas seulement ces deux autorités, il les conseillait aussi. Comme les patriotes modérés avaient sur les bras les unitaires exaltés, qu'on venait de disperser en cassant la Diète, ils furent obligés de ménager le parti contraire, celui des oligarques. Ils choisirent dans son sein les hommes les plus sages, pour se les adjoindre, et les comprirent dans le sénat. Ils les mêlèrent avec les révolutionnaires, de manière à conserver la majorité à ces derniers. Mais, dans leur irritation, cinq des révolutionnaires choisis refusèrent d'accepter. La majorité se trouvait dès lors changée d'une manière d'autant plus fâcheuse, que le sénat, une fois formé, devait se compléter lui-même. Il se compléta en effet, et dans le sens des oligarques. Aussi, quand il fallut nommer le landamman, et opter entre deux candidats, M. Reding, qui était le chef des oligarques, et M. Dolder, qui était le chef des révolutionnaires modérés, M. Reding l'emporta d'une voix. M. Dolder était un homme sage, capable, mais d'une énergie médiocre. M. Reding était un ancien officier, peu éclairé, mais énergique, ayant servi dans les troupes suisses à la solde des puissances étrangères, et fait avec intelligence, en 1798, la guerre des montagnes contre l'armée française. Il était du petit canton de Schwitz, et le chef de cette famille privilégiée, qui disposait de tous les grades dans le régiment de Reding. Les oligarques de toute la Suisse avaient adopté cette espèce de chef de clan, et lui avaient donné leur confiance. Tout rude qu'il était, M. Reding ne manquait pas d'une certaine finesse; il était flatté de sa nouvelle dignité, et tenait à la conserver. Il savait qu'il ne le pouvait pas long-temps contre la volonté de la France. D'accord avec les siens, il imagina de se rendre brusquement à Paris, pour essayer de persuader au Premier Consul que le parti des oligarques était le parti des honnêtes gens, qu'il fallait le souffrir au pouvoir, permettre qu'il y fît ses volontés, et qu'à ces conditions on aurait une Suisse dévouée à la France. Le Premier Consul reçut M. Reding avec égards, et l'écouta avec quelque attention. M. Reding affecta de se montrer dépourvu de préjugés, et plutôt militaire qu'oligarque; il parut flatté d'approcher le premier général des temps modernes, et disposé comme lui à se mettre au-dessus des passions de parti. Il offrit divers accommodements, qui pouvaient être acceptés, sauf à voir si la conduite répondrait aux promesses. D'après ces accommodements, le sénat devait être porté à trente membres, et le choix des cinq nouveaux membres fait exclusivement parmi les patriotes. On devait choisir également parmi eux un second landamman, alternant avec le premier dans l'exercice du pouvoir. Des commissions cantonales, composées de moitié par le sénat et par les cantons eux-

Août 1802.

Voyage de M. Reding à Paris.

Engagements pris par M. Reding envers le Premier Consul.

mêmes, devaient être chargées de donner à chacun d'eux la constitution qui lui conviendrait. Il était, en outre, accordé que l'Argovie et le pays de Vaud resteraient détachés de Berne; et en revanche, que les agglomérations de territoires qui avaient défiguré certains petits cantons, seraient révoquées. Sous toutes ces réserves, le Premier Consul promit de reconnaître la Suisse, de la replacer en état de neutralité perpétuelle, et d'en retirer les troupes françaises. Pour lui assurer la route militaire qu'il demandait, on démembra le Valais, en cédant à la France la portion qui est sur la rive droite du Rhône. La France, en échange, s'obligeait à céder le Frickthal, plus un arrondissement de territoire du côté du Jura. M. Reding partit rempli d'espérance, croyant avoir acquis la faveur du Premier Consul, et pouvoir faire désormais en Suisse tout ce qu'il voudrait.

Mais à peine ce chef des oligarques était-il arrivé à Berne, qu'entraîné par les siens, il devint tout ce qu'il pouvait, et devait être, sous de telles influences, et avec des idées de gouvernement aussi peu arrêtées que les siennes. On ajouta au sénat cinq nouveaux membres pris dans le sein du parti patriote, et on donna un collègue à M. Reding, chargé d'alterner avec lui dans les fonctions de landamman, collègue qui ne fut point M. Dolder lui-même, mais M. Rugger, personnage considérable parmi les révolutionnaires modérés. Ces nouveaux choix qui, dans le petit conseil, chargé du pouvoir exécutif, procurèrent la majorité au parti de la révolution, la laissèrent dans le sénat au parti oligarchique. De plus M. Reding, étant landamman pour cette année, composa les autorités dans les intérêts de son parti. Il envoya soit à Vienne, soit dans les autres cours, des agents dévoués à la contre-révolution, avec des instructions hostiles à la France, et bientôt connues d'elle. M. Reding notamment demandait qu'on accréditât auprès de lui des représentants de toutes les puissances, pour le seconder contre l'influence du chargé d'affaires de France, M. Verninac. Le seul agent au dehors qu'il n'osa pas remplacer fut M. Stapfer, ministre à Paris, homme respectable, dévoué à sa patrie, ayant su obtenir la confiance du gouvernement français, et à ce titre difficile à révoquer. M. Reding avait promis de laisser indépendants le pays de Vaud et l'Argovie; et cependant de toute part couraient des pétitions pour provoquer la restitution de ces provinces au canton de Berne. Malgré la promesse d'affranchir les bailliages italiens, Uri demandait tout haut, et avec menace, qu'on lui rendît la vallée Levantine. Les commissions cantonales, chargées de rédiger les constitutions particulières de chaque canton, étaient, excepté deux ou trois, composées dans un esprit contraire au nouvel ordre de choses, et favorable au rétablissement de l'ancien. Il n'était plus question du Valais ni de la route promise à la France. Enfin les Vaudois, voyant la contre-révolution imminente, s'étaient insurgés, et, plutôt que de se soumettre au gouvernement de M. Reding, sollicitaient leur réunion à la France.

Août 1802.

Ainsi la malheureuse Helvétie, livrée un an auparavant aux extravagances des unitaires absolus, était en proie cette année aux tentatives contre-révolutionnaires des oligarques. Le Premier Consul prit alors son parti quant au Valais; il déclara qu'il le détachait de la confédération, et lui rendait son ancienne indépendance. C'était évidemment la meilleure solution, car en partageant cette grande vallée, pour donner une rive à la Suisse, une autre à la France, on allait contre la nature des choses; en la laissant tout entière à la Suisse, en y créant une route et des établissements militaires français, on rendait la neutralité helvétique impossible. Quand il apprit cette résolution, M. Reding éclata, soutint que le Premier Consul avait manqué à ses promesses, ce qui était faux, et proposa au petit conseil une lettre tellement violente, que le petit conseil recula d'effroi. La situation n'était plus tenable entre les oligarques des grands et des petits cantons, travaillant à reconstruire l'ancien régime, et les révolutionnaires soulevés dans le pays de Vaud, pour obtenir la réunion à la France. M. Dolder et ses amis du petit conseil se réunirent. Dans ce petit conseil, chargé du pouvoir exécutif, ils étaient six contre trois. Ils profitèrent de l'absence de M. Reding, qui s'était rendu pour quelques jours dans les petits cantons, cassèrent tout ce qui avait été fait par lui, annulèrent les commissions cantonales, et appelèrent à Berne une assemblée de notables, composée de quarante-sept individus, choisis parmi les hommes les plus respectables et les plus modérés de toutes

Août 1802.

Le Premier Consul n'ayant plus à ménager le gouvernement suisse, proclame l'indépendance du Valais.

Le parti révolutionnaire modéré s'empare de nouveau du pouvoir.

les opinions. On devait leur soumettre la constitution du 29 mai, recommandée par la France, y apporter les modifications jugées indispensables, et organiser immédiatement les autorités publiques d'après cette même constitution.

Pour ôter aux oligarques l'appui du sénat, dans lequel ils avaient la majorité, on prononça la suspension de ce corps. A cette nouvelle, M. Reding accourut, et protesta contre les résolutions prises. Mais privé de l'appui du sénat, qui était suspendu, il se retira, déclarant qu'il ne renonçait pas à sa qualité de premier magistrat, et se transporta dans les petits cantons pour y fomenter l'insurrection. On le considéra comme démissionnaire, et on confia au citoyen Ruttimann la charge de premier landamman. Ainsi la Suisse, arrachée tour à tour aux mains des unitaires absolus, et à celles des oligarques, se trouvait, par une suite de petits coups d'État, replacée dans les mains des révolutionnaires modérés. Malheureusement ces derniers n'avaient pas à leur tête, comme les modérés français quand ils firent le 18 brumaire, un chef puissant, pour donner à la sagesse l'appui de la force. Cependant éclairés par les événements, les partisans de la révolution, quelle que fût leur nuance, étaient disposés à s'entendre, et à prendre pour bonne la constitution du 29 mai, en y introduisant certains changements. Mais M. Reding travaillait à soulever les petits cantons, et la nécessité de recourir à un bras puissant, hors de Suisse, puisqu'on ne l'avait pas en Suisse, était à peu près inévitable. Quelque évidente que fût cette

Août 1802.

Déposition de M. Reding, et sa retraite dans les petits cantons.

nécessité, personne toutefois n'osait l'avouer. Les oligarques, qui voyaient dans l'intervention de la France leur ruine assurée, faisaient aux révolutionnaires un crime de vouloir cette intervention. Ceux-ci, pour ne pas fournir un tel grief à leurs adversaires, la repoussaient hautement. Enfin le Premier Consul lui-même, désirant épargner des inquiétudes à l'Europe, était décidé, à moins d'événements extraordinaires, à ne pas compromettre les troupes françaises dans les troubles de la Suisse. Aussi, quoique trente mille Français fussent répandus au milieu des Alpes, jamais nos généraux n'avaient obtempéré aux réquisitions des divers partis, et nos soldats assistaient l'arme au bras à tous ces désordres. Leur immobilité devint même un sujet de reproche, et les patriotes dirent, avec une apparence de raison, que la paix générale régnant en Europe, l'armée française n'ayant pas à les défendre contre les Autrichiens, ne voulant pas les défendre contre les soulèvements intérieurs, ils ne recueillaient d'autre fruit de sa présence que la peine de la nourrir, et le désagrément d'une occupation étrangère. La retraite de nos troupes devint bientôt une sorte de satisfaction patriotique, que les modérés se crurent obligés d'accorder à tous les partis; et ils la demandèrent au Premier Consul, pendant que M. Reding excitait le feu de l'insurrection dans les montagnes de Schwitz, d'Uri et d'Unterwalden. Il semblait d'autant plus nécessaire d'accorder la satisfaction demandée, que la séparation du Valais, définitivement résolue, était un sensible déplaisir pour le cœur des patriotes suisses. Le Premier Consul consentit à l'évacuation, voulant donner au parti modéré l'appui moral le plus entier, mais au fond redoutant beaucoup l'expérience qu'on allait faire. Les ordres d'évacuation furent immédiatement expédiés. Il resta trois mille hommes de troupes suisses à la disposition du nouveau gouvernement. On laissa, en outre, tout près de la frontière, les demi-brigades helvétiques au service de France, et on espéra s'en tirer ainsi sans recours ultérieur à notre armée. Un calme momentané fit place à ces agitations. La constitution du 29 mai, adoptée avec certaines modifications, fut partout acceptée. Les petits cantons seuls refusèrent de la mettre en vigueur chez eux. Cependant ils paraissaient vouloir se tenir tranquilles, du moins pour le moment.

Août 1802.

Le Premier Consul y consent.

Les modérés restent en Suisse livrés à leurs seules forces.

La séparation du Valais s'accomplit sans difficulté. Ce pays fut constitué de nouveau en petit État indépendant, sous la protection de la France et de la République italienne. La France, pour unique marque de suzeraineté, s'y réserva une route militaire, qu'elle devait entretenir à ses frais, pourvoir de magasins et de casernes. La route fut déclarée exempte de toute espèce de péage, ce qui était pour le pays un immense bienfait. En ouvrant le Simplon, en y créant la grande chaussée qui le traverse aujourd'hui, la France faisait au Valais un don magnifique, et qui valait assurément le prix qu'elle en exigeait.

Les affaires suisses demeurèrent donc en suspens. *Les affaires*

Les oligarques, d'abord joyeux de la retraite des troupes françaises, en furent bientôt alarmés. Ils craignaient, en perdant des maîtres incommodes, d'avoir perdu aussi des protecteurs utiles, dans le cas probable de nouvelles convulsions révolutionnaires. C'étaient, il est vrai, les plus sages qui raisonnaient ainsi. Les autres, se flattant de renverser encore une fois le gouvernement des patriotes modérés, souhaitaient ardemment que l'évacuation fût définitive, et par l'intermédiaire de leurs agents secrets ils firent supplier les diverses cours de ne plus permettre que les troupes françaises rentrassent en Suisse. On avait pu, disaient-ils, tolérer la continuation de leur présence, comme suite de la guerre ; mais il fallait considérer leur retour, s'il avait lieu, comme la violation d'un territoire indépendant, garanti par toute l'Europe.

Le Premier Consul connaissait leurs menées, car les correspondances du landamman Reding venaient d'être découvertes, et envoyées à Paris. Mais il s'en montra peu ému : il s'expliqua même sur ce sujet librement, et sans contrainte, comme il avait coutume de faire en toute occasion. Il dit qu'il ne voulait pas de la Suisse, qu'il préférait la paix générale à la conquête d'un pareil territoire ; mais qu'il n'y souffrirait pas un gouvernement ennemi de la France ; que sur ce point ses résolutions étaient irrévocables.

En Angleterre les sollicitations des oligarques suisses exercèrent quelque action, non sur le cabinet, mais sur le parti Grenville et Wyndham, qui cher-

chait en toutes choses de nouveaux griefs contre la
France. En Autriche, en Prusse, on était beaucoup trop occupé des arrangements territoriaux de
l'Allemagne, pour se mêler des affaires de l'Helvétie. On avait un trop grand besoin de la faveur du
Premier Consul, pour songer à lui donner même
un déplaisir. M. de Cobentzel, à Vienne, poussa le
soin jusqu'à montrer à notre ambassadeur, M. de
Champagny, tout ce que lui écrivait le parti Reding,
et les réponses décourageantes qu'il faisait aux
vives instances de ce parti. La Russie, parfaitement
éclairée sur les vues du Premier Consul, comprit
que les troubles de la Suisse étaient pour lui un
embarras dont il voudrait être sorti, bien plus
qu'une occasion artificieusement préparée pour se
procurer un territoire ou une influence de plus.

Août 1802.

Quelque graves que fussent en elles-mêmes les
affaires suisses, quelque graves surtout qu'elles
pussent devenir si nos troupes étaient ramenées
sur le sol helvétique, elles ne pouvaient, dans le
moment, détourner des affaires allemandes l'attention des puissances. On a vu précédemment que la
cession de la rive gauche du Rhin à la France
avait laissé sans États une foule de princes, et
qu'on était convenu à Lunéville de les indemniser, en sécularisant les principautés ecclésiastiques,
dont la vieille Allemagne était couverte. C'était l'occasion forcée d'un remaniement général du territoire germanique. Une telle question ne laissait pas
d'attention pour d'autres, chez la plupart des cours
du Nord.

Affaires de l'Allemagne.

Août 1802.

Usage que l'Autriche veut faire de la paix.

Ses prétentions dans l'affaire des indemnités germaniques.

L'Autriche, épuisée par une longue lutte, cherchait à réparer ses finances délabrées, et à relever le crédit de son papier-monnaie. L'archiduc Charles avait gagné toute l'influence qu'avait perdue M. de Thugut. Ce prince, qui avait bien fait la guerre, était partisan déclaré de la paix. Il avait vu en un instant la gloire qu'il s'était acquise sur les bords du Rhin, en combattant les généraux Jourdan et Moreau, s'effacer sur les bords du Tagliamento, en combattant le général Bonaparte, et il n'était pas tenté de l'essayer de nouveau contre ce redoutable adversaire. Des motifs plus élevés encore influaient sur ses dispositions politiques. Il voyait sa maison ruinée par deux guerres longues et sanglantes, auxquelles la passion avait eu plus de part que la raison, et il se disait que l'Autriche assez heureuse, quoique battue, pour trouver dans l'acquisition des États Vénitiens un dédommagement de la perte des Pays-Bas et du Milanais, perdrait peut-être, à une troisième guerre, les États Vénitiens eux-mêmes, et ces derniers sans compensation. Ce prince, devenu ministre, s'appliquait à former une armée, qui fût mieux organisée et moins coûteuse que celles qu'on avait, depuis dix ans, vainement opposées à l'armée française. L'empereur, esprit sage, plus solide que brillant, partageait les opinions de l'archiduc, et ne songeait qu'à tirer le meilleur parti possible de l'affaire des indemnités. Il espérait y trouver une conjoncture favorable pour réparer les derniers revers de sa maison.

Vues

La Prusse, qui s'était séparée, en 1795, de la

coalition, pour faire à Bâle sa paix avec la République française, qui, depuis cette époque, avait rétabli ses finances au moyen de la neutralité, et gagné de nouvelles provinces à la suite du dernier soulèvement de la Pologne, la Prusse cherchait maintenant, dans le partage des biens de l'Église germanique, une occasion de s'agrandir en Allemagne, genre d'agrandissement qu'elle préférait à tout autre. Elle avait un roi fort jeune, fort sage, qui mettait beaucoup de prix à passer pour honnête, qui l'était en effet, mais qui aimait infiniment les acquisitions de territoire, à condition toutefois de ne pas les acheter par la guerre. Du reste, on possédait un singulier moyen pour tout expliquer en Prusse d'une manière honorable. Les actes équivoques, d'une honnêteté contestable, étaient attribués à M. d'Haugwitz, auquel on imputait ordinairement tout ce qu'on ne savait comment justifier, et qui se laissait immoler de bonne grâce à la réputation de son roi. Cette cour, ayant des lumières et peu de préjugés, avait su vivre tolérablement avec la Convention et le Directoire, très-bien avec le Premier Consul. A l'avénement de ce dernier, elle avait montré un instant la volonté de s'interposer entre les puissances belligérantes, pour les forcer à la paix; et depuis que le Premier Consul les y avait forcées à lui seul, elle faisait au moins valoir ses bonnes intentions; elle le caressait sans cesse, et lui laissait entrevoir pour l'avenir un traité d'alliance offensive et défensive, moyennant qu'on la favorisât

Août 1802.

de la Prusse au sujet de la nouvelle distribution territoriale de l'Allemagne.

dans le partage des dépouilles de l'Église germanique.

Août 1802.

La Russie, désintéressée dans les affaires de l'Allemagne, voudrait cependant y jouer un rôle.

La Russie, désintéressée dans la question territoriale qui s'agitait en Allemagne, n'était ni appelée, ni autorisée à s'en mêler par le traité de Lunéville; mais elle y aurait volontiers joué un rôle. Être pris pour arbitre eût flatté la vanité du jeune empereur, vanité qui commençait à percer sous une modestie et une ingénuité apparentes. Ce prince s'était d'abord soumis aux deux personnages qui l'avaient porté au trône, à travers une affreuse catastrophe; c'étaient le comte Pahlen et le comte Panin. Mais son honnêteté et son orgueil souffraient également d'un tel joug. Il lui en coûtait d'avoir à ses côtés des hommes qui lui rappelaient d'horribles souvenirs; il était humilié d'avoir des ministres qui le traitaient en prince mineur. Nous avons déjà dit qu'entouré des compagnons de son premier âge, MM. de Strogonoff, Nowosiltzoff et Czartoryski, et d'un ami plus mûr M. de Kotschoubey, il lui tardait de s'emparer avec eux des affaires de l'empire. Il avait profité d'une occasion offerte par le caractère impérieux du comte Pahlen, pour le renvoyer en Courlande. Il en avait fait autant à l'égard du comte Panin, et il avait introduit M. de Kotschoubey dans le cabinet. Pour vice-chancelier, il venait de prendre un personnage ancien dans le gouvernement russe, le prince Kurakin, homme d'état d'humeur facile, aimant l'éclat du pouvoir, et prêtant complaisamment son nom, connu de l'Europe, aux quatre ou cinq jeunes gens qui commençaient à gouverner secrètement l'empire. Dans cette bizarre association d'un czar de vingt-quatre années, et de quelques seigneurs russes et polonais du même âge, on s'était fait, ainsi que nous l'avons dit plus haut, de singulières idées sur toutes choses. Paul Ier, Catherine elle-même, y étaient considérés comme des princes barbares et sans lumières. Le partage de la Pologne était regardé comme un attentat ; la guerre à la Révolution française, comme le résultat de préjugés aveugles. La Russie devait à l'avenir se donner une tout autre mission ; elle devait protéger les faibles, contenir les forts, obliger la France et l'Angleterre à se renfermer dans les limites de la justice, les contraindre toutes deux à respecter dans leur lutte les intérêts des nations. Heureuses prétentions, nobles pensées, si elles avaient été sérieuses ; si elles n'avaient pas ressemblé à ces velléités libérales de la noblesse française, élevée à l'école de Voltaire et de Rousseau, parlant humanité, liberté, jusqu'au jour où la Révolution française vint lui demander de conformer ses actes à ses théories ! Alors ces grands seigneurs philosophes devinrent les émigrés de Coblentz. Toutefois, de même qu'il y eut en France une minorité de la noblesse, fidèle jusqu'au bout à ses premiers sentiments, de même dans ces jeunes gouvernants de la Russie, deux se distinguaient par des vues plus arrêtées, par un caractère plus sérieux, c'étaient M. de Strogonoff et le prince Adam de Czartoryski. M. de Strogonoff annonçait un esprit solide et sincère. Le prince Czartoryski, appliqué, instruit, grave

Août 1802.

Août 1802.

à vingt-cinq ans, ayant pris sur Alexandre une sorte d'ascendant, était plein des sentiments héréditaires de sa famille, c'est-à-dire du désir de relever la Pologne; et il s'efforçait, comme on le verra bientôt, de faire aboutir à ce but les combinaisons de la politique russe. Ces jeunes gens, avec les penchants qui les animaient, devaient être jaloux de commencer en Allemagne cet arbitrage équitable et souverain, qui les séduisait si fort. L'habile Autriche avait bien su démêler leurs dispositions, et avait songé à s'en servir. Apercevant clairement la prédilection du Premier Consul pour la Prusse, elle s'était tournée du côté de l'empereur Alexandre; elle le flattait, et lui offrait le rôle d'arbitre dans les affaires d'Allemagne. Ce n'était pas l'ambition qui manquait au czar pour saisir un tel rôle; mais il n'était pas facile de s'en emparer en présence du général Bonaparte, qu'un traité formel investissait du droit et du devoir de se mêler de la question des indemnités germaniques, et qui n'était pas homme à laisser faire aux autres ce qu'il lui appartenait de faire lui-même. Aussi l'empereur Alexandre, quoique impatient de figurer sur la scène du monde, montrait-il une réserve méritoire à son âge, surtout avec les sentiments ambitieux qui remplissaient son cœur.

Ce qu'étaient les indemnités germaniques.

Il faut pénétrer maintenant dans l'obscure et difficile affaire des indemnités germaniques. Cette affaire entamée au congrès de Rastadt, après la paix de Campo-Formio, abandonnée par suite de l'assassinat de nos plénipotentiaires et de la seconde coalition, reprise depuis la paix de Lunéville, souvent commencée, jamais terminée, était une grave question pour l'Europe, question qu'on poussait devant soi, ne sachant comment la résoudre. Elle ne pouvait être résolue que par la ferme volonté du Premier Consul, car il était impossible que l'Allemagne y suffît à elle seule.

Août 1802.

Par les traités de Campo-Formio et de Lunéville, la rive gauche du Rhin était devenue notre propriété, depuis le point où ce beau fleuve sort du territoire suisse, entre Bâle et Huningue, jusqu'à celui où il entre sur le territoire hollandais, entre Émerick et Nimègue. (Voir la carte n° 20.) Mais par la cession de cette rive à la France, des princes allemands, de tout rang et de tout état, tant héréditaires qu'ecclésiastiques, avaient fait des pertes considérables en territoire et en revenu. La Bavière s'était vu enlever le duché de Deux-Ponts, le Palatinat du Rhin, le duché de Juliers. Le Wurtemberg, Baden, avaient été privés de la principauté de Montbéliard et autres domaines. Les trois électeurs ecclésiastiques de Mayence, de Trèves, de Cologne étaient presque restés sans États. Les deux Hesses avaient perdu plusieurs seigneuries; l'évêque de Liége, l'évêque de Bâle, avaient été complétement dépossédés de leurs évêchés. La Prusse avait été obligée de renoncer, au profit de la France, au duché de Gueldre, à une partie de celui de Clèves, et à la petite principauté de Mœurs, territoires situés sur le cours inférieur du Rhin. Enfin une foule de princes de second et troisième ordre avaient vu disparaître

Pertes des princes allemands à la rive gauche du Rhin.

leurs principautés et leurs fiefs impériaux. Ce n'étaient pas là toutes les dépossessions amenées par la guerre. En Italie, deux archiducs d'Autriche avaient été forcés de renoncer, l'un à la Toscane, l'autre au duché de Modène. En Hollande, la maison d'Orange-Nassau, alliée de la Prusse, avait perdu le stathoudérat, plus une assez grande quantité de biens personnels.

D'après les règles de la stricte justice, les princes allemands auraient dû être seuls dédommagés sur le territoire germanique. Des archiducs, oncles ou frères de l'empereur, ayant depuis long-temps la qualité de princes italiens, n'avaient aucun titre pour obtenir des établissements en Allemagne, aucun, sinon d'être les parents de l'empereur. Or, c'était l'empereur qui avait poussé la malheureuse Allemagne à la guerre, qui l'avait exposée ainsi à des pertes considérables de territoire, et il venait la forcer d'indemniser ses propres parents, entraînés eux aussi, contre leur gré, à prendre part à cette guerre folle et mal conduite! On en pouvait dire autant du stathouder. Si ce prince avait perdu ses États, ce n'était pas à l'Allemagne à payer les fautes qu'on lui avait fait commettre. Mais le stathouder était le beau-frère du roi de Prusse, et ce roi, ne voulant pas faire pour sa famille, moins que l'empereur pour la sienne, demandait que la maison d'Orange-Nassau fût indemnisée en Allemagne. Il fallait donc, outre les princes allemands, dédommager encore les archiducs privés de leurs États en Italie, les Orange-Nassau dépossédés du stathoudérat. On avait demandé à la France, au traité de Lunéville, et, antérieurement, au traité de Campo-Formio, de consentir à ce que les archiducs reçussent un établissement en Allemagne. La Prusse au congrès de Bâle, et l'Angleterre au congrès d'Amiens, avaient exigé que le stathouder fût indemnisé, sans désignation de lieu, mais avec l'intention avouée de choisir ce lieu dans l'étendue du territoire germanique. La France, qui n'avait à considérer les indemnités que du point de vue de l'équilibre général, la France à qui peu importait que ce fût un évêque ou un prince de Nassau qui se trouvât établi à Fulde, que ce fût un archevêque ou un archiduc qui se trouvât établi à Salzbourg, avait dû y consentir.

Le traité de Lunéville ayant été ratifié par la Diète, la charge que l'empereur voulait faire peser sur le territoire germanique était acceptée, avec regret, mais d'une manière formelle. Les traités de Bâle et d'Amiens, qui stipulaient une indemnité pour le stathouder, étaient, il est vrai, étrangers à la confédération; mais l'Angleterre, avec l'influence que lui procurait la possession du Hanovre, la Prusse, avec sa puissance sur la Diète, assurées d'ailleurs l'une et l'autre du concours de la France, n'avaient pas de refus à craindre, en réclamant une indemnité territoriale pour le stathouder. Il était donc convenu, d'un consentement à peu près unanime, que le stathouder, comme les deux archiducs italiens, auraient leur part des évêchés sécularisés. Pour indemniser ces princes allemands, italiens, hollandais, il ne manquait certainement pas de beaux domaines en Allemagne. Il y en avait beaucoup, et de très-considérables, soumis au régime ecclésiastique. En les sécularisant, on pouvait trouver de vastes champs, couverts d'habitants, féconds en revenus, pour fournir des États à toutes les victimes de la guerre.

<small>Août 1802.</small>

<small>Valeur approximative des territoires ecclésiastiques.</small>

Il serait difficile de dire la valeur exacte en territoire, en habitants, en revenus, de la totalité des principautés allemandes susceptibles de sécularisation. La paix de Westphalie en avait déjà sécularisé un grand nombre; mais celles qui restaient formaient un sixième environ de l'Allemagne proprement dite, tant en étendue qu'en population. Quant au revenu, si on s'en rapporte aux estimations du temps, fort incomplètes et fort contestées, il pouvait s'élever à 13 ou 14 millions de florins. Mais on se tromperait si on voulait considérer cette somme comme le revenu total des principautés dont il est ici question. C'était le revenu, déduction faite des frais de perception et d'administration, déduction faite aussi d'une foule de bénéfices ecclésiastiques, tels qu'abbayes, canonicats, etc., qui n'étaient pas compris dans le produit net que nous venons d'énoncer, et qui devaient par la sécularisation appartenir au nouveau possesseur : c'est-à-dire que, si on calculait le produit de ces pays comme on calculait en France en 1803, et comme on calcule bien plus rigoureusement aujourd'hui, on serait conduit à une estimation trois ou quatre fois plus considérable, par conséquent à 40 ou

50 millions de florins (100 ou 120 millions de francs).

Il est donc impossible de préciser au juste la valeur de ces États, autrement qu'en affirmant qu'ils comprenaient le sixième environ de l'Allemagne proprement dite. Il suffit d'ailleurs de les citer pour montrer que plusieurs d'entre eux composent aujourd'hui des provinces florissantes, et quelques-unes des plus belles de la confédération. (Voir la carte n° 20.) En commençant par l'orient et le midi de l'Allemagne, on trouvait dans le Tyrol les évêchés de Trente et de Brixen, que l'Autriche considérait comme lui appartenant, et que par ce motif elle n'aurait pas voulu laisser figurer dans la masse des indemnités germaniques, mais qui avaient été rangés malgré elle au nombre des biens disponibles. On variait dans l'évaluation de leur produit depuis 200,000 florins jusqu'à 900,000. En passant du Tyrol en Bavière, se présentait le superbe évêché de Salzbourg, aujourd'hui l'une des plus importantes provinces de la monarchie autrichienne, comprenant la vallée de la Salza, produisant, selon les uns, 1,200,000 florins, selon les autres, 2,700,000, et donnant une race de soldats excellents, tirailleurs aussi habiles que les Tyroliens. Dans l'évêché de Salzbourg était comprise la prévôté de Berchtolsgaden, précieuse par le produit du sel. En entrant tout à fait en Bavière, on rencontrait sur le Lech l'évêché d'Augsbourg, sur l'Isar celui de Freisingen, enfin, au confluent de l'Inn et du Danube, celui de Passau, tous trois fort enviés par la

Août 1802.

Énumération des principautés ecclésiastiques, propres à être sécularisées.

Bavière, dont ils auraient avantageusement complété le territoire, produisant ensemble 800,000 florins, et comme d'usage très-diversement évalués par les prétendants qui se les disputaient. De l'autre côté du Danube, c'est-à-dire en Franconie, se trouvait le riche évêché de Wurtzbourg, dont les évêques avaient autrefois ambitionné le titre de ducs de Franconie, et étaient assez opulents pour bâtir à Wurtzbourg un palais presque aussi beau que celui de Versailles. On estimait ce bénéfice à 1,400,000 florins de revenu, et avec l'évêché de Bamberg, qui était contigu, à plus de 2 millions. C'était le lot qui pouvait le mieux arrondir le territoire de la Bavière en Franconie, et la dédommager de ses immenses pertes. La Prusse enviait ce lot, à cause de sa valeur et de sa contiguïté avec les marquisats d'Anspach et de Bareuth. On peut citer encore l'évêché d'Aichstedt, dans la même province, très-inférieur aux deux précédents, mais néanmoins fort considérable.

Il restait la partie des archevêchés de Mayence, de Trèves, de Cologne, située à la droite du Rhin, archevêchés et électorats à la fois, formant un revenu difficile à évaluer. Il restait les portions de l'électorat de Mayence, enclavées en Thuringe, telles qu'Erfurth, et le territoire de l'Eischsfeld, puis en descendant vers la Westphalie, le duché même de Westphalie, dont le revenu était estimé à 4 ou 500,000 florins, les évêchés de Paderborn, d'Osnabruck, d'Hildesheim, qu'on supposait pouvoir produire 400,000 florins chacun, et enfin le vaste évêché de Munster, le troisième de l'Allemagne en revenu, le plus étendu en territoire, rapportant, disait-on, alors 1,200,000 florins.

<small>Août 1802.</small>

Si l'on joint à ces archevêchés, évêchés et duchés, au nombre de quatorze, à ces restes d'anciens électorats ecclésiastiques, les débris des évêchés de Spire, Worms, Strasbourg, Bâle, Constance, quantité de riches abbayes, enfin quarante-neuf villes libres, qu'on voulait, non pas séculariser, mais incorporer aux États voisins (ce qui s'appelait alors *médiatiser*), on aura une idée à peu près exacte de tous les biens dont on pouvait disposer pour faire oublier aux princes séculiers les malheurs de la guerre. Il faut ajouter que si on n'avait pas prétendu indemniser les archiducs et le stathouder, qui à eux trois demandaient le quart au moins des domaines disponibles, il n'eût pas été nécessaire de supprimer toutes les principautés ecclésiastiques, et qu'on aurait pu épargner à la Constitution germanique le coup destructeur dont elle fut bientôt frappée.

C'était, en effet, porter à cette constitution une atteinte profonde que de séculariser tous les États ecclésiastiques à la fois, car ils y jouaient un rôle considérable. Quelques détails sont ici nécessaires pour faire connaître cette vieille constitution, la plus ancienne de l'Europe, la plus respectable après la constitution anglaise, et qui allait périr par l'avidité des princes allemands eux-mêmes.

L'empire germanique était électif. Quoique depuis long-temps la couronne impériale ne fût pas

<small>Ancienne constitution germanique.</small>

sortie de la maison d'Autriche, il fallait qu'une élection formelle, à chaque changement de règne, la déférât à l'héritier de cette maison, qui de son plein droit était roi de Bohême et de Hongrie, archiduc d'Autriche, duc de Milan, de Carinthie, de Styrie, etc..., mais non chef de l'empire. L'élection se faisait autrefois par sept, et à l'époque dont nous parlons, par huit princes électeurs. Sur les huit, il y en avait cinq laïques et trois ecclésiastiques. Les cinq laïques étaient : la maison d'Autriche, pour la Bohême ; l'électeur palatin, pour la Bavière et le Palatinat ; le duc de Saxe, pour la Saxe ; le roi de Prusse, pour le Brandebourg ; le roi d'Angleterre, pour le Hanovre. Les trois électeurs ecclésiastiques étaient : l'archevêque de Mayence, possédant une partie des deux rives du Rhin aux environs de Mayence, la ville de Mayence ell – même, et les rives du Mein jusqu'au-dessus d'Aschaffenbourg ; l'archevêque de Trèves, possédant le pays de Trèves, c'est-à-dire la vallée de la Moselle, depuis les frontières de l'ancienne France jusqu'à la jonction de cette rivière avec le Rhin, vers Coblentz ; enfin l'archevêque de Cologne, possédant le bord gauche du Rhin, depuis Bonn jusqu'aux approches de la Hollande. Ces trois archevêques, suivant l'usage général de l'Église, partout où la royauté n'avait pas envahi les nominations ecclésiastiques, étaient élus par leurs chapitres, sauf l'institution canonique, réservée au Pape. Les chanoines, membres de ces chapitres et électeurs de leurs archevêques, étaient choisis dans la plus haute noblesse allemande. Ainsi, pour Mayence, ils devaient être membres de la noblesse immédiate, c'est-à-dire de la noblesse relevant directement de l'empire, et ne relevant pas des princes territoriaux chez lesquels ses domaines étaient situés. De la sorte, ni l'archevêque, ni les chanoines chargés de l'élire, ne pouvaient être des sujets dépendants d'un prince quelconque, l'empereur excepté. Il fallait cette précaution pour un aussi grand personnage que l'archevêque électeur de Mayence, qui était chancelier de la confédération. C'était lui qui présidait la Diète germanique. Les archevêques électeurs de Trèves et de Cologne n'avaient plus que le titre d'une ancienne fonction, évanouie avec les siècles. L'archevêque de Cologne était jadis chancelier du royaume d'Italie; l'archevêque de Trèves, chancelier du royaume des Gaules.

Ces huit princes électeurs décernaient la couronne impériale. Dans la première moitié du siècle dernier, lors de la guerre de la succession d'Autriche, on avait voulu les obliger à choisir pour empereur un prince de Bavière; mais ils étaient revenus bientôt, par une vieille habitude et un respect traditionnel, à la descendance de Rodolphe de Habsbourg. D'ailleurs les électeurs catholiques se trouvaient là en majorité, c'est-à-dire cinq contre trois, et la préférence des catholiques pour l'Autriche était naturelle et séculaire. L'empire n'était pas seulement électif, il était, si on peut s'exprimer ainsi pour un temps sans analogie avec le nôtre, il était représentatif. On y délibérait sur les affaires de la con-

Août 1802.

Le pouvoir de l'empereur limité par une diète

Août 1802.

Les trois colléges composant la Diète germanique.

Collége les électeurs.

Collége des princes.

Collége des villes.

Manière de délibérer

fédération, dans une diète générale, qui se réunissait à Ratisbonne, sous la direction du chancelier, archevêque de Mayence.

Cette diète était composée de trois colléges : le Collége électoral, où siégeaient les huit électeurs que nous venons de citer; le Collége des princes, où siégeaient tous les princes laïques ou ecclésiastiques, chacun d'eux pour le territoire dont il était souverain direct (certaines maisons ayant plusieurs voix, suivant l'importance des principautés qu'elles représentaient à la Diète, quelques-autres au contraire n'ayant qu'une part de voix, comme les comtes de Westphalie); enfin le Collége des villes, où siégeaient, au nombre de quarante-neuf, les représentants des villes libres, presque toutes ruinées, et n'ayant plus que fort peu d'influence dans ce gouvernement délibérant de l'antique Allemagne.

Les formes pour recueillir les voix étaient extrêmement compliquées. Quand le protocole était ouvert, chacun des trois Colléges votait séparément. Les électeurs, outre leur représentant dans le Collége des électeurs, avaient des représentants dans celui des princes, et ils siégeaient ainsi dans deux colléges à la fois. L'Autriche siégeait dans le Collége électoral pour la Bohême, dans le Collége des princes pour l'archiduché d'Autriche. La Prusse siégeait au Collége des électeurs pour le Brandebourg, au Collége des princes pour Anspach, Bareuth, etc. La Bavière siégeait au Collége des électeurs pour la Bavière, au Collége des princes pour

Deux-Ponts, Juliers, etc., et ainsi des autres. On ne discutait pas précisément ; mais chaque État, appelé dans un ordre hiérarchique, émettait verbalement son avis par l'intermédiaire d'un ministre. On recueillait les opinions plusieurs fois, et chacun avait ainsi le temps de modifier la sienne. Quand les Colléges étaient d'un sentiment différent, ils entraient en conférence, et cherchaient à s'entendre. On appelait cela *relation* et *corrélation* entre les Colléges. Ils se faisaient des concessions les uns aux autres, et finissaient par un avis commun qu'on appelait *conclusum*.

<small>Août 1802.</small>

<small>dans les trois Colléges.</small>

L'importance de ces trois colléges n'était pas égale. Celui des villes était à peine compté. Autrefois, dans le moyen âge, quand toute la richesse était concentrée dans les villes libres, elles avaient, en donnant ou refusant leur argent, le moyen de se faire écouter. Il n'en était plus ainsi depuis que Nuremberg, Augsbourg, Cologne, avaient cessé d'être les centres de la puissance commerciale et financière. Outre les formes employées à leur égard, formes qui étaient blessantes, on tenait peu de compte de leur avis. Les électeurs, c'est-à-dire les grandes maisons, avec leurs voix dans le Collége des électeurs, avec leurs voix et leur clientèle dans le Collége des princes, emportaient presque toutes les délibérations.

On ne ferait pas connaître cette constitution tout entière, si on ne disait pas qu'indépendamment de ce gouvernement général, il y avait un gouvernement local, pour la protection des intérêts particu-

Août 1802.

Division de l'Allemagne en dix cercles.

liers, et la répartition commune des charges de la confédération. Ce gouvernement local était celui des cercles. Toute l'Allemagne était divisée en dix cercles, dont le dernier, celui de Bourgogne, n'était guère plus qu'un vain titre, car il comprenait des provinces échappées depuis long-temps à l'empire. Le prince le plus puissant du cercle en était le directeur. Il appelait à délibérer les États qui le composaient; il exécutait leurs résolutions, et venait au secours des États menacés de violence. Deux tribunaux d'empire, l'un à Wetzlar, l'autre à Vienne, rendaient la justice entre ces confédérés si divers, rois, princes, évêques, abbés, républiques.

Caractère politique et moral de la Constitution germanique.

Telle quelle, cette constitution était un vénérable monument des siècles. Elle offrait quelques-uns des caractères de la liberté, non de celle qui protége les individus dans les sociétés modernes, mais de celle qui protége les États faibles contre les États puissants, en les admettant à défendre, au sein d'une confédération, leur existence, leurs propriétés, leurs droits particuliers, et à en appeler de la tyrannie du plus fort à la justice de tous. Il en naissait un certain développement d'esprit, une profonde étude du droit des gens, un assez grand art de manier les hommes dans les assemblées, fort semblable, quoique avec des apparences différentes, à celui qui se pratique dans les gouvernements représentatifs existant de nos jours.

Changements

Les sécularisations devaient produire dans cette

LES SÉCULARISATIONS.

constitution un changement considérable. D'abord elles faisaient disparaître du Collége électoral les trois électeurs ecclésiastiques, et du Collége des princes un grand nombre de membres catholiques. La majorité catholique, qui avait été dans ce second Collége de 54 voix contre 43, allait se changer en minorité, car les princes appelés à hériter des voix ecclésiastiques étaient presque tous protestants. C'était un trouble profond apporté à la constitution et à l'équilibre des forces. Sans doute la tolérance résultant de l'esprit du siècle, avait enlevé aux mots de parti protestant et de parti catholique leur ancienne signification religieuse; mais ces mots avaient acquis une signification politique extrêmement sérieuse. Le parti protestant signifiait le parti prussien, le parti catholique signifiait le parti autrichien. Or, ces deux influences se partageaient depuis long-temps l'Allemagne. On peut dire que la Prusse était dans l'empire le chef de l'opposition, l'Autriche le chef du parti du gouvernement. Frédéric-le-Grand, en faisant de la Prusse une puissance de premier ordre au moyen des dépouilles autrichiennes, avait allumé entre les deux grandes maisons allemandes une haine violente. Cette haine, un moment assoupie en présence de la Révolution française, s'était rallumée bientôt, depuis que la Prusse, se séparant de la coalition, avait fait sa paix avec la France, et s'était enrichie par sa neutralité, pendant que l'Autriche s'épuisait pour soutenir seule la guerre entreprise en commun. Maintenant surtout que, la guerre finie, il fallait

Août 1802.

qui devaient résulter des sécularisations dans la Constitution germanique.

Transformation du parti protestant et du parti catholique, en parti prussien et en parti autrichien.

partager le patrimoine de l'Église, l'avidité des deux cours avait ajouté de nouveaux ferments à la passion qui les divisait.

La Prusse voulait naturellement profiter de l'occasion des sécularisations pour affaiblir à jamais l'Autriche. Celle-ci était à la fin du dix-huitième siècle, comme dans la guerre de Trente-Ans, comme dans les guerres de Charles-Quint, l'appui du parti catholique : non pas que, dans tous les cas, les protestants fussent portés pour la Prusse, et les catholiques pour l'Autriche; les jalousies de voisinage au contraire altéraient souvent ces relations. Ainsi, la Bavière, catholique fervente, mais sans cesse alarmée des vues de l'Autriche sur son territoire, votait ordinairement avec la Prusse. La Saxe[1], quoique protestante, était souvent opposée à la Prusse par défiance de voisinage, et votait avec l'Autriche. Mais, en général, l'Autriche avait pour clients les princes catholiques, et particulièrement les États ecclésiastiques. Ceux-ci opinaient en sa faveur quand il fallait déférer l'empire; ils se conformaient à son avis dans les assemblées où se débattaient les affaires générales. Ne levant pas d'armées, ils laissaient les recruteurs autrichiens prendre des soldats chez eux; de plus, ils fournissaient des apanages aux cadets de la maison impériale. L'archiduc Charles, par exemple, venait de recevoir un riche

---

[1] Il faut toutefois remarquer qu'à cette époque l'électeur de Saxe était catholique, tandis que son pays était protestant, et comptait pour tel.

bénéfice dans la grande maîtrise de l'Ordre Teutonique, qui lui avait été récemment déférée. L'évêque de Munster et l'archevêque de Cologne étant morts, les chapitres de ces deux siéges avaient nommé l'archiduc Antoine pour remplacer les prélats défunts. Comme dans tous les pays aristocratiques, l'Église fournissait ainsi des dotations aux puînés des grandes familles. La Prusse naturellement savait mauvais gré aux États ecclésiastiques de donner à l'Autriche des soldats, des apanages et des voix à la Diète.

Une fois engagés dans les réformes constitutionnelles, les princes allemands allaient être amenés à d'autres changements encore, notamment à la suppression des villes libres et de la noblesse immédiate.

Les villes libres devaient leur origine aux empereurs. De même que les rois de France avaient jadis affranchi les communes de la tyrannie des seigneurs, de même les empereurs avaient donné aux villes d'Allemagne, formées par l'industrie et le commerce, une existence indépendante, des droits reconnus, souvent aussi des priviléges. C'était là ce qui avait introduit dans cette vaste féodalité allemande, à côté des seigneurs féodaux, à côté des prêtres souverains portant des couronnes de comtes ou de ducs, des républiques démocratiques, célèbres par leur richesse et leur génie. Augsbourg, Nuremberg, Cologne, sous le rapport des arts, de l'industrie et du commerce, avaient autrefois bien mérité de l'Allemagne et de l'humanité entière.

Août 1802.

Les villes libres, leur origine, leur suppression inévitable.

Toutes ces villes étaient tombées sous le joug de petites aristocraties locales, et la plupart se trouvaient déplorablement administrées. Celles dont le commerce s'était maintenu échappaient à la ruine commune, et présentaient même des républiques assez prospères. Mais elles étaient jalousées par les princes voisins, qui cherchaient à les adjoindre à leur territoire. La Prusse, en particulier, aurait voulu incorporer dans ses États Nuremberg, et la Bavière Augsbourg, bien que ces villes fussent toutes deux fort déchues de leur ancienne splendeur.

La noblesse immédiate avait une origine assez semblable à celle des villes libres, car son titre provenait de la protection impériale accordée aux seigneurs, trop faibles pour se défendre eux-mêmes. Aussi était-elle surtout répandue en Franconie et en Souabe, parce qu'à l'époque de la destruction de la maison de Souabe, les seigneurs de cette contrée, se trouvant sans suzerain, s'étaient donnés à l'empereur. On l'appelait *immédiate*, parce qu'elle relevait directement de l'empereur, et non des princes chez lesquels ses domaines étaient situés. On donnait le même titre d'*immédiat* à tout État, ville, fief, abbaye, relevant directement de l'empire. On appelait *médiat*, tout État dépendant directement du prince dans le territoire duquel il se trouvait enclavé. Cette noblesse immédiate, dont l'obéissance était partagée entre le seigneur local et l'empereur qu'elle reconnaissait comme son unique suzerain, était fière de cette vassalité plus relevée, servait dans les armées et dans les chancelleries impériales, et livrait aux recruteurs autrichiens la population des bourgs et villages qui lui appartenaient.

<small>Août 1802</small>

Les princes territoriaux, de quelque parti qu'ils fussent, souhaitaient la double incorporation à leurs États de la noblesse immédiate et des villes libres. L'Autriche, assez froide pour le maintien des villes libres, dont elle convoitait un certain nombre pour elle-même, était ardente au contraire pour le maintien de la noblesse immédiate, qu'elle affectionnait d'une manière particulière. Cependant elle voulait en général la conservation de tout ce qui pouvait être conservé.

De notre point de vue moderne, rien ne doit paraître plus naturel, plus légitime, que la réunion de toutes ces parcelles de territoire, villes ou seigneuries immédiates, au corps de chaque État. Cela sans doute eût mieux valu, si, comme en France, en 1789, on avait remplacé en Allemagne ces libertés locales par une liberté générale, garantissant à la fois toutes les existences et tous les droits. Mais ces incorporations allaient accroître le pouvoir absolu des rois de Prusse, des électeurs de Bavière, des ducs de Wurtemberg. A cette condition, il était permis de les voir avec quelque regret.

<small>Caractère de la révolution qui s'opérait en ce moment en Allemagne.</small>

Il y a, dans l'histoire des monarchies européennes, deux révolutions fort différentes par leur objet et par leur date : la première, au moyen de laquelle la royauté conquiert sur la féodalité les petites souverainetés locales, absorbant ainsi beaucoup d'existences particulières, pour former un seul État; la seconde, au moyen de laquelle la royauté, après avoir formé cet État unique, est obligée de compter avec la nation, et d'accorder une liberté générale, uniforme, régulière, bien préférable assurément aux libertés particulières de la féodalité. La France, en 1789, après avoir achevé cette première révolution, entreprenait la seconde. L'Allemagne, en 1803, en était encore à la première, et elle ne l'a pas même achevée aujourd'hui. L'Autriche, sans aucune autre vue que de conserver son influence dans l'empire, défendait la vieille constitution germanique, et avec elle les libertés féodales de l'Allemagne. La Prusse, au contraire, avide d'incorporations, voulant absorber les villes libres et la noblesse immédiate, devenait novatrice par ambition, et tendait à donner à l'Allemagne les formes de la société moderne, c'est-à-dire à commencer, sans le vouloir, sans le savoir, l'œuvre de la Révolution française dans le vieil empire germanique.

Si les vues constitutionnelles de ces deux puissances étaient diverses, leurs prétentions territoriales ne l'étaient pas moins.

L'Autriche voulait faire indemniser largement ses deux archiducs, et sous ce prétexte étendre et améliorer la frontière de ses propres États. Elle s'occupait peu du duc de Modène, doté depuis long-temps, par les traités de Campo-Formio et de Lunéville, du Brisgau (petite province du pays de Baden) dont il se souciait médiocrement, aimant mieux jouir tranquillement à Venise de ses immenses richesses, accumulées à force d'avarice. Mais elle s'occupait sérieusement de l'archiduc Ferdinand, ancien souverain de la Toscane. Elle convoitait pour lui le bel archevêché de Salzbourg, qui aurait rattaché le Tyrol au corps de la monarchie autrichienne, plus la prévôté de Berchtolsgaden, enclavée dans l'archevêché de Salzbourg. (Voir la carte n° 20.) Ces deux principautés lui étaient formellement promises, mais elle souhaitait obtenir davantage. Elle voulait pour ce même archiduc l'évêché de Passau, qui assurait à sa maison l'importante place de Passau, située au confluent de l'Inn et du Danube, le superbe évêché d'Augsbourg, s'étendant longitudinalement sur le Lech, au milieu même de la Bavière, enfin le comté de Werdenfels[1], et l'abbaye de Kempten, deux possessions placées sur le penchant des Alpes du Tyrol, dominant l'une et l'autre les sources des fleuves qui traversent la Bavière, tels que l'Inn, l'Isar, la Loisach, le Lech. Si on ajoute à cela dix-neuf villes libres en Souabe, plus douze grandes abbayes immédiates, et si on songe que l'Autriche, indépendamment de ce qu'elle demandait pour l'archiduc en Souabe, avait une foule d'anciennes possessions dans cette contrée, on comprendra facilement ses desseins en cette circonstance. Elle voulait, au moyen de la prétendue indemnité de l'archiduc Ferdinand, prendre position au milieu de la Bavière par Augsbourg, au-des-

Août 1802.

Demandes de l'Autriche.

---

[1] Ce comté dépendait de l'évêché de Freisingen.

sus par Werdenfels et Kempten, au delà par ses possessions de Souabe, et, en la pressant ainsi dans les serres de l'aigle impérial, l'amener à lui céder la partie de ses États qu'elle convoitait depuis long-temps, c'est-à-dire le cours de l'Inn, peut-être même celui de l'Isar.

C'était l'une des plus anciennes prétentions de l'Autriche que de s'étendre en Bavière pour s'y faire une meilleure frontière, et de prolonger en même temps ses postes dans les Alpes tyroliennes, jusqu'aux limites de la Suisse. La possession de la ligne de l'Isar était le plus cher de ses vœux, et n'aurait pas été le dernier, si on l'avait satisfait. Pour avoir jusqu'à l'Isar, elle aurait abandonné à la maison de Bavière Augsbourg (l'évêché et la ville), plus toutes les possessions autrichiennes en Souabe. Dans ce plan, la ville de Munich, située sur l'Isar, se trouvant sur la frontière, et ne pouvant demeurer siége du gouvernement bavarois, Augsbourg aurait été la nouvelle capitale offerte à l'électeur palatin. Mais c'était absorber presque la moitié de cet électorat, et refouler entièrement la maison palatine en Souabe. A défaut de ce rêve beaucoup trop beau, le cours de l'Inn eût consolé l'Autriche de ses malheurs. Elle ne possédait que la partie inférieure de l'Inn, depuis Braunau jusqu'à Passau. Mais, au-dessus, entre Braunau et les Alpes tyroliennes, c'était la Bavière qui avait les deux rives de ce fleuve. L'Autriche aurait souhaité l'Inn dans tout son cours, depuis son entrée en Bavière, à Kufstein, jusqu'à sa réunion au Danube. Cette ligne aurait embrassé moins de pays que celle de l'Isar, mais elle était fort belle encore, et militairement plus solide. C'était toujours par voie d'échange que l'Autriche se proposait d'acquérir l'une ou l'autre de ces frontières. Aussi ne cessait-elle, depuis que la question des indemnités s'agitait entre les cabinets, d'obséder de ses offres, et, quand elle n'était pas écoutée, de ses menaces, le malheureux électeur de Bavière, lequel communiquait sur-le-champ ses anxiétés à ses deux protecteurs naturels, la Prusse et la France.

Voilà comment l'Autriche entendait faire sa part dans la distribution des indemnités. Voici comment elle faisait celle des autres.

Pour les pertes essuyées par la Bavière à la gauche du Rhin, pertes qui surpassaient celles de tous les autres princes allemands, car cette maison avait perdu le duché de Deux-Ponts, le Palatinat du Rhin, le duché de Juliers, le marquisat de Berg-op-Zoom, et une foule de terres en Alsace, l'Autriche lui assignait deux évêchés en Franconie, ceux de Wurtzbourg et de Bamberg, fort bien placés pour la Bavière, puisqu'ils étaient voisins du Haut-Palatinat, mais égalant à peine les deux tiers de ce qui lui était dû. Peut-être l'Autriche aurait-elle ajouté à ce lot l'évêché de Freisingen, situé sur l'Isar, tout près de Munich. A la Prusse, l'Autriche entendait donner un gros évêché au nord, Paderborn par exemple, peut-être deux ou trois abbayes, comme Essen et Werden; enfin au stathouder

Août 1802.

Manière dont l'Autriche veut faire la part des autres maisons allemandes.

un territoire quelconque en Westphalie, c'est-à-dire le quart au plus de ce qu'ambitionnait la maison de Brandebourg, pour elle-même et pour sa parenté. Après avoir concédé aux deux Hesses, à Baden et au Wurtemberg, quelques dépouilles du bas clergé, et un certain nombre d'abbayes à la foule des petits princes héréditaires, lesquels, disait-elle, seraient bien heureux de prendre ce qu'on leur donnerait, l'Autriche voulait avec les gros territoires du nord et du centre de l'Allemagne, tels que Munster, Osnabruck, Hildesheim, Fulde, avec les débris des électorats de Cologne, Mayence et Trèves, conserver les trois électeurs ecclésiastiques, et sauver par là son influence en empire.

Sur les trois électorats ecclésiastiques, le premier, celui de Mayence, venait de passer au coadjuteur du dernier archevêque. Ce nouveau titulaire, membre de la maison de Dalberg, était un prélat instruit, spirituel, homme du monde. L'électorat de Trèves appartenait à un prince saxon, encore vivant, retiré dans l'évêché d'Augsbourg dont il cumulait le titre avec celui de Trèves, oubliant dans l'observation assidue des pratiques religieuses, dans l'opulence que lui procuraient les pensions de sa famille, sa grandeur électorale perdue. L'électorat de Cologne était devenu vacant par la mort du titulaire. Les évêchés de Munster, de Freisingen, de Ratisbonne, la prévôté de Berchtolsgaden, venaient de vaquer aussi. Soit que l'Autriche fût ou ne fût pas complice des chapitres, elle avait laissé nommer, en présence d'un commissaire impérial, l'archiduc Antoine pour évêque de Munster et pour archevêque de Cologne. La Prusse irritée avait réclamé vivement, disant qu'on voulait par la nomination de nouveaux titulaires créer des obstacles aux sécularisations, et empêcher la libre exécution du traité de Lunéville. Ses réclamations avaient pour but d'empêcher qu'on ne remplît de la même manière les bénéfices encore vacants de Freisingen, Ratisbonne et Berchtolsgaden.

Août 1802.

On pourrait se faire une idée assez juste des projets de la Prusse, en prenant exactement le contre-pied des projets de l'Autriche. D'abord elle jugeait, et avec raison, les pertes du grand-duc de Toscane exagérées du double au moins. On prétendait à Vienne qu'il avait perdu 4 millions de florins en revenu. Cette assertion était fort exagérée ; elle reposait sur la confusion des revenus nets et des revenus bruts. Le revenu net perdu par le grand duc était de 2,500,000 florins au plus. La Prusse soutenait que Salzbourg, Passau et Berchtolsgaden égalaient, s'ils ne surpassaient, le revenu de la Toscane ; sans ajouter que la Toscane, détachée de la monarchie autrichienne, n'avait pour celle-ci aucune valeur de position, tandis que Salzbourg, Berchtolsgaden, Passau, liés au corps même de cette monarchie, lui donnaient une frontière excellente, et dans les montagnards de Salzbourg une nombreuse population militaire. On croyait que l'Autriche y pourrait lever vingt-cinq mille hommes. Il n'y avait donc pas de motif fondé pour ajouter au lot de

Prétentions contraires de la Prusse.

6.

l'archiduc les évêchés d'Augsbourg, d'Aichstedt, l'abbaye de Kempten, le comté de Werdenfels, ainsi que toutes les villes libres et les abbayes demandées en Souabe. Cependant la Prusse insistait moins sur l'exagération des prétentions de l'Autriche, qu'elle n'insistait sur la légitimité des siennes. Elle estimait au double de leur valeur véritable les pertes qu'elle disait avoir faites, et diminuait de moitié le prix des territoires qu'elle réclamait en dédommagement. D'abord elle partageait l'un des désirs de l'Autriche, celui de se porter vers le centre et le midi de l'Allemagne. Elle voulait faire en Franconie ce que l'Autriche cherchait à faire en Souabe; elle y voulait doubler au moins son territoire. C'était une ambition constante de ces deux grandes cours de prendre, dans le milieu de l'Allemagne, des positions avancées, soit l'une contre l'autre, soit contre la France, soit aussi pour y tenir sous leur influence les États du centre de la confédération. Dans ses premiers élans d'ambition, la Prusse n'avait pas demandé moins que les évêchés de Wurtzbourg et de Bamberg, contigus aux marquisats d'Anspach et de Bareuth, et destinés dans la pensée de tout le monde à indemniser la Bavière. Cette prétention avait rencontré de telles objections, surtout à Paris, qu'il avait fallu y renoncer.

A défaut de Wurtzbourg et de Bamberg, la Prusse, qui avait perdu seulement le duché de Gueldre, une portion du duché de Clèves, la petite principauté de Mœurs, quelques péages supprimés sur le Rhin, et les enclaves de Savenaer, Huissen, Marbourg, cédés à la Hollande, ce qui représentait 700 mille florins de revenu suivant la Russie, 1,200 mille suivant la France, la Prusse ne voulait pas moins qu'une partie du nord de l'Allemagne, c'est-à-dire les évêchés de Munster, de Paderborn, d'Osnabruck, d'Hildesheim, plus les restes de l'électorat de Mayence en Thuringe, tels que l'Eichsfeld et Erfurth, puis enfin en Franconie, où elle n'abdiquait pas ses prétentions, l'évêché d'Aichstedt et la célèbre ville de Nuremberg.

Faisant, à l'égard de l'indemnité du stathouder, les mêmes calculs que l'Autriche à l'égard de l'indemnité du duc de Toscane, elle demandait pour la maison d'Orange-Nassau un établissement contigu au territoire prussien, et comprenant les pays qui suivent : le duché de Westphalie, le pays de Recklinghausen, les restes des deux électorats de Cologne et de Trèves, à la droite du Rhin. Il en résultait pour le stathouder, outre l'avantage d'être adossé à la Prusse, avantage fort grand pour elle et pour lui, celui d'être placé près de la Hollande, et de pouvoir y profiter des retours de la fortune. Maintenant, si on songe à la fausseté des évaluations de la Prusse, si on songe qu'après avoir exagéré jusqu'au double, même au triple, le chiffre de ses pertes, elle dissimulait dans la même proportion la valeur des objets demandés en compensation, que, par exemple, elle évaluait à 350 mille florins l'évêché de Munster, qui, à Paris, d'après les calculs les plus impartiaux, était évalué à 1,200 mille, qu'elle estimait à 150 mille florins l'évêché d'Osnabruck, qui, à Paris, était estimé 369 mille, et ainsi du reste, on se fera une idée de la folle exagération de ses prétentions.

Elle se montrait un peu plus généreuse que l'Autriche envers les princes de second et de troisième ordre, car c'étaient tout autant de voix protestantes à introduire dans la Diète. Elle était d'avis de supprimer les électeurs ecclésiastiques de Cologne et de Trèves, de laisser exister tout au plus celui de Mayence, avec les débris de son électorat situés à la rive droite du Rhin ; de remplacer les deux électeurs ecclésiastiques supprimés par des électeurs protestants, pris parmi les princes de Hesse, de Wurtemberg, de Bade, même d'Orange-Nassau, s'il était possible. L'appui que l'Autriche cherchait auprès de la Russie, la Prusse le cherchait auprès de la France. Elle offrait, si on la secondait dans ses réclamations, de lier sa politique à celle du Premier Consul, de s'engager à lui par une alliance formelle, de garantir tous les arrangements faits en Italie, tels que la création du royaume d'Étrurie, la nouvelle constitution donnée à la République italienne, et la réunion du Piémont à la France. Elle faisait en même temps les plus grands efforts pour amener à Paris la négociation, que l'Autriche tâchait d'amener à Saint-Pétersbourg. Elle savait que, hors de Paris, elle n'était pas très-favorablement jugée ; que, dans toutes les cours, on lui reprochait amèrement d'avoir abandonné la cause de l'Europe pour celle de la Révolution française ; que, si on critiquait les prétentions de l'empereur, les siennes étaient jugées bien plus sévèrement, car il leur manquait l'excuse des grandes pertes essuyées par la maison d'Autriche dans la dernière guerre; elle savait enfin qu'il n'y avait d'appui à espérer que du côté de la France; que se prêter au déplacement de la négociation, ce serait désobliger le Premier Consul, et accepter des arbitres mal disposés à son égard. Aussi refusa-t-elle nettement toutes les ouvertures de l'Autriche, qui, en désespoir de cause, lui offrait de s'entendre à elles deux, de s'accorder l'une à l'autre la part du lion, en sacrifiant tous les princes de second et de troisième ordre, et de s'adresser ensuite à Pétersbourg pour obtenir la consécration du partage qu'elles auraient fait, dans le but surtout de soustraire l'Allemagne au joug des Français.

Août 1802.

Les princes allemands, suivant l'exemple de la Prusse, avaient tous recours à la France. Au lieu de solliciter à Londres, à Pétersbourg, à Vienne, à Berlin, ils sollicitaient à Paris. La Bavière, tourmentée par l'Autriche; les ducs de Baden, de Wurtemberg, de Hesse, jaloux les uns des autres; les petites familles effrayées de l'avidité des grandes; les villes libres, menacées d'incorporation; la noblesse immédiate, exposée au même danger que les villes libres; tous, grands et petits, républiques ou souverains héréditaires, plaidaient leur cause à Paris, les uns par l'intermédiaire de leurs ministres, les autres directement et en personne. Le ci-devant stathouder y avait envoyé son fils, le

Les princes allemands imitent la Prusse, et ont tous recours à la France.

prince d'Orange, depuis roi des Pays-Bas, prince distingué, que le Premier Consul avait accueilli avec beaucoup de faveur. Plusieurs autres princes y étaient venus également. Tous fréquentaient avec empressement ce palais de Saint-Cloud, où un général de la République était courtisé à l'égal des rois.

Singulier spectacle que l'Europe donnait alors, et qui prouve bien l'inconséquence des passions humaines, et la profondeur des desseins de la Providence!

La Prusse et l'Autriche avaient entraîné l'Allemagne à une guerre injuste contre la Révolution française, et elles avaient été vaincues. La France, par le droit de la victoire, droit incontestable quand la puissance victorieuse a été provoquée, avait conquis la rive gauche du Rhin. Une partie des princes allemands se trouvaient dès lors sans États. Il était naturel de les indemniser en Allemagne, et de n'indemniser qu'eux. Cependant la Prusse et l'Autriche, qui les avaient compromis, voulaient indemniser aux dépens de cette malheureuse Allemagne leurs propres parents, italiens comme les archiducs, ou hollandais comme le stathouder; et, ce qui est plus étrange encore, elles voulaient, sous le nom de leurs proches, s'indemniser elles-mêmes, toujours aux dépens de cette Allemagne, victime de leurs fautes. Et ces dédommagements, où les cherchaient-elles? dans les biens mêmes de l'Église; c'est-à-dire que les défenseurs du trône et de l'autel, rentrés chez eux après s'être fait battre, entendaient se dédommager d'une guerre malheureuse en dépouillant l'autel qu'ils étaient allés défendre, et en imitant la Révolution française qu'ils étaient venus attaquer! Et, chose plus extraordinaire encore, s'il est possible, ils demandaient au représentant victorieux de cette Révolution, de leur partager ces dépouilles de l'autel, qu'ils ne savaient pas se partager eux-mêmes!

Le Premier Consul s'inquiétait peu du mouvement qu'on se donnait autour de lui pour attirer la négociation tantôt ici, tantôt là. Il savait qu'elle n'aurait lieu qu'à Paris, parce qu'il le voulait ainsi, et que c'était mieux de tout point. Libre de ses mouvements depuis la signature de la paix générale, il écouta successivement les parties intéressées : la Prusse, qui ne désirait agir qu'avec lui et par lui; l'Autriche, qui, tout en cherchant à porter l'arbitrage à Pétersbourg, ne négligeait rien cependant pour le disposer en sa faveur; la Bavière, qui lui demandait conseil et appui contre les offres menaçantes de l'Autriche; la maison d'Orange, qui avait envoyé son fils à Paris; les maisons de Baden, de Wurtemberg, de Hesse, qui promettaient le plus entier dévouement si on voulait les avantager; enfin, la masse des petits princes qui se réclamaient de leur ancienne alliance avec la France. Après avoir entendu ces divers prétendants, le Premier Consul reconnut bientôt que, sans l'intervention d'une volonté puissante, le repos de l'Allemagne, et, par suite, celui du continent,

Août 1802.

Politique du Premier Consul dans les affaires d'Allemagne.

Août 1802.

resterait indéfiniment en péril. Il se décida donc à offrir, et en réalité, à imposer sa médiation, mais en présentant des arrangements qui pussent honorer la justice de la France et la sagesse de sa politique.

Rien n'était plus sensé, plus admirable, que les vues du Premier Consul, à cette époque heureuse de sa vie, où, couvert d'autant de gloire qu'il en eut jamais, il n'avait pas cependant assez de force matérielle pour mépriser l'Europe, et se dispenser de recourir à une politique profondément calculée. Il voyait bien qu'avec les dispositions peu sûres de l'Angleterre, il fallait songer à prévenir le danger d'une nouvelle guerre générale ; que, dans ce but, il était urgent de se ménager une alliance solide sur le continent ; que celle de la Prusse était la plus convenable ; que cette cour, novatrice par nature, par origine, par intérêt, avait avec la Révolution française des affinités, que ne pouvait avoir aucune autre cour ; qu'en se l'attachant sérieusement, on rendait les coalitions impossibles ; car, au degré de force auquel la France était parvenue, c'était tout au plus si on oserait l'attaquer, lorsque toutes les puissances seraient réunies contre elle ; mais que, s'il en manquait une seule à la coalition, et, si la puissance qui manquait, avait passé du côté de la France, jamais on ne tenterait les chances d'une nouvelle guerre. Cependant, tout en songeant à s'allier à la Prusse, le Premier Consul comprenait avec une rare justesse d'esprit, qu'il ne fallait pas la faire tellement forte qu'elle écrasât l'Autriche, car alors elle deviendrait à son tour la puissance dangereuse, au lieu d'être l'alliée utile; qu'il ne fallait lui sacrifier ni les petits princes, anciens amis de la France, ni les États ecclésiastiques sans exception, États peu consistants, peu militaires, et préférables comme voisins à des princes laïques et guerriers; ni enfin les villes libres, respectables par les souvenirs qu'elles rappelaient, respectables surtout à titre de Républiques pour la République française; que sacrifier en même temps à la Prusse tous ces petits États, héréditaires, ecclésiastiques, républicains, c'était favoriser la réalisation de cette unité allemande, plus dangereuse pour l'équilibre européen, si elle se constituait jamais, que toute la puissance autrichienne ne l'avait été jadis; qu'en faisant pencher, en un mot, la balance vers le parti protestant et novateur, il fallait la faire pencher et non verser, car ce serait pousser l'Autriche au désespoir, peut-être la précipiter vers sa chute, remplacer alors un ennemi par un autre, et dans l'avenir préparer à la France une rivalité avec la maison de Brandebourg tout aussi redoutable que celle qui l'avait mise en guerre avec la maison d'Autriche pendant plusieurs siècles.

Août 1802.

Plein de ces sages pensées, le Premier Consul entreprit d'abord d'amener la Prusse à des vues modérées. Parvenu à s'entendre avec elle, il voulait négocier avec les intéressés de second ordre, et les contenter au moyen d'une juste part d'indemnité; il projetait ensuite d'ouvrir à Pétersbourg une négociation toute de courtoisie, pour flatter

Le Premier Consul songe à s'adresser à l'intérêt de la Prusse et à l'orgueil de la Russie, pour faire réussir la négociation.

l'orgueil du jeune empereur qu'il découvrait parfaitement sous une feinte modestie, et pour le lier par de bons procédés aux arrangements territoriaux qui seraient arrêtés. Avec le concours de la Prusse satisfaite, de la Russie flattée, il espérait rendre inévitable la résignation de l'Autriche, si toutefois on avait eu soin de ne pas trop l'exaspérer par les arrangements adoptés.

Dans des combinaisons aussi compliquées, il fallait s'attendre à passer par plusieurs projets avant d'arriver au projet définitif. L'idée du Premier Consul, relativement à la distribution territoriale de l'Allemagne, avait été d'abord d'éloigner les unes des autres les trois grandes puissances centrales du continent, l'Autriche, la Prusse, la France, et de placer entre elles la masse entière de la Confédération germanique. Dans ce but, le Premier Consul aurait concédé à l'Autriche, non pas la totalité de ses prétentions, c'est-à-dire le cours de l'Isar, car il aurait fallu dans ce cas transporter la maison palatine en Souabe et en Franconie; mais il lui aurait concédé l'Inn dans tout son cours, c'est-à-dire l'évêché de Salzbourg, la prévôté de Berchtolsgaden, le pays compris entre la Salza et l'Inn, plus les évêchés de Brixen et Trente, situés en Tyrol. L'Autriche, ainsi dédommagée pour son compte et celui des deux archiducs, aurait dû renoncer à toute possession en Souabe ; elle aurait été placée en entier derrière l'Inn; elle y aurait été compacte, et couverte par une frontière excellente; elle eût enfin trouvé le repos, et l'aurait donné à la Bavière, par la solution de la vieille question de l'Inn.

Août 1802.

De même qu'on aurait fait renoncer l'Autriche à son établissement en Souabe, on aurait fait renoncer la Prusse à son établissement en Franconie, en demandant à celle-ci l'abandon des margraviats d'Anspach et de Bareuth. Avec ces margraviats et les évêchés contigus de Wurtzbourg et de Bamberg, avec les possessions dont l'Autriche aurait dû faire le sacrifice en Souabe, avec les évêchés de Freisingen, d'Aichstedt, enclavés dans les possessions bavaroises, on eût composé à la maison palatine un territoire bien arrondi, s'étendant à la fois en Bavière, en Souabe, en Franconie, et capable de servir de barrière entre la France et l'Autriche. A ce prix la maison Palatine aurait pu abandonner les restes du Palatinat du Rhin, et le beau duché de Berg, placé à l'autre extrémité de l'Allemagne, c'est-à-dire vers la Westphalie. La Prusse, éloignée de la Franconie comme l'Autriche de la Souabe, aurait été reportée tout à fait au nord. Pour l'y reporter entièrement, on aurait supprimé l'obstacle qui l'en séparait, c'est-à-dire les deux branches de la maison de Mecklembourg ; on aurait établi ces deux familles dans les territoires devenus vacants au centre de l'Allemagne. La Prusse se serait trouvée de la sorte sur les bords de la Baltique ; on lui aurait donné en outre les évêchés de Munster, d'Osnabruck et d'Hildesheim. Dédommagée ainsi de ses pertes anciennes et nouvelles, elle aurait pu abandonner tout le duché de Clèves, dont la partie située à la gauche du Rhin avait passé à la France, dont la partie située à la rive droite aurait grossi la masse des indemnités. Alors, déjà séparée de l'Autriche par l'abandon de la Franconie, elle l'eût été encore de la France par son éloignement des bords du Rhin.

Il serait resté dans les duchés vacants de Clèves, de Berg, de Westphalie, dans les débris des électorats de Cologne, Trèves et Mayence, dans les enclaves mayençaises d'Erfurth et d'Eichsfeld, dans l'évêché de Fulde, et autres propriétés ecclésiastiques, dans les débris du Palatinat du Rhin, dans le grand nombre d'abbayes médiates ou immédiates répandues par toute l'Allemagne, il serait resté de quoi composer un État à la maison de Mecklembourg et à celle d'Orange ; de quoi indemniser les maisons de Hesse, de Bade, de Wurtemberg, et la foule des princes inférieurs. Enfin, dans les siéges d'Aichstedt, d'Augsbourg, de Ratisbonne, de Passau, il y aurait eu de quoi conserver deux électeurs ecclésiastiques sur trois, ce qui entrait dans la pensée du Premier Consul, car il ne voulait pas trop altérer la constitution germanique, et il lui plaisait d'ailleurs de protéger l'Église en tout pays.

Dans ce plan, si profondément conçu, l'Autriche, la Prusse, la France, étaient établies, les unes fort loin des autres ; la Confédération germanique était réunie en un seul corps, et placée au milieu des grandes puissances du continent, avec le rôle utile, important, honorable, de les séparer, et d'empêcher les collisions entre elles; les États allemands acquéraient une délimitation parfaite; la constitution germanique était utilement réformée, et point détruite.

Le plan du Premier Consul, proposé d'abord à la Prusse, ne fut pas refusé tout de suite. Il convenait à cette puissance de devenir compacte, de border la Baltique, d'occuper tout le nord de l'Allemagne. Son consentement définitif dépendait des quantités qui lui seraient offertes, lorsqu'on en arriverait à régler les détails du partage. Mais si les princes du centre de l'Allemagne, dont les États ne reposaient dans le moment que sur la volonté mobile des négociateurs, pouvaient être facilement transportés au nord ou au midi, au couchant ou au levant, il devait en être autrement pour deux princes, confinés à l'extrémité septentrionale de la Confédération, comme les princes de Mecklembourg, solidement établis au milieu de sujets dont ils avaient l'affection depuis des siècles, étrangers à toutes les vicissitudes territoriales amenées par la guerre, et difficiles à persuader quand on leur proposerait un déplacement aussi considérable. D'ailleurs, s'ils disaient un mot à l'Angleterre, elle ne manquerait pas de faire échouer un projet qui livrait les rivages de la Baltique à la Prusse.

Spontanément ou non, ils refusèrent d'une manière péremptoire ce qu'on leur offrait. Cependant la Prusse, qui avait été chargée de l'ouverture, leur avait clairement insinué que la France, en vou-

Août 1802.

Le refus des princes de Mecklembourg rend impossible le

lant faire d'eux des voisins, en voulait faire aussi des amis, et se montrerait libérale à leur égard dans la distribution des indemnités.

Quelque importante que fût la partie du plan qui venait d'être refusée, il valait encore la peine de poursuivre la réalisation du reste. Il était toujours bon en effet de reporter l'Autriche derrière l'Inn, et de lui concéder une fois pour toutes cet éternel objet de ses vœux; il était toujours bon de concentrer la Prusse vers le nord de l'Allemagne, et de l'exclure de la Franconie, où sa présence n'était utile à personne, pouvait même devenir dangereuse pour elle, en cas de guerre, car les provinces d'Anspach et de Bareuth se trouvant sur la route des armées française et autrichienne, sa neutralité devenait fort difficile à respecter. La suite de cette histoire révélera le grave inconvénient d'une pareille situation.

Mais la Prusse et l'Autriche étaient fort exigeantes pour ce qui les concernait. Bien que l'Autriche trouvât la frontière de l'Inn infiniment séduisante, elle ne voulait rien céder en Souabe; elle prétendait toujours y avoir des possessions, même après l'acquisition de l'Inn. Elle demandait, outre Salzbourg et Berchtolsgaden, outre le pays entre la Salza et l'Inn, l'évêché de Passau. Les évêchés de Brixen et de Trente, qu'on lui abandonnait, ne lui semblaient pas un don, car ils étaient en Tyrol, et tout ce qui était en Tyrol paraissait tellement lui appartenir, qu'elle croyait en le recevant ne rien recevoir de nouveau. La Prusse, de son côté, ne voulait se départir d'aucune de ses prétentions en Franconie. Dans cette situation le Premier Consul prit le parti d'abandonner le bien pour le possible, nécessité pénible mais fréquente dans les grandes affaires. Il tâcha de s'entendre définitivement avec la Prusse, pour se concerter ensuite avec la Russie, réservant pour la fin de la négociation, l'accord avec l'Autriche, qui montrait un entêtement désespérant, et qu'on ne pouvait réussir à vaincre que par l'ensemble des adhésions obtenues.

<small>Août 1802.

Le Premier Consul renonce à ses premières idées pour arriver à un arrangement possible.</small>

Il annonça d'abord la ferme résolution de ne laisser immoler aucun intérêt, de ne pas tout donner aux grandes maisons aux dépens des petites, de ne pas supprimer toutes les villes libres, de ne pas détruire complétement le parti catholique. Le général Beurnonville, ambassadeur de France à Berlin, était en ce moment en congé à Paris. Il fut chargé, dans le courant de mai 1802 (floréal an x), de s'aboucher avec M. de Lucchesini, ministre de Prusse, et de signer une convention, dans laquelle seraient stipulés les arrangements particuliers aux maisons de Brandebourg et d'Orange.

La Prusse reproduisit toutes ses prétentions, mais elle n'avait avec personne autant qu'avec la France la chance de traiter avantageusement. Elle fut donc obligée de se résigner à un arrangement qui, bien qu'inférieur à ce qu'elle désirait, devait paraître à toute l'Allemagne un acte de grande partialité pour elle. (Voir la carte n° 24.)

Cette puissance perdait, comme nous l'avons dit, à la rive gauche du Rhin, le duché de Guel-

<small>Arrangement particulier avec la Prusse</small>

dre, une partie du duché de Clèves, la petite principauté de Mœurs; elle cédait à la Hollande quelques enclaves; enfin elle allait être privée du revenu des péages du Rhin, en conséquence d'une disposition générale, relative à la navigation. Ces pertes réunies entraînaient une diminution de revenu qu'elle évaluait à 2 millions de florins, que l'Autriche évaluait à 750 mille, la Russie à un million, la France par faveur, à 12 ou 1,300 mille. Par une convention, signée le 23 mai 1802 (3 prairial an x), la France promit de faire obtenir à la Prusse les évêchés de Hildesheim et de Paderborn, une partie de l'évêché de Munster, les territoires d'Erfurth et de l'Eichsfeld, restes de l'ancien électorat de Mayence, enfin quelques abbayes et villes libres, le tout représentant environ 1,800 mille florins de revenus, 500 mille de plus que le chiffre supposé des pertes qu'il fallait compenser. La Prusse n'obtenait rien en Franconie, ce qui était pour elle un vif sujet de regrets, car son ambition était persévérante de ce côté; mais l'Eichsfeld et Erfurth étaient des points intermédiaires, qui lui ménageaient des relais pour arriver dans ses provinces de Franconie. Tout en feignant de se résigner à de grands sacrifices, elle signa, satisfaite au fond, des acquisitions qu'elle venait d'obtenir. Le lendemain on conclut avec elle une convention particulière pour l'indemnité de la maison d'Orange-Nassau. On ne plaça point cette maison en Westphalie comme elle aurait voulu, mais dans la Haute-Hesse. On lui donna l'évêché et l'abbaye de

Fulde, l'abbaye de Corvey, peu distante de Fulde, celle de Weingarten, et quelques autres. Par cet arrangement, sans être placée trop près de la Hollande et des souvenirs du stathoudérat, elle se trouvait néanmoins assez près du pays de Nassau, où toutes les branches de cette famille devaient être indemnisées.

Août 1802.

Ces avantages étaient accordés à la Prusse et à sa parenté, dans le but de s'assurer son alliance. Aussi le Premier Consul voulut-il profiter de l'occasion pour lui arracher une adhésion formelle à tout ce qu'il avait fait en Europe. Il exigea et obtint du chef de la maison d'Orange-Nassau la reconnaissance de la République batave, et la renonciation au stathoudérat; il exigea de la Prusse la reconnaissance de la République italienne, la reconnaissance du royaume d'Étrurie, et une approbation implicite de la réunion du Piémont à la France. Le roi Frédéric-Guillaume se trouvait ainsi enchaîné à la politique du Premier Consul, dans ce qu'elle avait de plus désagréable pour l'Europe. Il n'hésita cependant point, et donna l'adhésion demandée dans l'acte même qui lui assignait sa part des indemnités germaniques.

Après en avoir fini des prétentions de la Prusse, le Premier Consul, fidèle à son plan de s'entendre successivement et individuellement avec les principaux intéressés, signa le même jour une convention avec la Bavière. Il la traitait dans cette convention en vieille alliée de la France. (Voir la carte n° 21.) Il lui assurait toutes les principautés ecclésiastiques enclavées dans

Après s'être entendu avec la Prusse, le Premier Consul se met d'accord avec la Bavière.

7.

son territoire, l'évêché d'Augsbourg (moins la ville, qui devait être conservée comme ville libre), l'évêché de Freisingen ; les versants du Tyrol, ambitionnés par l'Autriche, tels que l'abbaye de Kempten et le comté de Werdenfels ; la place de Passau, sans l'évêché de Passau, enclavé dans le territoire autrichien, et destiné à l'archiduc Ferdinand ; l'évêché d'Aichstedt, placé sur les bords du Danube ; les deux grands évêchés de Wurtzbourg et de Bamberg, formant une notable partie de la Franconie ; enfin plusieurs villes libres et abbayes de la Souabe, que l'Autriche, dans ses rêves ambitieux, avait demandées pour elle-même, notamment Ulm, Memmingen, Buchorn, etc. La question de l'Inn, entre l'Autriche et la Bavière, n'était pas résolue : on laissait aux deux puissances intéressées le soin de la vider par voie d'échange. La maison palatine, concentrée en Souabe et en Franconie, acquérait ainsi un territoire assez compact. Il n'y avait plus que le duché de Berg, placé aux confins de la Westphalie, qui fût éloigné du corps de ses États. C'est dans le but d'agglomérer son territoire qu'on lui avait fait abandonner tout le Palatinat du Rhin ; mais elle était complétement dédommagée de ce qu'on lui enlevait, car si elle avait perdu 3 millions de florins de revenu, elle recevait 3 millions et quelques mille florins en compensation.

L'indemnité de la Prusse et de la Bavière étant fixée, le plus difficile était fait. On avait contenté deux amis de la France, et les deux États les plus considérables de l'Allemagne, après l'Autriche. Aucune opposition insurmontable n'était désormais à craindre. Il restait cependant à se mettre d'accord avec Baden, Wurtemberg, les deux Hesses. Baden et Wurtemberg étaient clients et parents de la Russie. C'est avec la Russie que leur part devait être réglée. Il entrait, comme nous l'avons dit, dans le plan du Premier Consul, de faire participer l'empereur Alexandre aux arrangements de l'Allemagne, de l'y intéresser, en traitant bien ses protégés, en flattant son orgueil, en paraissant tenir grand compte de son influence. D'abord on y était obligé par les articles secrets annexés au dernier traité de paix, articles par lesquels on s'était engagé à se concerter avec le cabinet russe pour l'affaire des indemnités germaniques. Le Premier Consul avait pensé qu'il ne fallait pas lui laisser le temps de réclamer son droit d'intervenir, et, dans sa correspondance personnelle avec le jeune empereur, l'entretenant avec confiance de toutes les grandes affaires de l'Europe, il lui avait demandé ses intentions à l'égard des maisons de Wurtemberg et de Baden, qui avaient l'honneur d'être alliées à la famille impériale. En effet, l'impératrice douairière, veuve de Paul Ier, mère d'Alexandre, était une princesse de Wurtemberg ; l'impératrice régnante, épouse d'Alexandre, était une princesse de Baden. Celle-ci était l'une de ces trois brillantes sœurs, nées dans la petite cour de Carlsruhe, et assises à cette époque sur les trônes de Bavière, de Suède, de Russie.

Août 1802.

Concert avec la Russie.

Le czar, flatté de ces avances, accepta volontiers les ouvertures du Premier Consul, et ne songea pas un instant à entrer dans la pensée de l'Autriche, qui voulait attirer la négociation à Pétersbourg. Quelque satisfait qu'il eût été de voir la plus grande affaire du continent traitée chez lui, il eut le bon esprit de n'y pas prétendre un moment. Il autorisa donc M. de Markoff à négocier sur ce sujet à Paris. Wurtemberg, Baden, étaient pour lui les moindres intérêts de cette négociation. Son intérêt essentiel c'était de participer ostensiblement à la négociation tout entière. Le Premier Consul ne laissa rien à désirer à l'empereur Alexandre, quant à l'extérieur du rôle à jouer, et lui offrit une manière de figurer égale à celle du cabinet français, en lui proposant de constituer la France et la Russie médiatrices entre les divers États de la Confédération germanique.

Cette idée était des plus heureuses. Il fallait bien, en effet, après avoir arrêté avec les principaux intéressés la part qui leur serait faite, se mettre enfin en communication avec le corps germanique assemblé à Ratisbonne, et l'amener à ratifier les arrangements individuellement souscrits. Le Premier Consul imagina de réunir ces arrangements en un plan général, et de le présenter à la diète de Ratisbonne au nom de la France et de la Russie, se constituant spontanément puissances médiatrices. Cette forme sauvait la dignité du corps germanique, qui ne paraissait plus dictatorialement organisé par la France, mais qui, dans l'embarras où le jetaient

Août 1802.

Le Premier Consul imagine de constituer la France et la Russie médiatrices, et de proposer en leur nom, à la Diète germanique, les arrangements par lui résolus.

les ambitions rivales soulevées dans son sein, acceptait comme arbitres les deux plus grandes puissances du continent, et les plus désintéressées. On ne pouvait pas cacher sous une forme plus convenable pour l'Allemagne, plus flatteuse pour un jeune souverain entrant à peine sur la scène du monde, la volonté réelle de la France. Le Premier Consul, en acceptant ainsi l'égalité de rôle avec un prince qui n'avait rien fait encore, lui couvert de gloire, consommé dans les armes et la politique, tenait une conduite des plus habiles, car, grâce à quelques ménagements, il amenait l'Europe à ses vues. Le caractère de la vraie politique, c'est de placer toujours le résultat réel avant l'effet extérieur. D'ailleurs l'effet se produit inévitablement quand le résultat réel est obtenu.

La proposition du Premier Consul à l'empereur Alexandre étant acceptée, on convint de présenter à la Diète germanique une note, signée des deux cabinets, et contenant l'offre spontanée de leur médiation. Restait à s'entendre sur les arrangements à consigner dans cette note. Le Premier Consul eut beaucoup de peine à faire accepter à M. de Markoff les stipulations déjà convenues avec les principales puissances allemandes, et contraires aux vues de l'Autriche, sans lui être sérieusement dommageables. Tandis que le jeune Alexandre affectait de ne partager aucune des passions de l'aristocratie européenne, M. de Markoff à Paris, M. de Woronzoff à Londres, affi-

Août 1802.

Difficultés qu'on rencontre auprès de M. de Markoff

chaient sans aucune retenue les passions qu'un émigré français, un tory anglais, ou un grand seigneur autrichien, auraient pu ressentir. M. de Markoff notamment était un Russe plein de morgue, dépourvu de cette attrayante flexibilité qu'on rencontre souvent chez les hommes distingués de sa nation, ayant de l'esprit, encore plus d'orgueil, et se faisant de la puissance de son cabinet une idée alors tout à fait exagérée. Le Premier Consul n'était pas homme à tolérer la ridicule hauteur de M. de Markoff, et savait remettre à sa place l'ambassadeur, en observant pour le souverain les égards convenables. Il lui offrit pour le Wurtemberg, pour Baden, pour la Bavière, des avantages supérieurs certainement aux pertes que ces trois maisons avaient éprouvées. Mais M. de Markoff, indifférent à la parenté impériale, même à la politique russe, qui commençait depuis la paix de Teschen à favoriser les petites puissances allemandes, M. de Markoff, dans son zèle pour la cause de la vieille Europe, se montrait non pas Russe, mais Autrichien. C'était l'Autriche qui semblait l'intéresser exclusivement. La Prusse lui était odieuse, il contestait toutes ses assertions, admettait au contraire toutes celles de l'Autriche, et demandait pour celle-ci autant qu'on aurait pu demander à Vienne. L'évêché de Salzbourg, la prévôté de Berchtolsgaden, accordés d'un consentement général à l'archiduc Ferdinand, produisaient à peu près autant que la Toscane, c'est-à dire 2,500,000 florins. On ajoutait cependant à ces deux principautés les évêchés de Trente et de Brixen. Mais M. de Markoff, porte-parole de l'Autriche, ne voulait pas qu'on tînt compte de cette addition. Ces évêchés étaient dans le Tyrol, et dès lors, suivant lui, tellement à l'Autriche, que c'était ôter à l'empereur pour donner à un archiduc. On répondait à cela que Trente et Brixen étaient des principautés ecclésiastiques, tout à fait indépendantes, quoique enclavées dans le territoire autrichien, et qu'elles ne seraient à l'Autriche que lorsqu'on les lui aurait attribuées formellement.

Août 1802.

L'Autriche voulait en outre l'évêché de Passau, qui lui assurait l'importante place de Passau, située au confluent de l'Inn et du Danube, et formant une tête de pont sur la Bavière. On consentait bien à donner à l'Autriche l'évêché de Passau sans la place, ce qui était possible et convenable, car le territoire de cet évêché se trouvait compris tout entier en Autriche, et la place de Passau en Bavière. Accorder cette place à l'Autriche, c'eût été lui accorder, à l'égard de la Bavière, une position offensive et menaçante. Rien n'était donc plus naturel que de concéder l'évêché à l'archiduc Ferdinand, et Passau à l'électeur palatin. Mais l'Autriche tenait à Passau comme à une position capitale, et M. de Markoff la défendait pour l'Autriche avec la plus extrême chaleur. Pourtant on voulait terminer cette longue négociation, et M. de Markoff, sentant qu'on finirait par se passer de la Russie, consentit enfin à transiger, et tomba d'accord avec M. de Talleyrand du plan définitif.

Difficulté relativement à la ville de Passau.

Août 1802.

Plan définitif adopté par la Russie et la France.

Lot de la Prusse et de la maison d'Orange.

Lot de la Bavière.

Lot de l'archiduc Ferdinand, représentant l'Autriche.

Lot de la maison de Baden.

Les avantages déjà concédés par le Premier Consul à la Prusse et à la maison d'Orange, quoique vivement contestés par M. de Markoff, furent insérés tout entiers dans le plan définitif. (Voir la carte n° 21.) C'étaient, ainsi qu'on l'a vu, pour la Prusse les évêchés d'Hildesheim, de Paderborn, de Munster (ce dernier en partie seulement), l'Eichsfeld, Erfurth, plus quelques abbayes et villes libres; et pour la maison d'Orange-Nassau, Fulde et Corvey. On inséra dans le même plan les conditions déjà stipulées pour la Bavière, c'est-à-dire les évêchés de Freisingen et d'Augsbourg, le comté de Werdenfels, l'abbaye de Kempten, la ville de Passau sans l'évêché, les évêchés d'Aichstedt, de Wurtzbourg et de Bamberg, plus diverses villes libres et abbayes de Souabe.

L'Autriche dut recevoir pour l'archiduc de Toscane les évêchés de Brixen, de Trente, de Salzbourg, de Passau (ce dernier sans la place de Passau), la prévôté de Berchtolsgaden. C'était un revenu de 3,500,000 florins, en dédommagement d'un revenu net de 2,500,000, avec l'avantage d'une contiguïté de territoire, que ne présentait pas la Toscane. L'Autriche ne gagnait rien en Souabe, elle y gardait ses anciennes possessions. C'était à elle, si elle le voulait, à les échanger pour la frontière de l'Inn. Le Brisgau était, comme dans les traités antérieurs, assuré au duc de Modène.

On traita fort bien la maison de Baden, ce qui paraissait intéresser médiocrement M. de Markoff.

Elle avait perdu diverses seigneuries et terres dans l'Alsace et le Luxembourg, représentant au plus 315 mille florins de revenu. On lui assura en territoires à sa portée, tels que l'évêché de Constance, les restes des évêchés de Spire, Strasbourg et Bâle, les bailliages de Ladenbourg, Bretten et Heidelberg, on lui assura 450 mille florins, sans compter la dignité électorale qui lui était destinée.

Août 1802.

La maison de Wurtemberg ne fut pas moins favorablement traitée. On lui concéda la prévôté d'Ellwangen, et diverses abbayes formant un revenu de 380 mille florins, en compensation de 250 mille qu'elle avait perdus.

Lot de la maison de Wurtemberg.

Les maisons de Hesse et de Nassau, furent également indemnisées en territoires situés à leur portée, et proportionnés à leurs pertes. Les princes inférieurs furent soigneusement défendus par la France, et conservèrent des revenus à peu près équivalents à ceux dont ils avaient été dépouillés. Les maisons d'Aremberg, de Solms, furent placées en Westphalie. Les comtes de Westphalie obtinrent le bas évêché de Munster. On s'était peu occupé de l'Angleterre, qui ne semblait pas mettre grand intérêt à la question des indemnités germaniques. Cependant on n'avait pas oublié que le roi Georges III était électeur de Hanovre, et qu'il attachait beaucoup de prix à cette ancienne couronne de sa famille. Il la regardait même comme sa dernière ressource, dans ces moments de sombre tristesse, où il croyait voir l'Angleterre bouleversée par une révolution. On voulait le disposer favorablement, et, comme on

Lot des maisons de Hesse, de Nassau, et des petits princes allemands.

Lot de la maison de Hanovre.

lui demandait d'ailleurs l'abandon de quelques droits en faveur des villes de Brême et de Hambourg, et divers petits sacrifices en faveur de la Prusse, on lui concéda en dédommagement l'évêché d'Osnabruck, contigu au Hanovre; indemnité fort supérieure à ce qu'il perdait, et qui avait pour but de l'intéresser vivement au succès de la médiation.

On réserva une certaine quantité d'abbayes médiates, pour compléter l'indemnité des princes qui auraient pu être maltraités dans cette première répartition, et pour fournir des pensions aux membres du clergé supprimé. En général, les princes qui recevaient des territoires ecclésiastiques étaient chargés de payer des pensions à tous les titulaires vivants, tant évêques, abbés, que membres des chapitres, et officiers attachés à leur service. C'était le plus simple devoir d'humanité envers les bénéficiaires, dont ils prenaient les biens et détruisaient l'existence princière. Mais si on avait pourvu ainsi aux besoins du clergé supprimé à la rive droite du Rhin, il restait le clergé dépossédé à la rive gauche, et celui-là, étant par suite des traités sans recours contre la France, n'aurait trouvé nulle part des moyens de vivre. C'est à le sustenter qu'étaient destinées en grande partie les abbayes médiates réservées.

Telles furent les dispositions territoriales convenues avec M. de Markoff. On avait distribué à peu près 14 millions de florins de dédommagement, pour 13 millions de perte; et ce qui prouvera l'a-

vidité des grandes cours, l'Autriche en prenait qua- Août 1802.
tre millions environ pour ses archiducs, la Prusse
deux pour elle, un demi pour le stathouder ; la Bavière
en prenait trois, ce qui était l'équivalent exact de
ses pertes ; Wurtemberg, Baden, les deux Hesses,
Nassau, environ deux ; tous les petits princes réunis, deux et demi. L'Autriche et la Prusse obtenaient
donc la meilleure part pour elles-mêmes, ou pour
des princes qui ne faisaient pas partie de la Confédération germanique.

Restaient les dispositions constitutionnelles dont Changements à la Constitution germanique.
il fallait bien convenir aussi. Le Premier Consul,
inclinant d'abord à conserver deux électeurs ecclésiastiques, contrarié depuis par l'entêtement de
l'Autriche, privé de ressources par l'avidité des
grandes cours, se réduisit à la conservation d'un Conservation d'un seul électeur ecclésiastique, celui de Mayence, et translation de son siége à Ratisbonne.
seul. L'électeur de Cologne était mort, et remplacé seulement pour la forme par l'archiduc
Antoine, mais sans prétention de la part de l'Autriche de faire valider l'élection. L'électeur-archevêque de Trèves, prince saxon, retiré dans son
second bénéfice, l'évêché d'Augsbourg, n'était ni à
plaindre ni à regretter. On devait lui donner une
pension de 100 mille florins. L'électeur de Mayence
actuel était un prince de la maison de Dalberg, duquel nous avons déjà parlé. Il avait, indépendamment de ses qualités personnelles, un titre à être
maintenu, c'était l'importance de son siége, auquel
était attachée la chancellerie de l'empire d'Allemagne, et la présidence de la Diète. On lui conserva
donc la qualité d'archichancelier de l'Empire, prési-

dent de la Diète, et on lui donna l'évêché de Ratisbonne, lieu où siégeait la Diète. On lui laissa en outre le bailliage d'Aschaffenbourg, reste de l'ancien électorat de Mayence, et on convint de lui composer, au moyen des propriétés réservées, un revenu d'un million de florins.

Il devait subsister par conséquent un seul des trois électeurs ecclésiastiques, ce qui, avec les cinq électeurs laïques, faisait six en tout. Le Premier Consul voulut en augmenter le nombre, et rendre ce nombre impair. Il proposa d'en créer neuf. Ce titre fut conféré au margrave de Baden, pour la bonne conduite de ce prince envers la France, et pour sa parenté avec la Russie, au duc de Wurtemberg et au landgrave de Hesse, pour leur importance dans la Confédération. C'étaient trois électeurs protestants de plus, ce qui faisait six protestants contre trois catholiques. La majorité se trouvait ainsi changée dans le collége électoral au profit du parti protestant, mais elle ne l'était pas au point d'enlever son influence légitime à l'Autriche, car celle-ci était assurée en tout temps des votes de Bohême, Saxe et Mayence, le plus souvent de celui de Hanovre, et dans certains cas de celui de Baden et Wurtemberg.

Il fut convenu que les princes indemnisés avec des terres ecclésiastiques siégeraient au Collége des princes pour les seigneuries dont ils acquéraient le titre. Cela changeait encore dans le Collége des princes la majorité au profit du parti protestant. Mais, grâce au respect qu'inspirait la maison depuis si long-temps impériale, grâce à l'intérêt que les petits princes avaient à conserver la Constitution germanique, les voix protestantes nouvellement créées n'étaient pas toutes des voix hostiles à l'Autriche. On supposait que le parti protestant ou prussien, comme ou voudra l'appeler, ayant, par suite des nouveaux arrangements, acquis la majorité numérique aux colléges des électeurs et des princes, l'Autriche avec le vieux prestige dont elle était entourée, avec les prérogatives attachées à la couronne impériale, avec son influence directe sur l'électeur de Ratisbonne, avec le pouvoir de ratification qu'elle possédait à l'égard de toutes les résolutions de la Diète, aurait encore le moyen de contre-balancer l'opposition de la Prusse, et de rester assez puissante pour que l'anarchie ne s'introduisît pas dans le corps germanique. On estimait qu'en lui ôtant la majorité numérique, on lui avait tout au plus enlevé le pouvoir de dominer l'Allemagne à volonté, et de l'entraîner à la guerre, au gré de son orgueil ou de son ambition. C'était l'avis du nouvel archichancelier, fort versé dans la connaissance pratique de la Constitution germanique.

Août 1802.

Il fallait organiser enfin le Collége des villes, peu influent de tout temps, et destiné à ne pas l'être davantage dans l'avenir. Bien que le traité de Lunéville n'eût point parlé de la suppression des villes libres, et seulement de la suppression des principautés ecclésiastiques, cependant l'existence de beaucoup de ces villes était tellement illusoire, leur administration tellement onéreuse pour elles-mêmes, l'exception qu'elles formaien au milieu du territoire

Ce que devient le Collége des villes.

Août 1802.

germanique si gênante et si répétée, qu'il fallut en supprimer le plus grand nombre. La protection qu'elles avaient cherchée jadis dans leur qualité de villes immédiates, c'est-à-dire dépendant de l'empereur seul, elles la trouvaient dans la justice du temps, et dans une observation des lois beaucoup plus exacte qu'autrefois. Cependant les supprimer toutes eût été trop rigoureux; et on peut affirmer que, sans le Premier Consul, les plus célèbres eussent succombé sous l'ambition des gouvernements voisins. Mais il tenait à honneur de conserver les principales d'entre elles. Il voulut maintenir Augsbourg et Nuremberg, à cause de leur célébrité historique; Ratisbonne, à cause de la présence de la Diète; Wetzlar, à cause de la chambre impériale; Francfort, Lubeck, à cause de leur importance commerciale. Il imagina d'en adjoindre deux, qui, bien que considérables, même les plus considérables de toutes, Hambourg et Brême, n'avaient pas la qualité de villes impériales. Brême dépendait du Hanovre. Elle en fut détachée au prix d'une partie de l'évêché d'Osnabruck. Hambourg jouissait d'une véritable indépendance, mais elle n'avait pas voix au Collége des villes. Elle y fut comprise. Le Premier Consul fit ajouter d'utiles priviléges à l'existence exceptionnelle des villes libres. Elles étaient déclarées neutres à l'avenir dans les guerres de l'empire, exemptes de toutes charges militaires, telles que le recrutement, le contingent financier, le logement des troupes. C'était un moyen de légitimer et de faire respecter la neutralité qui leur était accordée.

Nouvelle situation des villes libres.

Un autre bienfait dont elles devaient jouir plus qu'aucune autre partie des États germaniques, c'était la suppression des péages, vexatoires et onéreux, établis sur les grands fleuves d'Allemagne. Les péages féodaux sur le Rhin, sur le Weser, sur l'Elbe, furent supprimés. Les pertes résultant de cette suppression pour les États riverains avaient été d'avance calculées et compensées. On avait même obligé certains princes qui avaient des propriétés dans quelques villes libres, telles qu'Augsbourg, Francfort, Brême, à y renoncer, au prix d'une augmentation d'indemnité. C'est à la France seule, à ses efforts opiniâtres, que ces bienfaits étaient dus. Ainsi le nombre de ces villes était réduit de toutes celles qui avaient perdu leur importance, mais accru des deux plus riches, jusque-là restées en dehors. Leur existence était agrandie et améliorée; elles étaient mises en position de rendre à la liberté du commerce de grands services, et d'en recueillir le bénéfice.

Ce travail une fois achevé fut renfermé dans une convention, signée le 4 juin par M. de Markoff et par le plénipotentiaire français. Avertie, jour par jour, des démarches de M. de Markoff, l'Autriche s'était tenue en arrière. De son côté, le Premier Consul l'avait peu recherchée, voulant, comme il avait fait dès le commencement, obtenir la plupart des consentements individuels, pour vaincre ensuite les récalcitrants par l'ensemble des consentements obtenus. Dans cette vue, des conventions directes avec le Wurtemberg et les autres États, firent des détails du plan autant de traités particuliers de la France avec les pays indemnisés.

M. de Markoff, au reste, ne voulut prendre qu'un engagement conditionnel, et en référer à sa cour. Il fut convenu que si sa cour acceptait le plan proposé, la note qui devait le contenir serait portée immédiatement à Ratisbonne, et présentée à la Diète au nom de la France et de la Russie, se constituant médiatrices auprès du corps germanique. Le Premier Consul, en liant ainsi la Russie à son projet, d'accord en outre sur ce même projet avec la Prusse, la Bavière, les principaux États de second et troisième ordre, ne pouvait manquer de vaincre la résistance de l'Autriche. Mais il craignait les efforts qu'elle allait faire à Pétersbourg pour ébranler le jeune empereur, pour éveiller ses scrupules, et intéresser sa justice contre sa vanité très-flattée du rôle qui lui était offert. Aussi chargea-t-il le général Hédouville, notre ambassadeur à Pétersbourg, de déclarer qu'on n'attendrait que dix jours le consentement du cabinet russe, et la ratification de la convention du 4 juin. Il fit faire cette déclaration en termes mesurés, mais positifs. Elle signifiait clairement que, si la Russie n'appréciait point assez l'honneur de régler en commun avec la France le nouvel état de l'Allemagne, le Premier Consul passerait outre, et se constituerait seul médiateur. Il y avait eu de l'habileté et de l'à-propos dans la condescendance témoignée à la cour de Russie; il n'y en avait pas moins dans la fermeté qu'on montrait à la fin de la négociation entamée avec elle.

Dans ce moment, l'empereur Alexandre se trouvait hors de Saint-Pétersbourg ; il avait une entrevue à Mémel avec le roi de Prusse. Quoique la diplomatie russe fût toute favorable à l'Autriche, et défavorable à la Prusse, dont elle critiquait amèrement l'ambition et la condescendance envers la France, l'empereur Alexandre ne partageait pas ces dispositions. Il s'était persuadé, sans savoir trop pourquoi, que la Prusse était une puissance beaucoup plus redoutable que l'Autriche ; il croyait que le secret du grand art de la guerre était resté, depuis la mort de Frédéric II, dans les rangs de l'armée prussienne, et il demeura même jusqu'à Iéna dans cette persuasion. Il avait entendu parler du roi qui gouvernait la Prusse, de sa jeunesse, de ses vertus, de ses lumières, de sa résistance à ses ministres ; et, croyant voir entre la position de ce roi et la sienne plus d'une analogie, il avait conçu le désir de le connaître personnellement. En conséquence, il lui avait fait proposer une entrevue à Mémel. Le roi de Prusse avait saisi cette proposition avec empressement, car il était toujours plein du projet de s'entremettre entre la Russie et la France, toujours persuadé qu'il exercerait sur leurs rapports une utile influence, qu'il les ferait vivre en bonne harmonie, que, tenant la balance entre elles, il la tiendrait en Europe, et qu'à l'importance du rôle se joindrait la certitude de conserver la paix, dont le maintien était devenu la plus constante de ses préoccupations. Ce rôle, qu'il avait rêvé un instant sous l'empereur Paul, devenait

Août 1802.

Entrevue du roi de Prusse et de l'empereur de Russie à Mémel.

bien plus facile sous l'empereur Alexandre, que l'âge et les penchants semblaient rapprocher de lui. Confirmé dans cette pensée par M. d'Haugwitz, il s'était rendu à Mémel, la tête remplie des plus honorables illusions. Frédéric-Guillaume et Alexandre, actuellement réunis, paraissaient se convenir beaucoup, et se juraient l'un à l'autre une éternelle amitié. Le roi de Prusse était simple et un peu gauche; l'empereur Alexandre n'était ni simple ni gauche; il était, au contraire, aimable, empressé, prodigue de démonstrations. Il ne craignit point de faire les premiers pas envers le descendant du grand Frédéric, et lui exprima une affection des plus vives. La belle reine de Prusse était présente à cette entrevue; l'empereur Alexandre lui voua dès cette époque un culte respectueux et chevaleresque. Ils se séparèrent fort enchantés les uns des autres, et convaincus qu'ils s'aimaient, non comme des rois, mais comme des hommes. C'était, en effet, la prétention de l'empereur Alexandre, de rester homme sur le trône. Il revint, répétant à tous ceux qui l'approchaient qu'il avait enfin trouvé un ami digne de lui. A tout ce qu'on lui racontait du cabinet prussien, de son ambition, de son avidité, il répondait par l'explication constamment employée quand il s'agissait de la Prusse, que ce qu'on disait était vrai de M. d'Haugwitz, mais faux du jeune et vertueux roi. Il n'eût pas demandé mieux que de voir expliquer ainsi tous les actes de la cour de Russie. A l'instant où les deux monarques allaient se quitter, un courrier arrivé à Mémel remit au roi Frédéric-Guillaume une lettre du Premier Consul. Cette lettre lui faisait part des avantages accordés à la Prusse, et du plan définitif convenu avec M. de Markoff. Tout dépendait maintenant, ajoutait le Premier Consul, du consentement de l'empereur de Russie. Le roi Frédéric-Guillaume, enchanté de ce résultat, voulut profiter de l'occasion, et parler des affaires allemandes au jeune ami qu'il croyait avoir conquis pour la vie. Mais cet ami glissant refusa de l'écouter, et promit de répondre dès qu'il aurait reçu de ses ministres la communication du plan arrêté à Paris.

On était à la mi-juin 1802 (fin de prairial an x). Des courriers attendaient l'empereur Alexandre à Saint-Pétersbourg ; et le général Hédouville, très-ponctuel dans son obéissance, avait déjà présenté une note pour annoncer que, si, dans le délai fixé, on ne s'était pas expliqué par oui ou par non, il considérerait la réponse comme négative, et le manderait à Paris. Le vice-chancelier Kurakin, qui était mieux disposé pour la France que ses collègues, engagea le général Hédouville à reprendre sa note, afin de ne pas blesser l'empereur Alexandre, promettant qu'à l'arrivée de ce monarque l'affaire lui serait immédiatement soumise, et la réponse donnée sans aucun retard. L'empereur, de retour dans sa capitale, entendit ses ministres, et fut fort pressé par plusieurs d'entre eux de refuser le plan proposé. Le cabinet paraissait partagé, mais plus disposé cependant pour l'Autriche que pour la Prusse. Alexandre, bien qu'il vît, avec sa finesse précoce, que le maître des affaires d'Occident lui abandonnait l'apparence d'un rôle dont il gardait la réalité pour lui-même; bien qu'il comprît que ces conditions, qu'on devait dicter en commun à Ratisbonne, arrivaient toutes faites de Paris, Alexandre était cependant touché des égards extérieurs observés envers son empire, et satisfait d'un précédent qui, ajouté à celui de Teschen, établissait dans l'avenir le droit de la Russie de se mêler aux affaires germaniques. Il était convaincu que le Premier Consul passerait outre si le cabinet russe hésitait plus longtemps; de plus, les prétentions de l'Autriche, qui faisait en ce moment les derniers efforts à Pétersbourg, lui semblaient entièrement déraisonnables; et enfin les lettres du roi de Prusse étaient chaque jour plus instantes : par tous ces motifs, il se décida en faveur du plan proposé, et ratifia la convention du 4 juin pour ainsi dire malgré ses ministres. Tandis qu'il donnait son consentement, le prince Louis de Baden arrivait à Pétersbourg, pour invoquer les droits de la parenté, et faire approuver un plan qui augmentait la fortune et les titres de sa maison; mais il trouvait ses vœux exaucés. Quelques jours après, ce prince infortuné mourait en Finlande, par un accident de voiture, en allant de chez sa sœur l'impératrice de Russie, chez sa sœur la reine de Suède.

L'empereur Alexandre, bien qu'il eût donné son consentement, avait cependant fait deux réserves, non pas expresses, mais verbales, et dont il laissait à la courtoisie du Premier Consul la prise en considération. La première était relative à l'évêque de Lubeck, duc d'Oldembourg et son oncle. Ce prince perdait, par la suppression du péage d'Elsfleth, sur le Weser, un revenu assez considérable, et demandait une augmentation d'indemnité. C'étaient quelques mille florins à trouver. La seconde réserve de l'empereur était relative à la dignité électorale, qu'il aurait voulu conférer à la maison de Mecklembourg, laquelle ne paraissait pas, du reste, s'en soucier beaucoup. Ceci était plus difficile; car cette nouvelle faveur portait à dix le nombre des électeurs, et plaçait un protestant de plus dans le collége électoral. C'était chose à régler ultérieurement avec la Diète.

Tout avait été disposé pour que les courriers revenant de Saint-Pétersbourg fissent leur retour par Ratisbonne, et remissent aux ministres de Russie et de France l'ordre d'agir immédiatement. La Russie avait désigné comme son ministre extraordinaire en cette circonstance, M. de Buhler, son représentant ordinaire auprès de la cour de Bavière. Le Premier Consul, de son côté, avait choisi pour le même rôle M. de Laforest, ministre de France à Munich. M. de Laforest, par sa connaissance des affaires allemandes, par son activité, réunissait les qualités convenables aux fonctions difficiles dont il allait être chargé. La note annonçant la médiation des deux cours avait été rédigée d'avance, et envoyée aux deux ministres français et russe, pour qu'ils pussent la présenter dès que les courriers seraient revenus de Saint-Pétersbourg. Tous deux avaient

Août 1802.

Les ministres de France et de Russie chargés d'annoncer la médiation à Ratisbonne

ordre de quitter Munich pour se rendre immédiatement à Ratisbonne. M. de Laforest exécuta cet ordre sur-le-champ, en engageant M. de Buhler à le suivre sans retard.

Ils arrivèrent à Ratisbonne le 16 août (28 thermidor).

<small>Députation extraordinaire de l'empire, chargée de présenter un projet d'indemnité.</small>

La Diète s'était déchargée de l'œuvre difficile de la nouvelle organisation germanique sur une députation extraordinaire, composée de quelques-uns des principaux États allemands. C'était l'imitation de ce qu'on avait fait à d'autres époques, en de pareilles circonstances, notamment à la paix de Westphalie. Les huit États choisis étaient : Brandebourg (*Prusse*), Saxe, Bavière, Bohême (*Autriche*), Wurtemberg, Ordre Teutonique (*archiduc Charles*), Mayence, Hesse-Cassel. Ces huit États se trouvaient représentés dans la députation extraordinaire, par des ministres délibérant d'après les instructions de leur gouvernement.

Tous ces ministres n'étaient pas présents. M. de Laforest eut de grands efforts à faire pour les amener à Ratisbonne, efforts d'autant plus difficiles que l'Autriche, réduite au désespoir, avait pris le parti d'opposer à la vivacité de l'action française les lenteurs de la constitution germanique. La note, en forme de déclaration, fut remise au nom des deux cours le 18 août (30 thermidor) au ministre directorial de la Diète, chargé de présider à toutes les communications officielles. Copie en fut donnée au plénipotentiaire impérial, car il y avait auprès de la grande députation, comme auprès de la

Diète elle-même, un plénipotentiaire exerçant la prérogative impériale, laquelle consistait à recevoir communication des propositions adressées à la Confédération, à les examiner, à les ratifier ou à les rejeter, pour le compte de l'empereur.

La note des puissances médiatrices, digne, amicale, mais ferme, disait simplement que les États allemands n'ayant pu s'entendre encore pour l'exécution du traité de Lunéville, et l'Europe entière étant intéressée à ce que l'œuvre de la paix reçût de l'arrangement des affaires germaniques son dernier complément, la France et la Russie, puissances amies et désintéressées, offraient leur médiation à la Diète, lui présentaient un plan, et déclaraient *que l'intérêt de l'Allemagne, la consolidation de la paix, et la tranquillité générale de l'Europe, exigeaient que tout ce qui concernait le règlement des indemnités germaniques fût terminé dans l'espace de deux mois.* Ce temps fixé avait quelque chose d'impérieux, sans doute, mais il rendait sérieuse la démarche des deux cours, et sous ce rapport il était indispensable.

Cette déclaration devait produire et produisit le plus grand effet. Le ministre directorial, c'est-à-dire le président, la transmit immédiatement à la députation extraordinaire.

Pendant qu'on agissait si résolument à Ratisbonne, une démarche officielle était faite à Vienne par l'ambassadeur de France, pour communiquer à la cour d'Autriche le projet de médiation, lui déclarer qu'on n'avait pas voulu la blesser, qu'on

Août 1802.

Délai de deux mois assigné à la Diète de Ratisbonne.

ne le voulait pas encore, mais que l'impossibilité de s'entendre avec elle avait obligé à prendre un parti définitif, parti impérieusement réclamé par le repos de l'Europe. On insinuait, au surplus, que le plan ne réglait pas toutes choses d'une manière irrévocable, qu'il restait en dehors bien des moyens de servir la cour de Vienne, soit dans ses négociations avec la Bavière, soit dans ses efforts pour assurer à des archiducs la succession de l'Ordre teutonique, et du dernier électorat ecclésiastique; que, dans toutes ces choses, la condescendance du Premier Consul serait proportionnée à la condescendance de l'empereur. Au reste, M. de Champagny, notre ambassadeur, avait ordre de n'entrer dans aucun détail, et de faire comprendre que toute discussion sérieuse devait s'engager exclusivement à Ratisbonne.

Au milieu de ces inévitables délais de la diplomatie, les princes indemnisés étaient fort impatients d'occuper les territoires qui leur étaient dévolus, et ils avaient demandé à les occuper immédiatement. La France y avait consenti, afin de rendre le plan proposé à peu près irrévocable. Sur-le-champ la Prusse fit occuper Hildesheim, Paderborn, Munster, l'Eichsfeld, Erfurth. Le Wurtemberg, la Bavière, qui n'étaient pas moins impatients que la Prusse, envoyèrent des détachements de troupes dans les principautés ecclésiastiques qui leur étaient assignées. La résistance de la part de ces principautés ne pouvait être grande, car c'étaient ou de vieux prélats, ou des chapitres administrant les bénéfices vacants, n'ayant ni moyens ni volonté de se défendre. La dureté des occupants valait bien, sous quelques rapports, la dureté reprochée autrefois à la Révolution française. La protectrice naturelle de ces malheureux ecclésiastiques était l'Autriche, chargée d'exercer la puissance impériale. Mais la plupart d'entre eux étaient placés bien loin de son territoire, et ceux qui se trouvaient à sa portée, comme les évêques d'Augsbourg, de Freisingen, ne pouvaient être secourus sans violer le territoire bavarois, ce qui eût été un acte d'une immense gravité. Toutefois il y avait un de ces évêchés facile à garantir de l'occupation bavaroise, et important à conserver, c'était l'évêché de Passau. Entreprendre sa défense était un acte de vigueur, propre à relever la situation fort abaissée de l'Autriche.

Nous avons déjà indiqué la position géographique de cet évêché, tout entier enclavé en Autriche, et n'ayant sur le territoire bavarois qu'un point, c'était Passau. (Voir la carte n° 20.) La cour de Vienne voulait, comme on l'a vu, que cette place fût donnée à l'archiduc avec l'évêché lui-même. Les troupes autrichiennes étaient aux portes de Passau, et n'avaient qu'un pas à faire pour les franchir. La tentation devait être grande, et les prétextes ne manquaient pas. En effet, le malheureux évêque, en voyant approcher les troupes bavaroises, s'était adressé à l'empereur, protecteur naturel de tout État d'empire exposé à des violences. Le plan qui donnait son évêché, partie à la Bavière, partie à l'archiduc Ferdinand, n'était encore qu'un projet, point

Août 1802.

Occupation par l'Autriche de l'évêché de Passau.

encore une loi d'empire, et jusque-là on pouvait en considérer l'exécution comme un acte illégal. Des actes de ce genre, il est vrai, se commettaient dans toute l'Allemagne; mais là où il était possible de les empêcher, pourquoi ne pas le faire, pourquoi ne pas donner signe de vie et de vigueur?

L'Autriche était portée au dernier degré d'exaspération. Elle se plaignait de tout le monde : de la France, qui, sans lui rien dire, avait négocié avec la Russie le plan qui changeait la face de l'Allemagne; de la Russie elle-même, qui, à Pétersbourg, lui avait tenu secrète l'adoption du projet de médiation; de la Prusse et des confédérés, qui s'appuyaient sur des gouvernements étrangers pour bouleverser complétement l'empire. Ses plaintes étaient peu fondées, et elle n'avait à reprocher qu'à elle-même, à ses prétentions exagérées, à ses finesses mal entendues, l'abandon dans lequel chacun la laissait en ce moment. Elle avait voulu négocier avec la Russie en se cachant de la France, et la France avait négocié avec la Russie en se cachant d'elle. Elle avait voulu appeler l'étranger dans l'empire, en ayant recours à l'empereur Alexandre, et la Prusse, la Bavière, imitant son exemple, avaient appelé la France, avec cette différence que la Prusse et la Bavière faisaient intervenir une puissance amie du corps germanique, et obligée à intervenir par les traités eux-mêmes. Quant aux occupations préalables, c'étaient choses prématurées, il est vrai, et, dans la rigueur du droit, illégales; mais malheureusement pour la logique de l'Autri-

LES SÉCULARISATIONS.

che, elle venait d'occuper elle-même Salzbourg et Berchtolsgaden.

Quoi qu'il en soit, l'Autriche exaspérée, et voulant montrer que son courage n'était point abattu par un concours de circonstances malheureuses, fit un acte peu conforme à sa circonspection ordinaire. Elle enjoignit à ses troupes de franchir les faubourgs de Passau, pour occuper la place, et en même temps accompagna cet acte d'explications tendant à en atténuer l'effet. Elle déclarait qu'en agissant ainsi, elle répondait à une demande formelle de l'évêque de Passau; qu'elle n'entendait nullement décider par la force une des questions litigieuses soumises à la Diète germanique; qu'elle voulait faire purement un acte conservatoire, et qu'aussitôt après la décision de cette Diète, elle retirerait ses troupes, abandonnant la ville contestée au propriétaire qui en serait légalement investi par le plan définif des indemnités.

Ses troupes entrèrent le 18 août dans Passau. Tandis qu'elles y marchaient, les troupes bavaroises y marchaient de leur côté. Peu s'en fallut qu'il n'y eut une collision grave, laquelle aurait mis toute l'Europe en feu. Cependant la prudence des officiers chargés de l'exécution prévint ce malheur. Les Autrichiens restèrent maîtres de la place.

Cette condüite était hardie, plus hardie qu'il n'appartenait à l'Autriche, car c'était sur un point important opposer un acte formel de résistance à la déclaration des puissances médiatrices. L'effet en fut très-grand à Ratisbonne, dans le nombreux

Août 1802.

Caractère du public réuni à Ratisbonne, et sensation produite dans ce public par l'occupation de Passau.

public allemand qui s'y trouvait réuni. Il y avait là des représentants de tous les États, maintenus ou supprimés, satisfaits ou mécontents, cherchant, les uns à faire adopter le plan proposé, les autres à le changer en ce qui les concernait. Magistrats des villes libres, abbés, prélats, nobles immédiats y abondaient. Les nobles immédiats surtout, remplissant les armées et les chancelleries des cours allemandes, figuraient en grand nombre comme ministres à la Diète. Ceux mêmes qui représentaient des cours avantagées, et qui, à ce titre, auraient dû paraître contents, conservaient néanmoins leurs passions personnelles, et, comme nobles allemands, étaient fort loin d'être satisfaits. M. de Goertz, par exemple, ministre de Prusse à Ratisbonne, était partisan du plan d'indemnités pour le compte de sa cour; mais, en qualité de noble immédiat, il regrettait vivement l'ancien ordre de choses. Plusieurs autres ministres des cours allemandes étaient dans le même cas. Ces personnages composaient à eux tous un public passionné, et très-porté pour l'Autriche. Ce n'était pas à la France qu'ils en voulaient le plus, car ils voyaient bien qu'elle était désintéressée en tout cela, et qu'elle n'avait d'autre but que de mettre un terme aux affaires germaniques; mais ils poursuivaient de leur blâme le plus sévère la Prusse et la Bavière. L'avidité de ces cours, leurs liaisons avec la France, leur ardeur à détruire la vieille Constitution, y étaient qualifiées en termes d'une singulière amertume. La nouvelle de l'occupation de Passau produisit au milieu de ce public la sensation la plus vive et la plus agréable. Il fallait, disait-on, de la vigueur; la France n'avait point de troupes sur le Rhin; sa paix avec l'Angleterre n'était pas tellement solide qu'elle pût si facilement s'engager dans les affaires de l'Allemagne; d'ailleurs le Premier Consul venait de recevoir une sorte d'autorité monarchique, en récompense de la paix procurée au monde; il ne pouvait pas retirer sitôt un bienfait payé d'un si haut prix. On n'avait donc qu'à déployer de l'énergie, à passer l'Inn, à donner une leçon à la Bavière, et l'on ferait tomber les nombreuses mains levées à la fois contre la Constitution germanique.

Août 1802.

L'effet produit à Ratisbonne se répandit bientôt dans toute l'Europe. Le Premier Consul, attentif à la marche de ces négociations, en fut frappé. Jusque-là il s'était soigneusement abstenu de toute démarche qui aurait pu porter atteinte à la paix générale. Son but avait été de la consolider et non de la mettre en péril. Mais il n'était pas d'humeur à se laisser braver publiquement, et surtout à laisser compromettre un résultat qu'il poursuivait avec tant d'efforts, et avec d'aussi excellentes intentions. Il sentait ce que pourrait produire à Ratisbonne cette hardiesse de l'Autriche, s'il ne la réprimait pas, et surtout s'il paraissait hésiter. Sur-le-champ il manda auprès de lui M. de Lucchesini, ministre de Prusse, M. de Cetto, ministre de Bavière. Il leur fit sentir à tous deux l'importance d'une résolution prompte et énergique, en présence de la nou-

L'effet produit à Ratisbonne s'étend en Europe.

velle attitude prise par l'Autriche, et le danger auquel serait exposé le plan des indemnités, si on montrait en cette circonstance la moindre hésitation. Ces deux ministres le sentaient aussi bien que personne, car l'intérêt de leurs cours suffisait pour les éclairer à cet égard. Ils adhérèrent donc sans balancer aux idées du Premier Consul. Celui-ci leur proposa de se lier par une convention formelle, dans laquelle on déclarerait de nouveau, qu'on était disposé à employer tous les moyens nécessaires pour faire prévaloir le projet de médiation, et que si dans les soixante jours assignés aux travaux de la Diète, la ville de Passau n'était pas évacuée, la France et la Prusse uniraient leurs forces à celles de la Bavière, pour assurer à celle-ci la part qui lui était promise par le plan des indemnités. Cette convention fut signée le soir même du jour où elle avait été proposée, c'est-à-dire le 5 septembre 1802 (18 fructidor an x). Le Premier Consul n'appela point M. de Markoff, parce qu'il prévoyait mille difficultés de sa part, suscitées dans l'intérêt de l'Autriche. Il n'avait d'ailleurs pas besoin de la Russie pour faire acte d'énergie. La convention même en devenait plus menaçante, signée par deux puissances qui toutes deux étaient sérieusement résolues à l'exécuter. On se contenta de la communiquer à M. de Markoff, en l'invitant à la transmettre à Pétersbourg, pour que son cabinet pût y adhérer, s'il le jugeait convenable.

Le lendemain le Premier Consul fit partir son aide-de-camp Lauriston avec la convention qui venait d'être signée, et avec une lettre pour l'électeur de Bavière. Dans cette lettre il engageait l'électeur à se rassurer, lui garantissait de nouveau toute la part d'indemnité qui lui avait été promise, et lui annonçait qu'à l'époque fixée une armée française entrerait en Allemagne, pour tenir la parole de la France et de la Prusse. L'aide-de-camp Lauriston avait l'ordre de se rendre à Passau, pour s'y faire voir, et pour juger de ses propres yeux quel était le nombre d'Autrichiens réunis sur la frontière de Bavière. Il devait ensuite se montrer à Ratisbonne, passer à Berlin, et revenir par la Hollande. Il était porteur de lettres pour la plupart des princes d'Allemagne.

Sept. 1802

C'était plus qu'il n'en fallait pour agir fortement sur les têtes allemandes. Le colonel Lauriston partit sur-le-champ, et arriva sans perdre un instant à Munich. Sa présence y causa au malheureux électeur une joie des plus vives. Tous les détails contenus dans la lettre du Premier Consul furent répétés de bouche en bouche. Le colonel Lauriston continua sans retard sa tournée, acquit de ses propres yeux la conviction que les Autrichiens étaient trop peu nombreux sur l'Inn pour faire autre chose qu'une bravade, et se rendit à Ratisbonne, de Ratisbonne à Berlin.

Cette promptitude d'action surprit l'Autriche, frappa de crainte tous les opposants de la Diète, et leur prouva qu'une puissance comme la France ne s'était pas publiquement engagée avec une autre puissance comme la Prusse, à faire réussir un plan, sans le vouloir sérieusement. D'ailleurs l'intention des médiateurs était si évidente, elle avait tellement pour but d'assurer le repos du continent par la conclusion des affaires allemandes, que la raison devait se joindre au sentiment d'une force supérieure pour faire tomber toutes les résistances. Restaient à vaincre, il est vrai, les difficultés de forme, dont l'Autriche allait se servir pour ralentir l'adoption du plan, à moins qu'elle n'obtînt quelque concession qui adoucît son chagrin, et sauvât la dignité du chef de l'empire, fort compromise en cette occasion.

La députation extraordinaire qui était chargée par la Diète de préparer un conclusum, et de le lui soumettre, était en ce moment assemblée. Les huit États qui la composaient, Brandebourg, Saxe, Bavière, Bohême, Wurtemberg, Ordre Teutonique, Mayence, Hesse-Cassel, étaient présents dans la personne de leurs ministres. Le protocole était ouvert; chacun avait commencé à émettre son avis. Sur les huit États, quatre admirent sans hésiter le plan des médiateurs. Brandebourg, Bavière, Hesse-Cassel, Wurtemberg, exprimèrent leur gratitude pour les hautes puissances, qui avaient bien voulu venir au secours du corps germanique, et le tirer d'embarras par leur arbitrage désintéressé; déclarèrent en outre le plan sage, acceptable dans son contenu, sauf quelques détails, à l'égard desquels la grande députation pourrait sans inconvénient donner son avis, et proposer d'utiles modifications. Ils ajoutèrent enfin, relativement au délai fixé, qu'il était urgent d'en finir au plus tôt, tant pour le repos de l'Allemagne que pour celui de l'Europe. Cependant les quatre États approbateurs ne s'expliquaient pas d'une manière précise sur ce terme de deux mois. C'eût été compromettre leur dignité que de rappeler ce terme rigoureux, pour proposer de s'y soumettre; mais c'était bien ce qu'ils entendaient dire, quand ils recommandaient à leurs co-États d'en finir au plus tôt.

On aurait dû s'attendre à l'approbation de Mayence, puisque cet ancien électorat ecclésiastique était seul conservé, et pourvu d'un revenu d'un million de florins. Mais le baron d'Albini, représentant de l'archevêque électeur, homme d'esprit, fort adroit, souhaitant au fond du cœur le succès de la médiation, était fort embarrassé d'approuver, en présence de tout le parti ecclésiastique, un plan qui anéantissait la vieille Église féodale d'Allemagne, et de l'approuver uniquement, parce que l'électorat de son archevêque était conservé. De plus, cet archevêque n'était pas complétement satisfait des combinaisons qui le concernaient. Le bailliage d'Aschaffenbourg, dernier débris de l'électorat de Mayence, formait la seule portion de revenu qui lui fût assurée en territoire. Le reste devait lui être donné en assignations diverses sur les biens d'Église réservés, et pour cette partie du million promis, partie la plus considérable, car le bailliage d'Aschaffenbourg valait à peine 300 mille florins, il n'était pas sans inquiétude.

M. d'Albini, pour Mayence, émit donc un avis assez ambigu, remercia beaucoup les hautes puissan-

Sept. 1802.

Avis particulier de Mayence.

ces médiatrices de leur intervention amicale, déplora longuement les malheurs de l'Église germanique, et distingua dans le plan deux parties, l'une comprenant la distribution des territoires, l'autre les considérations générales dont le projet était accompagné. Quant aux distributions de territoire, sauf les petites indemnités, le ministre de Mayence approuvait les propositions des puissances médiatrices. Quant aux considérations générales, contenant l'indication des règlements à faire, il les trouvait insuffisantes, et notamment les pensions du clergé lui paraissaient n'être pas assez clairement assurées. En cela il faut reconnaître que les observations du représentant de Mayence n'étaient pas dépourvues de raison.

Son avis ne contenait donc pas une approbation formelle.

Avis de Saxe. Saxe demandait à réserver encore son vote, ce qui était fort en usage dans les délibérations de la Diète germanique. Comme on recueillait plusieurs fois les suffrages, on pouvait remettre à dire son opinion dans une séance postérieure. Cet État, fort désintéressé, fort sage, placé ordinairement sous l'influence de la Prusse, mais de cœur préférant l'Autriche, catholique d'ailleurs par la religion de son prince, quoique protestant par la religion de son peuple, éprouvait des scrupules pénibles, partagé qu'il était entre ses affections et sa raison, ses affections qui parlaient pour la vieille Allemagne, sa raison qui parlait pour le plan des médiateurs.

Avis Bohême, Ordre Teutonique, étaient des États tout

à fait autrichiens. Quant au premier, c'était convenu, puisque l'empereur était roi de Bohême. Quant au second, c'était tout aussi évident, puisque l'archiduc Charles, frère de l'empereur, son généralissime, son ministre de la guerre, était grand-maître de l'Ordre Teutonique. On affectait à Vienne et à Ratisbonne de mettre une différence entre le ministre de Bohême, par exemple, et le ministre impérial. Le ministre de Bohême, représentant spécialement la maison d'Autriche, pouvait se livrer à l'expression des passions de famille : aussi lui faisait-on dire les choses les plus acerbes. Le ministre impérial parlant au nom de l'empereur, affectait de s'exprimer plus gravement, et du point de vue des intérêts généraux de l'empire. Il était moins vrai et plus pédantesque. M. de Schraut était ministre pour Bohême, M. de Hugel pour l'empereur. Ce dernier, formaliste des plus consommés, était d'ailleurs fort délié, comme beaucoup de ces Allemands qui avaient vieilli en Diète, et qui, sous la pédanterie des formes, cachaient toute l'astuce des gens de palais. Quant au ministre du grand-maître teutonique, c'était M. de Rabenau, soumis en entier à la députation autrichienne, qui lui rédigeait jusqu'à ses notes, au vu et au su de la Diète; rôle dont ce ministre estimable souffrait beaucoup, et se plaignait lui-même. M. de Hugel, ministre pour l'empereur, dirigeait les voix autrichiennes, et il était chargé de lutter d'artifices et de lenteurs contre le parti prussien, et contre les puissances médiatrices.

Dès la première séance, M. de Schraut pour Bo-

Sept. 1802.

de Bohême et Ordre Teutonique.

Ministres représentant les États de la députation extraordinaire.

Paroles

hême, se plaignit hautement de la conduite tenue envers l'Autriche, et répondit avec amertume au reproche qui était adressé à cette cour, de n'avoir jamais abouti à une conclusion, reproche sur lequel se fondaient principalement les puissances médiatrices pour intervenir. Ce ministre déclara que depuis neuf mois, le cabinet impérial n'avait pas pu obtenir une seule réponse à ses ouvertures de la part du gouvernement français ; qu'on l'avait laissé dans l'ignorance la plus complète de ce qui s'était traité à Paris ; que jamais son ambassadeur n'avait pu être initié au secret de la médiation, et que le plan de cette médiation ne lui avait été connu qu'au moment même de la communication qui en avait été faite à Ratisbonne. M. de Schraut se plaignit ensuite du lot assigné à l'archiduc Ferdinand, prétendit que le traité de Lunéville était violé, car ce traité assurait à l'archiduc une indemnité entière de ses pertes, et on lui donnait comme équivalent de 4 millions de florins perdus, 1,350,000 au plus. Salzbourg, suivant M. de Schraut, ne produisait que 900 mille florins, Berchtolsgaden 200 mille, Passau 250 mille. C'était là un pur mensonge. Du reste, Bohême ne concluait pas.

Ordre Teutonique, plus modéré de langage, ne voulut admettre le plan que comme document à consulter.

Il y avait donc quatre voix approbatives, Brandebourg, Bavière, Hesse-Cassel, Wurtemberg ; une voix, Mayence, qui, au fond, était approbative, mais qu'il fallait amener à l'être complétement ;

une voix, Saxe, qui suivrait la majorité, quand cette majorité serait prononcée; deux voix enfin, Bohême et Ordre Teutonique, tout à fait contraires, jusqu'à une satisfaction donnée à l'Autriche.

Sept. 1802.

Ce résultat fut immédiatement communiqué au Premier Consul. Quand il eut connaissance du premier avis de Bohême, lequel imputait au silence obstiné de la France l'impossibilité de mener à fin la négociation des affaires germaniques, il ne voulut pas rester sous le coup de cette imputation. Il répliqua sur-le-champ par une note que M. de Laforest fut chargé de communiquer à la Diète. Dans cette note il exprimait le regret d'être réduit à publier des négociations qui, de leur nature, auraient dû rester secrètes; mais il ajoutait que, puisqu'on l'y obligeait en calomniant publiquement ses intentions, il déclarait que ces prétendues ouvertures de l'Autriche au cabinet français avaient pour but, non l'arrangement général de l'affaire des indemnités, mais l'extension de la frontière autrichienne jusqu'à l'Isar et jusqu'au Lech, c'est-à-dire la suppression de la Bavière du nombre des puissances allemandes; que les prétentions de l'Autriche, portées de Paris, où elles n'avaient pas réussi, à Pétersbourg, où elles n'avaient pas réussi davantage, enfin à Munich, où elles étaient devenues menaçantes, avaient obligé les puissances médiatrices à intervenir pour assurer le repos de l'Allemagne, et, avec le repos de l'Allemagne, celui du continent.

Réplique du Premier Consul au langage du représentant de Bohême.

Cette réplique, fort méritée, mais exagérée en un point, l'imputation à l'Autriche d'avoir cherché à s'étendre jusqu'au Lech (elle n'avait, en effet, parlé que de l'Isar), cette réplique affligea vivement le cabinet impérial, qui vit bien qu'il avait affaire à un adversaire aussi résolu en politique qu'il l'était en guerre.

Cependant il fallait faire marcher la négociation. M. de Laforest, avec l'autorisation de son cabinet, employa les moyens nécessaires pour décider le vote de Mayence. On promit à M. d'Albini, représentant de l'électeur de Mayence, d'assurer le revenu de l'archichancelier, non en rentes, mais en territoires immédiats, ne relevant d'aucun prince. A cette promesse, qu'on lui fit d'une manière formelle, on ajouta quelques menaces très-claires pour le cas où le plan viendrait à échouer. On décida ainsi le vote de M. d'Albini. Mais il n'était pas possible d'obtenir l'admission pure et simple du plan. L'honneur du Corps germanique exigeait que la députation extraordinaire, en l'accueillant comme base de son travail, y apportât au moins quelques légers changements. L'intérêt de quelques-uns des petits princes réclamait plusieurs modifications de détail; et la Prusse, d'ailleurs, par des motifs peu avouables, était d'accord avec Mayence pour séparer les considérations générales du plan lui-même, et les rédiger sous une forme nouvelle. Dans ces considérations, en effet, s'en trouvait une relative aux biens d'Église médiats, lesquels avaient été réservés, pour servir soit à quelques compléments d'indemnité, soit aux pensions ecclésiastiques. Beaucoup de ces biens étaient enclavés dans le territoire de la Prusse, et cette puissance, déjà si favorablement traitée, nourrissait l'espoir de les sauver de toute nouvelle assignation, pour se les approprier exclusivement. Elle entra donc dans les idées de Mayence, et convint avec cet État de remanier la partie du plan qui renfermait les considérations générales; mais elle convint en même temps d'adopter les bases principales du partage territorial, dans un *conclusum* préalable, en arrêtant que les changements qui devaient y être faits, le seraient d'un commun accord avec les ministres des puissances médiatrices. Il était entendu, de plus, que tout ce travail serait terminé au 24 octobre 1802 (2 brumaire an XI), ce qui faisait deux mois, à partir non du jour de la déclaration des puissances, mais du jour où leur note avait été *dictée* à la députation, c'est-à-dire lue et transcrite dans les procès-verbaux de la Diète.

Octob. 1802.

Adoption d'un *conclusum* préalable dans les délais indiqués par les puissances médiatrices.

Le 8 septembre (21 fructidor), ce *conclusum* préalable fut adopté, malgré tous les efforts du ministre impérial, M. de Hugel. Brandebourg, Bavière, Wurtemberg, Hesse-Cassel, Mayence, c'est-à-dire cinq États sur huit, admirent le *conclusum* préalable, comprenant l'ensemble du plan, sauf quelques modifications accessoires, qu'on devait y apporter d'accord avec les ministres médiateurs. Dans cette séance, Saxe fit un pas, en émettant un avis moyen. Cet État voulait qu'on reçût le plan comme un *fil de direction*, dans le labyrinthe des indemnités.

Bohême, Ordre Teutonique, s'opposèrent à l'adoption. D'après les formes constitutionnelles le ministre impérial aurait dû communiquer le *conclusum* voté aux ministres médiateurs. M. de Hugel s'obstina à n'en rien faire. Du reste, il était sans cesse à s'excuser des obstacles qu'il apportait à la négociation, et faisait tous ses efforts pour provoquer une ouverture amicale de la part des ministres de France et de Russie, leur répétant chaque jour que le moindre avantage concédé à la maison d'Autriche, pour sauver au moins son honneur, la déciderait à laisser passer le travail. Toute sa politique consistait maintenant à fatiguer les deux légations française et russe, afin d'amener le Premier Consul, soit à une concession de territoire sur l'Inn, soit à une combinaison des voix dans les trois colléges, qui assurât la conservation de l'influence autrichienne dans l'empire. La conduite que M. de Laforest, consommé dans cette espèce de tactique, adopta et fit adopter par son cabinet, fut de marcher obstinément au but, malgré la légation autrichienne, de ne rien accorder à Ratisbonne, et de renvoyer les ministres autrichiens à Paris, disant que là peut-être ils obtiendraient quelque chose, non pas avant, mais après les facilités qu'on aurait obtenues de leur part dans le cours de la négociation.

La légation impériale, pour gagner le temps de négocier à Paris, s'efforça de faire passer un nouveau *conclusum* modifié, lequel devait être renvoyé aux ministres médiateurs, pour s'entendre avec eux sur les changements qu'il paraîtrait convenable d'adopter. Cette tentative n'aboutit à rien, qu'à donner une sorte d'humeur à la légation de Saxe, et à rattacher ce membre de la grande députation à la majorité de cinq voix qui s'était déjà prononcée.

Octob. 1802.

Bien que la *plénipotence impériale* s'interposât comme un mur, ainsi que l'écrivait M. de Laforest, entre la députation extraordinaire et les ministres médiateurs, car elle s'obstinait à ne pas communiquer à ceux-ci les actes de cette députation extraordinaire, il fut convenu néanmoins que les réclamations adressées à la Diète par les petits princes seraient officieusement communiquées à ces deux ministres, que tout cela aurait lieu par simples notes, et que les modifications admises en conséquence de ces réclamations seraient renfermées dans des arrêtés, dont l'ensemble formerait le *conclusum définitif*.

Dès que la voie fut ouverte aux réclamations, elles ne se firent pas attendre, comme on le pense bien ; mais elles venaient des petits princes, car la part des grandes maisons avait été faite à Paris, lors de la négociation générale. Ces petits princes s'agitaient en tout sens pour se faire protéger. Malheureusement, et ce fut là le seul détail regrettable dans cette mémorable négociation, des employés français, gens nourris dans les désordres du Directoire, se laissèrent souiller les mains par des dons pécuniaires, que les princes allemands, impatients d'améliorer leur sort, prodiguaient sans discernement. Le plus souvent les misérables agents qui recevaient ces dons, vendaient un crédit qu'ils n'avaient pas. M. de Laforest, homme d'une parfaite

Réclamations des petits princes.

intégrité, et représentant principal de la France à Ratisbonne, écoutait peu les recommandations qu'on lui adressait en faveur de telle ou telle maison; il les dénonçait même à son gouvernement. Le Premier Consul, averti, écrivit plusieurs lettres au ministre de la police, pour faire cesser ce trafic odieux, qui ne faisait que des dupes, car ces prétendues recommandations, payées à prix d'argent, n'exerçaient aucune influence sur les arrangements conclus à Ratisbonne.

La plus grande difficulté ne consistait pas à régler les suppléments d'indemnités, mais à les imputer sur les biens réservés, qui devaient supporter en outre les pensions du clergé aboli. Les efforts de la Prusse pour sauver de cette double charge les biens situés dans ses États, provoquèrent de grandes contestations, et nuisirent fort à la dignité de cette cour. Il fallait d'abord trouver le complément de revenu promis au prince archichancelier, électeur de Mayence. On imagina un premier moyen de le satisfaire. Au nombre des villes libres conservées se trouvaient Ratisbonne et Wetzlar, la dernière maintenue dans sa qualité de ville libre à cause de la chambre impériale qui résidait chez elle. Mal administrées l'une et l'autre, comme la plupart des villes libres, elles n'avaient pas une existence dont la continuation fût fort désirable. On les assigna au prince archichancelier. Il y avait à cela une véritable convenance, car Ratisbonne était la ville où siégeait la Diète, et Wetzlar celle où siégeait la suprême cour d'empire. Il était naturel de les donner au prince directeur des affaires germaniques. Ces deux cités, celle de Ratisbonne surtout, furent fort joyeuses de leur nouvelle destination. Le prince archichancelier possédant Aschaffenbourg, Ratisbonne et Wetzlar, avait 650 mille florins de revenus assurés en territoire. Il fallait lui en trouver encore 350 mille. Il en fallait de plus 53 mille pour la maison de Stolberg et Isembourg, 10 mille pour le duc d'Oldembourg, oncle et protégé de l'empereur Alexandre. C'était en tout 413 mille florins à faire peser sur les biens d'Église réservés, indépendamment des pensions ecclésiastiques. Baden, Wurtemberg avaient déjà accepté la part imputable sur les biens réservés situés dans leurs États. La Prusse et la Bavière avaient à supporter chacune la moitié des 413 mille florins restant à trouver. La Bavière était financièrement très-chargée, et par la quantité des pensions qui lui étaient échues, et par les dettes qui avaient été transportées de ses anciens États sur les nouveaux. La Prusse ne voulait pas même supporter 200 mille florins sur les 413 mille qui manquaient encore. Elle avait imaginé un moyen de se les procurer, c'était de faire payer ces 413 mille florins aux villes libres de Hambourg, Brême, Lubeck, qu'elle jalousait vivement. Cette âpreté faisait scandale à Ratisbonne, et le ministre de Prusse, M. de Goertz, en était si confus qu'il avait été prêt un moment à donner sa démission. M. de Laforest l'en avait empêché dans l'intérêt même de la négociation.

Octob. 1802.

La faculté de réclamer accordée aux petits princes avait fait renaître une quantité de prétentions éteintes. Une autre cause avait contribué à les réveiller, c'était le bruit déjà fort répandu à Ratisbonne, que l'Autriche était près d'obtenir à Paris un supplément d'indemnité en faveur de l'archiduc Ferdinand. Hesse-Cassel, jaloux de ce qu'on avait fait pour Baden, Hesse-Darmstadt de ce qu'on avait fait pour Hesse-Cassel, Orange-Nassau de ce qu'on annonçait pour le ci-devant duc de Toscane, demandaient des suppléments que du reste on ne pouvait trouver nulle part. Les occupations de vive force, continuées sans interruption, ajoutaient à la confusion générale. Le corps germanique se trouvait exactement dans l'état où avait été la France, sous l'Assemblée constituante, au moment de l'abolition du régime féodal. Le margrave de Baden, qui héritait de Manheim, autrefois propriété de la maison de Bavière, était en conflit avec cette dernière maison pour une collection de tableaux. Des détachements de troupes appartenant aux deux princes avaient failli en venir aux mains. Pour compléter ce triste spectacle, l'Autriche, ayant sur une foule de terres en Souabe des prétentions d'origine féodale, faisait arracher les poteaux aux armes de Baden, de Wurtemberg, de Bavière, dans les diverses villes ou abbayes assignées à ces États par le plan des indemnités. Enfin la Prusse, saisie de l'évêché de Munster, ne voulait pas mettre en possession les comtes d'empire, co-partageants avec elle de cet évêché.

Au milieu de ces désordres, l'Autriche, sentant qu'il fallait transiger, offrit d'adhérer immédiatement au plan des puissances médiatrices, si on lui concédait la rive de l'Inn, moyennant l'abandon qu'elle ferait à la Bavière de quelques-unes de ses possessions en Souabe. Elle proposa de nouveau à cette maison la ville d'Augsbourg, pour en faire sa capitale. Elle demanda, en outre, la création de deux électeurs de plus, dont l'un serait l'archiduc de Toscane, appelé à devenir souverain de Salzbourg, dont l'autre serait l'archiduc Charles, actuellement grand-maître de l'Ordre Teutonique. A ces conditions, l'Autriche était prête à regarder ses archiducs comme suffisamment indemnisés, et à se rendre au vœu des puissances médiatrices.

Octob. 1802.

Offre d'une transaction de la part de l'Autriche.

Le Premier Consul ne pouvait plus, après tout ce qui s'était passé à l'égard de Passau, amener la Bavière à céder la frontière de l'Inn; et surtout il lui était difficile de faire accepter à l'Allemagne trois électeurs à la fois, pris dans la seule maison d'Autriche, Bohême, Salzbourg, Ordre Teutonique. Il ne voulait pas enfin sacrifier la ville libre d'Augsbourg. Il répondit que, disposé à demander quelques sacrifices à la Bavière, il lui était impossible d'exiger la concession de la frontière de l'Inn. Il insinua qu'il irait peut-être jusqu'à proposer à la Bavière l'abandon d'un évêché, comme celui d'Aichstedt, mais qu'il lui était impossible d'aller au delà.

Le temps s'écoulait; on était en vendémiaire (octobre), et le terme final, fixé au 2 brumaire (24 octobre), approchait. Les médiateurs avaient hâte d'en finir. Ils avaient entendu toutes les petites réclamations, accueilli celles qui méritaient d'être écoutées, et rédigé les règlements qui devaient accompagner la distribution des territoires. La dignité électorale réclamée pour le Mecklembourg par l'empereur Alexandre, n'avait paru à personne pouvoir être accordée, car c'était un nouvel électeur protestant, ajouté aux six qui existaient déjà dans un Collége de neuf. La disproportion était trop grande pour l'accroître encore. Cette réclamation avait été écartée. On avait fait une nouvelle distribution des *votes virils* (c'est ainsi que s'appelaient les votes dans le Collége des princes); et on avait transféré sur leurs nouveaux États les voix des princes dépossédés à la rive gauche. Il en résultait, dans le Collége des princes comme dans le Collége des électeurs, un changement considérable au profit des protestants, car on remplaçait des prélats ou des abbés par des princes séculiers de religion réformée. Afin d'établir une sorte de contre-poids, on avait attribué de nouvelles voix à l'Autriche pour Salzbourg, pour la Styrie, pour la Carniole et la Carinthie. Mais les princes catholiques manquaient de principautés qui pussent servir de prétexte à la création de nouvelles voix dans la Diète. Malgré tout ce qu'on avait fait, la proportion, qui était autrefois, comme nous l'avons dit, de 54 voix catholiques contre 43 protestantes, était actuellement de 31 voix catholiques contre 62 protestantes. Cependant il n'en fallait pas conclure que le parti de l'Autriche fût dans une infériorité proportionnée à ces nombres. Tous les suffrages protestants, comme nous l'avons dit ailleurs, n'étaient pas des suffrages assurés à la Prusse, et avec les prérogatives impériales, avec le respect dont la maison d'Autriche était encore l'objet, avec les craintes que la maison de Brandebourg commençait à inspirer, la balance pouvait être maintenue entre les deux maisons rivales.

Quant au Collége des villes, on l'avait organisé d'une manière indépendante, et on avait tâché de le rendre moins inférieur aux deux autres. Les huit villes libres étaient réduites à six, puisque Wetzlar et Ratisbonne avaient été accordées à l'archichancelier. La Prusse voulait faire supprimer ce troisième collége, et attribuer à chacune des six villes une voix dans le Collége princier. C'eût été un moyen d'en supprimer encore une ou deux, notamment Nuremberg, dont elle ambitionnait la possession. La légation française s'y refusa obstinément.

Il ne fut rien dit sur l'état de la noblesse *immédiate*, qui était dans la plus cruelle anxiété, car la Prusse et la Bavière la menaçaient ouvertement.

Enfin, le terme du 2 brumaire approchant, le nouveau projet fut mis en délibération dans la députation extraordinaire. Brandebourg, Bavière, Hesse-Cassel, Wurtemberg, Mayence, l'approuvèrent. Saxe, Bohême, Ordre Teutonique, déclarèrent qu'ils le prenaient en considération, mais, qu'avant de se prononcer définitivement, ils voulaient at-

Octob 1802.

Adoption définitive du conclusum par la députation extraordinaire.

tendre la fin de la négociation entamée à Paris avec l'Autriche; car autrement, disaient-ils, on s'exposerait à voter un plan qu'il faudrait modifier ensuite.

La députation extraordinaire avait à émettre son vote définitif, et il ne restait que trois ou quatre jours pour atteindre le délai de deux mois. Il y allait de l'honneur des grandes puissances médiatrices d'obtenir l'adoption de leur plan dans le délai fixé. M. de Laforest et M. de Buhler, qui marchaient franchement d'accord, faisaient les plus grands efforts pour que, le 29 vendémiaire (21 octobre), le *conclusum* fût définitivement adopté. Ils rencontraient des difficultés infinies, car M. de Hugel répandait partout qu'un courrier de Paris, apportant de graves changements, était attendu à chaque instant; qu'à Paris même on désirait un retard. Il était allé jusqu'à menacer M. d'Albini, lui disant que, d'après un avis certain, des ordres devaient lui arriver de l'électeur de Mayence, pour désavouer sa conduite, et lui enjoindre de ne pas voter. C'était ébranler l'une des cinq voix favorables, et jusqu'ici l'une des plus fidèles. Ces menaces avaient été poussées si loin, que M. d'Albini s'en était offensé, et en était devenu plus ferme dans sa résolution. Par surcroît d'embarras, la Prusse venait, au dernier moment, de créer de nouveaux obstacles : elle voulait une rédaction qui la dispensât de fournir sur les biens réservés, sa part des 413 mille florins qui restaient à trouver. Elle aspirait même à s'approprier certaines dépendances des biens ecclésiastiques enclavés dans ses États, et attribués à divers princes par le plan d'indemnités. Elle avait, en un mot, mille prétentions plus vexatoires, plus déplacées les unes que les autres, qui, surgissant d'une manière imprévue à la fin de la négociation, étaient de nature à la faire échouer. Ce n'était pas le ministre de Prusse, M. de Goertz, personnage fort digne, rougissant du rôle qu'on lui faisait jouer, c'était un financier qu'on lui avait adjoint, qui provoquait ces difficultés. Enfin MM. de Laforest et de Buhler donnèrent une dernière impulsion, et le 29 vendémiaire (21 octobre) le *conclusum* définitif fut adopté par la députation extraordinaire des huit États, et la médiation se trouva en quelque sorte accomplie, dans le terme assigné par les puissances médiatrices. Le dernier jour Saxe vota comme les cinq États formant la majorité ordinaire, par respect pour cette majorité.

Il restait cependant encore bien des détails à régler. Le partage des territoires et les règlements organiques ne formaient pas un même acte. On avait demandé qu'ils fussent réunis dans une seule résolution, qui prendrait un titre déjà connu dans le protocole germanique, celui de *Recès*. Ensuite, l'œuvre de la députation extraordinaire étant terminée, il fallait la porter à la Diète germanique, dont la députation extraordinaire n'était qu'une commission. On avait pris une précaution dans le libellé du *conclusum* définitif, c'était de dire que le recès serait directement communiqué aux ministres médiateurs. On voulait prévenir ainsi les refus de communications de la part des ministres impériaux aux ministres médiateurs, refus qui avaient entraîné déjà de fâcheuses lenteurs.

Octob. 1802.

La légation autrichienne s'appuie sur les dernières questions restées sans solution, pour retarder la rédaction définitive.

On se mit sur-le-champ à l'œuvre pour fondre dans une seule rédaction l'acte principal et les règlements. C'était une nouvelle occasion pour M. de Hugel de soulever des questions embarrassantes. Ainsi, à propos de cette rédaction définitive, il demandait obstinément, si on ne comprendrait pas, dans le *recès*, l'imputation sur un gage quelconque des 443 mille florins dus à l'archichancelier, au duc d'Oldembourg, aux maisons d'Isembourg et de Stolberg; il demandait si ce n'était pas le moment de pourvoir aux pensions de l'archevêque de Trèves, des évêques de Liége, de Spire, de Strasbourg, dont les États avaient passé avec la rive gauche du Rhin à la France, et qui ne savaient à qui s'adresser pour obtenir des pensions alimentaires; si on n'accorderait pas une indemnité à la noblesse immédiate, pour la perte de ses droits féodaux, perte dont on avait promis antérieurement de la dédommager.

La mauvaise volonté de la Prusse fournit un prétexte légitime aux lenteurs de l'Autriche.

A toutes les demandes de nouvelles allocations, la Prusse répondait par des refus ou des renvois aux villes libres. La Bavière disait avec raison qu'elle était fort obérée, et qu'elle allait voir ses ressources encore amoindries par ce qui serait accordé à l'Autriche, dans la négociation entamée à Paris. M. de Hugel répliquait que ce n'était pas ainsi qu'on faisait face à des dettes sacrées.

Déchaînement

Ces contestations produisaient à Ratisbonne un effet extrêmement fâcheux. On se plaignait surtout de l'avidité de la Prusse et des complaisances de la France pour elle ; on ne reconnaissait plus, disait-on, le grand caractère du Premier Consul, qui permettait qu'on abusât ainsi de son nom et de sa faveur. Tous les esprits revenaient à l'Autriche, même ceux qui n'étaient pas ordinairement portés pour elle. On se disait qu'à subir une influence prépondérante en empire, il valait mieux subir celle de l'antique maison d'Autriche, qui, sans doute, avait abusé jadis de sa suprématie, mais qui avait aussi souvent protégé qu'opprimé les Allemands. Il naissait, entre les États de second ordre, tels que la Bavière, le Wurtemberg, les deux Hesses, Baden, une disposition à former dans le centre de l'Allemagne, une ligue qui résisterait aussi bien à la Prusse qu'à l'Autriche.

Nov. 1802.

contre la Prusse à Ratisbonne.

Enfin, malgré tout l'art apporté à exploiter ces difficultés, le *recès* fut rédigé, et adopté par la députation extraordinaire le 2 frimaire an XI (23 novembre 1802). Aucune ressource n'était indiquée pour subvenir au paiement des 413 mille florins restés sans assignation. On voulait connaître, disait-on, avant de mettre la dernière main à l'œuvre, le résultat des négociations entre l'Autriche et la France.

Rédaction définitive du recès le 23 novembre.

La légation impériale se voyait donc définitivement vaincue par l'activité et la constance des ministres médiateurs, qui poursuivaient invariablement leur marche, appuyés sur une majorité de cinq voix, quelquefois même de six sur huit, lorsque la Saxe était ramenée à cette majorité par la résistance obstinée de l'Autriche. M. de Hugel prit le parti de laisser faire. Il fallait porter le récès de cette commission spéciale, appelée la députation extraordinaire, à la Diète elle-même. Pour aller de l'une à l'autre, on était décidé à se passer de l'intermédiaire des ministres de l'empereur, s'ils refusaient la transmission. Cependant les Allemands, même les plus favorables au plan d'indemnité, inclinaient pour la fidèle observation des règles constitutionnelles. On trouvait l'empire bien assez ébranlé, et d'ailleurs dans le renversement de la constitution, on entrevoyait une nouvelle domination qu'on redoutait tout autant que l'ancienne. Ceux même qui, dans l'origine, étaient les partisans de la Prusse, se ralliaient à ceux qui avaient toujours vénéré l'Autriche comme l'image la plus parfaite du vieil ordre de choses. On en était arrivé à ce point, auquel on arrive bientôt dans les révolutions, de se défier des nouveaux maîtres, et de haïr un peu moins les anciens. On souhaitait donc de n'avoir pas à se passer des ministres impériaux, et la nouvelle d'un abouchement, à Paris, entre l'Autriche et le Premier Consul, fit naître une espérance de rapprochement qui fut accueillie avec joie par tout le monde.

M. de Hugel, amené enfin au système de la condescendance, consentit à communiquer les actes de la députation extraordinaire aux ministres médiateurs, afin que ceux-ci pussent s'adresser à la Diète, et requérir l'adoption du *recès* comme loi de l'empire. Mais, par une petitesse de vieux formaliste, M. de Hugel refusa d'envoyer le *recès* lui-même revêtu des couleurs impériales ; il communiqua un simple imprimé, avec une dépêche qui en garantissait l'authenticité.

Sans perdre de temps, le 4 décembre (13 frimaire), les deux ministres français et russe communiquèrent le *recès* à la Diète, déclarant qu'ils l'approuvaient dans son entier, au nom de leurs cours respectives, qu'ils en demandaient immédiatement la prise en considération, et le plus prochainement possible l'adoption comme loi de l'empire. Cette promptitude à saisir la Diète était un moyen de faire arriver, ou les ministres des États allemands qui étaient absents, ou les instructions de ceux qui n'en avaient pas encore.

Ici de nouvelles précautions devenaient nécessaires, relativement à la composition de la Diète. Admettre à voter tous les États supprimés à la rive gauche par la conquête de la France, à la rive droite par le système des sécularisations, c'était s'exposer de leur part à une résistance invincible, ou bien les condamner à prononcer eux-mêmes leur propre suppression. Il fut convenu avec le ministre directorial, c'est-à-dire avec l'archichancelier, de convoquer exclusivement les États conservés dans l'empire, soit que leur titre fût changé, soit qu'il ne le fût pas. Ainsi on ne convoqua ni Trèves ni Cologne dans le Collége des électeurs, mais on convoqua Mayence dont le titre était constitué *ex jure novo*. Dans le Collége des princes on supprima ceux dont les territoires avaient été incorporés à la République française ou à la République helvétique, tels, par exemple, que les princes séculiers et ecclésiastiques de Deux-Ponts,

Déc. 1802.

Communication à la Diète du *recès* adopté par la députation extraordinaire.

Précautions prises pour composer la Diète.

de Montbelliard, de Liége, de Worms, de Spire, de Bâle, de Strasbourg. On maintint provisoirement les princes qui avaient obtenu des principautés nouvelles, sauf à régulariser leur titre plus tard, et à le faire transférer sur les territoires sécularisés qui leur avaient été dévolus. On supprima dans le Collége des villes toute la masse des villes incorporées; on ne maintint que les six villes conservées, Augsbourg, Nuremberg, Francfort, Brême, Hambourg, Lubeck.

Ces précautions étaient indispensables, et elles obtinrent le résultat qu'on en attendait. Aucun des États supprimés ne se présenta, et dans les premiers jours de janvier la Diète commença ses délibérations. Le protocole était ouvert. On appelait successivement les États dans les trois Colléges. Les uns opinaient immédiatement, les autres se réservaient d'opiner plus tard, comme il était d'usage à la Diète. On attendait pour se prononcer définitivement le dernier remaniement, que devait subir le *conclusum* proposé, par suite de la négociation entamée à Paris entre la France et la cour de Vienne.

Les choses avaient été conduites où le voulait le Premier Consul pour accorder enfin une satisfaction à l'Autriche. A la rigueur, on aurait pu se passer de sa bonne volonté jusqu'au bout, et faire voter les trois Colléges malgré son opposition. Les Allemands, même les plus chagrins, sentaient bien qu'il fallait en finir, et ils étaient résolus à voter pour le *recès*, après quoi les prises de possession déjà consommées auraient été revêtues d'une sorte de légalité, et le refus de sanction de la part de l'empereur n'aurait pas empêché les indemnisés de jouir paisiblement de leurs nouveaux territoires. Cependant l'opposition de l'empereur à la constitution nouvelle, quelque déraisonnable qu'elle fût, aurait placé l'empire dans une situation fausse, incertaine, et peu conforme aux intentions pacifiques des puissances médiatrices. Il valait mieux transiger, et obtenir l'adhésion de la cour de Vienne. C'était l'intention du Premier Consul : il n'avait attendu si long-temps que pour avoir moins de sacrifices à faire à l'Autriche, et moins de sacrifices à exiger de la Bavière ; car c'était à celle-ci qu'il fallait demander ce qu'on accorderait à celle-là.

Déc. 1802.

En effet, vers les derniers jours de décembre, il avait consenti à s'aboucher avec M. de Cobentzel, et il était enfin tombé d'accord avec lui de quelques concessions en faveur de la maison d'Autriche. La Bavière ayant montré une répugnance invincible à concéder la ligne de l'Inn, soit à cause des salines très-précieuses qui se trouvaient entre l'Inn et la Salza, soit à cause de la situation de Munich, qui se serait trouvé trop près de la nouvelle frontière, il avait fallu renoncer à cette sorte d'arrangement. Alors le Premier Consul s'était réduit à céder l'évêché d'Aichstedt, placé sur le Danube, contenant 70 mille habitants, rapportant 350 mille florins de revenu, et primitivement destiné à la maison palatine. Moyennant cette augmentation accordée à l'archiduc Ferdinand, on retirait de son lot les évêchés de Brixen et de Trente, qui étaient sé-

Pour obtenir la sanction impériale, le Premier Consul fait une concession à l'Autriche.

cularisés au profit de l'Autriche. Celle-ci avouait ainsi d'une manière assez claire l'intérêt qui se cachait derrière son zèle de parenté. Il est vrai que, pour prix de cette sécularisation, elle prenait sur ses propres domaines la petite préfecture de l'Ortenau, pour en accroître le lot du duc de Modène, composé, comme on sait, du Brisgau. L'Ortenau était dans le pays de Baden, et près du Brisgau.

L'Autriche avait demandé la création de deux électeurs de plus dans sa maison : on en concéda un, ce fut le grand-duc Ferdinand, destiné ainsi à être électeur de Salzbourg. C'étaient dix électeurs au lieu de neuf que contenait le plan des médiateurs, au lieu de huit que contenait la dernière constitution germanique. C'était pour l'Autriche une amélioration de situation dans le Collége électoral. Il y avait en effet quatre électeurs catholiques, Bohême, Bavière, Mayence, Salzbourg, contre six protestants, Brandebourg, Hanovre, Saxe, Hesse-Cassel, Wurtemberg, Baden.

Ces conditions furent insérées dans une convention signée à Paris, le 26 décembre 1802 (5 nivose an XI), par M. de Cobentzel et Joseph Bonaparte. M. de Markoff fut invité à y accéder au nom de la Russie, et ne se fit pas prier, dévoué qu'il était à l'Autriche. La Prusse se montra froide, mais non résistante. La Bavière se soumit, en demandant à être indemnisée du sacrifice qu'on exigeait d'elle, et surtout à ne point supporter sa part de ces 413 mille florins que personne ne voulait payer.

L'Autriche avait promis de ne plus opposer d'obstacle à l'œuvre de la médiation, et elle tint à peu près parole. Outre les concessions obtenues à Paris, elle voulait en obtenir une dernière qu'elle ne pouvait négocier qu'à Ratisbonne même, avec les rédacteurs du *recès*. Cette concession était relative au nombre des votes virils dans le Collége des princes. Tandis que le protocole était ouvert à la Diète, et qu'on y exprimait des opinions à la suite les unes des autres, la députation extraordinaire siégeait en même temps, et remaniait encore une fois le plan de la médiation d'après la convention de Paris. La Diète opinait ainsi sur un projet que la grande députation remaniait chaque jour. On y avait inséré les changements territoriaux convenus à Paris; on y avait compris la création du nouvel électeur de Salzbourg; on y avait introduit enfin de nouveaux votes virils qui changeaient la proportion des voix protestantes et catholiques dans le Collége des princes, et la portaient à 54 voix catholiques contre 77 protestantes, au lieu de 31 contre 62. Il fallait pourtant en finir de toutes ces questions, surtout de celle qui était relative aux 413 mille florins. La Bavière, qui avait perdu 350 mille florins avec Aichstedt, ne pouvait être contrainte à en donner 200 mille. Elle les avait refusés, et on avait trouvé ce refus naturel. Mais la Prusse, bien qu'elle n'eût rien perdu, ne voulut point supporter sa part d'un aussi léger fardeau. On ne fera pas la guerre pour 200 mille florins, avait dit M. d'Haugwitz; triste propos, qui avait blessé tout le monde à Ratisbonne,

Janv. 1803.

et placé le rôle de la Prusse fort au-dessous de celui de l'Autriche, laquelle en résistant défendait au moins des territoires et des principes constitutionnels.

Le Premier Consul, à la rigueur, aurait pu vaincre cette avarice; mais ayant besoin de la Prusse jusqu'à la fin pour faire réussir son plan, il était obligé de la ménager. On ne savait comment payer, ni l'archichancelier, ni les pensions des ecclésiastiques, ni quelques autres dettes anciennement assignées sur les biens réservés. Répartir cette charge sous forme de *mois romains*[1] sur la totalité du corps germanique, était impossible, vu la difficulté insurmontable, en tout temps, de faire solder par la confédération les dépenses communes. L'état de délabrement des places fédérales en était la preuve. On fut réduit à imaginer un moyen, qui diminuait un peu la libéralité du premier plan français, à l'égard de la navigation des fleuves. On avait supprimé tous les péages sur l'Elbe, le Wéser, le Rhin. Cependant il fallait pourvoir à quelques dépenses indispensables d'entretien, comme les chemins de halage, par exemple, sans quoi la navigation aurait été bientôt interrompue. On prit le parti d'établir sur le Rhin un octroi modéré, fort inférieur à tous les péages de nature féodale dont le fleuve avait été autrefois grevé, et sur l'excédant que laisserait cet octroi on résolut de prendre les 350 mille florins du prince archichancelier, les 10 mille florins du duc d'Ol-

---

[1] On appelait *mois romains* les dépenses communes réparties sur toute la confédération, d'après des proportions anciennement établies.

dembourg, les 53 mille des maisons d'Isembourg et de Stolberg, et quelques mille florins encore pour mettre d'accord divers princes, qui se renvoyaient mesquinement des assignations qu'ils ne voulaient pas supporter. De la sorte on satisfit l'avarice de la Prusse, on déchargea la Bavière des 200 mille florins qu'elle aurait dû fournir pour sa part, on réduisit la perte qu'elle avait subie en cédant Aichstedt ; on accomplit la promesse faite au prince archichancelier de lui assurer un revenu indépendant Tous les Allemands le voulaient ainsi, car ils trouvaient qu'un million de florins de revenu était tout juste suffisant pour le prince qui avait l'honneur de présider la Diète germanique, et qui était le dernier représentant des trois électeurs ecclésiastiques du saint empire. Il fut constitué l'administrateur unique de cet octroi, de concert avec la France, qui avait le droit de veiller aux dépenses à faire à la rive gauche. Sous ce point de vue, la France n'avait pas à se plaindre de cet arrangement, car, dès ce moment, le prince archichancelier avait tout intérêt à entretenir de bons rapports avec elle. *Fév. 1803.*

Enfin le plan, remanié pour la dernière fois, fut adopté le 25 février (6 ventôse an XI) comme acte final par la députation extraordinaire, et envoyé immédiatement à la Diète, où il fut voté à la presque unanimité par les trois Colléges. Il ne rencontra d'opposition que de la part de la Suède, dont le monarque, révélant déjà les troubles d'esprit qui l'ont précipité du trône, étonnait l'Europe de ses royales folies. Il infligea un blâme violent aux puis- *Adoption définitive du recès par la Diète germanique, le 25 février.*

sances médiatrices et aux puissances allemandes, qui avaient concouru à porter une atteinte si grave à l'antique Constitution germanique. Cette boutade ridicule d'un prince dont personne ne tenait compte en Europe, n'altéra point la satisfaction qu'on éprouvait de voir finir les longues anxiétés de l'empire.

Les Allemands, même ceux qui regrettaient l'ancien ordre de choses, mais qui conservaient un peu d'équité dans leurs jugements, reconnaissaient que l'on recueillait en cette occasion les inévitables fruits d'une guerre imprudente; que la rive gauche du Rhin ayant été perdue par suite de cette guerre, il avait bien fallu faire un nouveau partage du sol germanique; que ce partage sans doute était plus avantageux aux grandes maisons qu'aux petites, mais que, sans la France, cette inégalité eût été bien plus dommageable encore; que la Constitution, modifiée sous plusieurs rapports, était cependant sauvée, quant au fond des choses, et n'avait pu être réformée dans un esprit de conservation plus éclairé. Ils reconnaissaient enfin que, sans la vigueur du Premier Consul, l'anarchie se serait introduite en Allemagne, par suite des prétentions de tout genre soulevées dans le moment. Ce qui prouve mieux que tous les discours le sentiment qu'on éprouvait alors pour le chef du gouvernement français, c'est qu'à la vue de plusieurs questions restées en suspens, on désirait que sa main puissante ne se retirât pas tout de suite des affaires germaniques. On souhaitait que la France fût, en qualité de garante, obligée de veiller sur son ouvrage.

Il y avait encore, en effet, plus d'une question, générale ou particulière, que la médiation n'avait pu résoudre. La Prusse était en querelle ouverte avec la ville de Nuremberg, et se permettait à son égard des procédés tyranniques. La même puissance n'avait pas voulu jusqu'ici saisir les comtes de Westphalie de leur part à l'évêché de Munster. Francfort était en contestation avec des princes voisins, pour une charge qu'on lui avait imposée en leur faveur, en compensation de certaines propriétés par eux cédées. La Prusse, la Bavière, voulaient profiter du silence du *recès*, pour incorporer à leurs États la noblesse immédiate. L'Autriche faisait valoir en Souabe une quantité de droits féodaux d'une origine obscure, et attentatoires à la souveraineté des ducs de Wurtemberg, de Baden et de Bavière. Elle venait de commettre surtout une violation de propriété inouïe. Les principautés ecclésiastiques récemment sécularisées avaient des fonds déposés à la Banque de Vienne, fonds qui leur appartenaient, et qui avaient dû passer aux princes indemnisés. L'administration autrichienne avait saisi ces fonds montant à une somme de trente millions de florins, ce qui réduisait certains princes au désespoir. Toutes ces violences faisaient désirer l'institution d'une autorité qui s'occupât de l'exécution du *recès*, ainsi que cela s'était fait à la suite de la paix de Westphalie. On désirait aussi la recomposition des anciens cercles chargés de veiller à la défense des intérêts particuliers. Il restait enfin à organiser l'Église allemande, qui, ayant été privée de son existence

Fév. 1803.

Questions ajournées pour être résolues plus tard.

princière, avait besoin de recevoir une organisation nouvelle.

Le Premier Consul n'avait pu se charger de résoudre ces dernières difficultés, car il aurait fallu qu'il se constituât le législateur permanent de l'Allemagne. Il n'avait dû s'occuper que de sauver l'équilibre de l'empire, partie de l'équilibre européen, en déterminant ce qui revenait à chaque État, soit en territoire, soit en influence dans la Diète. Le reste ne pouvait appartenir qu'à la Diète elle-même, seule chargée du pouvoir législatif. Elle y pouvait suffire, secondée toutefois par la France, garante de la nouvelle Constitution germanique, comme elle l'était de l'ancienne. Les faibles, menacés par les forts, invoquaient déjà cette garantie. C'était aux cours allemandes les plus puissantes, à prévenir par leur modération la nouvelle intervention d'un bras étranger. Malheureusement il ne fallait guère y compter, à voir la conduite actuelle de la Prusse et de l'Autriche.

L'empereur, après avoir fait attendre sa ratification, l'avait enfin envoyée, mais avec deux réserves : l'une avait pour objet le maintien de tous les priviléges de la noblesse immédiate ; l'autre, une nouvelle distribution des voix protestantes et catholiques dans la Diète. C'était tenir à moitié la parole donnée au Premier Consul, pour prix de la convention du 26 décembre.

Au reste, les difficultés vraiment européennes, celles de territoire, étaient vaincues, grâce à l'énergique et prudente intervention du général Bonaparte.

Si quelque chose avait rendu évident son as-cendant sur l'Europe, c'était cette négociation si habilement conduite, dans laquelle, réunissant à la justice l'adresse et la fermeté, se servant tour à tour de l'ambition de la Prusse, de l'orgueil de la Russie, pour résister à l'Autriche, réduisant celle-ci sans la pousser au désespoir, il avait imposé sa propre volonté à l'Allemagne, pour le bien même de l'Allemagne et le repos du monde : seul cas dans lequel il soit permis et utile d'intervenir dans les affaires d'autrui.

Fév. 1803.

FIN DU LIVRE QUINZIÈME.

LIVRE SEIZIÈME.

RUPTURE DE LA PAIX D'AMIENS.

Efforts du Premier Consul pour rétablir la grandeur coloniale de la France. — Esprit de l'ancien commerce. — Ambition de toutes les puissances de posséder des colonies. — L'Amérique, les Antilles et les Indes orientales. — Mission du général Decaen dans l'Inde. — Efforts pour recouvrer Saint-Domingue. — Description de cette île. — Révolution des noirs. — Caractère, puissance, politique de Toussaint Louverture. — Il aspire à se rendre indépendant. — Le Premier Consul fait partir une expédition pour assurer l'autorité de la métropole. — Débarquement des troupes françaises à Santo-Domingo, au Cap et au Port-au-Prince. — Incendie du Cap. — Soumission des noirs. — Prospérité momentanée de la colonie. — Application du Premier Consul à restaurer la marine. — Mission du colonel Sébastiani en Orient. — Soins donnés à la prospérité intérieure. — Le Simplon, le mont Genèvre, la place d'Alexandrie. — Camp de vétérans dans les provinces conquises. — Villes nouvelles fondées en Vendée. — La Rochelle et Cherbourg. — Le Code civil, l'Institut, l'administration du clergé. — Voyage en Normandie. — La jalousie de l'Angleterre excitée par la grandeur de la France. — Le haut commerce anglais plus hostile à la France que l'aristocratie anglaise. — Déchaînement des gazettes écrites par les émigrés. — Pensions accordées à Georges et aux chouans. — Réclamations du Premier Consul. — Faux-fuyants du cabinet britannique. — Articles de représailles insérés au *Moniteur*. — Continuation de l'affaire suisse. — Les petits cantons s'insurgent sous la conduite du landamman Reding, et marchent sur Berne. — Le gouvernement des modérés obligé de fuir à Lausanne. — Demande d'intervention refusée d'abord, puis accordée par le Premier Consul. — Il fait marcher le général Ney avec trente mille hommes, et appelle à Paris des députés choisis dans tous les partis, pour donner une constitution à la Suisse. — Agitation en Angleterre; cris du parti de la guerre contre l'intervention française. — Le cabinet anglais, effrayé par ces cris, commet la faute de contremander l'évacuation de Malte, et d'envoyer un agent en Suisse pour soudoyer l'insurrection. — Promptitude de l'intervention française. — Le général Ney soumet l'Helvétie en quelques jours. — Les députés suisses réunis à Paris sont présentés au Premier Consul. — Discours qu'il leur adresse. — Acte de médiation. — Admiration de l'Europe pour la sagesse de cet acte. — Le cabinet anglais es-

RUPTURE DE LA PAIX D'AMIENS.

embarrassé de la promptitude et de l'excellence du résultat. — Vive discussion dans le Parlement britannique.—Violences du parti Grenville, Windham, etc. — Nobles paroles de M. Fox en faveur de la paix. — L'opinion publique un moment calmée. — Arrivée de lord Withworth à Paris, du général Andréossy à Londres. — Bon accueil fait de part et d'autre aux deux ambassadeurs. — Le cabinet britannique, regrettant d'avoir retenu Malte, voudrait l'évacuer, mais ne l'ose pas. — Publication intempestive du rapport du colonel Sébastiani sur l'état de l'Orient. — Fâcheux effet de ce rapport en Angleterre. — Le Premier Consul veut avoir une explication personnelle avec lord Withworth. — Long et mémorable entretien. — La franchise du Premier Consul mal comprise et mal interprétée. — Exposé de l'état de la République, contenant une phrase blessante pour l'orgueil britannique. — Message royal en réponse. — Les deux nations s'adressent une sorte de défi. — Irritation du Premier Consul, et scène publique faite à lord Withworth, en présence du corps diplomatique. — Le Premier Consul passe subitement des idées de paix aux idées de guerre. — Ses premiers préparatifs. — Cession de la Louisiane aux États-Unis, moyennant quatre-vingts millions.—M. de Talleyrand s'efforce de calmer le Premier Consul, et oppose une inertie calculée à l'irritation croissante des deux gouvernements. — Lord Withworth le seconde. — Prolongation de cette situation. — Nécessité d'en sortir. — Le cabinet britannique finit par avouer qu'il veut garder Malte. — Le Premier Consul répond par la sommation d'exécuter les traités. — Le ministère Addington, de peur de succomber dans le Parlement, persiste à demander Malte. — On imagine plusieurs termes moyens qui n'ont aucun succès. — Offre de la France de mettre Malte en dépôt dans les mains de l'empereur Alexandre. — Refus de cette offre. — Départ des deux ambassadeurs. — Rupture de la paix d'Amiens. — Anxiété publique tant à Londres qu'à Paris. — Causes de la brièveté de cette paix. — A qui appartiennent les torts de la rupture ? —

Fév. 1802.

Tandis que le Premier Consul réglait en arbitre suprême les affaires du continent européen, son ardente activité, embrassant les deux mondes, s'étendait jusque dans l'Amérique et les Indes, pour y rétablir l'ancienne grandeur coloniale de la France.

Efforts du Premier Consul pour rétablir l'ancien commerce de la France

Aujourd'hui que les nations européennes sont devenues manufacturières bien plus que commerçantes; aujourd'hui qu'elles sont parvenues à imiter, à

Quel était autrefois l'esprit des puissances commerçantes.

surpasser ce qu'elles allaient chercher au delà des mers ; aujourd'hui enfin que les grandes colonies, affranchies de leurs métropoles, sont montées au rang d'États indépendants, le tableau du monde est changé au point de ne pas le reconnaître. De nouvelles ambitions ont succédé à celles qui le divisaient alors, et on a peine à comprendre les motifs pour lesquels coulait il y a un siècle le sang des hommes. L'Angleterre possédait, à titre de colonie, l'Amérique du nord; l'Espagne, au même titre, possédait l'Amérique du sud; la France possédait les principales Antilles, et la plus belle de toutes, Saint-Domingue. L'Angleterre et la France se disputaient l'Inde. Chacune de ces puissances imposait à ses colonies l'obligation de ne donner qu'à elle-même les denrées tropicales, de ne recevoir que d'elle seule les produits d'Europe, de n'admettre que ses vaisseaux, de n'élever de matelots que pour sa marine. Chaque colonie était ainsi une plantation, un marché et un port fermés. L'Angleterre voulait tirer exclusivement de ses provinces d'Amérique les sucres, les bois de construction, les cotons bruts ; l'Espagne voulait être la seule à extraire du Mexique et du Pérou les métaux si enviés de toutes les nations; l'Angleterre et la France voulaient dominer l'Inde, pour en exporter les fils de coton, les *mousselines*, les *indiennes*, objets d'une convoitise universelle; elles voulaient fournir leurs produits en échange, et ne faire tout ce trafic que sous leur pavillon. Aujourd'hui ces ardents désirs des nations ont fait place à d'autres. Le sucre, qu'il fallait extraire d'une plante née et cultivée sous le soleil le plus chaud, se tire d'une plante cultivée sur l'Elbe et sur l'Escaut. Les cotons, filés avec tant de finesse et de patience par des mains indiennes, sont filés en Europe par des machines, que met en mouvement la combustion du charbon fossile. La mousseline est tissée dans les montagnes de la Suisse et du Forez. Les *indiennes*, tissues en Écosse, en Irlande, en Normandie, en Flandre, peintes en Alsace, remplissent l'Amérique, et se répandent jusque dans les Indes. Excepté le café, le thé, produits que l'art ne saurait imiter, on a tout égalé, ou surpassé. La chimie européenne a déjà remplacé la plupart des matières colorantes qu'on allait chercher entre les tropiques. Les métaux sortent des flancs des montagnes européennes. On retire l'or de l'Oural; l'Espagne commence à trouver l'argent dans son propre sein. Une grande révolution politique s'est jointe à ces révolutions industrielles. La France a favorisé l'insurrection des colonies anglaises de l'Amérique du nord; l'Angleterre a contribué, en revanche, à l'insurrection des colonies de l'Amérique du sud. Les unes et les autres sont aujourd'hui des nations, ou déjà grandes, ou destinées à le devenir. Sous l'influence des mêmes causes, une société africaine, dont l'avenir est inconnu, s'est développée à Saint-Domingue. L'Inde enfin, sous le sceptre de l'Angleterre, n'est plus qu'une conquête, ruinée par les progrès de l'industrie européenne, et employée à nourrir quelques officiers, quelques commis, quelques magistrats de la métropole. De nos jours, les nations veulent tout produire elles-mêmes, faire accepter à leurs voisins moins habiles l'excédant de leurs produits, et ne consentent à s'emprunter que les matières premières, cherchent même à faire naître ces matières le plus près possible de leur sol : témoin les essais réitérés pour naturaliser le coton en Égypte et en Algérie. Au grand spectacle de l'ambition coloniale a succédé de la sorte le spectacle de l'ambition manufacturière. Ainsi le monde change sans cesse, et chaque siècle a besoin de quelques efforts de mémoire et d'intelligence pour comprendre le siècle précédent.

Cette immense révolution industrielle et commerciale, commencée sous Louis XVI avec la guerre d'Amérique, s'est achevée sous Napoléon avec le blocus continental. La longue lutte de l'Angleterre et de la France en a été la principale cause; car, tandis que la première voulait s'attribuer le monopole des produits exotiques, la seconde se vengeait en les imitant. L'inspirateur de cette imitation, c'est Napoléon, dont la destinée était ainsi de renouveler, sous tous les rapports, la face du monde. Mais, avant de jeter la France dans le système continental et manufacturier, comme il le fit plus tard, Napoléon consul, tout plein des idées du siècle qui venait de finir, plus confiant dans la marine française qu'il ne le fut depuis, tenta de vastes entreprises pour restaurer notre prospérité coloniale.

Cette prospérité avait été assez grande autrefois pour justifier les regrets et les tentatives dont elle était alors l'objet. En 1789, la France tirait de ses colonies une valeur de 250 millions par an, en sucre, café, coton, indigo, etc. ; elle en consommait de 80 à 100 millions, et en réexportait 150, qu'elle versait dans toute l'Europe, principalement sous forme de sucre raffiné. Il faudrait doubler au moins ces valeurs pour trouver celles qui leur correspondent aujourd'hui; et assurément nous estimerions fort, nous placerions au rang de nos premiers intérêts, des colonies qui nous fourniraient la matière d'un commerce de 500 millions. La France trouvait dans ce commerce un moyen d'attirer chez elle une partie du numéraire de l'Espagne, qui nous donnait ses piastres pour nos produits coloniaux et manufacturés. A l'époque dont nous parlons, c'est-à-dire en 1802, la France, privée de denrées coloniales, principalement de sucre et de café, n'en ayant pas même pour son usage, les demandait aux Américains, aux villes anséatiques, à la Hollande, à Gênes, et, depuis la paix, aux Anglais. Elle les payait en métaux, n'ayant pas encore, dans son industrie à peine renaissante, les moyens de les payer en produits de ses manufactures. Le numéraire n'ayant jamais, depuis les assignats, reparu avec son ancienne abondance, elle en manquait souvent; ce qui se révélait par les efforts continuels de la nouvelle banque pour acquérir des piastres, sorties d'Espagne par la contrebande. Aussi n'y avait-il rien de plus ordinaire dans la classe commerçante que d'entendre des plaintes sur la rareté du numéraire, sur l'inconvénient d'être obligé d'acheter à prix d'argent, le sucre et le café que nous tirions autrefois des possessions françaises. Il faut sans doute attribuer ce langage à quelques idées fausses sur la manière dont s'établit la balance du commerce ; mais il faut l'attribuer aussi à un fait vrai, la difficulté de se procurer des denrées coloniales, et la difficulté plus grande encore de les payer, ou en argent resté rare depuis les assignats, ou en produits encore peu abondants de notre industrie.

Si l'on ajoute que de nombreux colons, autrefois riches, maintenant ruinés, encombraient Paris, et joignaient leurs plaintes à celles des émigrés, on se fera une idée complète des motifs qui agissaient sur l'esprit du Premier Consul, et le portaient vers les grandes entreprises coloniales. C'est sous ces influences puissantes, qu'il avait donné à Charles IV l'Étrurie pour avoir la Louisiane. Les conditions du contrat étant accomplies de son côté, puisque les infants étaient placés sur le trône d'Étrurie, et reconnus de toutes les puissances continentales, il voulait que ces conditions fussent accomplies du côté de Charles IV, et il venait d'exiger que la Louisiane nous fût immédiatement livrée. Une expédition de deux vaisseaux et de quelques frégates était réunie dans les eaux de la Hollande, à Helvœtsluis, pour porter des troupes à l'embouchure du Mississipi, et faire passer cette belle contrée sous la domination française. Le Premier Consul, ayant à disposer du duché de Parme, était prêt à le céder à l'Espagne, moyennant les Florides et l'abandon d'une petite partie de la Toscane, le Siennois, dont il voulait faire l'indemnité du roi de Piémont. L'indiscrétion du gouvernement espagnol ayant laissé connaître les détails de cette négociation à l'ambassadeur d'Angleterre, la jalousie anglaise suscitait mille obstacles à la conclusion de ce nouveau contrat. Le Premier Consul s'occupait en même temps des Indes, et avait confié le gouvernement de nos comptoirs de Pondichéri et de Chandernagor à l'un des plus vaillants officiers de l'armée du Rhin, au général Decaen. Cet officier, chez lequel l'intelligence égalait le courage, et qui était propre aux plus grandes entreprises, avait été choisi et envoyé aux Indes, dans des vues éloignées mais profondes. Les Anglais, avait dit le Premier Consul au général Decaen, en lui adressant des instructions admirables, les Anglais sont les maîtres du continent de l'Inde ; ils y sont inquiets, jaloux ; il faut ne leur donner aucun ombrage, se conduire avec douceur et simplicité, supporter dans ces régions tout ce que l'honneur permettra de supporter, n'avoir avec les princes voisins que les relations indispensables à l'entretien des troupes françaises et des comptoirs. Mais, ajoutait le Premier Consul, il faut observer ces princes et ces peuples, qui se résignent avec douleur au joug britannique ; étudier leurs mœurs, leurs ressources, les moyens de communiquer avec eux, en cas de guerre ; rechercher quelle armée européenne serait nécessaire pour les aider à secouer la domination anglaise, de quel matériel cette armée devrait être pourvue, quels seraient surtout les moyens de la

Fév. 1802.

Mission du général Decaen aux Indes.

nourrir; découvrir un port qui pût servir de point de débarquement à une flotte chargée de troupes; calculer le temps et les moyens nécessaires pour enlever ce port d'un coup de main; rédiger, après six mois de séjour, un premier mémoire sur ces diverses questions; l'envoyer par un officier intelligent et sûr, ayant tout vu, capable d'ajouter des explications verbales aux explications écrites dont il serait porteur; six mois après, traiter encore ces mêmes questions, d'après les connaissances nouvellement acquises, et envoyer cet autre mémoire par un second officier, également sûr et intelligent; recommencer le même travail et le même envoi tous les six mois; bien peser, dans la rédaction de ces mémoires, la valeur de chaque expression, car un mot pourrait influer sur les plus graves résolutions; enfin, en cas de guerre, se conduire suivant les circonstances, ou rester dans l'Indostan, ou se retirer à l'île de France, en envoyant beaucoup de bâtiments légers à la métropole, pour l'instruire des déterminaions prises par le capitaine général. — Telles étaient les instructions données au général Decaen, dans la vue, non de rallumer la guerre, mais d'en profiter habilement si elle venait à éclater de nouveau.

Les plus grands efforts du Premier Consul étaient dirigés vers les Antilles, siége principal de la puissance coloniale de la France. C'est avec la Martinique, la Guadeloupe, Saint-Domingue, que le commerce français entretenait jadis ses plus avantageuses relations. Saint-Domingue surtout figurait pour les trois cinquièmes au moins, dans les 250 millions de denrées que la France retirait autrefois de ses colonies. Saint-Domingue était alors la plus belle, la plus enviée des possessions d'outre-mer. La Martinique avait été assez heureuse pour échapper aux conséquences de la révolte des noirs ; mais la Guadeloupe et Saint-Domingue avaient été bouleversées de fond en comble, et il ne fallait pas moins qu'une armée entière pour y rétablir, non pas l'esclavage, qui était devenu impossible, du moins à Saint-Domingue, mais la légitime domination de la métropole.

Fév. 1802.

Sur cette île longue de cent lieues, large de trente, heureusement située à l'entrée du golfe du Mexique, resplendissante de fertilité, propre à la culture du sucre, du café, de l'indigo ; sur cette île magnifique, vingt et quelques mille blancs propriétaires, vingt et quelques mille affranchis de différentes couleurs, quatre cent mille esclaves noirs, cultivaient la terre, et en tiraient une immense abondance de denrées coloniales, valant environ 150 millions de francs, que trente mille matelots français étaient employés à transporter en Europe, pour les échanger contre une égale valeur de produits nationaux. Que penserions nous aujourd'hui d'une colonie qui nous donnerait 300 millions de produits, et nous procurerait pour 300 millions de débouchés, car 150 millions en 1789, répondent au moins à 300 millions en 1845 ? Malheureusement chez ces hommes blancs, mulâtres, noirs, fermentaient des passions violentes, dues au climat, et à un état de société dans lequel se

Description de Saint-Domingue.

trouvaient les deux extrêmes sociaux : la richesse orgueilleuse et l'esclavage frémissant. On ne voyait dans aucune colonie des blancs aussi opulents et aussi entêtés, des mulâtres aussi jaloux de la supériorité de la race blanche, des noirs aussi enclins à secouer le joug des uns et des autres. Les opinions professées à Paris dans l'Assemblée Constituante, venant retentir au milieu des passions naturelles à un tel pays, devaient y provoquer une affreuse tempête, comme les ouragans que produit dans ces mers la rencontre subite de deux vents contraires. Les blancs et les mulâtres, à peine suffisants pour se défendre s'ils avaient été unis, s'étaient divisés, et après avoir communiqué aux noirs la contagion de leurs passions, les avaient amenés à se soulever contre eux. Ils avaient subi leur cruauté d'abord, puis leur triomphe et leur domination. Il était arrivé là ce qui arrive dans toute société, où éclate la guerre des classes : la première avait été vaincue par la seconde, la première et la seconde par la troisième. Mais à la différence de ce qui se voit ailleurs, elles portaient sur leur visage les marques de leurs diverses origines; leur haine tenait de la violence des instincts physiques, et leur rage était brutale comme celle des animaux sauvages. Aussi les horreurs de cette révolution avaient-elles dépassé tout ce qu'on avait vu en France en quatre-vingt-treize, et malgré l'éloignement qui atténue toujours les sensations, l'Europe, déjà si touchée des spectacles du continent, avait été profondément émue des atrocités inouïes, auxquelles des maîtres imprudents, quelquefois cruels, avaient poussé des esclaves féroces. Les lois de la société humaine, partout semblables, avaient fait naître là comme ailleurs, après de longs orages, la fatigue qui sollicite un maître, et un être supérieur, propre à le devenir. Ce maître était de la couleur de la race triomphante, c'est-à-dire, noir. Il s'appelait Toussaint Louverture. C'était un vieil esclave, n'ayant pas l'audace généreuse de Spartacus, mais une dissimulation profonde, et un génie de gouvernement tout à fait extraordinaire. Militaire médiocre, connaissant tout au plus l'art des embuscades dans un pays d'un accès difficile, inférieur même sous ce rapport à quelques-uns de ses lieutenants, il avait, par son intelligence à diriger l'ensemble des choses, acquis un ascendant prodigieux. Cette race barbare, qui en voulait aux Européens de la mépriser, était fière d'avoir dans ses rangs un être, dont les blancs eux-mêmes reconnaissaient les hautes facultés. Elle voyait en lui un titre vivant à la liberté, à la considération des autres hommes. Aussi avait-elle accepté son joug de fer, cent fois plus pesant que celui des anciens colons, et subi la dure obligation du travail, obligation qui était, dans l'esclavage, ce qu'elle détestait le plus. Cet esclave noir, devenu dictateur, avait rétabli à Saint-Domingue un état de société tolérable, et accompli des choses qu'on oserait presque appeler grandes, si le théâtre avait été différent, et si elles avaient été moins éphémères.

Sur cette terre de Saint-Domingue, comme dans

Fév. 1802.

Toussaint Louverture; son origine, son caractère et son génie.

Gouvernement

tout pays en proie à une longue guerre civile, il s'était fait un partage entre la race guerrière, propre aux armes, en ayant le goût, et la race ouvrière, moins portée aux combats, facile à ramener au travail, prête toutefois à se jeter de nouveau dans les dangers, si sa liberté était menacée. Naturellement la première était dix fois moins nombreuse que la seconde.

Toussaint Louverture avait composé, avec la première, une armée permanente d'environ vingt mille soldats, organisée en demi-brigades, sur le modèle des armées françaises, ayant des officiers noirs, quelques-uns mulâtres ou blancs. Cette troupe bien payée, bien nourrie, assez redoutable sous un climat qu'elle seule pouvait supporter, et sur un sol abrupte, couvert de broussailles dures et épineuses, était formée en plusieurs divisions, et commandée par des généraux de sa couleur, la plupart assez intelligents, mais plus féroces qu'intelligents, tels que Christophe, Dessalines, Moïse, Maurepas, Laplume. Tous dévoués à Toussaint, ils reconnaissaient son génie, et subissaient son autorité. Le reste de la population, sous le nom de cultivateurs, avait été ramené au travail. On leur avait laissé des fusils, pour qu'ils s'en servissent au besoin, dans le cas où la métropole attenterait à leur liberté; mais on les avait contraints à retourner sur les plantations abandonnées des colons. Toussaint avait proclamé qu'ils étaient libres, mais obligés à travailler cinq ans encore sur les terres de leurs anciens maîtres, avec droit au quart du produit brut. Les propriétaires blancs avaient été encouragés à revenir, même ceux qui, dans un moment de désespoir, s'étaient associés à la tentative des Anglais sur Saint-Domingue. Ils avaient été bien accueillis, et avaient reçu leurs habitations couvertes de nègres soi-disant libres, auxquels ils abandonnaient, suivant le règlement de Toussaint, le quart du produit brut, évalué dans la pratique de la manière la plus arbitraire. Un assez grand nombre de riches propriétaires d'autrefois, soit qu'ils eussent succombé dans les troubles de la colonie, soit qu'ils eussent émigré avec l'ancienne noblesse française, dont ils faisaient partie, n'avaient ni reparu, ni envoyé des délégués. Leurs biens, séquestrés comme les domaines nationaux en France, avaient été affermés à des officiers noirs, et à un prix qui permettait à ceux-ci de s'enrichir. Certains généraux, tels que Christophe et Dessalines, s'étaient acquis de la sorte plus d'un million de revenu annuel. Ces officiers noirs avaient la qualité d'inspecteurs de la culture, dans l'arrondissement où ils étaient commandants militaires. Ils y faisaient des tournées continuelles, et y traitaient les nègres avec la dureté particulière aux nouveaux maîtres. Quelquefois ils veillaient à ce que justice leur fût rendue par les colons ; mais plus habituellement ils les condamnaient aux verges, pour paresse ou insubordination, et faisaient une sorte de chasse incessante dans le but de faire revenir à la culture ceux qui avaient contracté le goût du vagabondage. Des revues fréquentes dans les paroisses procuraient la connaissance des cul-

Fév. 1802.

tivateurs sortis de leurs habitations originaires, et fournissaient le moyen de les y ramener. Souvent même, Dessalines et Christophe les faisaient pendre sous leurs yeux. Aussi le travail avait-il recommencé avec une incroyable activité, sous ces nouveaux chefs, qui exploitaient à leur profit la soumission des noirs prétendus libres. Et nous sommes loin de mépriser un tel spectacle! car ces chefs sachant imposer le travail à leurs semblables, même pour leur avantage exclusif; ces nègres sachant le subir, sans grand bénéfice pour eux, dédommagés uniquement par l'idée qu'ils étaient libres, nous inspirent plus d'estime que le spectacle d'une paresse ignoble et barbare, donné par les nègres livrés à eux-mêmes, dans les colonies récemment affranchies.

Grâce au régime établi par Toussaint, la plupart des habitations abandonnées avaient été remises en culture. Aussi en 1801, après dix années de troubles, la terre de Saint-Domingue, arrosée de tant de sang, offrait un aspect de fertilité presque égal à celui qu'elle présentait en 1789. Toussaint, indépendant de la France, avait donné à la colonie une liberté de commerce à peu près absolue. Un tel régime de liberté, dangereux pour des colonies d'une fertilité médiocre, qui produisant peu et chèrement, ont intérêt à prendre les produits de la métropole afin qu'elle prenne les leurs, un tel régime est excellent au contraire pour une colonie riche et féconde, n'ayant besoin d'aucune faveur pour le débit de ses denrées, intéressée dès lors à traiter librement avec toutes les nations, et à chercher ses objets de nécessité ou de luxe, là où ils sont meilleurs et à plus bas prix. C'était le cas de Saint-Domingue. L'île avait ressenti de la libre présence des pavillons étrangers, surtout du pavillon américain, un avantage infini. Les vivres y abondaient; les marchandises d'Europe s'y vendaient à bon marché; ses denrées étaient enlevées dès qu'elles paraissaient sur le marché. Ajoutez que les nouveaux colons, les uns noirs parvenus par la révolte, les autres blancs réintégrés, tous affranchis d'engagements envers les capitalistes de la métropole, n'étaient pas, comme les anciens colons en 1789, accablés de dettes, et obligés de déduire de leurs profits l'intérêt d'énormes capitaux empruntés. Ils étaient plus opulents avec de moindres bénéfices. Les villes du Cap, du Port-au-Prince, de Saint-Marc, des Cayes, avaient recouvré une sorte de splendeur. Les traces de la guerre y étaient presque effacées : on voyait dans la plupart d'entre elles des demeures élégantes, construites pour les officiers noirs, habitées par eux, et rivalisant avec les plus belles maisons de ces anciens propriétaires blancs, jadis si orgueilleux, si renommés par leur luxe et leur dissolution.

Le chef noir de la colonie avait mis le comble à sa prospérité récente, par l'occupation hardie de la partie espagnole de Saint-Domingue. Cette île, dans sa longueur, se trouvait jadis partagée en deux portions, dont l'une, placée à l'est, se présentant la première en venant d'Europe, appartenait aux Espa-

Fév. 1802.

Prospérité présente de l'île.

Réunion de la partie espagnole à la partie française de Saint-Domingue.

gnols ; dont l'autre, placée à l'ouest, tournée vers Cuba et l'intérieur du golfe de Mexique, appartenait aux Français (voir la carte n° 22). Cette partie ouest, composée de deux promontoires avancés, qui forment, outre un vaste golfe intérieur, une multitude de rades et de petits ports, était plus propre que l'autre aux plantations, lesquelles ont besoin d'être situées près des points d'embarquement. Aussi était-elle couverte de riches établissements. La partie espagnole, au contraire, peu montagneuse, présentant peu de golfes, contenait moins de sucreries et de caféteries ; mais en revanche elle nourrissait beaucoup de bétail, de chevaux, de mulets. Réunies, ces deux portions pouvaient se rendre de grands services, tandis que séparées par un régime colonial exclusif, elles étaient comme deux îles éloignées, ayant l'une ce qui manque à l'autre, et ne pouvant se le donner à cause de la distance. Toussaint, après avoir chassé les Anglais, avait tourné toutes ses idées vers l'occupation de la partie espagnole. Affectant une soumission scrupuleuse envers la métropole, tout en se conduisant d'après sa seule volonté, il s'était armé du traité de Bâle, par lequel l'Espagne cédait à la France la possession entière de Saint-Domingue, et il avait sommé les autorités espagnoles de lui livrer la province qu'elles détenaient encore. Il se trouvait dans le moment un commissaire français à Saint-Domingue, car depuis la Révolution la métropole n'était plus représentée dans l'île que par des commissaires à peine écoutés. Cet agent, craignant les complications qui pouvaient résulter en Europe de cette opération, n'ayant d'ailleurs reçu aucun ordre de France, avait inutilement combattu la résolution de Toussaint. Celui-ci, ne tenant aucun compte des objections qu'on lui adressait, avait mis en mouvement toutes les divisions de son armée, et avait exigé des autorités espagnoles, incapables de résister, les clefs de Santo-Domingo. Ces clefs lui avaient été remises, et il s'était rendu ensuite dans toutes les villes, ne prenant d'autre titre que celui de représentant de la France, mais se comportant en réalité comme un souverain, et se faisant recevoir dans les églises avec l'eau bénite et le dais.

Fév. 1802.

La réunion des deux parties de l'île sous une même domination, avait produit pour le commerce et l'ordre intérieur des résultats excellents et instantanés. La partie française, abondamment pourvue de tous les produits des deux mondes, en avait donné une quantité considérable aux colons espagnols, en échange des bestiaux, des mulets, des chevaux dont elle avait grand besoin. En même temps les nègres qui voulaient se soustraire au travail par le vagabondage, ne trouvaient plus dans la partie espagnole un asile contre les recherches incessantes de la police noire.

C'est par tous ces moyens réunis que Toussaint avait fait refleurir en deux ans la colonie. On n'aurait pas une idée exacte de sa politique, si on ne savait en même temps comment il se conduisait entre la France et l'Angleterre. Cet esclave, devenu libre et souverain, conservait au fond du cœur une

Politique de Toussaint Louverture à l'égard de la France et de l'Angleterre.

involontaire sympathie pour la nation dont il avait porté les chaînes, et répugnait à voir les Anglais à Saint-Domingue. Aussi avait-il fait de nobles efforts pour les en expulser, et il y avait réussi. Son intelligence politique, profonde quoique inculte, le confirmait dans ses sentiments naturels, et lui faisait comprendre que les Anglais étaient les maîtres les plus dangereux, car ils possédaient une puissance maritime qui rendrait leur autorité sur l'île effective et absolue. Il ne voulait donc à aucun prix de leur domination. Les Anglais, en évacuant le Port-au-Prince, lui avaient offert la royauté de Saint-Domingue, et la reconnaissance immédiate de cette royauté, s'il consentait à leur assurer le commerce de la colonie. Il s'y était refusé, soit qu'il tînt encore à la métropole, soit qu'effrayé par la nouvelle de la paix, il craignît une expédition française, capable de réduire sa royauté au néant. D'ailleurs la vanité d'appartenir à la première nation militaire du monde, le secret plaisir d'être général au service de France, de la main même du Premier Consul, l'avaient emporté chez Toussaint sur toutes les offres de l'Angleterre. Il avait donc voulu rester Français. Tenir les Anglais à distance, en vivant pacifiquement avec eux ; reconnaître l'autorité nominale de la France, et lui obéir tout juste assez pour ne pas provoquer le déploiement de ses forces, telle était la politique de cet homme singulier. Il avait reçu les commissaires du Directoire, et puis les avait successivement renvoyés, notamment le général Hédouville, en prétendant qu'ils méconnaissaient les intérêts de la mère-patrie, et lui demandaient des choses inexécutables ou funestes pour elle.

Sa politique au dedans n'est pas moins digne d'attention que sa politique au dehors. Sa manière d'être envers toutes les classes d'habitants, noirs, blancs ou mulâtres, répondait à ce que nous venons de dire de lui. Il détestait les mulâtres comme plus voisins de sa race, et caressait au contraire les blancs avec un soin extrême, moyennant qu'il en obtînt quelques témoignages d'estime, qui lui prouvassent que son génie faisait oublier sa couleur. Il montrait à cet égard une vanité de noir parvenu, dont toute la vanité des blancs parvenus dans l'ancien monde, ne saurait donner une idée. Quant aux noirs, il les traitait avec une incroyable sévérité, mais pourtant avec justice; il se servait auprès d'eux de la religion, qu'il professait avec emphase, et surtout de la liberté, qu'il promettait de défendre jusqu'à la mort, et dont il était pour les hommes de sa couleur le glorieux emblème, car on voyait en lui ce que, par elle, un nègre pouvait devenir. Son éloquence sauvage les charmait. Du haut de la chaire, où il montait souvent, il leur parlait de Dieu, de l'égalité des races humaines, et leur en parlait avec les plus étranges et les plus heureuses paraboles. Un jour, par exemple, voulant leur donner confiance en eux-mêmes, il remplissait un verre avec des grains de maïs noir, y mêlait quelques grains de maïs blanc, puis, agitant ce verre, et leur faisant remarquer combien les grains

Fév. 1802.

Politique intérieure de Toussaint Louverture.

blancs disparaissaient promptement dans les noirs, il disait : Voilà ce que sont les blancs au milieu de vous. Travaillez, assurez votre bien-être par votre travail; et si les blancs de la métropole veulent nous ravir notre liberté, nous reprendrions nos fusils, et nous les vaincrions encore. — Adoré par ces motifs, il était redouté en même temps pour sa rare vigilance. Doué d'une activité surprenante à son âge, il avait placé dans l'intérieur de l'île des relais de chevaux d'une extrême vitesse, et se transportait, suivi de quelques gardes, avec une rapidité prodigieuse, d'un point de l'île à l'autre, faisant quelquefois quarante lieues à cheval dans le même jour, et venant punir comme la foudre le délit dont il avait eu connaissance. Prévoyant et avare, il faisait des amas d'argent et d'armes dans les montagnes de l'intérieur, et les enterrait, dit-on, dans un lieu appelé les Mornes du Chaos, près d'une habitation qui était devenue son séjour ordinaire. C'étaient des ressources pour un avenir de combats, qu'il ne cessait de regarder comme probable et prochain. S'attachant sans cesse à imiter le Premier Consul, il s'était donné une garde, un entourage, une sorte de demeure princière. Il recevait dans cette demeure les propriétaires de toutes couleurs, surtout les blancs, et rudoyait les noirs, qui n'avaient pas un assez bon maintien. Affreux à voir, même sous son habit de lieutenant-général, il avait des flatteurs, des complaisants; et, chose triste à dire, il obtint plus d'une fois que des blanches, appartenant à d'anciennes et riches familles de l'île, se prostituassent à lui, pour obtenir sa protection. Ses courtisans lui persuadèrent qu'il était en Amérique l'égal du général Bonaparte en Europe, et qu'il devait s'y donner la même situation. Lors donc qu'il apprit la signature de la paix, et qu'il put prévoir le rétablissement de l'autorité de la métropole, il se hâta de convoquer le conseil de la colonie pour rédiger une constitution. Ce conseil s'assembla, et rédigea en effet une constitution assez ridicule. D'après les dispositions de cette œuvre informe, le conseil de la colonie décrétait les lois, le gouverneur général les sanctionnait, et exerçait le pouvoir exécutif dans toute sa plénitude. Toussaint naturellement fut nommé gouverneur, et de plus gouverneur à vie, avec faculté de désigner son successeur. L'imitation de ce qui se faisait en France ne pouvait être plus complète et plus puérile. Quant à l'autorité de la métropole, il n'en fut pas même question. Seulement la constitution devait lui être soumise, pour être approuvée; mais cette approbation une fois accordée, la métropole n'avait plus aucun pouvoir sur sa colonie, car le conseil faisait les lois, Toussaint gouvernait, et pouvait, s'il le voulait, priver le commerce français de tous ses avantages; ce qui existait dans le moment, ce que la guerre avait rendu excusable, mais ce qui ne devait pas être toléré plus long-temps. Quand on demandait à Toussaint quelles seraient les relations de Saint-Domingue avec la France, il répondait : Le Premier Consul m'enverra des com-

Fév. 1802.

Constitution de Saint-Domingue préparée par Toussaint, et dans laquelle il est nommé gouverneur à vie, avec faculté de désigner son successeur.

missaires *pour parler avec moi*. — Quelques-uns de ses amis qui étaient plus sages, notamment le colonel français Vincent, chargé de la direction des fortifications, l'avertirent du danger de cette conduite, lui dirent qu'il devait se défendre de ses flatteurs de toutes couleurs, qu'il provoquerait une expédition française, et qu'il y périrait. L'amour-propre de cet esclave devenu dictateur, l'emporta. Il voulut, comme il le disait, que le premier des noirs fût de fait et de droit à Saint-Domingue, ce que le premier des blancs était en France, c'est-à-dire chef à vie, avec faculté de désigner son successeur. Il dépêcha en Europe le colonel Vincent, avec mission d'expliquer et de faire agréer au Premier Consul son nouvel établissement constitutionnel. Il demandait en outre la confirmation de tous les grades militaires conférés aux officiers noirs.

Cette imitation de sa grandeur, cette prétention de s'assimiler à lui, fit sourire le Premier Consul, et ne fut, bien entendu, d'aucun effet sur ses résolutions. Il était prêt à se laisser appeler le premier des blancs, par celui qui s'intitulait le premier des noirs, à condition que le lien de la colonie avec la métropole serait celui de l'obéissance, et que la propriété de cette terre, française depuis des siècles, serait réelle, et non point nominale. Confirmer les grades militaires que ces noirs s'étaient attribués, n'était pas à ses yeux une difficulté. Il les confirma tous, et fit de Toussaint un lieutenant-général commandant à Saint-Domingue pour la France. Mais il y voulut un capitaine général français, dont Toussaint serait le premier lieutenant. Sans cette condition Saint-Domingue n'était plus à la France. Il résolut donc d'y envoyer un général et une armée. La colonie avait refleuri ; elle valait tout ce qu'elle avait valu autrefois ; les colons restés à Paris réclamaient leurs biens à grands cris ; on jouissait de la paix, peut-être pour peu de temps ; on avait des troupes oisives, des officiers pleins d'ardeur, demandant une occasion de servir, n'importe dans quelle partie de la terre : on ne pouvait donc pas se résigner à voir une telle possession échapper à la France, sans employer à la retenir les forces dont on disposait. Tels furent les motifs de l'expédition dont nous avons déjà raconté le départ. Le général Leclerc, beau-frère du Premier Consul, avait pour instructions de ménager Toussaint, de lui offrir le rôle de lieutenant de la France, la confirmation des grades et des biens acquis par ses officiers, la garantie de la liberté des noirs, mais avec l'autorité positive de la métropole, représentée par le capitaine général. Afin de prouver à Toussaint la bienveillance du gouvernement, on lui renvoyait ses deux fils élevés en France, et accompagnés de leur précepteur, M. Coisnon. A cela le Premier Consul ajoutait une lettre noble et flatteuse, dans laquelle, traitant Toussaint comme le premier homme de sa race, il semblait se prêter gracieusement à une sorte de comparaison entre le pacificateur de la France et le pacificateur de Saint-Domingue.

_{Fév. 1802.}

_{Il veut que Toussaint soit placé sous les ordres de la France, et, pour l'y contraindre, ordonne une grande expédition.}

_{Instructions données au général Leclerc.}

Mais il avait prévu aussi la résistance, et toutes les mesures étaient prises pour la vaincre de vive force. Si on avait été moins impatient de profiter de la signature des préliminaires de paix, pour traverser la mer devenue libre, on aurait obligé les escadres à s'attendre les unes les autres dans un lieu convenu, afin de les faire arriver toutes ensemble à Saint-Domingue, et de surprendre Toussaint, avant qu'il fût en mesure de se défendre. Malheureusement, dans l'incertitude où l'on était au moment de l'expédition, sur la signature de la paix définitive, il fallut les faire partir des ports de Brest, Rochefort, Cadix et Toulon, sans obligation de s'attendre, et avec ordre d'arriver le plus tôt possible à leur destination. L'amiral Villaret-Joyeuse, appareillant de Brest et de Lorient avec seize vaisseaux, et une force d'environ sept à huit mille hommes, avait ordre de croiser quelque temps dans le golfe de Gascogne, pour essayer d'y rencontrer l'amiral Latouche-Tréville, qui devait sortir de Rochefort avec six vaisseaux, six frégates et trois ou quatre mille hommes. L'amiral Villaret, s'il n'avait pu rallier l'amiral Latouche, devait passer aux Canaries, pour voir s'il n'y trouverait pas la division Linois venant de Cadix, la division Ganteaume venant de Toulon, l'une et l'autre avec un convoi de troupes. Il devait enfin se rendre dans la baie de Samana, la première qui se présente à une escadre arrivant d'Europe. Se conformant aux ordres qu'elles avaient reçus, ces diverses escadres se cherchant, sans perdre de temps à se réunir, parvinrent à des époques différentes au rendez-vous commun de Samana. (Voir la carte n° 22.) L'amiral Villaret y parut le 29 janvier 1802 (9 pluviôse an x). L'amiral Latouche le suivit de près. Les divisions de Cadix et de Toulon ne touchèrent à Saint-Domingue que beaucoup plus tard. Mais l'amiral Villaret, avec l'escadre de Brest et de Lorient, l'amiral Latouche-Tréville avec l'escadre de Rochefort, ne portaient pas moins de 11 à 12 mille hommes. Après en avoir conféré avec les chefs de la flotte, le capitaine général Leclerc pensa qu'il importait de ne pas perdre de temps, et qu'il fallait se présenter devant tous les ports à la fois, pour se saisir de la colonie, avant d'avoir donné à Toussaint le loisir de se reconnaître. D'ailleurs beaucoup d'avis, venus des Antilles, faisaient craindre un accueil peu amical. En conséquence, le général Kerversau, avec deux mille hommes embarqués sur des frégates, devait se rendre à Santo-Domingo, capitale de la partie espagnole; l'amiral Latouche-Tréville, avec son escadre portant la division Boudet, devait aborder au Port-au-Prince; enfin, le capitaine général lui-même, avec l'escadre de l'amiral Villaret, avait le projet de faire voile vers le Cap, et de s'en emparer. La partie française, comprenant avec une notable portion de l'île les deux promontoires qui s'avancent à l'ouest, se divisait en départements du nord, de l'ouest et du sud. Dans le département du nord, c'était le Cap qui était le port principal, et le chef-lieu; dans le département de l'ouest, c'était le Port-au-Prince. Les Cayes, Jac-

Fév. 1802.

Plan d'un débarquement simultané à Santo-Domingo, au Port-au-Prince, et au Cap.

mel, rivalisaient de richesse et d'influence dans le sud. En occupant Santo-Domingo pour la partie espagnole, le Cap et le Port-au-Prince pour la partie française, on tenait l'île presque entière, moins, il est vrai, les montagnes de l'intérieur; conquête que le temps seul pouvait permettre d'achever.

Ces divisions navales quittèrent la baie où elles étaient mouillées pour se rendre à leurs destinations respectives, dans les premiers jours de février. Toussaint, averti de la présence d'un grand nombre de voiles à Samana, y était accouru de sa personne, pour juger de ses propres yeux du danger dont il était menacé. Ne doutant plus, à la vue de l'escadre française, du sort qui l'attendait, il prit le parti de recourir aux dernières extrémités, plutôt que de subir l'autorité de la métropole. Il n'était pas bien certain qu'on voulût remettre les nègres en esclavage; il ne pouvait même pas le croire; mais il pensa qu'on voulait le ranger sous l'obéissance de la France, et cela lui suffisait pour le décider à la résistance. Il résolut de persuader aux noirs que leur liberté était en péril, de les ramener ainsi de la culture à la guerre, de ravager les villes maritimes, de brûler les habitations, de massacrer les blancs, de se retirer ensuite dans les mornes (c'est de ce nom qu'on appelle les montagnes de forme particulière, dont la partie française est partout hérissée), et d'attendre dans ces retraites, que, le climat dévorant les blancs, on pût se jeter sur eux pour achever leur extermination. Toutefois, espérant arrêter l'armée française par de simples menaces, peut-être aussi craignant, s'il ordonnait trop tôt des actes atroces, de n'être pas ponctuellement obéi par les chefs noirs, qui, à son exemple, avaient pris le goût des relations avec les blancs, il prescrivit à ses officiers de répondre aux premières sommations de l'escadre qu'ils n'avaient pas ordre de la recevoir ; puis si elle insistait, de la menacer en cas de débarquement d'une destruction totale des villes, et enfin, si le débarquement s'exécutait, de tout détruire et tout massacrer, en se retirant dans l'intérieur de l'île. Tels furent les ordres donnés à Christophe, qui gouvernait le nord, au féroce Dessalines, chef de l'ouest, à Laplume, noir plus humain, commandant dans le sud.

Fév. 1802.

L'escadre de Villaret, s'étant portée jusqu'à Monte-Christ, demanda des pilotes pour la diriger dans les rades du Fort-Dauphin et du Cap, eut beaucoup de peine à s'en procurer, détacha en passant la division Magon sur le Fort-Dauphin, et arriva le 3 février (14 pluviôse) devant le Cap. Toutes les balises étaient enlevées, les forts armés, et la disposition à la résistance évidente. Une frégate, envoyée pour communiquer avec la terre, reçut la réponse dictée par Toussaint. On n'avait pas d'instructions, disait Christophe ; il fallait attendre une réponse du commandant en chef, absent dans le moment ; on résisterait par l'incendie et le massacre à toute tentative de débarquement exécutée de vive force. La municipalité du Cap, composée de notables,

Réponse ordonnée par Toussaint aux sommations de l'escadre.

blancs et gens de couleur, vint exprimer ses angoisses au capitaine général Leclerc. Elle était à la fois joyeuse de voir arriver les soldats de la mère-patrie, et remplie d'épouvante en songeant aux menaces affreuses de Christophe. Ses agitations passèrent bientôt dans l'âme du capitaine général, qui se trouvait placé entre l'obligation de remplir sa mission, et la crainte d'exposer aux fureurs des noirs une population blanche et française. Il fallait cependant qu'il descendît à terre. Il promit donc aux habitants du Cap d'agir avec promptitude et vigueur, de manière à surprendre Christophe, et à ne pas lui laisser le temps d'accomplir ses horribles instructions. Il les exhorta vivement à s'armer pour défendre leurs personnes et leurs biens, et leur remit une proclamation du Premier Consul, destinée à rassurer les noirs sur le but de l'expédition. Il fallut ensuite regagner le large pour obéir à une condition des vents, régulière dans ces parages. Le capitaine général, une fois en pleine mer, arrêta, de concert avec l'amiral Villaret-Joyeuse, un plan de débarquement. Ce plan consistait à placer les troupes sur les frégates, à les débarquer dans les environs du Cap, au delà des hauteurs qui dominent la ville, près d'un lieu qu'on appelle l'embarcadère du Limbé; puis, tandis qu'elles essayeraient de tourner le Cap, à pénétrer avec l'escadre dans les passes, et à faire ainsi une double attaque par terre et par mer. On espérait, en agissant avec une grande célérité, enlever la ville avant que Christophe eût le temps de réaliser ses sinistres menaces. Le capitaine Magon et le général Rochambeau, s'ils avaient réussi au Fort-Dauphin qu'ils étaient chargés d'occuper, devaient seconder le mouvement du capitaine général.

Fév. 1802.

Le lendemain on transféra les troupes sur des frégates et des bâtiments légers, puis on les mit à terre près de l'embarcadère du Limbé. Cette opération prit toute une journée. Le jour suivant, les troupes se mirent en marche pour tourner la ville, et l'escadre s'engagea dans les passes. Deux vaisseaux, le *Patriote* et le *Scipion*, s'embossèrent devant le fort Picolet, qui tirait à boulet rouge, et l'eurent bientôt réduit au silence. La journée était avancée; la brise de terre, qui le soir succède à la brise du large, obligeait de nouveau l'escadre à s'éloigner, pour n'aborder que le lendemain. Tandis qu'on gagnait la pleine mer, on eut la douleur de voir une lueur rougeâtre s'élever sur les flots, et bientôt les flammes dévorer la ville du Cap. Christophe, quoique moins féroce que son chef, avait cependant obéi à ses ordres; il avait mis le feu aux principaux quartiers, et, se bornant au meurtre de quelques blancs, avait obligé les autres à le suivre dans les mornes. Pendant qu'une partie de ces malheureux blancs expirait sous le fer des nègres, ou était emmenée par eux, le reste, suivant en troupe la municipalité, avait échappé à Christophe, et cherchait à se sauver en venant se jeter dans les bras de l'armée française. L'anxiété fut grande pendant cette horrible nuit,

Incendie du Cap.

et parmi ces infortunés exposés à tant de dangers, et parmi nos troupes de terre et de mer, qui voyaient l'incendie de la ville et l'affreuse situation de leurs compatriotes, sans pouvoir leur porter secours.

Le jour suivant, 6 février, tandis que le capitaine général Leclerc marchait en toute hâte sur le Cap, en tournant les hauteurs, l'amiral fit voile vers le port, et vint y jeter l'ancre. La résistance avait cessé par la retraite des nègres. Il débarqua sur-le-champ douze cents matelots, sous le commandement du général Humbert, pour courir au secours de la ville, en arracher les débris à la fureur des nègres, et donner la main au capitaine général. Ce dernier arrivait de son côté, sans pouvoir atteindre Christophe qui avait déjà pris la fuite. On trouva la portion des habitants qui avait suivi la municipalité, errante et désolée, mais rendue bientôt à la joie, en se voyant si promptement secourue, et définitivement arrachée au péril. Elle courut à ses maisons incendiées. Les troupes de marine l'aidèrent à éteindre le feu; les troupes de terre se mirent à poursuivre Christophe dans la campagne. Cette poursuite, dirigée avec activité, empêcha les noirs de détruire les riches habitations de la plaine du Cap, et servit à leur arracher une quantité de blancs qu'ils n'eurent pas le temps d'emmener avec eux.

Pendant que ces événements se passaient au Cap, le brave capitaine Magon avait débarqué la division Rochambeau à l'entrée de la baie de Mancenille, puis avait pénétré avec ses vaisseaux dans la baie même, pour seconder le mouvement des troupes. Sa conduite vigoureuse, qui présageait déjà ce qu'il devait faire à Trafalgar, concourut si bien avec l'attaque de la division Rochambeau, qu'on s'empara soudainement du Fort-Dauphin, et qu'on en devint maître avant que les nègres pussent commettre aucun ravage. Ce second débarquement acheva de dégager la campagne aux environs du Cap, et obligea Christophe à se retirer tout à fait dans les mornes.

Fév. 1802.

Occupation du Fort-Dauphin par le capitaine Magon et la division Rochambeau.

Le capitaine général Leclerc, établi dans la ville du Cap, en avait fait éteindre l'incendie. Heureusement le désastre ne répondait pas aux affreuses menaces du lieutenant de Toussaint. Le faîte seul des maisons avait brûlé. Le nombre des blancs égorgés n'était pas aussi grand qu'on l'avait craint d'abord. Beaucoup d'entre eux revenaient successivement accompagnés de leurs serviteurs demeurés fidèles. La rage des hordes noires s'était surtout assouvie sur les riches magasins du Cap. Les troupes et la population s'employèrent de leur mieux à effacer les traces de l'incendie. On fit un appel aux nègres cultivateurs qui étaient fatigués de cette vie de ravage et de sang, à laquelle on voulait de nouveau les entraîner, et on en vit beaucoup revenir à leurs maîtres et à leurs travaux. En peu de jours la ville reprit un certain aspect d'ordre et d'activité. Le capitaine général envoya une partie de ses bâtiments vers le continent d'Amérique, pour y chercher des vivres,

Fév. 1802.

Occupation du Port-au-Prince par l'amiral Latouche-Tréville et le général Boudet.

et remplacer les ressources qui venaient d'être détruites.

Dans cet intervalle, l'escadre de l'amiral Latouche-Tréville, se portant à l'ouest, avait doublé la pointe de l'île, et s'était rendue devant la baie du Port-au-Prince, pour y opérer son débarquement. (Voir la carte n° 22.) Un blanc, engagé au service des noirs, nommé Agé, officier plein de bons sentiments, y commandait en l'absence de Dessalines, résidant à Saint-Marc. Sa répugnance à exécuter les ordres qu'il avait reçus, la vigueur de l'amiral Latouche-Tréville, la promptitude du général Boudet, la fortune enfin qui favorisa cette partie des opérations, sauvèrent la ville du Port-au-Prince des malheurs qui avaient frappé celle du Cap. L'amiral Latouche fit construire des radeaux armés d'artillerie, parvint ainsi à débarquer soudainement les troupes à la pointe du Lamentin, puis fit voile en toute hâte vers le Port-au-Prince. Pendant ce rapide mouvement des vaisseaux, les troupes s'avançaient de leur côté sur la ville. Le fort Bizoton se trouvait sur la route. On s'en approcha sans tirer. — Laissons-nous tuer sans faire feu, s'écria le général Boudet, afin de prévenir une collision, et de sauver, si nous pouvons, nos malheureux compatriotes de la fureur des noirs. — C'était en effet le seul moyen d'éviter le massacre dont les blancs étaient menacés. La garnison noire du fort Bizoton, en voyant l'attitude amicale et résolue des troupes françaises, se rendit, et vint prendre place dans les rangs de la division Boudet. On arriva sur le Port-au-Prince, au moment même où l'amiral Latouche-Tréville y touchait avec ses vaisseaux. Quatre mille noirs en formaient la garnison. Des hauteurs sur lesquelles cheminait l'armée, on voyait ces noirs répandus au milieu des principales places, ou postés en avant des murs. Le général Boudet fit tourner la ville par deux bataillons, et avec le gros de la division marcha sur les redoutes qui la couvraient. — Nous sommes amis, s'écrièrent les premières troupes noires, ne tirez pas. — Confiant en ces paroles, nos soldats s'avancèrent l'arme au bras. Mais une décharge de mousqueterie et de mitraille, exécutée presque à bout portant, abattit deux cents d'entre eux, les uns tués, les autres blessés. Le brave général Pamphile-Lacroix était du nombre de ces derniers. On fondit alors à la baïonnette sur ces misérables noirs, et on immola ceux qui n'eurent pas le temps de s'enfuir. L'amiral Latouche, qui pendant la traversée, disait sans cesse aux généraux de l'armée, qu'une escadre était par ses feux supérieure à toute position de terre, et qu'il le ferait bientôt voir, l'amiral Latouche vint se placer sous les batteries des noirs, et en peu d'instants réussit à les éteindre. Les noirs canonnés de si près, assaillis dans les rues par les troupes de la division Boudet, s'enfuirent en désordre, sans mettre le feu, laissant les caisses publiques pleines d'argent, et les magasins remplis d'une immense quantité de denrées coloniales. Malheureusement ils emmenaient avec eux des troupes de blancs, les traitant sans pi-

Fév. 1802.

La ville du Port-au-Prince sauvée par la rapidité des opérations de l'amiral et des généraux.

tié dans leur fuite précipitée, et marquant leurs traces par l'incendie et le ravage des habitations. Des colonnes de fumée signalaient au loin leur retraite.

Le féroce Dessalines, en apprenant le débarquement des Français, avait quitté Saint-Marc, passé derrière le Port-au-Prince, et par une marche rapide occupé Léogane, pour disputer aux Français le département du sud. Le général Boudet y envoya un détachement qui chassa Dessalines de Léogane. On était informé que le général Laplume, moins barbare que ses pareils, se défiant d'ailleurs d'une contrée toute pleine de mulâtres ennemis implacables des noirs, était disposé à se soumettre. Le général Boudet lui dépêcha aussitôt des émissaires. Laplume se rendit, et remit intact à nos troupes ce riche département, comprenant Léogane, le grand et le petit Goave, Tiburon, les Cayes et Jacmel. C'était un heureux événement que cette soumission du noir Laplume, car le tiers de la colonie se trouvait ainsi arraché aux ravages de la barbarie. Pendant ce temps la partie espagnole tombait sous la domination de nos troupes. Le général Kerversau, envoyé à Santo-Domingo avec quelques frégates et deux mille hommes de débarquement, secondé par les habitants et par l'influence de l'évêque français Mauvielle, prenait possession d'une moitié de la partie espagnole, celle où dominait Paul Louverture, frère de Toussaint. De son côté le capitaine Magon, établi au Fort-Dauphin, réussissait par d'adroites négociations, et l'influence du même évêque

Fév. 1802.

Le noir Laplume rend intact à nos troupes le département du sud.

Occupation par le général Kerversau de la partie espagnole de Saint-Domingue.

Mauvielle, à gagner le général mulâtre Clervaux, et à lui arracher la riche plaine de Saint-Yago. Ainsi, dans les dix premiers jours de février, les troupes françaises occupaient le littoral, les ports, les chefs-lieux de l'île, la plus grande partie des terrains cultivés. Il ne restait à Toussaint que trois ou quatre demi-brigades noires, avec les généraux Maurepas, Christophe, Dessalines, avec ses trésors et ses amas d'armes, enfouis dans les mornes du Chaos. Il lui restait malheureusement aussi une quantité de blancs, emmenés en otages, et cruellement traités, en attendant qu'on les rendît ou qu'on les égorgeât. Il fallait profiter de la saison, qui était favorable, pour achever de réduire l'île.

Fév. 1802.

La région montagneuse et tourmentée dans laquelle Toussaint s'était renfermé, se trouvait placée à l'ouest, entre la mer et le mont Cibao, qui est le nœud central auquel viennent se rattacher toutes les chaînes de l'île. Cette région verse ses rares eaux par plusieurs affluents dans la rivière de l'Artibonite, laquelle se jette à la mer, entre les Gonaïves et le Port-au-Prince, tout près de Saint-Marc. (Voir la carte n° 22.) Il fallait y marcher de tous les points à la fois, du Cap, du Port-au-Prince, et de Saint-Marc, de manière à mettre les noirs entre deux feux, et à les repousser sur les Gonaïves pour les y envelopper. Mais pour pénétrer dans ces mornes, on avait à franchir des gorges étroites, rendues presque impénétrables par la végétation des tropiques, et dans le fond desquelles les noirs, blottis en tirailleurs, présentaient une résistance difficile à surmonter.

Projets du général Leclerc pour la soumission totale de l'île.

Toutefois les vieux soldats du Rhin, transportés au delà de l'Atlantique, n'avaient à craindre que le climat. Lui seul pouvait les vaincre ; lui seul en effet les a vaincus dans ce siècle héroïque, car ils n'ont succombé que sous le soleil de Saint-Domingue, ou sous les glaces de Moscou !

Le capitaine général Leclerc était résolu à profiter des mois de février, mars et avril, pour achever cette occupation, parce que plus tard les chaleurs et les pluies rendaient les opérations militaires impossibles. Grâce à l'arrivée des divisions navales de la Méditerranée, commandées par les amiraux Ganteaume et Linois, l'armée de débarquement se trouvait portée à 17 ou 18 mille hommes. Quelques soldats, il est vrai, étaient malades ; mais il en restait 15 mille en état d'agir. Le capitaine général avait donc tous les moyens d'accomplir sa tâche.

Avant d'en poursuivre l'exécution, il voulut adresser une sommation à Toussaint. Ce noir, capable des plus grandes atrocités pour faire réussir ses desseins, était sensible néanmoins aux affections de la nature. Le capitaine général, par ordre du Premier Consul, avait amené, comme nous l'avons dit, les deux fils de Toussaint, élevés en France, afin d'essayer sur son cœur l'influence des sollicitations filiales. Le précepteur qui avait été chargé de leur éducation devait les conduire à leur père, lui remettre la lettre du Premier Consul, et chercher à le rattacher à la France, en lui promettant la seconde autorité de l'île.

RUPTURE DE LA PAIX D'AMIENS.

Toussaint reçut ses deux fils et leur précepteur dans son habitation d'Ennery, sa retraite ordinaire. Il les serra long-temps dans ses bras, et parut un instant subjugué par son émotion. Ce vieux cœur, dévoré d'ambition, fut ébranlé. Les fils de Toussaint et l'homme respectable qui les avait élevés, lui peignirent alors la puissance et l'humanité de la nation française, les avantages attachés à une soumission qui laisserait bien grande encore sa situation à Saint-Domingue, qui assurerait à ses enfants un avenir brillant; le danger, au contraire, d'une ruine presque certaine en s'obstinant à combattre. La mère de l'un de ces deux jeunes gens se joignit à eux pour essayer de vaincre Toussaint. Touché de ces instances, il voulut prendre quelques jours pour réfléchir, et, pendant ces quelques jours, parut fort combattu, tantôt effrayé par le danger d'une lutte inégale, tantôt dominé par l'ambition d'être le maître unique du bel empire d'Haïti, tantôt enfin révolté par l'idée que les blancs allaient peut-être replonger les noirs dans l'esclavage. L'ambition et l'amour de la liberté l'emportèrent sur la tendresse paternelle. Il fit appeler ses deux fils, les serra de nouveau dans ses bras, leur laissa le choix entre la France, qui en avait fait des hommes civilisés, et lui, qui leur avait donné le jour, et déclara qu'il continuerait à les chérir, fussent-ils dans les rangs de ses ennemis. Ces malheureux enfants, agités comme leur père, hésitèrent comme lui. L'un d'eux néanmoins, se jetant à son cou, déclara qu'il mourrait, en noir libre, à ses côtés. L'autre, incer-

Fév. 1802.

Entrevue de Toussaint avec ses fils. Son émotion et ses doutes.

Il se décide pour la guerre.

tain, suivit sa mère dans l'une des terres du dictateur.

Reprise des opérations militaires.

La réponse de Toussaint ne laissa plus de doute sur la nécessité de reprendre immédiatement les hostilités. Le capitaine général Leclerc fit ses préparatifs, et commença ses opérations le 17 février.

Son plan était d'attaquer à la fois, par le nord et par l'ouest, la région fourrée et presque inaccessible dans laquelle Toussaint s'était retiré avec ses généraux noirs. (Voir la carte n° 22.) Maurepas occupait la gorge étroite dite des Trois-Rivières, qui débouche vers la mer au Port-de-Paix. Christophe était établi sur les versants des mornes vers la plaine du Cap. Dessalines se trouvait à Saint-Marc, près de l'embouchure de l'Artibonite, avec ordre de brûler Saint-Marc, et de défendre les mornes du Chaos par l'ouest et par le sud. Il avait pour appui un fort bien construit et bien défendu, plein de munitions amassées par la prévoyance de Toussaint. Ce fort, appelé la Crête-à-Pierrot, était placé dans le pays plat que l'Artibonite traverse et inonde, en formant mille détours sinueux, avant de se jeter à la mer. Au centre de cette région, entre Christophe, Maurepas et Dessalines, Toussaint se tenait en réserve avec une troupe d'élite.

Commencement des opérations le 17 février.

Le 17 février le capitaine-général Leclerc se mit en marche avec son armée, formée en trois divisions. A sa gauche, la division Rochambeau, partant du Fort-Dauphin, devait se porter sur Saint-Raphaël et

Saint-Michel ; la division Hardy devait, par la plaine du nord, marcher sur la Marmelade ; la division Desfourneaux devait, par le Limbé, se rendre à Plaisance. Ces trois divisions avaient des gorges étroites à franchir, des hauteurs escarpées à escalader, pour pénétrer dans la région des mornes, et s'y emparer des affluents qui forment le cours supérieur de l'Artibonite. Le général Humbert, avec un détachement, était chargé de débarquer au Port-de-Paix, de remonter la gorge des Trois-Rivières, et de refouler le noir Maurepas sur le Gros-Morne. Le général Boudet avait ordre, pendant que ces quatre corps marcheraient du nord au sud, de remonter du sud au nord, en partant du Port-au-Prince, pour occuper le Mirebalais, les Verrettes et Saint-Marc. Assaillis ainsi de tous côtés, les noirs n'avaient d'asile que vers les Gonaïves, où l'on avait l'espoir de les enfermer. Ces dispositions étaient sages contre un ennemi qu'il fallait envelopper, et chasser devant soi, plutôt que combattre en règle. Chacun des corps français avait en effet assez de force pour n'éprouver nulle part un échec sérieux. Contre un chef expérimenté, ayant des troupes européennes, pouvant se concentrer soudainement sur un seul des corps assaillants, ce plan eût été défectueux.

Parties le 17, les trois divisions Rochambeau, Hardy et Desfourneaux remplirent valeureusement leur tâche, escaladèrent des hauteurs effrayantes, traversèrent des broussailles affreuses, et surprirent les noirs par leur audace à marcher, presque sans

Fév. 1802.

tirer, sur un ennemi faisant feu de toutes parts. Le 18 la division Desfourneaux était aux environs de Plaisance, la division Hardy au Dondon, la division Rochambeau à Saint-Raphaël.

Le 19 la division Desfourneaux occupa Plaisance, qui lui fut remis par Jean-Pierre Dumesnil, noir assez humain, qui se rendit aux Français avec sa troupe. La division Hardy pénétra de vive force dans la Marmelade, en culbutant Christophe, qui s'y trouvait à la tête de deux mille quatre cents nègres, moitié troupes de ligne, moitié cultivateurs soulevés. La division Rochambeau s'empara de Saint-Michel. Les noirs étaient surpris d'une si rude attaque, et n'avaient pas encore vu de pareilles troupes parmi les blancs. Un seul d'entre eux résista vigoureusement, c'était Maurepas, qui défendait la gorge des Trois-Rivières contre le général Humbert. Ce dernier n'ayant pas assez de forces, le général Debelle avait été envoyé par mer à son secours, avec un renfort de douze à quinze cents hommes. Le général Debelle ne put débarquer qu'un peu tard au Port-de-Paix, et, contrarié dans ses attaques par une pluie affreuse, gagna peu de terrain.

Le capitaine général, après avoir séjourné deux jours dans les mêmes lieux, afin de laisser passer le mauvais temps, poussa la division Desfourneaux sur les Gonaïves, la division Hardy sur Ennery, et la division Rochambeau sur une redoutable position dite la Ravine-aux-Couleuvres. Le 23 février la division Desfourneaux entra dans les Gonaïves, qu'elle

ST DOMINGUE,
PRISE DE LA RAVINE AUX COULEUVRES.

trouva en flammes; la division Hardy s'empara d'Ennery, principale habitation de Toussaint; et la brave division Rochambeau enleva la Ravine-aux-Couleuvres. Pour forcer cette dernière position, il fallait pénétrer dans une gorge resserrée, bordée de hauteurs taillées à pic, hérissée d'arbres gigantesques, de buissons épineux, et défendue par des noirs bons tireurs. Il fallait déboucher ensuite sur un plateau, que Toussaint occupait avec trois mille grenadiers de sa couleur, et toute son artillerie. L'intrépide Rochambeau pénétra hardiment dans la gorge, malgré un feu de tirailleurs fort incommode; en escalada les deux berges, tuant à coups de baïonnette les noirs trop lents à se retirer, et déboucha sur le plateau. Arrivés là, les vieux soldats du Rhin en finirent avec une seule charge. Huit cents noirs restèrent sur le carreau. Toute l'artillerie de Toussaint fut prise.

Fév. 1802.

Pendant ce temps le général Boudet, exécutant les ordres du capitaine général, avait laissé dans le Port-au-Prince le général Pamphile-Lacroix avec six ou huit cents hommes de garnison, et s'était porté avec le reste de ses forces sur Saint-Marc. Dessalines y était, attendant les Français, et prêt à commettre les plus grandes atrocités. Lui-même, armé d'une torche, mit le feu à une riche habitation qu'il possédait à Saint-Marc, fut imité par les siens, puis se retira en égorgeant une partie des blancs, et en traînant le reste à sa suite dans l'horrible asile des mornes. Le général Boudet n'occupa donc que des ruines inondées de sang hu-

Saint-Marc livré aux flammes par Dessalines.

main. Pendant qu'il poursuivait Dessalines, celui-ci, par une marche rapide, s'était porté sur le Port-au-Prince, qu'il supposait faiblement défendu, et qui l'était effectivement par une bien petite garnison. Mais le brave général Pamphile-Lacroix avait réuni sa troupe peu nombreuse, et l'avait chaudement harangée. L'amiral Latouche, apprenant le danger, était descendu à terre avec ses matelots, disant au général Lacroix : Sur mer vous étiez sous mes ordres, sur terre je serai sous les vôtres, et nous défendrons en commun la vie et la propriété de nos compatriotes. — Dessalines, repoussé, ne put pas assouvir sa barbarie, et se rejeta dans les mornes du Chaos. Le général Boudet, retourné en toute hâte au Port-au-Prince, le trouva sauvé par l'union des troupes de terre et de mer; mais, au milieu de ces marches et contre-marches, il lui avait été impossible de seconder les mouvements du général en chef. Les noirs n'avaient pu être enveloppés, et poussés sur les Gonaïves.

Néanmoins ils étaient battus partout. La prise de la Ravine-aux-Couleuvres sur Toussaint lui-même, les avait complétement découragés. Le capitaine général Leclerc voulut mettre le comble à leur découragement en détruisant le noir Maurepas, qui se soutenait, contre les généraux Humbert et Debelle, au fond de la gorge des Trois-Rivières. Dans ce but il détacha la division Desfourneaux, qui dut se rabattre sur le Gros-Morne, au pied duquel aboutit la gorge des Trois-Rivières. Assailli de tous les côtés, le noir Maurepas n'eut d'autre ressource que de se rendre. Il fit sa soumission avec deux mille noirs des plus braves. Ce fut là le coup le plus rude porté à la puissance morale de Toussaint.

Mars 1802.

Il restait à enlever le fort de la Crête-à-Pierrot, et les mornes du Chaos, pour avoir forcé Toussaint dans son dernier asile, à moins qu'il n'allât se retirer dans les montagnes de l'intérieur de l'île, y vivre en partisan, privé de tout moyen d'agir, et dépouillé de tout prestige. Le capitaine général fit marcher sur le fort et sur les mornes les divisions Hardy et Rochambeau d'un côté, la division Boudet de l'autre. On perdit quelques centaines d'hommes en abordant avec trop de confiance les ouvrages de la Crête-à-Pierrot, qui étaient mieux défendus qu'on ne le supposait. Il fallut entreprendre une espèce de siége en règle, exécuter des travaux d'approche, établir des batteries, etc. Deux mille noirs, bons soldats, conduits par quelques officiers moins ignorants que les autres, gardaient ce dépôt des ressources de Toussaint. Celui-ci chercha, secondé par Dessalines, à troubler le siége par des attaques de nuit; mais il n'y réussit pas, et, en peu de temps, le fort fut serré d'assez près pour que l'assaut devînt possible. La garnison, désespérée, prit alors le parti de faire une sortie nocturne pour percer les lignes des assiégeants, et s'enfuir. Dans le premier instant, elle parvint à tromper la vigilance de nos troupes, et à traverser leurs campements; mais, bientôt reconnue, assaillie de tous côtés, elle fut en partie rejetée dans le fort, en partie détruite par nos soldats. On s'empara de cette espèce d'ar-

Prise du fort de la Crête-à-Pierrot.

senal, où l'on trouva des amas considérables d'armes et de munitions, et beaucoup de blancs cruellement assassinés.

Le capitaine général fit ensuite parcourir dans tous les sens les mornes environnants, pour ne laisser aucun asile aux bandes fugitives de Toussaint, et les réduire avant la saison des grandes chaleurs. Aux Verrettes l'armée fut témoin d'un spectacle horrible. Les noirs avaient long-temps conduit à leur suite des troupes de blancs, qu'ils forçaient, en les battant, à marcher aussi vite qu'eux. N'espérant plus les soustraire à l'armée qui les suivait de très-près, ils en égorgèrent huit cents, hommes, femmes, enfants, vieillards. On trouva la terre couverte de cette affreuse hécatombe; et nos soldats, si généreux, qui avaient tant combattu dans toutes les parties du monde, qui avaient assisté à tant de scènes de carnage, mais qui n'avaient jamais vu égorger les femmes et les enfants, furent saisis d'une horreur profonde, et d'une colère d'humanité qui devint fatale aux noirs qu'ils purent saisir. Ils les poursuivirent à outrance, ne faisant de quartier à aucun de ceux qu'ils rencontraient.

On était en avril. Les noirs n'avaient plus de ressources, du moins pour le présent. Le découragement était profond parmi eux. Les chefs, frappés des bons procédés du capitaine général Leclerc envers ceux qui s'étaient rendus, et auxquels il avait laissé leurs grades et leurs terres, songèrent à poser les armes. Christophe s'adressa, par l'intermédiaire des noirs déjà soumis, au capitaine général, et offrit de faire sa soumission, si on lui promettait les mêmes traitements qu'aux généraux Laplume, Maurepas et Clervaux. Le capitaine général, qui avait autant d'humanité que de bon sens, consentit de grand cœur aux propositions de Christophe, et accepta ses offres. La reddition de Christophe amena bientôt celle du féroce Dessalines, et enfin celle de Toussaint lui-même. Celui-ci était presque seul, suivi à peine de quelques noirs attachés à sa personne. Continuer ses courses dans l'intérieur de l'île, sans rien essayer d'important qui pût relever son crédit auprès des nègres, lui semblait peu utile, et propre tout au plus à épuiser le zèle de ses derniers partisans. Il était abattu d'ailleurs, et ne conservait d'autre espérance que celle que pouvait encore lui inspirer le climat. Il était en effet habitué depuis long-temps à voir les Européens, surtout les gens de guerre, disparaître sous l'action de ce climat dévorant, et il se flattait de trouver bientôt dans la fièvre jaune un affreux auxiliaire. Il se disait donc qu'il fallait attendre en paix le moment propice, et qu'alors peut-être une nouvelle prise d'armes pourrait lui réussir. En conséquence, il offrit de traiter. Le capitaine général, qui n'espérait guère pouvoir l'atteindre, même en le pourchassant à outrance dans les nombreuses et lointaines retraites de l'île, consentit à lui accorder une capitulation, semblable à celle qui avait été accordée à ses lieutenants. On lui restitua ses grades, ses propriétés, à condition qu'il vivrait dans un lieu désigné, et ne changerait de séjour que sur la permission du capitaine

<small>Avril 1802.

Christophe et Dessalines.

Toussaint lui-même songe à se rendre.</small>

Mai 1802.

Toussaint obtient sa terre d'Ennery pour retraite.

Soumission générale de la colonie.

général. Son habitation d'Ennery fut le lieu qu'on lui fixa pour retraite. Le capitaine général Leclerc se doutait bien que la soumission de Toussaint ne serait pas définitive; mais il le tenait sous bonne garde, prêt à le faire arrêter au premier acte qui prouverait sa mauvaise foi.

A partir de cette époque, fin d'avril et commencement de mai, l'ordre se rétablit dans la colonie, et on vit renaître la prospérité dont elle avait joui sous son dictateur. Les règlements, imaginés par lui, furent remis en vigueur. Les cultivateurs étaient presque tous rentrés sur les plantations. Une gendarmerie noire poursuivait les vagabonds, et les ramenait sur les terres auxquelles, en vertu des recensements antérieurs, ils étaient attachés. Les troupes de Toussaint, fort réduites, soumises à l'autorité française, étaient tranquilles, et ne semblaient pas disposées à se soulever, si on leur conservait leur état présent. Christophe, Maurepas, Dessalines, Clervaux, maintenus dans leurs grades et leurs biens, étaient prêts à s'accommoder de ce régime aussi bien que de celui de Toussaint-Louverture. Il suffisait pour cela qu'ils fussent rassurés sur la conservation de leurs richesses, et de leur liberté.

Le capitaine général Leclerc, qui était un brave militaire, doux et sage, s'appliquait à rétablir l'ordre et la sécurité dans la colonie. Il avait continué d'admettre les pavillons étrangers, pour favoriser l'introduction des vivres. Il leur avait assigné quatre ports principaux, le Cap, le Port-au-Prince, les Cayes, Santo-Domingo, avec défense de toucher ailleurs, afin d'empêcher l'introduction clandestine des armes le long des côtes. Il n'avait restreint l'importation que relativement aux produits d'Europe, dont il avait réservé la fourniture exclusive aux négociants français de la métropole. Il était en effet arrivé une grande quantité de vaisseaux marchands du Havre, de Nantes, de Bordeaux, et on pouvait espérer que bientôt la prospérité de Saint-Domingue se rétablirait, non pas au profit des Anglais et des Américains, comme sous le gouvernement de Toussaint, mais au profit de la France, sans que la colonie y perdît aucun de ses avantages.

<small>Mai 1802.</small>

Cependant un double danger était à craindre; d'une part, le climat toujours funeste aux troupes européennes; de l'autre, l'incurable défiance des nègres, qui ne pouvaient pas, quoi qu'on fît, s'empêcher d'appréhender le retour de l'esclavage. Aux dix-sept ou dix-huit mille hommes, déjà transportés dans la colonie, de nouvelles divisions navales, parties de Hollande et de France, en avaient ajouté trois à quatre mille, ce qui portait à vingt et un, ou vingt-deux mille, le nombre des soldats de l'expédition. Mais quatre à cinq mille étaient déjà hors de combat, pareil nombre dans les hôpitaux, et douze mille au plus restaient pour suffire à une nouvelle lutte, si les nègres avaient encore recours aux armes. Le capitaine général apportait un grand soin à leur procurer du repos, des rafraîchissements, des cantonnements salu-

<small>État de l'armée de Saint-Domingue au moment où l'expédition paraît terminée.</small>

bres, et ne négligeait rien pour rendre complet et définitif le succès de l'expédition qui lui avait été confiée.

A la Guadeloupe le brave Richepanse, débarqué avec une force de trois ou quatre mille hommes, avait dompté les nègres révoltés, et les avait remis dans l'esclavage après avoir détruit les chefs de la révolte. Cette espèce de contre-révolution était possible et sans danger dans une île de peu d'étendue comme la Guadeloupe; mais elle offrait un grave inconvénient, celui d'effrayer les noirs de Saint-Domingue sur le sort qui leur était réservé. Du reste, les affaires de nos Antilles étaient aussi prospères qu'on pouvait l'espérer en aussi peu de temps. De toutes parts des armements se préparaient dans nos ports de commerce, pour recommencer le riche négoce que la France faisait autrefois avec elles.

Le Premier Consul, poursuivant sa tâche avec persévérance, avait transporté sur le littoral les dépôts des demi-brigades servant aux colonies. Il y versait constamment des recrues, et profitait de toutes les expéditions du commerce ou de la marine militaire, pour faire partir de nouveaux détachements. Il avait augmenté les crédits accordés à la marine, et porté à 130 millions le budget spécial de ce département, somme considérable dans un budget total de 589 millions (720 si l'on compte comme aujourd'hui). Il avait ordonné que 20 millions par an fussent consacrés en achats de matières navales dans tous les pays. Il avait prescrit, en outre, la construction

RUPTURE DE LA PAIX D'AMIENS.

Mai 1802.

et la mise à l'eau de douze vaisseaux de ligne par an. Il disait sans cesse que c'était pendant la paix qu'il fallait créer la marine, parce que pendant la paix le champ des manœuvres, c'est-à-dire la mer, était libre, et la voie des approvisionnements ouverte. « La première année d'un ministère, écri-
» vait-il à l'amiral Decrès, est une année d'appren-
» tissage. La seconde de votre ministère commence.
» Vous avez la marine française à rétablir : quelle
» belle carrière pour un homme dans la force de
» l'âge, et d'autant plus belle que nos malheurs
» passés ont été plus en évidence! Remplissez-la
» sans relâche. TOUTES LES HEURES PERDUES DANS L'ÉPO-
» QUE OU NOUS VIVONS, SONT UNE PERTE IRRÉPARABLE. »
(14 février 1803).

Des Indes et de l'Amérique l'active pensée du Premier Consul s'était reportée sur l'empire ottoman, dont la chute lui semblait prochaine, et dont il ne voulait pas que les débris servissent à étendre les possessions russes ou anglaises. Il avait renoncé à l'Égypte tant que les Anglais respecteraient la paix; mais si la paix était rompue par leur fait, il se tenait pour libre de revenir à ses premières idées, sur une contrée qu'il regardait toujours comme la route de l'Inde. Au surplus, il ne projetait rien dans le moment; son intention était seulement d'empêcher que les Anglais profitassent de la paix pour s'établir aux bouches du Nil. Un engagement formel les obligeait à sortir de l'Égypte sous trois mois; or il y en avait douze ou treize de la signature des préliminaires de Londres, sept ou

Mai 1802.

Mission du colonel Sébastiani dans la Méditerranée.

huit de la signature du traité d'Amiens, et ils ne semblaient pas disposés encore à quitter Alexandrie. Le Premier Consul fit donc appeler le colonel Sébastiani, officier doué d'une rare intelligence, lui ordonna de s'embarquer sur une frégate, de parcourir les bords de la Méditerranée, d'aller à Tunis, à Tripoli, pour y faire reconnaître le pavillon de la République italienne, de se rendre ensuite en Égypte, d'y examiner la situation des Anglais, et la nature de leur établissement; de chercher à savoir combien cet établissement devait durer; d'observer ce qui se passait entre les Turcs et les Mamelucks; de visiter les scheiks arabes, de les complimenter en son nom; d'aller en Syrie pour voir les chrétiens, et les remettre sous la protection française; d'entretenir Djezzar-Pacha, celui qui avait défendu Saint-Jean-d'Acre contre nous, et de lui promettre le retour des bonnes grâces de la France, s'il ménageait les chrétiens, et favorisait notre commerce. Le colonel Sébastiani avait ordre enfin de revenir par Constantinople pour renouveler au général Brune, notre ambassadeur, les instructions du cabinet. Ces instructions enjoignaient au général Brune de déployer une grande magnificence, de caresser le sultan, de lui faire espérer notre appui contre ses ennemis quels qu'ils fussent, de ne rien négliger en un mot pour rendre la France imposante en Orient.

Travaux intérieurs du Premier Consul.

Quoique fort occupé de ces lointaines entreprises, le Premier Consul ne cessait pas de donner tous ses soins à la prospérité intérieure de la France. Il avait fait reprendre la rédaction du Code civil. Une section du Conseil d'État et une section du Tribunat se réunissaient journellement chez le consul Cambacérès, pour résoudre les difficultés naturelles à cette grande œuvre. La réparation des routes avait été poursuivie avec la même activité. Le Premier Consul les avait distribuées, comme nous avons dit, en séries, de vingt chacune, reportant successivement des unes aux autres les allocations extraordinaires qui leur étaient consacrées. L'exécution des canaux de l'Ourcq et de Saint-Quentin n'avait pas été interrompue un instant. Les travaux ordonnés en Italie, tant ceux des routes que ceux des fortifications, continuaient d'attirer l'attention du Premier Consul. Il voulait que si la guerre maritime recommençait et ramenait la guerre continentale, l'Italie fût définitivement liée à la France par de grandes communications et de puissants ouvrages éfensifs. La possession du Valais ayant facilité l'exécution du grand chemin du Simplon, cette étonnante création se trouvait presque achevée. Les travaux de la route du mont Cenis avaient été ralentis pour porter toutes les ressources disponibles sur celle du mont Genèvre, afin d'en avoir une au moins terminée en 1803. Quant à la place d'Alexandrie, elle était devenue l'objet d'une correspondance journalière avec l'habile ingénieur Chasseloup. On y préparait des casernes pour une garnison permanente de six mille hommes, des hôpitaux pour trois mille blessés, des magasins pour une grande armée. La refonte de toute l'artillerie italienne venait d'être commencée,

Juin 1802.

Routes et places fortes.

dans le but de la ramener aux calibres de 6, de 8 et de 12. Le Premier Consul recommandait une grande fabrication de fusils au vice-président Melzi. — Vous n'avez que cinquante mille fusils, lui écrivait-il, ce n'est rien. J'en ai cinq cent mille en France, indépendamment de ceux qui sont aux mains de l'armée. Je n'aurai pas de repos, tant que je n'en possédera pas un million. —

Le Premier Consul venait d'imaginer des colonies militaires, dont l'idée première était empruntée aux Romains. Il avait prescrit de choisir dans l'armée des soldats et des officiers, comptant de longs services et d'honorables blessures, de les conduire en Piémont, de leur distribuer là des biens nationaux, situés autour d'Alexandrie, et d'une valeur proportionnée à leur situation, depuis le soldat jusqu'à l'officier. Ces vétérans ainsi dotés devaient se marier avec des femmes piémontaises, se réunir deux fois par an pour manœuvrer, et au premier danger se jeter dans la place d'Alexandrie avec ce qu'ils auraient de plus précieux. C'était une manière de verser à la fois du sang et des sentiments français en Italie. La même institution devait être établie dans les nouveaux départements du Rhin, autour de Mayence.

L'auteur de ces belles conceptions méditait quelque chose de semblable pour les provinces de la République encore infectées d'un mauvais esprit, telles que la Vendée et la Bretagne. Il voulait y fonder à la fois de grands établissements et des villes. Les agents de Georges venant d'Angleterre descendaient dans les îles de Jersey et de Guernesey, abordaient sur les côtes du Nord, traversaient la péninsule bretonne par Loudéac et Pontivy, se répandaient soit dans le Morbihan, soit dans la Loire-Inférieure, pour y entretenir la défiance, et au besoin y préparer la révolte. Le Premier Consul, correspondant avec la gendarmerie, en dirigeait lui-même les mouvements et les recherches, et, prévoyant la possibilité de nouveaux troubles, avait imaginé de construire dans les principaux passages des montagnes ou des forêts, des tours surmontées d'une pièce d'artillerie tournant sur pivot, capables de contenir cinquante hommes de garnison, quelques vivres, quelques munitions, et de servir d'appui aux colonnes mobiles. Plein de la pensée qu'on devait songer à civiliser le pays autant qu'à le contenir, il avait ordonné le perfectionnement de la navigation du Blavet pour rendre ce cours d'eau navigable jusqu'à Pontivy. C'est ainsi que fut formé le premier projet de cette belle navigation, qui longe les côtes de la Bretagne depuis Nantes jusqu'à Brest, pénétrant par plusieurs voies navigables dans l'intérieur de la contrée, et assurant l'approvisionnement en tout temps du grand arsenal de Brest. Le premier Consul avait résolu de faire construire à Pontivy de grands bâtiments pour y recevoir des troupes, un nombreux état-major, des tribunaux, une administration militaire, des manufactures enfin qu'il voulait créer aux frais de l'État. Il avait prescrit la recherche des lieux les plus propres à fonder des villes nouvelles, soit dans la Bretagne, soit dans la Vendée. Il faisait travailler en même temps aux fortifications de Qui-

Juin 1802.

Canal de Nantes à Brest.

beron, de Belle-Isle, de l'Ile-Dieu. Le fort Boyard était commencé, d'après ses propres plans, dans le but de faire du bassin compris entre La Rochelle, Rochefort, les îles de Ré et d'Oleron, une rade, vaste, sûre et inaccessible aux Anglais. Cherbourg devait naturellement appeler toute son attention. N'espérant pas achever la digue assez tôt, il avait ordonné d'en presser l'exécution particulièrement sur trois points, afin de les faire sortir de l'eau le plus prochainement possible, et d'y établir trois batteries capables de tenir l'ennemi en respect.

Au milieu de ces travaux entrepris pour la grandeur maritime, commerciale et militaire de la France, le Premier Consul savait trouver du temps pour s'occuper des Écoles, de l'Institut, de la marche des sciences, de l'administration du clergé.

Sa sœur Élisa, son frère Lucien, formaient avec MM. Suard, Morellet, Fontanes, ce que dans notre histoire littéraire on a nommé un bureau d'esprit. On y affectait beaucoup de goût pour les souvenirs du passé, surtout en fait de littérature ; et il faut avouer que, si le goût du passé est justifié, c'est en ce genre. Mais à ce goût fort légitime, on mêlait d'autres goûts fort puérils. On affectait de préférer les anciennes compagnies littéraires à l'Institut, et on y parlait tout haut du projet de reconstituer l'Académie française, avec les gens de lettres qui avaient survécu à la Révolution, et qui ne l'aimaient guère, tels que MM. Suard, La Harpe, Morellet, etc. Les bruits répandus à ce sujet produisaient un effet fâcheux. Le consul Cambacérès, attentif à toutes les circonstances qui pouvaient nuire au gouvernement, avertit à propos le Premier Consul de ce qui se passait, et à son tour le Premier Consul avertit rudement son frère et sa sœur du déplaisir que lui causait ce genre d'affectation.

Août 1802.

A cette occasion, il s'occupa de l'Institut; il déclara que toute société littéraire qui prendrait un autre titre que celui d'Institut, qui voudrait, par exemple, s'appeler Académie française, serait dissoute, si elle affectait de se donner un caractère public. La seconde classe, celle qui répondait alors à l'ancienne Académie française, resta consacrée aux belles-lettres. Mais il supprima la classe des sciences morales et politiques, par une aversion déjà fort prononcée, non pas précisément contre la philosophie (on verra plus tard sa façon de penser sur cette matière), mais contre certains hommes, qui affectaient de professer la philosophie du dix-huitième siècle, dans ce qu'elle avait de plus contraire aux idées religieuses. Il fit rentrer cette classe dans celle qui était vouée aux belles-lettres, disant que leur objet était commun, que la philosophie, la politique, la morale, l'observation de la nature humaine, étaient le fond de toute littérature, que l'art d'écrire n'en était que la forme; qu'il ne fallait pas séparer ce qui devait rester uni; que la classe consacrée aux belles-lettres serait bien futile, la classe consacrée aux sciences morales et politiques, bien pédantesque, si elles étaient à bon droit séparées; que des écrivains qui ne seraient

Sept. 1802.

pas des penseurs, et des penseurs qui ne seraient pas des écrivains, ne seraient ni l'un ni l'autre ; et qu'enfin un siècle, même riche en talents, pourrait à peine fournir à une seule de ces compagnies des membres dignes d'elle, si on ne voulait descendre à la médiocrité. Ces idées, vraies ou fausses, étaient, chez le Premier Consul, plutôt un prétexte qu'une raison, pour se défaire d'une société littéraire, qui contrariait ses vues politiques à l'égard du rétablissement des cultes. Des deux classes il ne fit donc qu'une seule, en y ajoutant MM. Suard, Morellet, Fontanes, et la déclara seconde classe de l'Institut, répondant à l'Académie française. Tandis qu'il opérait cette réunion, il demandait au savant Haüy un ouvrage élémentaire sur la physique, lequel manquait encore dans l'enseignement, et répondait à Laplace, qui venait de lui adresser la dédicace de son grand ouvrage sur la mécanique céleste, ces paroles si noblement orgueilleuses : « Je vous remercie de » votre dédicace, et je désire que les générations fu- » tures, en lisant votre ouvrage, n'oublient pas l'es- » time et l'amitié que j'ai portées à son auteur. » (26 novembre 1802.)

Administration du clergé.

Le Premier Consul observait avec attention la conduite du clergé depuis la restauration des cultes. Les évêques nommés étaient presque tous établis dans leurs diocèses. La plupart s'y conduisaient bien ; quelques-uns cependant, pleins encore de l'esprit de secte, avaient le tort de ne pas apporter dans leurs nouvelles fonctions la douceur, l'indulgence évangéliques, qui pouvaient seules mettre fin au schisme. Si MM. de Belloy à Paris, de Boisgelin à Tours, Bernier à Orléans, Cambacérès à Rouen, de Pancemont à Vannes, se montraient de vrais pasteurs, pieux et sages, d'autres avaient laissé paraître de fâcheuses tendances dans l'exercice de leur ministère. L'évêque de Besançon, par exemple, janséniste et ancien constitutionnel, voulait prouver à ses prêtres, que la constitution civile du clergé était une institution vraiment évangélique et orthodoxe, conforme à l'esprit de la primitive Église. Aussi le trouble régnait-il dans son diocèse. Il faut reconnaître néanmoins qu'il était le seul constitutionnel dont on eût à se plaindre. Les fautes qu'on avait à relever dans le clergé, venaient surtout de l'intolérance des évêques orthodoxes. Plusieurs d'entre eux affectaient l'orgueil d'un parti victorieux, et repoussaient durement les prêtres assermentés. Les évêques de Bordeaux, d'Avignon, de Rennes, écartaient ces prêtres du service des paroisses, cherchaient à les humilier, et froissaient ainsi la partie de la population qui leur était attachée.

Rien n'était plus énergique à ce sujet que le langage du Premier Consul. Il écrivait lui-même à certains évêques, ou obligeait le cardinal-légat à leur écrire, et menaçait d'enlever à leur siége, d'appeler devant le Conseil d'État, les prélats qui troubleraient la nouvelle Église. — J'ai voulu, disait-il, relever les autels abattus, mettre un terme aux querelles religieuses, mais non faire triompher un parti sur un autre, surtout un parti ennemi de la Révolution. Quand les prêtres constitutionnels ont été fidèles aux règles de leur état et observateurs des bonnes mœurs, quand ils n'ont point causé de scandale, je les préfère à leurs adversaires ; car, après tout, ils ne sont décriés que pour avoir embrassé la cause de la Révolution, qui est la nôtre, écrivait-il aux préfets. — Le cardinal Fesch, son oncle, semblant, dans le diocèse de Lyon, oublier les instructions du gouvernement, le Premier Consul lui écrivait les paroles suivantes : « Blesser les prêtres constitutionnels, les écarter, » c'est manquer à la justice, à l'intérêt de l'État, à » mon intérêt, au vôtre, monsieur le cardinal ; c'est » manquer à mes volontés expresses, et me déplaire » sensiblement. »

Il n'y avait pas de mesure à ses largesses envers les évêques qui se conformaient à sa politique, ferme et conciliatrice. Aux uns il donnait des ornements d'église, aux autres un mobilier pour leurs hôtels, à tous des sommes considérables pour leurs pauvres. Il accordait jusqu'à deux et trois fois, dans un seul hiver, cinquante mille francs à M. de Belloy, pour les distribuer lui-même aux indigents de son diocèse. Il envoyait à l'évêque de Vannes, qui était le modèle accompli du prélat, doux, pieux, bienfaisant, dix mille francs pour meubler son hôtel épiscopal, dix mille pour rémunérer les prêtres dont il approuvait la conduite, soixante-dix mille pour donner à ses pauvres. Dans l'année courante, celle de l'an XI, il adressait deux cent mille francs à l'évêque Bernier, pour secourir secrètement les victimes de la guerre civile dans la Vendée, somme dont ce prélat faisait un emploi humain et habile. Il puisait, pour ces largesses, dans la caisse du ministère de l'intérieur, alimentée par divers produits qui alors ne rentraient pas au trésor, et dont il purifiait la source en les consacrant aux plus nobles usages.

Octob. 1802.

On était dans l'automne de 1802 ; le temps était superbe, la nature semblait vouloir dispenser à cette heureuse année un second printemps. Grâce à une température d'une douceur extrême, les arbustes fleurissaient une seconde fois. Le désir vint au Premier Consul d'aller visiter une province dont on lui parlait d'une manière très-diverse, c'était la Normandie. Alors comme aujourd'hui, cette belle contrée offrait l'intéressant spectacle de riches manufactures, s'élevant au milieu des campagnes les plus vertes et les mieux cultivées. Participant à l'activité générale qui se réveillait dans toute la France à la fois, elle présentait l'aspect le plus animé. Cependant quelques personnes, et notamment le consul Lebrun, avaient cherché à persuader au Premier Consul qu'elle était royaliste. On aurait pu le craindre, en se rappelant avec quelle force elle s'était prononcée en quatre-vingt-douze contre les excès de la Révolution. Le Premier Consul voulut s'y transporter, la voir de ses propres yeux, et essayer sur ses habitants l'effet ordinaire de sa présence. Madame Bonaparte dut l'accompagner.

Le Premier Consul employa quinze jours à ce voyage. Il traversa Rouen, Elbeuf, le Havre, Dieppe, Gisors, Beauvais. Il visita les campagnes et les manufactures, examinant tout par lui-même, se

Voyage du Premier Consul en Normandie dans l'automne de 1802.

montrant sans gardes à la population avide de le voir. Les hommages empressés dont il était l'objet ralentissaient sa marche. A chaque instant il trouvait sur sa route, le clergé des campagnes lui présentant l'eau bénite, les maires lui offrant les clefs de leurs villes, et lui adressant, tant à lui qu'à madame Bonaparte, les discours qu'on adressait jadis aux rois et aux reines de France. Il était ravi de cet accueil, et surtout de la prospérité naissante qu'il remarquait de toute part. La ville d'Elbeuf le charma par les accroissements qu'elle avait reçus. « Elbeuf, écrivait-il à son collègue » Cambacérès, est accrue d'un tiers depuis la Ré- » volution. Ce n'est plus qu'une seule manufac- » ture. » Le Havre le frappa singulièrement, et il devina les grandes destinées commerciales auxquelles ce port était appelé. « Je ne trouve partout, » écrivait-il encore au consul Cambacérès, que le » meilleur esprit. La Normandie n'est pas telle que » Lebrun me l'avait présentée. Elle est franchement » dévouée au gouvernement. Je retrouve ici l'unani- » mité de sentiments qui rendit si beaux les jours » de quatre-vingt-neuf. » Ce qu'il disait était vrai. La Normandie était parfaitement choisie pour lui exprimer les sentiments de la France. Elle représentait bien cette population honnête et sincère de quatre-vingt-neuf, d'abord enthousiaste de la Révolution, puis effrayée de ses excès, accusée de royalisme par des proconsuls dont elle condamnait les fureurs, et enchantée maintenant de retrouver, d'une manière inespérée, l'ordre, la justice, l'égalité, la gloire, moins, il est vrai, la liberté, dont malheureusement elle ne se souciait plus.

Nov. 1802.

Le Premier Consul était au milieu de novembre de retour à Saint-Cloud.

Qu'on imagine un envieux assistant aux succès d'un rival redouté, et on aura une idée à peu près exacte des sentiments qu'éprouvait l'Angleterre au spectacle des prospérités de la France. Cette puissante et illustre nation avait cependant dans sa propre grandeur de quoi se consoler de la grandeur d'autrui! Mais une singulière jalousie la dévorait. Tant que les succès du général Bonaparte avaient été un argument contre le ministère de M. Pitt, ils avaient été accueillis en Angleterre avec une sorte d'applaudissement. Mais depuis que ces succès, continués et accrus, étaient ceux de la France elle-même; depuis qu'on l'avait vue grandir par la paix autant que par la guerre, par la politique autant que par les armes; depuis qu'on avait vu, en dix-huit mois, la République italienne devenir, sous la présidence du général Bonaparte, une province française, le Piémont ajouté à notre territoire, avec l'agrément du continent, Parme, la Louisiane, accroissant nos possessions par la simple exécution des traités, l'Allemagne enfin reconstituée par notre seule influence; depuis qu'on avait vu tout cela s'accomplir paisiblement, naturellement, comme chose découlant d'une situation universellement acceptée, un dépit manifeste s'était emparé de tous les cœurs anglais, et ce dépit ne se dissimulait pas plus que les sentiments ne se

Jalousie qu'inspire à l'Angleterre la prospérité inouïe de la France.

dissimulent d'ordinaire chez un peuple passionné, fier et libre.

Les classes qui prenaient moins de part aux avantages de la paix, laissaient plus que les autres éclater cette jalousie. Nous avons déjà dit que les manufacturiers de Birmingham et de Manchester, dédommagés par la contrebande des difficultés qu'ils rencontraient dans nos ports, se plaignaient peu ; mais que le haut commerce, trouvant les mers couvertes de pavillons rivaux, et la source des profits financiers tarie avec les emprunts, regrettait publiquement la guerre, et se montrait plus mécontent de la paix que l'aristocratie elle-même. Cette aristocratie, ordinairement si orgueilleuse et si patriote, ne laissant à aucune classe de la nation l'honneur de servir et d'aimer, plus qu'elle ne le fait, la grandeur britannique, n'était cependant pas fâchée en cette occasion de se distinguer du haut commerce, par des vues plus élevées et plus généreuses. Elle chérissait un peu moins M. Pitt depuis qu'il était chéri si vivement par le monde mercantile, se rangeait avec empressement autour du prince de Galles, modèle des mœurs et de la licence aristocratiques, et surtout de M. Fox, qui lui plaisait par la noblesse de ses sentiments, et une éloquence incomparable. Mais le haut commerce, tout-puissant à Londres et dans les ports, ayant pour organes MM. Windham, Grenville et Dundas, couvrait la voix du reste de la nation, et animait de ses passions la presse britannique. Aussi les gazettes de Londres commençaient-elles à devenir très-hos-

RUPTURE DE LA PAIX D'AMIENS.

Nov. 1802.

tiles, en abandonnant toutefois aux gazettes rédigées par les émigrés français, le soin d'outrager le Premier Consul, ses frères, ses sœurs, toute sa famille.

Malheureusement le ministère Addington était dénué de toute énergie, et se laissait aller à ce vent de la tempête qui commençait à souffler. Il commettait par faiblesse des actes d'une véritable déloyauté. Il payait encore Georges Cadoudal, dont la persévérance à conspirer était connue; il mettait à sa disposition des sommes considérables pour l'entretien des sicaires, dont la troupe courait sans cesse de Portsmouth à Jersey, de Jersey sur la côte de Bretagne. Il continuait de souffrir la présence à Londres du pamphlétaire Peltier, malgré les moyens légaux que lui fournissait l'Alien-bill; il traitait les princes exilés avec des égards fort naturels, mais il ne s'en tenait pas à des égards, et les faisait inviter à des revues de troupes, en les y admettant avec les insignes de l'ancienne royauté. Il agissait ainsi, nous le répétons, par faiblesse, car la probité de M. Addington, délivrée des influences de parti, aurait répugné à de tels actes. Il savait bien, en payant Georges, qu'il entretenait un conspirateur; mais il n'osait pas, à la face du parti Windham, Dundas et Grenville, renvoyer, et peut-être aliéner ces vieux instruments de la politique anglaise.

Faiblesse du ministère Addington.

Le Premier Consul était profondément blessé de cette conduite. Aux demandes réitérées d'un traité de commerce, il répondait en réclamant la répres-

Fâcheux débat entre le Premier Consul et le cabinet

Nov. 1802.

britannique, à l'occasion des journaux, de Georges, et des princes français.

sion de certains journaux, l'expulsion de Georges et de Peltier, l'éloignement des princes français. Accordez-moi, disait-il, les satisfactions qui me sont dues, qu'on ne peut me refuser sans se déclarer complice de mes ennemis, et je rechercherai ensuite les moyens d'accorder satisfaction à vos intérêts froissés. — Mais dans les demandes du Premier Consul, le ministère anglais n'en trouvait aucune à laquelle il pût faire droit. Quant à la répression de certains journaux, MM. Addington et Hawkesbury répondaient avec raison : La presse est libre en Angleterre; imitez-nous, méprisez ses licences. Si vous voulez, on intentera des procès, mais à vos risques et périls, c'est-à-dire en courant la chance de procurer un triomphe à vos ennemis. — Quant à Georges, à Peltier et aux princes émigrés, M. Addington n'avait aucune excuse légale à faire valoir, car l'Alien-bill lui attribuait le droit de les éloigner. Il se repliait sur la nécessité de ménager l'opinion publique en Angleterre; bien triste argument, il faut en convenir, à l'égard de quelques-uns des hommes dont on réclamait l'expulsion.

Le Premier Consul ne se tenait pas pour battu. — D'abord, disait-il, le conseil que vous me donnez de mépriser la licence de la presse, serait bon, s'il s'agissait pour moi de mépriser la licence de la presse française en France. On comprend que, dans son propre pays, on se décide à supporter les inconvénients de la liberté d'écrire, en considération des avantages qu'elle procure. C'est là une question tout intérieure, dans laquelle chaque nation est juge de ce qu'il lui convient de faire. Mais, on ne doit jamais souffrir que la presse quotidienne injurie les gouvernements étrangers, et altère ainsi les relations d'État à État. Ce serait un abus grave, un danger sans compensation. Et la preuve de ce danger est dans les relations actuelles de la France avec l'Angleterre. Nous serions en paix sans les journaux, et nous voilà presque en guerre. Votre législation est donc mauvaise relativement à la presse. Vous devriez tout permettre contre votre gouvernement, rien contre les gouvernements étrangers. Néanmoins je laisse de côté les injures des gazettes anglaises. Je respecte vos lois, même dans ce qu'elles ont de fâcheux pour les autres nations. C'est un désagrément de voisinage auquel je me résigne. Mais les Français qui font à Londres un si odieux usage de vos institutions, qui écrivent de si grandes indignités, pourquoi les souffrez-vous en Angleterre? Vous possédez l'Alien-bill, qui a justement pour but d'empêcher les étrangers de nuire; pourquoi ne l'appliquez-vous pas? Et Georges, et ses sicaires, tous complices démontrés de la machine infernale, et les évêques d'Arras, de Saint-Pol-de-Léon, excitant publiquement à la révolte les populations de la Bretagne, pourquoi refusez-vous de les expulser? Que devient, dans vos mains, le traité d'Amiens, qui stipule expressément qu'on ne souffrira aucune menée dans l'un des deux États contre l'autre? Vous donnez asile aux princes émigrés, cela est respectable sans doute. Mais le chef de leur famille est à Varsovie, pourquoi ne les pas renvoyer tous auprès de lui? Pourquoi surtout leur permettre de porter des décorations que les lois françaises ne reconnaissent plus, et qui sont l'occasion de hautes inconvenances quand ces décorations sont portées à côté de l'ambassadeur de France, en sa présence, souvent à la même table? Vous me demandez, ajoutait-il, un traité de commerce et de meilleures relations entre les deux pays : commencez donc par vous montrer moins malveillants envers la France, et alors je pourrai chercher s'il existe des moyens de concilier nos intérêts rivaux. — Il n'y avait certes, rien à reprendre dans de tels raisonnements, rien que la faiblesse du grand homme qui, dominant l'Europe, se donnait la peine de les faire. Qu'importaient en effet au tout-puissant vainqueur de Marengo, et Georges, et Peltier, et le comte d'Artois avec ses royales décorations? Contre les poignards des assassins, il avait sa fortune; contre les outrages des pamphlétaires, il avait sa gloire; contre la légitimité des Bourbons, il avait l'amour de la France! Mais, ô faiblesse des grands cœurs! cet homme, placé si haut, se tourmentait de ce qui était si bas! Nous avons déjà déploré cette erreur de sa part, et nous ne pouvons nous empêcher de la déplorer encore, en approchant du moment où elle produisit de si funestes conséquences.

Le Premier Consul, ne se possédant plus, se vengeait par des réponses insérées au *Moniteur*, souvent écrites par lui-même, et dont on pouvait reconnaître l'origine à une incomparable vigueur de style. Il s'y plaignait de la complaisance du ministère britannique pour le conspirateur Georges, pour le diffamateur Peltier. Il demandait pourquoi on souffrait de tels hôtes, pourquoi on leur permettait de tels actes, envers un gouvernement ami, quand on avait le devoir par des traités, le moyen par une loi existante, de les réprimer. Le Premier Consul allait plus loin, et, s'adressant au gouvernement anglais lui-même, il demandait, dans les articles insérés au *Moniteur*, si ce gouvernement approuvait, s'il voulait ces odieuses menées, ces infâmes diatribes, puisqu'il les tolérait ; ou bien, si, ne les voulant pas, il était trop faible pour les empêcher. Et il en concluait qu'il n'existait pas de gouvernement, là où l'on ne pouvait réprimer la calomnie, prévenir l'assassinat, protéger enfin l'ordre social européen.

Nov. 1802.

Alors le ministère anglais se plaignait à son tour. — Ces journaux dont le langage vous offense, disait-il, ne sont pas officiels ; nous n'en pouvons pas répondre ; mais *le Moniteur* est l'organe avoué du gouvernement français ; il est d'ailleurs facile de découvrir à son langage même la source de ses inspirations. Il nous injurie tous les jours ; nous aussi, et avec plus de fondement, nous demandons satisfaction. —

Ce sont là les tristes récriminations, dont, pendant plusieurs mois, furent remplies les dépêches des deux gouvernements. Mais tout à coup survinrent des événements plus graves, qui fournirent à leurs

Nov. 1802.

Nouveaux événements survenus en Suisse.

dispositions irascibles un objet plus dangereux, il est vrai, mais au moins plus digne.

La Suisse, arrachée aux mains de l'oligarque Reding, était tombée dans celles du landamman Dolder, le chef du parti des révolutionnaires modérés. La retraite des troupes françaises était une concession faite à ce parti, afin de le rendre populaire, et une preuve de l'impatience qu'éprouvait le Premier Consul de se débarrasser des affaires suisses. Cependant, il ne recueillit pas le fruit de ses excellentes intentions. Presque tous les cantons avaient adopté la Constitution nouvelle, et accueilli les hommes chargés de la mettre en vigueur; mais, dans les petits cantons de Schwitz, d'Uri, d'Unterwalden, d'Appenzell, de Glaris, des Grisons, l'esprit de révolte, soufflé par M. Reding et ses amis, avait bientôt soulevé le peuple des montagnes. Les oligarques se flattant de l'emporter par la force, depuis la sortie des troupes françaises, avaient réuni ce peuple dans les églises, et lui avaient fait rejeter la Constitution proposée. Ils lui avaient persuadé que Milan était assiégé par une armée austro-russe, et que la République française était aussi près de sa chute qu'en 1799. La Constitution rejetée, ils n'avaient pas pu cependant les pousser jusqu'à la guerre civile. Les petits cantons s'étaient bornés à envoyer des députés à Berne pour déclarer au ministre de France, Verninac, qu'ils n'entendaient pas renverser le nouveau gouvernement, mais qu'ils voulaient se séparer de la confédération helvétique, se constituer à part dans leurs montagnes, et revenir à leur régime propre, qui était la démocratie pure. Ils demandaient même à régler leurs nouvelles relations avec le gouvernement central établi à Berne, sous les auspices de la France. Naturellement le ministre Verninac avait dû se refuser à de telles communications, et déclarer qu'il ne connaissait d'autre gouvernement helvétique que celui qui siégeait à Berne.

Dans les Grisons, il se passait des scènes tumultueuses, qui révélaient mieux que tout le reste les influences par lesquelles la Suisse était alors agitée. Au milieu de la vallée du Rhin supérieur, que cultivent les montagnards grisons, se trouvait la seigneurie de Bazuns, appartenant à l'empereur d'Autriche. Cette seigneurie valait à l'empereur la qualité de membre des ligues grises, et une action directe sur la composition de leur gouvernement. Il choisissait l'amman du pays entre trois candidats qu'on lui présentait. Depuis que les Grisons avaient été réunis par la France à la confédération helvétique, l'empereur, resté propriétaire de Bazuns, faisait gérer son domaine par un intendant. Cet intendant s'était mis à la tête des Grisons insurgés, et avait pris part à toutes les réunions dans lesquelles ils avaient déclaré se séparer de la confédération helvétique pour revenir à l'ancien ordre de choses. Il avait reçu et accepté la mission de porter leurs vœux aux pieds de l'empereur, et avec leurs vœux la prière instante de les prendre sous sa protection.

Assurément on ne pouvait pas montrer plus clairement sur quel parti on cherchait à s'appuyer en Europe. A toute cette agitation d'esprit se joignait quelque chose de plus grave encore : on prenait les armes, on réparait les fusils laissés par les Autrichiens et les Russes dans la dernière guerre, on offrait et on donnait dix-huit sous par jour aux anciens soldats des régiments suisses, expulsés de France, on leur rendait les mêmes officiers. Les pauvres habitants des montagnes, croyant naïvement que leur religion, leur indépendance, étaient menacées, venaient en tumulte remplir les rangs de cette troupe insurgée. L'argent répandu avec abondance était avancé par les riches oligarques suisses sur les millions déposés à Londres, et prochainement réalisables si on venait à triompher. Le landamman Reding avait été déclaré chef de la ligue. Morat, Sempach étaient les souvenirs invoqués par ces nouveaux martyrs de l'indépendance helvétique.

On a peine à comprendre une telle imprudence de leur part, l'armée française bordant de tout côté les frontières suisses. Mais on leur avait persuadé que le Premier Consul avait les mains liées, que les puissances étaient intervenues, et qu'il ne pourrait faire rentrer un régiment en Suisse, sans s'exposer à une guerre générale, menace qu'il ne braverait certainement pas pour soutenir le landamman Dolder et ses collègues.

Toutefois, malgré cette agitation, les pauvres montagnards d'Uri, de Schwitz, d'Unterwalden, les plus engagés dans cette triste aventure, n'allaient pas aussi vite que l'auraient désiré leurs chefs, et ils avaient déclaré ne pas vouloir sortir de leurs cantons. Le gouvernement helvétique avait à peu près quatre à cinq mille hommes à sa disposition, dont mille ou douze cents employés à garder Berne, quelques centaines répandus dans diverses garnisons, et trois mille dans le canton de Lucerne, sur la limite d'Unterwalden, ces derniers destinés à observer l'insurrection. Une troupe d'insurgés était postée au village d'Hergyswil. Bientôt on en vint aux coups de fusil, et il y eut quelques hommes tués et blessés de part et d'autre. Tandis que cette collision avait lieu à la frontière d'Unterwalden, le général Andermatt, commandant les troupes du gouvernement, avait voulu placer quelques compagnies d'infanterie dans la ville de Zurich, pour y garder l'arsenal, et le sauver des mains des oligarques. La bourgeoisie aristocrate de Zurich résista, et ferma ses portes aux soldats du général Andermatt. Celui-ci envoya vainement quelques obus sur la ville; on lui répondit qu'on se ferait brûler plutôt que de se rendre, et de livrer Zurich aux oppresseurs de l'indépendance de l'Helvétie. Au même instant les partisans de l'ancienne aristocratie de Berne, dans le pays d'Argovie et dans l'Oberland, s'agitaient au point de faire craindre un soulèvement. Dans le canton de Vaud, on poussait le cri ordinaire de réunion à la France. Le gouvernement suisse ne savait comment se tirer de cette situation périlleuse. Combattu à force ouverte par les oligarques, il

Nov. 1802.

tons contre le gouvernement des révolutionnaires modérés.

n'avait pour lui ni les patriotes ardents, qui voulaient l'unité absolue, ni les masses paisibles, qui étaient assez portées pour la révolution, mais ne connaissaient de cette révolution que les horreurs de la guerre, et la présence des troupes étrangères. Il pouvait juger maintenant ce que valait la popularité acquise au prix de la retraite des troupes françaises.

Nov. 1802.

Le gouvernement helvétique, menacé de toutes parts, demande l'intervention de la France.

Dans son embarras, il convint d'un armistice avec les insurgés, puis s'adressa au Premier Consul, et sollicita vivement l'intervention de la France, que les insurgés demandaient aussi de leur côté, puisqu'ils voulaient que leurs relations avec le gouvernement central fussent réglées sous les auspices du ministre Verninac.

Quand cette demande d'intervention fut connue à Paris, le Premier Consul se repentit d'avoir trop facilement cédé aux idées du parti Dolder, ainsi qu'à son propre désir de sortir des affaires suisses, ce qui l'avait porté à retirer prématurément les troupes françaises. Les faire rentrer maintenant, en présence de l'Angleterre malveillante, se plaignant de notre action trop manifeste sur les États du continent, était un acte extrêmement grave. Du reste, il ne savait pas encore tout ce qui se passait en Suisse; il ne savait pas à quel point les provocateurs du mouvement des petits cantons avaient révélé leurs véritables desseins, pour se montrer ce qu'ils étaient, c'est-à-dire les agents de la contre-révolution européenne, et les alliés de l'Autriche et de l'Angleterre. Il refusa donc l'intervention, universellement de-

Le Premier Consul refuse l'intervention demandée.

mandée, dont la conséquence inévitable aurait été le retour des troupes françaises en Suisse, et l'occupation militaire d'un État indépendant garanti par l'Europe.

Cette réponse jeta le gouvernement helvétique dans la consternation. On ne savait que faire à Berne, menacé qu'on était d'une rupture prochaine de l'armistice, et d'un soulèvement des paysans de l'Oberland. Certains membres du gouvernement imaginèrent de sacrifier le landamman Dolder, chef des modérés, qui à ce titre était détesté également par les patriotes unitaires et par les oligarques. Les uns et les autres promettaient de se calmer à cette condition. On se rendit chez le citoyen Dolder, on lui fit une sorte de violence, et on lui arracha sa démission, qu'il eut la faiblesse de donner. Le sénat, plus ferme, refusa d'accepter cette démission, mais le citoyen Dolder y persista. Alors on eut recours au moyen ordinaire des assemblées, qui ne savent plus à quelle résolution s'arrêter, on nomma une commission extraordinaire, chargée de trouver des moyens de salut. Mais dans ce moment l'armistice était rompu, les insurgés s'avançaient sur Berne, obligeant le général Andermatt à se replier devant eux. Ces insurgés se composaient de paysans, au nombre de quinze cents ou deux mille, portant des crucifix et des carabines, et précédés par les soldats des régiments suisses, anciennement au service de la France, vieux débris du dix août. Ils parurent bientôt aux portes de Berne, et tirèrent quelques coups de canon avec de mauvaises pièces qu'ils traînaient à leur suite. La municipalité de Berne, sous prétexte de sauver la ville, intervint, et négocia une capitulation. Il fut convenu que le gouvernement, pour ne pas exposer Berne aux horreurs d'une attaque de vive force, se retirerait avec les troupes du général Andermatt dans le pays de Vaud. Cette capitulation fut immédiatement exécutée; le gouvernement se rendit à Lausanne, où il fut suivi par le ministre de France. Ses troupes, concentrées depuis qu'il avait cédé le pays aux insurgés, étaient à Payern, au nombre de quatre mille hommes, assez bien disposés, encouragés d'ailleurs par les dispositions qui éclataient dans le pays de Vaud, mais incapables de reconquérir Berne.

Le parti oligarchique s'établit aussitôt à Berne, et, pour faire les choses complétement, réinstalla l'avoyer qui était en charge en 1798, à l'époque même où la première révolution s'était faite. Cet avoyer était M. de Mulinen. Il ne manquait donc rien à cette contre-révolution, ni le fond, ni la forme; et, sans les folles illusions des partis, sans les bruits ridicules, répandus en Suisse, sur la prétendue impuissance du gouvernement français, on ne comprendrait pas une tentative aussi extravagante.

Cependant, les choses amenées à ce point, il ne fallait guère compter sur la patience du Premier Consul. Les deux gouvernements, siégeant à Lausanne et à Berne, venaient de dépêcher des envoyés auprès de lui, l'un pour le supplier d'intervenir, l'autre pour le conjurer de n'en rien faire. L'envoyé du gouvernement oligarchique était un membre même de la famille de Mulinen. Il avait mission de renouveler les promesses de bonne conduite dont M. Reding avait été si prodigue, et qu'il avait si mal tenues, de s'aboucher, en même temps, avec les ambassadeurs de toutes les puissances à Paris, et de mettre la Suisse sous leur protection spéciale.

Supplications de faire ou de ne pas faire étaient désormais inutiles, auprès du Premier Consul. En présence d'une contre-révolution flagrante, qui avait pour but de livrer les Alpes aux ennemis de la France, il n'était pas homme à hésiter. Il ne voulut point recevoir l'agent du gouvernement oligarchique, mais il répondit aux intermédiaires qui s'étaient chargés de porter la parole pour cet agent, que sa résolution était prise. — Je cesse, leur dit-il, d'être neutre et inactif. J'ai voulu respecter l'indépendance de la Suisse, et ménager les susceptibilités de l'Europe; j'ai poussé le scrupule jusqu'à une véritable faute, la retraite des troupes françaises. Mais c'est assez de condescendance pour des intérêts ennemis de la France. Tant que je n'ai vu en Suisse que des conflits qui pouvaient aboutir à rendre tel parti un peu plus fort que tel autre, j'ai dû la livrer à elle-même; mais aujourd'hui qu'il s'agit d'une contre-révolution patente, accomplie par des soldats autrefois au service des Bourbons, passés depuis à la solde de l'Angleterre, je ne peux m'y tromper. Si ces insurgés voulaient me laisser quelque illusion, ils devaient mettre plus de dissimulation dans leur conduite, et ne pas placer en tête de leurs colonnes les soldats du régiment de Bachmann. Je ne souffrirai la contre-révolution nulle part, pas plus en Suisse, en Italie, en Hollande, qu'en France même. Je ne livrerai pas à quinze cents mercenaires, gagés par l'Angleterre, ces FORMIDABLES BASTIONS DES ALPES, que la coalition européenne n'a pu, en deux campagnes, arracher à nos soldats épuisés. On me parle de la volonté du peuple suisse ; je ne saurais la voir dans la volonté de deux cents familles aristocratiques. J'estime trop ce brave peuple pour croire qu'il veuille d'un tel joug. Mais, en tout cas, il y a quelque chose dont je tiens plus de compte que de la volonté du peuple suisse, c'est de la sûreté de quarante millions d'hommes, auxquels je commande. Je vais me déclarer médiateur de la confédération helvétique, lui donner une constitution fondée sur l'égalité des droits, et la nature du sol. Trente mille hommes seront à la frontière pour assurer l'exécution de mes intentions bienfaisantes. Mais si, contre mon attente, je ne pouvais assurer le repos d'un peuple intéressant, auquel je veux faire tout le bien qu'il mérite, mon parti est pris. Je réunis à la France tout ce qui, par le sol et les mœurs, ressemble à la Franche-Comté ; je réunis le reste aux montagnards des petits cantons, je leur rends le régime qu'ils avaient au quatorzième siècle, et je les livre à eux-mêmes. Mon principe est désormais arrêté : ou une Suisse amie de la France, ou point de Suisse du tout. —

Le Premier Consul enjoignit à M. de Talleyrand de faire partir de Paris, sous douze heures, l'envoyé de Berne, et de lui dire qu'il ne pouvait plus servir ses commettants qu'à Berne même, en leur conseillant de se séparer à l'instant, s'ils ne voulaient attirer en Suisse une armée française. Il rédigea de sa propre main une proclamation au peuple helvétique, courte, énergique, conçue dans les termes suivants :

Nov. 1802.

Proclamation du Premier Consul au peuple suisse.

« Habitants de l'Helvétie, vous offrez depuis deux
» ans un spectacle affligeant. Des factions opposées
» se sont successivement emparées du pouvoir ; elles
» ont signalé leur empire passager par un système
» de partialité, qui accusait leur faiblesse et leur in-
» habileté.

» Dans le courant de l'an x, votre gouvernement
» a désiré que l'on retirât le petit nombre de troupes
» françaises qui étaient en Helvétie. Le gouverne-
» ment français a saisi volontiers cette occasion
» d'honorer votre indépendance ; mais bientôt après
» vos différents partis se sont agités avec une nou-
» velle fureur : le sang des Suisses a coulé par les
» mains des Suisses.

» Vous vous êtes disputés trois ans sans vous en-
» tendre. Si l'on vous abandonne plus long-temps à
» vous-mêmes, vous vous tuerez trois ans sans vous
» entendre davantage. Votre histoire prouve d'ail-
» leurs que vos guerres intestines n'ont jamais pu
» se terminer que par l'intervention amicale de la
» France.

» Il est vrai que j'avais pris le parti de ne me

» mêler en rien de vos affaires; j'avais vu constam-
» ment vos différents gouvernements me demander
» des conseils et ne pas les suivre, et quelquefois
» abuser de mon nom selon leurs intérêts et leurs
» passions. Mais je ne puis ni ne dois rester in-
» sensible aux malheurs auxquels vous êtes en
» proie : je reviens sur ma résolution. Je serai le
» médiateur de vos différends; mais ma médiation
» sera efficace, telle qu'il convient au grand peuple
» au nom duquel je parle. »

{Dispositions qui accompagnent la proclamation du Premier Consul.} A ce noble préambule étaient jointes des dispositions impératives. Cinq jours après la notification de cette proclamation, le gouvernement réfugié à Lausanne devait se transporter à Berne, le gouvernement insurrectionnel devait se dissoudre, tous les rassemblements armés, autres que l'armée du général Andermatt, devaient se disperser, et les soldats des anciens régiments suisses déposer leurs armes dans les communes dont ils faisaient partie. Enfin tous hommes qui avaient exercé des fonctions publiques depuis trois ans, à quelque parti qu'ils appartinssent, étaient invités à se rendre à Paris, afin d'y conférer avec le Premier Consul sur les moyens de terminer les troubles de leur patrie.

{L'aide-de-camp Rapp chargé de porter en Suisse la proclamation du Premier Consul.} Le Premier Consul chargea son aide-de-camp, le colonel Rapp, de se transporter immédiatement en Suisse, pour remettre sa proclamation à toutes les autorités légales ou insurrectionnelles, de se rendre d'abord à Lausanne, puis à Berne, Zurich, Lucerne, partout enfin où il y aurait une résistance à vaincre. Le colonel Rapp devait en outre se concerter pour les mouvements de troupes avec le général Ney, chargé de les commander. Des ordres étaient déjà partis pour mettre ces troupes en marche. Un premier rassemblement de sept à huit mille hommes, tirés du Valais, de la Savoie et des départements du Rhône, se formait à Genève. Six mille hommes se réunissaient à Pontarlier, six mille à Huningue et Bâle. Une division de pareille force se concentrait dans la République italienne, pour s'introduire en Suisse par les bailliages italiens. Le général Ney devait attendre à Genève les avis qu'il recevrait du colonel Rapp, et au premier signal de celui-ci, entrer dans le pays de Vaud, avec la colonne formée à Genève, recueillir en marche celle qui aurait pénétré par Pontarlier, et se porter sur Berne avec douze ou quinze mille hommes. Les troupes venues par Bâle avaient ordre de se joindre, dans les petits cantons, au détachement arrivé par les bailliages italiens.

Toutes ces dispositions arrêtées avec une promptitude extraordinaire, car en quarante-huit heures la résolution était prise, la proclamation rédigée, l'ordre de marcher expédié à tous les corps, et le colonel Rapp parti pour la Suisse, le Premier Consul attendit avec une tranquille audace l'effet que produirait en Europe une résolution aussi hardie, et qui, ajoutée à tout ce qu'il avait fait en Italie et en Allemagne, allait rendre encore plus apparente une puissance qui offusquait déjà tous les yeux. Mais, quoi qu'il en pût résulter, même la guerre, sa résolution était un acte de sagesse, car

Nov. 1802.

Le général Ney chargé d'appuyer cette proclamation avec trente mille hommes.

il s'agissait de soustraire les Alpes à la coalition européenne. L'énergie, mise au service de la prudence, est le plus beau des spectacles que puisse présenter la politique.

Conduite des ministres européens à Paris.

L'agent de l'oligarchie bernoise envoyé à Paris n'avait pas manqué, en se voyant si rudement accueilli, de s'adresser aux ambassadeurs des cours d'Autriche, de Russie, de Prusse et d'Angleterre. M. de Markoff, quoiqu'il déclamât tous les jours contre la conduite de la France en Europe, M. de Markoff lui-même n'osa pas répondre. Tous les autres représentants des puissances se turent, excepté le ministre d'Angleterre, M. Merry. Ce dernier, après s'être mis en rapport avec l'envoyé de Berne, dépêcha immédiatement un courrier, pour faire part à sa cour de ce qui se passait en Suisse, et lui annoncer que le gouvernement bernois invoquait formellement la protection de l'Angleterre.

Émotion en Angleterre à l'occasion des événements de la Suisse.

Le courrier de M. Merry arrivait à lord Hawkesbury, en même temps que les journaux de France à Londres. Sur-le-champ il n'y eut en Angleterre qu'un cri en faveur de ce brave peuple de l'Helvétie, qui défendait, disait-on, sa religion, sa liberté, contre un barbare oppresseur. Cette émotion, que nous avons vue de nos jours se communiquer à toute l'Europe, en faveur des Grecs massacrés par les Turcs, on feignit de l'éprouver en Angleterre pour les oligarques bernois, excitant de malheureux paysans à s'armer pour la cause de leurs priviléges. On affecta un grand zèle, on ouvrit des souscriptions. Cependant l'émotion était trop factice pour être générale ; elle ne descendit pas au-dessous de ces classes élevées, qui ordinairement s'agitent seules pour les affaires journalières de la politique. MM. Grenville, Windham et Dundas firent des tournées pour échauffer les esprits, et accusèrent avec une nouvelle véhémence ce qu'ils appelaient la faiblesse de M. Addington. Le Parlement venait d'être renouvelé, et allait se réunir à la suite d'une élection générale. Le cabinet anglais, entre le parti Pitt qui se détachait visiblement de lui, et le parti Fox qui, bien qu'adouci depuis la paix, n'avait pas cessé d'être opposant, ne savait trop sur qui s'appuyer. Il craignait fort les premières séances du nouveau Parlement, et il crut devoir faire quelques démarches diplomatiques qui lui servissent d'arguments contre ses adversaires.

La première démarche imaginée fut de transmettre une note à Paris, pour réclamer en faveur de l'indépendance de la Suisse, et protester contre toute intervention matérielle de la part de la France. Ce n'était pas une manière d'arrêter le Premier Consul, et c'était tout simplement s'exposer à un échange de communications désagréables. Mais le cabinet Addington ne s'en tint pas là. Il envoya sur les lieux un agent, M. Moore, avec mission de voir et d'entendre les chefs des insurgés, de juger s'ils étaient bien résolus à se défendre, et de leur offrir, dans ce cas, les secours pécuniaires de l'Angleterre. Il avait ordre d'acheter des armes en Allemagne pour les leur faire parvenir. Cette démarche, il faut le reconnaître, n'était ni loyale ni facile à justifier. Des communications plus sérieuses encore furent adressées à la cour d'Autriche, pour ranimer sa vieille aversion contre la France, irriter chez elle le ressentiment récent des affaires germaniques, et l'alarmer surtout pour la frontière des Alpes. On alla jusqu'à lui offrir un subside de cent millions de florins (225 millions de francs), si elle voulait prendre fait et cause pour la Suisse. C'est, du moins, l'avis que fit parvenir à Paris M. d'Haugwitz lui-même, qui mettait un grand soin à se tenir au courant de tout ce qui pouvait intéresser le maintien de la paix. On fit une tentative moins ouverte auprès de l'empereur Alexandre, qu'on savait assez fortement engagé dans la politique de la France, par suite de la médiation exercée à Ratisbonne. On n'en fit aucune auprès du cabinet prussien, qui était notoirement attaché au Premier Consul, et que, par ce motif, on traitait avec réserve et froideur.

Ces démarches du cabinet britannique, quelque peu convenables qu'elles fussent en pleine paix, ne pouvaient avoir grande conséquence, car ce cabinet allait trouver les cours du continent, toutes plus ou moins liées à la politique du Premier Consul, les unes, comme la Russie, parce qu'elles étaient présentement associées à ses œuvres, les autres, comme la Prusse et l'Autriche, parce qu'elles étaient en instance pour obtenir de lui des avantages tout personnels. C'était le moment, en effet, où l'Autriche sollicitait et finissait par obtenir une extension d'indemnités, en faveur de l'archiduc de Toscane. Mais le cabinet anglais commit un acte beaucoup plus grave, et qui eut plus tard d'immenses conséquences. L'ordre d'évacuer l'Égypte était expédié ; celui d'évacuer Malte ne l'était pas encore. Ce retard jusqu'ici tenait à des motifs excusables, et plutôt imputables à la chancellerie française qu'à la chancellerie anglaise. M. de Talleyrand, comme on peut s'en souvenir, avait négligé de donner suite à l'une des stipulations du traité d'Amiens. Cette stipulation portait qu'on demanderait à la Prusse, à la Russie, à l'Autriche et à l'Espagne, de vouloir bien garantir le nouvel ordre de choses établi à Malte. Dès les premiers jours de la signature du traité, les ministres anglais, pressés d'obtenir cette garantie avant d'évacuer Malte, avaient mis le plus grand zèle à la réclamer de toutes les cours. Mais les agents français n'avaient pas reçu d'instructions de leur ministre. M. de Champagny eut la prudence d'agir à Vienne comme s'il en avait reçu, et la garantie de l'Autriche fut accordée. Le jeune empereur de Russie, au contraire, partageant fort peu la passion de son père pour tout ce qui concernait l'ordre de Saint-Jean-de-Jérusalem, trouvant onéreuse la garantie qu'on lui demandait, car elle pouvait entraîner tôt ou tard l'obligation de prendre parti entre la France et l'Angleterre, n'était pas disposé à la donner. L'ambassadeur de France n'ayant pas d'instructions pour seconder le ministère anglais dans ses démarches, n'osant pas y suppléer, le cabinet russe ne fut point pressé de s'expliquer, et en

Nov. 1802.

Le cabinet britannique ajourne l'évacuation de Malte.

Motifs qui avaient fait différer jusqu'au mois de novembre 1802, l'évacuation de Malte.

profita pour ne pas répondre. Même chose, et par les mêmes motifs, eut lieu à Berlin. Grâce à cette négligence prolongée plusieurs mois, la question de la garantie était demeurée en suspens, et les ministres anglais, sans mauvaise intention, avaient été autorisés à différer l'évacuation. La garnison napolitaine qui, d'après le traité, devait être envoyée à Malte en attendant la reconstitution de l'ordre, avait été reçue dans l'île, et seulement en dehors des fortifications. La chancellerie française s'était enfin mise en mouvement, mais trop tard. Cette fois l'empereur de Russie, pressé de s'expliquer, avait refusé sa garantie. Un autre embarras était survenu. Le grand-maître nommé par le Pape, le bailli Ruspoli, effrayé du sort de son prédécesseur, M. de Hompesch, voyant que la charge de l'ordre de Malte ne consistait plus à combattre les infidèles, mais à se tenir en équilibre entre deux grandes nations maritimes, avec certitude de devenir la proie de l'une ou de l'autre, ne voulait pas accepter la dignité onéreuse et vaine qui lui était offerte, et résistait aux instances de la cour romaine, ainsi qu'aux pressantes invitations du Premier Consul.

Telles étaient les circonstances qui avaient fait différer l'évacuation de Malte jusqu'en novembre 1802. Il en résulta pour le cabinet anglais la dangereuse tentation de la différer encore. Effectivement, le jour même où l'agent Moore partait pour la Suisse, une frégate faisait voile vers la Méditerranée, pour porter à la garnison de Malte l'ordre d'y rester. C'était une grave faute de la part d'un ministère qui tenait à conserver la paix, car il allait exciter en Angleterre une convoitise nationale, à laquelle personne ne pourrait plus résister après l'avoir excitée. De plus il manquait formellement au traité d'Amiens, en présence d'un adversaire qui avait mis de l'orgueil à l'exécuter ponctuellement, et qui en mettrait bien plus encore à le faire exécuter par tous les signataires. C'était une conduite à la fois imprudente et peu régulière.

Nov. 1802.

Les réclamations du cabinet britannique en faveur de l'indépendance suisse furent fort mal accueillies du cabinet français, et bien qu'on pût entrevoir les conséquences de ce mauvais accueil, le Premier Consul ne se laissa aucunement ébranler. Il persista plus que jamais dans ses résolutions. Il réitéra ses ordres au général Ney, et lui en prescrivit l'exécution la plus prompte et la plus décisive. Il voulait prouver que ce prétendu soulèvement national de la Suisse n'était qu'une tentative ridicule, provoquée par l'intérêt de quelques familles, et aussitôt réprimée qu'essayée.

Le Premier Consul repousse les réclamations du cabinet anglais relativement à la Suisse.

Il était convaincu d'obéir, en cette circonstance, à un grand intérêt national; mais il était excité encore par l'espèce de défi qu'on lui jetait à la face de l'Europe, car les insurgés disaient tout haut, et leurs agents répétaient en tous lieux, que le Premier Consul avait les mains liées, et qu'il n'oserait pas agir. La réponse adressée par ses ordres à lord Hawkesbury avait quelque chose de vraiment extraordinaire. Nous en donnons la substance, sans conseiller à qui que ce soit de l'imiter jamais. — Vous êtes chargé de déclarer, écrivait M. de Talleyrand à M. Otto, que si le ministère britannique, dans l'intérêt de sa situation parlementaire, a recours à quelque notification ou à quelque publication, de laquelle il puisse résulter que le Premier Consul n'a pas fait telle ou telle chose, parce qu'on l'en a empêché, à l'instant même il la fera. Du reste, quant à la Suisse, quoi qu'on dise ou qu'on ne dise pas, sa résolution est irrévocable. Il ne livrera pas les Alpes à quinze cents mercenaires soldés par l'Angleterre. Il ne veut pas que la Suisse soit convertie en un nouveau Jersey. Le premier Consul ne désire pas la guerre, parce qu'il croit que le peuple français peut trouver dans l'extension de son commerce, autant d'avantages que dans l'extension de son territoire. Mais aucune considération ne l'arrêterait, si l'honneur ou l'intérêt de la République lui commandaient de reprendre les armes. Vous ne parlerez jamais de guerre, disait encore M. de Talleyrand à M. Otto, mais vous ne souffrirez jamais qu'on vous en parle. La moindre menace, quelque indirecte qu'elle fût, devrait être relevée avec la plus grande hauteur. De quelle guerre nous menacerait-on, d'ailleurs? De la guerre maritime? Mais notre commerce vient à peine de renaître, et la proie que nous livrerions aux Anglais serait de bien peu de valeur. Nos Antilles sont pourvues de soldats acclimatés; Saint-Domingue seul en contient vingt-cinq mille. On bloquerait nos ports, il est vrai; mais à l'instant même de la déclara-

RUPTURE DE LA PAIX D'AMIENS. 249

tion de guerre, l'Angleterre se trouverait bloquée à son tour. Les côtes du Hanovre, de la Hollande, du Portugal, de l'Italie, jusqu'à Tarente, seraient occupées par nos troupes. Ces contrées que l'on nous accuse de dominer trop ouvertement, la Ligurie, la Lombardie, la Suisse, la Hollande, au lieu d'être laissées dans cette situation incertaine, où elles nous suscitent mille embarras, seraient converties en provinces françaises, dont nous tirerions d'immenses ressources; et on nous forcerait ainsi à réaliser cet empire des Gaules, dont on veut sans cesse effrayer l'Europe. Et qu'arriverait-il, si le Premier Consul, quittant Paris, pour aller s'établir à Lille ou à Saint-Omer, réunissant tous les bateaux plats des Flandres et de la Hollande, préparant des moyens de transport pour cent mille hommes, faisait vivre l'Angleterre dans les angoisses d'une invasion toujours possible, presque certaine? L'Angleterre susciterait-elle une guerre continentale? Mais où trouverait-elle des alliés? Ce n'est pas auprès de la Prusse et de la Bavière, qui doivent à la France la justice qu'elles ont obtenue dans les arrangements territoriaux de l'Allemagne? Ce n'est pas auprès de l'Autriche, épuisée pour avoir voulu servir la politique britannique. En tout cas, si on renouvelait la guerre du continent, ce serait l'Angleterre qui nous aurait obligés de conquérir l'Europe. Le Premier Consul n'a que trente-trois ans, il n'a encore détruit que des États de second ordre! Qui sait ce qu'il lui faudrait de temps, s'il y était forcé, pour changer de

Nov. 1802.

Paroles extraordinaires du Premier Consul à l'Angleterre.

nouveau la face de l'Europe, et ressusciter l'empire d'Occident? —

Tous les malheurs de l'Europe, tous ceux aussi de la France étaient contenus dans ces formidables paroles, que l'on croirait écrites après coup, tant elles sont prophétiques[1]. Ainsi le lion devenu adulte commençait à sentir sa force, et était prêt à en user. Couverte par la barrière de l'Océan, l'Angleterre se plaisait à l'exciter. Mais cette barrière n'était pas impossible à franchir; il s'en est même fallu de bien peu qu'elle ne fût franchie; et si elle l'avait été, l'Angleterre eût pleuré amèrement les excitations auxquelles la portait une incurable jalousie. C'était d'ailleurs une politique cruelle à l'égard du continent, car il allait essuyer toutes les conséquences d'une guerre provoquée, sans raison comme sans justice.

M. Otto avait ordre de ne parler ni de Malte ni de l'Égypte, car on ne voulait pas même supposer que l'Angleterre pût violer un traité solennel, signé à la face du monde. On se bornait à lui prescrire de résumer toute la politique de la France dans ces mots : *Tout le traité d'Amiens, rien que le traité d'Amiens.*

M. Otto, qui était un esprit sage, fort soumis au Premier Consul, mais capable, dans un but utile, de mettre un peu du sien dans l'exécution des ordres qu'il recevait, adoucit beaucoup les paroles hautaines de

---

[1] La dépêche dont nous venons de donner la substance est du 1ᵉʳ brumaire an XI; elle est écrite par M. de Talleyrand à M. Otto, sous la dictée du Premier Consul.

son gouvernement. Néanmoins, avec cette réponse même adoucie, il embarrassa lord Hawkesbury, qui, effrayé de la prochaine réunion du Parlement, aurait voulu avoir quelque chose de satisfaisant à dire. Il insista pour avoir une note. M. Otto avait ordre de la lui refuser, et la lui refusa, en déclarant toutefois que la réunion à Paris des principaux citoyens de la Suisse n'avait pas pour but d'imiter ce qui s'était fait à Lyon, lors de la Consulte italienne, mais uniquement de donner à la Suisse une constitution sage, basée sur la justice et sur la nature du pays, sans triomphe d'un parti sur un autre. Lord Hawkesbury, qui, pendant cette conférence avec M. Otto, était attendu par le cabinet anglais, assemblé en ce moment pour recueillir la réponse de la France, parut troublé et mécontent. A cette déclaration, *Tout le traité d'Amiens, rien que le traité d'Amiens*, dont il comprenait la portée, car elle faisait allusion à Malte, il répliqua par cette maxime : *L'état du continent à l'époque du traité d'Amiens, rien que cet état*. —

<small>Manière dont la question se trouve posée entre la France et l'Angleterre.</small>

Cette manière de poser la question provoqua, de la part du Premier Consul, une réponse immédiate et catégorique. La France, dit M. de Talleyrand par ses ordres, la France accepte la condition posée par lord Hawkesbury. A l'époque de la signature du traité d'Amiens, la France avait dix mille hommes en Suisse, trente mille en Piémont, quarante mille en Italie, douze mille en Hollande. Veut-on que les choses soient remises sur ce pied? A cette époque on a offert à l'Angleterre de s'entendre sur les affaires du continent, mais à condition qu'elle reconnaîtrait et garantirait les États nouvellement constitués. Elle l'a refusé, elle a voulu rester étrangère au royaume d'Étrurie, à la République italienne, à la République ligurienne. Elle avait ainsi l'avantage de ne pas donner sa garantie à ces nouveaux États, mais elle perdait aussi le moyen de se mêler plus tard de ce qui les concernait. Du reste, elle savait tout ce qui était déjà fait, tout ce qui devait l'être. Elle connaissait la présidence déférée par la République italienne au Premier Consul; elle connaissait le projet de réunir le Piémont à la France, puisqu'on lui avait refusé l'indemnité demandée pour le roi de Sardaigne; et néanmoins elle a signé le traité d'Amiens! De quoi se plaint-elle donc? Elle a stipulé une seule chose, l'évacuation de Tarente en trois mois, et Tarente a été évacué en deux. Quant à la Suisse, il était connu qu'on travaillait à la constituer, et il ne pouvait être imaginé par personne, que la France y laisserait opérer une contre-révolution. Mais en tout cas, même sous le rapport du droit strict, qu'a-t-on encore à objecter? Le gouvernement helvétique a réclamé la médiation de la France. Les petits cantons l'ont réclamée aussi, en demandant à établir, sous les auspices du Premier Consul, leurs relations avec l'autorité centrale. Les citoyens de tous les partis, même ceux du parti oligarchique, MM. de Mulinen, d'Affry, sont à Paris, conférant avec le Premier Consul. Les affaires d'Allemagne, qu'ont-elles de nouveau pour l'Angleterre? que sont-elles, sinon la littérale exécution du traité de Lunéville, connu, publié bien avant le traité d'Amiens? Pourquoi l'Angleterre a-t-elle signé les arrangements adoptés pour l'Allemagne, s'il lui semblait mauvais de la séculariser? Pourquoi le roi de Hanovre, qui est roi aussi de la Grande-Bretagne, a-t-il approuvé la négociation germanique, en acceptant l'évêché d'Osnabruck? Pourquoi d'ailleurs a-t-on si bien, si largement traité la maison de Hanovre, si ce n'est en considération de l'Angleterre? Le cabinet britannique ne voulait plus se mêler, il y a six mois, des affaires du continent ; il le veut aujourd'hui ; qu'il fasse comme il lui plaira. Mais a-t-il plus d'intérêt à ces affaires que la Prusse, que la Russie, que l'Autriche? Eh bien, ces trois puissances adhèrent en cet instant à ce qui vient de se passer en Allemagne. Comment l'Angleterre pourrait-elle se dire plus fondée à juger des intérêts du continent? Il est vrai que, dans la grande négociation germanique, le nom du roi d'Angleterre n'a pas figuré. Il n'en a pas été question, et cela peut blesser son peuple, qui tient à garder, et qui a droit de garder une grande place en Europe. Mais à qui la faute, sinon à l'Angleterre elle même? Le Premier Consul n'aurait pas demandé mieux que de lui montrer amitié et confiance, que de résoudre en commun avec elle les grandes questions qu'il vient de résoudre en commun avec la Russie ; mais pour l'amitié et la confiance il faut un retour. Or, il ne s'élève en Angleterre que des cris de haine contre la France. On dit que la Constitution anglaise le veut ainsi. Soit; mais elle ne commande pas de souffrir à Londres les pamphlétaires français, les auteurs de la machine infernale, de recevoir, de traiter en princes, avec tous les honneurs dus à la souveraineté, les membres de la maison de Bourbon. Quand on montrera au Premier Consul d'autres sentiments, on l'amènera à en éprouver d'autres aussi, et à partager avec l'Angleterre l'influence européenne qu'il a voulu partager cette fois avec la Russie. —

Certes, nous ne savons si nos sentiments patriotiques nous aveuglent, mais nous cherchons la vérité, sans considération de nation, et il nous semble qu'il n'y avait rien à répondre à la vigoureuse argumentation du Premier Consul. L'Angleterre, en signant le traité d'Amiens, n'ignorait pas que la France dominait les États voisins, occupait par ses troupes l'Italie, la Suisse, la Hollande, et allait procéder au partage des indemnités germaniques : elle ne l'ignorait pas, et pressée d'avoir la paix, elle avait signé le traité d'Amiens, sans s'embarrasser des intérêts du continent. Et maintenant que la paix avait à ses yeux moins de charme que dans les premiers jours; maintenant que son commerce n'y trouvait pas autant d'avantage qu'elle l'avait espéré d'abord; maintenant que le parti de M. Pitt levait la tête; maintenant enfin que le calme, succédant aux agitations de la guerre, permettait d'apercevoir plus distinctement la puissance, la gloire de la France, l'Angleterre était saisie de jalousie ! et, sans pouvoir invoquer aucune violation du traité d'Amiens, elle nourrissait la pensée de le violer elle-même, de la manière la plus audacieuse et la plus inouïe !

Nov. 1802.

Il nous semble que M. d'Haugwitz, dans sa rare justesse d'esprit, appréciait bien le cabinet britannique, lorsqu'à cette occasion il dit à notre ambassadeur : Ce faible ministère Addington était si pressé de signer la paix, qu'il a passé par-dessus tout sans élever aucune objection ; il s'aperçoit aujourd'hui que la France est grande, qu'elle tire les conséquences de sa grandeur, et il veut déchirer le traité qu'il a signé ! —

Jugement porté par M. d'Haugwitz sur le cabinet britannique.

Pendant cet échange de communications si vives entre la France et l'Angleterre, la Russie, qui avait reçu les réclamations des insurgés suisses et les plaintes des Anglais, la Russie avait écrit à Paris une dépêche fort mesurée, dans laquelle ne reproduisant aucune des récriminations de la Grande-Bretagne, elle insinuait cependant au Premier Consul qu'il était nécessaire, pour conserver la paix, de calmer certains ombrages excités en Europe par la puissance de la République française, et que c'était à lui qu'il appartenait, par sa modération, par le respect de l'indépendance des États voisins, de détruire ces ombrages. C'était un conseil fort sage, qui avait trait à la Suisse, qui n'avait rien de blessant pour le Premier Consul, et qui allait bien à ce rôle de modérateur impartial, dont le jeune empereur semblait alors vouloir faire la gloire de son

Attitude prise par la Russie, la Prusse et l'Autriche à l'occasion de l'affaire suisse.

règne. Quant à la Prusse, elle avait déclaré qu'elle approuvait fort le Premier Consul de ne pas souffrir en Suisse un foyer d'intrigues anglaises et autrichiennes; qu'il avait raison de se hâter, et de ne pas donner le temps à ses ennemis de profiter de pareils embarras; qu'il aurait bien plus raison encore, s'il leur ôtait tout prétexte de se plaindre, en se gardant de renouveler à Paris la Consulte de Lyon. Quant à l'Autriche enfin, elle affectait de ne pas s'en mêler, et elle ne l'osait guère, ayant encore besoin de la France pour la suite des affaires allemandes.

Le Premier Consul était de l'avis de ses amis : il voulait agir vite, et ne pas imiter à Paris la Consulte de Lyon, c'est-à-dire ne pas se faire le président de la République helvétique. Au surplus, cette résistance désespérée, que le patriotisme des Suisses devait lui opposer, disait-on, n'avait été que ce qu'elle devait être, une extravagance d'émigrés. Dès que le colonel Rapp, arrivé à Lausanne, se présenta aux avant-postes des insurgés, sans être suivi d'un soldat, et portant seulement la proclamation du Premier Consul, il trouva des gens tout à fait disposés à se soumettre. Le général Bachmann, exprimant le regret de n'avoir pas vingt-quatre heures de plus, pour jeter le gouvernement helvétique dans le lac de Genève, se retira néanmoins sur Berne. Là on trouva quelques dispositions à la résistance chez le parti des oligarques. Ceux-ci voulaient absolument obliger la France à employer la force, croyant la compromettre ainsi avec les puissances européennes. Leurs désirs allaient être satisfaits, car cette force arrivait en toute hâte. En effet, les troupes françaises placées à la frontière, sous les ordres du général Ney, entrèrent, et dès lors le gouvernement insurrectionnel n'hésita plus à se dissoudre. Les membres dont il était composé se retirèrent, en déclarant qu'ils cédaient à la violence. Partout on se soumit avec facilité, excepté dans les petits cantons, où l'agitation était plus grande, et où l'insurrection avait pris naissance. Cependant, là comme ailleurs, l'opinion des gens raisonnables finit par prévaloir à l'approche de nos troupes, et toute résistance sérieuse cessa en leur présence. Le général français Serras, à la tête de quelques bataillons, s'empara de Lucerne, de Stanz, de Schwitz, d'Altorf. M. Reding fut arrêté avec quelques agitateurs; les insurgés se laissèrent successivement désarmer. Le gouvernement helvétique, réfugié à Lausanne, se rendit à Berne sous l'escorte du général Ney, qui s'y transporta de sa personne, suivi d'une seule demi-brigade. En peu de jours la ville de Constance, où s'était établi l'agent anglais Moore, fut remplie d'émigrés du parti oligarchique, revenant après avoir dépensé inutilement l'argent de l'Angleterre, et avouant tout haut le ridicule de cette échauffourée. M. Moore revint à Londres, pour rendre compte du mauvais succès de cette Vendée helvétique, qu'on avait cherché à susciter dans les Alpes.

Nov. 1802.

Complète soumission de la Suisse.

Cette promptitude de soumission avait un grand avantage, car elle prouvait que les Suisses, dont le courage, même contre une force supérieure, ne pouvait être mis en doute, ne se tenaient pas pour obligés, par honneur et par intérêt, à résister à l'intervention de la France. Elle faisait tomber ainsi tout sujet fondé de réclamation de la part de l'Angleterre.

Il fallait achever cette œuvre de pacification en donnant une constitution à la Suisse, et en fondant cette constitution sur la raison et sur la nature du pays. Le Premier Consul, pour ôter à la mission du général Ney le caractère trop militaire qu'elle paraissait avoir, lui conféra, au lieu du titre de général en chef, celui de ministre de France, avec les instructions les plus précises de se conduire doucement et modérément envers tous les partis. Il n'y avait d'ailleurs que six mille Français en Suisse. Le surplus était demeuré à la frontière.

Réunion à Paris de citoyens suisses de tous les partis.

On avait appelé à Paris des hommes appartenant à toutes les opinions, des révolutionnaires ardents aussi bien que des oligarques prononcés, pourvu que ce fussent des personnages influents dans le pays, et entourés de quelque considération. Les révolutionnaires de toute nuance désignés par les cantons vinrent sans hésiter. Les oligarques refusèrent de nommer des représentants. Ils voulaient rester étrangers à ce qui allait se faire à Paris, et conserver ainsi le droit de protester. Il fallut que le Premier Consul désignât lui-même les hommes qui les représenteraient. Il en choisit plusieurs, trois notamment des plus connus, MM. de Mulinen, d'Affry, de Watteville, tous distingués, par leurs familles, par leurs talents, par leur caractère. Ces messieurs persistaient à ne pas venir. M. de Talleyrand leur fit comprendre que c'était de leur part un dépit mal entendu, qu'on ne les appelait pas pour les faire assister au sacrifice des opinions qui leur étaient chères; qu'au contraire, on tiendrait la balance égale entre eux et leurs adversaires, qu'ils étaient bons citoyens, gens éclairés, et qu'ils ne devaient pas refuser de contribuer à une constitution, dans laquelle on chercherait de bonne foi à concilier tous les intérêts légitimes, et par laquelle d'ailleurs le sort de leur patrie se trouverait fixé pour long-temps. Touchés de cette invitation, ils eurent le bon esprit de se soustraire aux influences de faction, et répondirent à l'appel honorable qui leur était adressé en se rendant immédiatement à Paris. Le Premier Consul les accueillit avec distinction, leur dit que ce qu'il souhaitait, tous les hommes modérés devaient le souhaiter avec lui, car il voulait la constitution que la nature avait elle-même donnée à la Suisse, c'est-à-dire l'ancienne, moins les inégalités de citoyen à citoyen, de canton à canton. Après avoir cherché à rassurer particulièrement les oligarques, parce que c'était contre eux qu'il venait d'employer la force, il désigna quatre membres du Sénat, MM. Barthélemy, Rœderer, Fouché, Demeunier, les chargea de réunir les députés suisses, de conférer avec eux, ensemble ou séparément, de les amener autant que possible à des vues raisonnables,

<small>Nov. 1802.</small>

<small>Une commission du Sénat chargée de conférer avec les députés suisses.</small>

se réservant toujours, bien entendu, de décider lui-même les questions sur lesquelles on ne pourrait pas arriver à se mettre d'accord. Avant que ce travail fût commencé, il reçut en audience les principaux d'entre eux, qui avaient été choisis par leurs collègues pour lui être présentés. Il leur adressa un discours improvisé qui était plein de sens, de profondeur, d'originalité de langage, et qui fut recueilli à l'instant [1] pour être transmis à la députation tout entière.

— Il faut, leur dit-il en substance, rester ce que la nature vous a faits, c'est-à-dire une réunion de petits États confédérés, divers par le régime comme ils le sont par le sol, attachés les uns aux autres par un simple lien fédéral, lien qui ne soit ni gênant ni coûteux. Il faut aussi faire cesser les dominations injustes de canton à canton, qui rendent un territoire sujet d'un autre; il faut faire cesser le gouvernement des bourgeoisies aristocratiques, qui, dans les grandes villes, constituent une classe sujette d'une autre classe. Ce sont là les barbaries du moyen âge, que la France, appelée à vous constituer, ne peut tolérer dans vos lois. Il importe que l'égalité véritable, celle qui fait la gloire de la Révolution française, triomphe chez vous comme chez nous; que tout territoire, que tout citoyen, soit l'égal des autres, en droits et en devoirs. Ces

---

[1] Ce discours fut recueilli par plusieurs personnes; il en existe différentes versions, dont deux se trouvent aux archives des affaires étrangères. J'ai réuni ce qui était commun à toutes, et ce qui concordait avec les lettres écrites sur ce sujet par le Premier Consul.

choses accordées, vous devez admettre non pas les inégalités, mais les différences que la nature a établies elle-même entre vous. Je ne vous comprends pas sous un gouvernement uniforme et central comme celui de la France. On ne me persuadera pas que les montagnards, descendants de Guillaume Tell, puissent être gouvernés comme les riches habitants de Berne ou de Zurich. Il faut, aux premiers, la démocratie absolue et un gouvernement sans impôts. La démocratie pure, au contraire, serait pour les seconds un contre-sens. D'ailleurs, à quoi bon un gouvernement central? Pour avoir de la grandeur? Elle ne vous va pas, du moins telle que la rêve l'ambition de vos unitaires. Pour avoir une grandeur à la façon de celle de la France? Il faut un gouvernement central, richement doté, une armée permanente. Voudriez-vous payer tout cela, le pourriez-vous? Et puis, à côté de la France qui compte cinq cent mille hommes, à côté de l'Autriche qui en compte trois cent, de la Prusse qui en compte deux cent, que feriez-vous avec quinze ou vingt mille hommes de troupes permanentes? Vous figuriez avec éclat au quatorzième siècle, contre les ducs de Bourgogne, parce qu'alors tous les États étaient morcelés, leurs forces disséminées. Aujourd'hui la Bourgogne est un point de la France. Il faudrait vous mesurer avec la France ou avec l'Autriche tout entières. Si vous vouliez de cette espèce de grandeur, savez-vous ce qu'il faudrait faire? Il faudrait devenir Français, vous confondre avec le grand peuple, participer à ses charges pour participer à ses avantages, et alors vous seriez associés à toutes les chances de sa haute fortune. Mais vous ne le voudriez pas; je ne le veux pas non plus. L'intérêt de l'Europe commande des résolutions différentes. Vous avez votre grandeur à vous, et qui en vaut bien une autre. Vous devez être un peuple neutre, dont tout le monde respecte la neutralité, parce qu'il oblige tout le monde à la respecter. Être chez soi, libres, invincibles, respectés, c'est une assez noble manière d'être. Pour celle-là, le régime fédératif vaut mieux. Il a moins de cette unité qui ose, mais il a plus de cette inertie qui résiste. Il n'est pas vaincu en un jour comme un gouvernement central; car il réside partout, dans chaque partie de la confédération. De même les milices valent mieux pour vous qu'une armée permanente. Vous devez être tous soldats le jour où les Alpes sont menacées. Alors, l'armée permanente, c'est le peuple entier, et, dans vos montagnes, vos chasseurs intrépides sont une force respectable par les sentiments et par le nombre. Vous ne devez avoir de soldats payés et permanents que ceux qui vont chez vos voisins, pour y apprendre l'art militaire, et en rapporter les traditions chez vous. Une confédération qui laisse à chacun son indépendance native, la diversité de ses mœurs et de son sol, qui soit invincible dans ses montagnes, voilà votre véritable grandeur morale. Si je n'étais pas pour la Suisse un ami sincère, si je songeais à la tenir dans ma dépendance, je voudrais un gouvernement central qui fût réuni tout entier quelque part. A celui-là je dirais : Faites ceci, faites cela, ou bien je passe la frontière dans vingt-quatre heures. Un gouvernement fédératif, au contraire, se sauve par l'impossibilité même de répondre promptement; il se sauve par sa lenteur. En gagnant deux mois de temps, il échappe à toute exigence extérieure. Mais, en voulant rester indépendants, n'oubliez pas qu'il faut que vous soyez amis de la France. Son amitié vous est nécessaire. Vous l'avez obtenue depuis des siècles, et vous lui êtes redevables de votre indépendance. Il ne faut à aucun prix que la Suisse devienne un foyer d'intrigues et d'hostilités sourdes ; qu'elle soit à la Franche-Comté et à l'Alsace ce que les îles de Jersey et Guernesey sont à la Bretagne et à la Vendée. Elle ne le doit ni pour elle, ni pour la France. Je ne le souffrirai pas d'ailleurs. Je ne parle ici que de votre constitution générale : là s'arrête mon savoir. Quant à vos constitutions cantonales, c'est à vous à m'éclairer, et à me faire connaître vos besoins. Je vous écouterai, et je chercherai à vous satisfaire, en retranchant toutefois de vos lois les injustices barbares des temps passés. En tout, n'oubliez pas qu'il vous faut un gouvernement juste, digne d'un siècle éclairé, conforme à la nature de votre pays, simple, et surtout économique. A ces conditions, il durera, et je veux qu'il dure ; car, si le gouvernement que nous allons constituer ensemble, venait à tomber, l'Europe dirait, ou que je l'ai voulu ainsi pour m'emparer de la Suisse, ou que je n'ai pas su faire mieux : or, je ne veux pas plus lui laisser le droit de douter de ma bonne foi que de mon savoir. —

Tel fut le sens exact des paroles du Premier Consul. Nous ne les avons changées que pour les abréger. Il était impossible de penser avec plus de force, de justesse, de hauteur. On mit sur-le-champ la main à l'œuvre. La constitution fédérale fut discutée dans la réunion de tous les députés suisses. Les constitutions cantonales furent préparées avec les députés de chaque canton, et revisées en assemblée générale. Lorsque les passions sont apaisées, et que le bon sens prévaut, la constitution d'un peuple est facile à faire, car il s'agit d'écrire quelques idées justes, qui se trouvent dans l'esprit de tout le monde. Les passions des Suisses étaient loin d'être entièrement apaisées; mais leurs députés réunis à Paris étaient déjà plus calmes. Le déplacement, la présence d'une autorité supérieure, bienveillante, éclairée, les avaient sensiblement modifiés. Et, de plus, cette autorité était là pour leur imposer ces idées justes, peu nombreuses, qui doivent subsister seules, après que les orages des passions sont dissipés.

On s'arrêta aux dispositions qui suivent.

La chimère des unitaires fut écartée; il fut convenu que chaque canton aurait sa constitution propre, sa législation civile, ses formes judiciaires, son système d'impôts. Les cantons étaient confédérés uniquement pour les intérêts communs à toute la confédération, et surtout pour les relations avec les autres États. Cette confédération devait avoir pour représentant une Diète, composée d'un envoyé par chaque canton; et cet envoyé devait jouir d'une ou deux voix dans les délibérations, suivant l'étendue de la population qu'il représentait. Les représentants de Berne, Zurich, Vaud, Saint-Gall, Argovie et Grisons, dont la population était de plus de cent mille âmes, devaient posséder deux voix. Les autres n'en devaient posséder qu'une. La Diète en comptait ainsi vingt-cinq. Elle était appelée à siéger tous les ans pendant un mois, en changeant chaque année de résidence, pour se transporter alternativement dans les cantons suivants : Fribourg, Berne, Soleure, Bâle, Zurich, Lucerne. Le canton chez lequel la Diète siégeait, était pour cette année canton directeur. Le chef de ce canton, avoyer ou bourgmestre, était pour cette même année landamman de la Suisse entière. Il recevait les ministres étrangers, accréditait les ministres suisses, convoquait la milice, exerçait, en un mot, les fonctions de pouvoir exécutif de la confédération.

La Suisse devait avoir au service de la confédération une force permanente de quinze mille hommes, comportant une dépense de 490,500 livres. La répartition de ce contingent, en hommes et en argent, était faite par la constitution même, entre tous les cantons, proportionnellement à leur population et à leur richesse. Mais tout Suisse âgé de seize ans était soldat, membre de la milice, et pouvait être au besoin appelé à défendre l'indépendance de l'Helvétie.

La confédération n'avait qu'une monnaie commune à toute la Suisse.

Elle n'avait plus de tarifs de douane qu'à sa frontière générale, et ces tarifs devaient être approuvés par la Diète. Chaque canton encaissait à son profit ce qui se percevait à sa frontière.

Les péages de nature féodale étaient supprimés. Il ne restait que ceux qui étaient nécessaires à l'entretien des routes ou de la navigation. Un canton qui violait un décret de la Diète, pouvait être traduit devant un tribunal, composé des présidents des tribunaux criminels des autres cantons.

C'étaient là les attributions fort restreintes du gouvernement central. Les autres attributions de la souveraineté, non énoncées en l'acte fédéral, étaient laissées à la souveraineté des cantons. Il était formé dix-neuf cantons, et toutes les questions territoriales, tant débattues entre les anciens États souverains et les États sujets, se trouvaient résolues au profit de ces derniers. Vaud et Argovie, autrefois sujets de Berne; Thurgovie, autrefois sujet de Schaffhouse; le Tessin, autrefois sujet d'Uri et d'Unterwalden, étaient constitués en cantons indépendants. Les petits cantons, tels que Glaris, Appenzell, qu'on avait agrandis, afin de les dénaturer, étaient débarrassés de l'incommode grandeur dont on avait voulu les charger. Le canton de Saint-Gall était composé de tout ce dont on débarrassait Appenzell, Glaris et Schwitz. Schwitz seul conservait quelques accroissements. Si aux dix-neuf cantons qui suivent, Appenzell, Argovie, Bâle,

Berne, Fribourg, Glaris, Grisons, Lucerne, Saint-Gall, Schaffhouse, Schwitz, Soleure, Tessin, Thurgovie, Unterwalden, Uri, Vaud, Zug et Zurich, on ajoute Genève, alors département français, le Valais, constitué à part, Neufchâtel, principauté appartenant à la Prusse, on a les vingt-deux cantons existant aujourd'hui.

Quant au régime particulier imposé à chacun d'eux, on s'était conformé à leur ancienne constitution locale, en la purgeant de ce qu'elle avait de féodal ou d'aristocratique. Les *landsgemeinde*, ou assemblées des citoyens âgés de vingt ans, se réunissant une fois par an, pour statuer sur toutes les affaires, et nommer le landamman, étaient rétablies dans les petits cantons démocratiques d'Appenzell, Glaris, Schwitz, Uri, Unterwalden. On ne pouvait faire autrement sans les rejeter dans la révolte. Le gouvernement de la bourgeoisie était rétabli à Berne, Zurich, Bâle, et cantons semblables, mais à la condition que les rangs en resteraient toujours ouverts. Moyennant qu'on possédât une propriété de mille livres de revenu à Berne, de cinq cents à Zurich, on devenait membre de la bourgeoisie gouvernante, et apte à toutes les fonctions publiques. Il y avait, comme autrefois, un grand conseil chargé de faire les lois, un petit conseil chargé de veiller à leur exécution, un avoyer ou bourgmestre chargé des fonctions exécutives, sous la surveillance du petit conseil. Dans les cantons chez lesquels la nature avait fait naître des divisions administratives particulières, comme les *Rhodes intérieurs* et *exté-*

rieurs dans l'Appenzell, les *Ligues* dans les Grisons, ces divisions étaient respectées et maintenues. C'était, en un mot, l'ancienne constitution helvétique, corrigée d'après les principes de la justice et les lumières du temps; c'était la vieille Suisse, restée fédérative, mais accrue des pays sujets qu'on élevait à la qualité de cantons, maintenue à l'état de démocratie pure, là où la nature le voulait ainsi, à l'état de bourgeoisie gouvernante, mais point exclusive, là où la nature commandait cette forme. Dans cette œuvre si juste, si sage, chaque parti gagnait et perdait quelque chose, gagnait ce qu'il voulait de juste, perdait ce qu'il voulait d'injuste et de tyrannique. Les unitaires voyaient disparaître leur chimère d'unité et de démocratie absolues, mais ils gagnaient l'affranchissement des pays sujets, et l'ouverture des rangs de la bourgeoisie dans les cantons oligarchiques. Les oligarques voyaient disparaître les pays sujets (Berne notamment perdait Argovie et Vaud), ils voyaient disparaître le patriciat; mais ils obtenaient la suppression du gouvernement central, et la consécration des droits de la propriété dans les villes riches, telles que Zurich, Bâle et Berne.

Choix des personnes chargées de mettre la nouvelle Constitution en vigueur.

Cependant l'œuvre restait incomplète si, en arrêtant la forme des institutions, on n'arrêtait pas en même temps le choix des personnes appelées à la mettre en vigueur. En présentant la Constitution française en l'an VIII, la Constitution italienne en l'an X, le Premier Consul avait désigné, dans la Constitution même, les hommes chargés des grandes fonctions constitutionnelles. C'était fort sage, car, lorsqu'il s'agit de pacifier un pays long-temps agité, les hommes n'importent pas moins que les choses.

Nov. 1802.

La tendance ordinaire du Premier Consul était de tout remettre sur-le-champ à sa place. Rappeler les hautes classes de la société au pouvoir, sans en faire descendre les hommes qui par leur mérite s'y étaient élevés, et en assurant à tous ceux qui en seraient dignes plus tard le moyen de s'y élever à leur tour, voilà ce qu'il aurait fait tout de suite en France, s'il l'avait pu. Mais il ne l'avait pas même essayé, parce que l'ancienne aristocratie française était émigrée, ou à peine revenue de l'émigration, et devenue, en émigrant, étrangère au pays et aux affaires. De plus, il était obligé de prendre son point d'appui en France même, dans l'un des partis qui la divisaient ; et naturellement il avait choisi ce point d'appui dans le parti révolutionnaire, qui était le sien. En France donc, il s'était exclusivement entouré, du moins alors, d'hommes appartenant à la révolution. Mais en Suisse il était plus libre ; il n'avait pas à s'appuyer sur un parti, car il agissait du dehors, du faîte de la puissance française ; il n'avait pas affaire, non plus, à une aristocratie émigrée. Il n'hésita donc pas, et cédant aux penchants naturels de son esprit, il appela par égale portion au pouvoir les partisans de l'ancien régime et du nouveau. Des commissions, nommées à Paris, devaient aller dans chaque canton, y porter la constitution cantonale, et y choisir les individus appelés à faire partie des nouvelles autorités. Il eut soin de placer dans chacune, et de manière à s'y balancer à force égale, les révolutionnaires et les oligarques. Ayant enfin à choisir le landamman de toute la confédération helvétique, celui qui devait être le premier à exercer cette charge, il choisit hardiment le personnage le plus distingué, mais le plus modéré du parti oligarchique, M. d'Affry.

M. d'Affry était un homme sage et ferme, voué à la profession des armes, attaché jadis au service de France, et citoyen du canton de Fribourg, alors le moins agité des cantons de la confédération. En devenant landamman, M. d'Affry élevait son canton à la qualité de canton directeur. Un homme d'autrefois, raisonnable, militaire, attaché d'habitude à la France, membre d'un canton tranquille, c'étaient là aux yeux du Premier Consul des raisons décisives, et il nomma M. d'Affry. D'ailleurs, après avoir bravé l'Europe en intervenant, il fallait ne pas multiplier pour elle les impressions pénibles, en installant en Suisse la démagogie et ses chefs turbulents. Il ne fallait ni faire cela, ni s'attribuer la présidence de la République helvétique, comme on s'était attribué celle de la République italienne. Rasseoir la Suisse en la réformant sagement; l'arracher aux ennemis de la France en la laissant indépendante et neutre, tel était le problème à résoudre. Il fut résolu courageusement, prudemment, en quelques jours.

Quand ce bel ouvrage, qui, sous le titre d'Acte de médiation, a procuré à la Suisse la plus longue période de repos et de bon gouvernement dont elle ait joui depuis cinquante ans, quand ce bel ouvrage fut achevé, le Premier Consul appela les députés réunis à Paris, le leur remit en présence des quatre sénateurs qui avaient présidé à tout le travail, leur fit une courte et forte allocution, leur recommanda l'union, la modération, l'impartialité, la conduite en un mot qu'il tenait lui-même en France, et les renvoya dans leur patrie, remplacer le gouvernement provisoire et impuissant du landamman Dolder.

Nov. 1802.

Il y eut en Suisse de l'étonnement, des passions déçues et mécontentes, mais dans les masses, uniquement sensibles au bien véritable, de la soumission et de la reconnaissance. Ce sentiment se fit remarquer surtout dans les petits cantons, qui, bien que vaincus, n'étaient pas traités comme tels. En effet, M. Reding et les siens venaient d'être immédiatement élargis. En Europe, il y eut autant de surprise que d'admiration pour la promptitude de cette médiation, et sa parfaite équité. C'était un nouvel acte de puissance morale, semblable à ceux que le Premier Consul avait accomplis en Allemagne et en Italie, mais plus habile, plus méritoire encore, s'il est possible, car l'Europe y était à la fois bravée et respectée : bravée jusqu'où le voulait l'intérêt de la France, respectée dans ses intérêts légitimes, qui étaient l'indépendance et la neutralité du peuple suisse.

Bon effet produit en Suisse et en Europe par l'acte de médiation.

La Russie félicita vivement le Premier Consul d'avoir mené à si prompte et si bonne fin une affaire aussi difficile. Le cabinet prussien, par la bouche de M. d'Haugwitz, lui exprima son opinion dans les termes de la plus chaleureuse approbation. L'Angleterre était stupéfaite, embarrassée, comme privée d'un grief dont elle avait fait grand bruit.

Le Parlement, si redouté par MM. Addington et Hawkesbury, venait de dépenser en vives discussions le temps que le Premier Consul avait employé à constituer la Suisse. Ces discussions avaient été orageuses, brillantes, dignes surtout d'admiration, quand M. Fox avait fait entendre la voix de la justice et de l'humanité contre l'ardente jalousie de ses compatriotes. Elles avaient révélé sans doute l'insuffisance du cabinet Addington, mais aussi tellement fait ressortir la violence du parti de la guerre, que ce parti était momentanément affaibli dans le Parlement, et M. Addington un peu renforcé. Avec ce ministre la paix recouvrait quelques-unes de ses chances perdues.

C'était le discours de la couronne, prononcé le 23 novembre, qui était devenu le thème de ces discussions. — « Dans mes relations avec les puissances
» étrangères, avait dit Sa Majesté Britannique, j'ai
» été jusqu'à présent animé du désir sincère de con-
» solider la paix. Il m'est néanmoins impossible de
» perdre de vue, un seul instant, le sage et antique
» système de politique qui lie intimement nos pro-
» pres intérêts aux intérêts des autres nations. Je
» ne puis donc être indifférent à tout changement
» qui s'opère dans leur force, et dans leur position
» respective. Ma conduite sera invariablement réglée
» par une juste appréciation de la situation actuelle

» de l'Europe, et par une sollicitude vigilante pour
» le bien permanent de mon peuple. Vous penserez
» sans doute comme moi, qu'il est de notre devoir
» d'adopter les mesures de sûreté les plus propres
» à offrir à mes sujets l'espoir de conserver les avan-
» tages de la paix. »

Nov. 1802.

A ce discours, qui marquait la nouvelle position prise par le cabinet britannique à l'égard de la France, se trouvait jointe une demande de subsides, pour porter à cinquante mille matelots l'armement de paix, armement qui, selon les premières prévisions de M. Addington, devait être de trente mille seulement. Les ministres ajoutaient qu'au premier besoin cinquante vaisseaux de ligne pourraient, en moins d'un mois, sortir des ports d'Angleterre.

Le débat fut long et orageux, et le ministère put voir qu'il avait peu gagné à faire des concessions au parti Grenville et Windham. M. Pitt affecta d'être absent. Ses amis se chargèrent pour lui du rôle violent qu'il dédaignait. — Comment! s'écrièrent MM. Grenville et Canning, comment le ministère s'est-il enfin aperçu que nous avions des intérêts sur le continent, que le soin de ces intérêts était une partie importante de la politique anglaise, et qu'ils n'avaient cessé d'être sacrifiés depuis la fausse paix signée avec la France? Quoi! c'est l'invasion de la Suisse qui a conduit le ministère à s'en apercevoir! c'est alors seulement qu'il a commencé à découvrir que nous étions exclus du continent, que nos alliés y étaient immolés à l'ambition insatiable

Discours de MM. Grenville et Canning.

de cette prétendue République française, qui n'a cessé de menacer la société européenne d'un bouleversement démagogique, que pour la menacer d'une affreuse tyrannie militaire! Vos yeux, disaient-ils à MM. Addington et Hawkesbury, vos yeux étaient-ils donc fermés à la lumière, pendant que se négociaient les préliminaires de la paix, pendant que se négociait le traité définitif, pendant que ce traité commençait à s'exécuter? Vous aviez à peine signé les préliminaires de Londres, que notre éternel ennemi s'emparait ouvertement de la République italienne, sous prétexte de s'en faire décerner la présidence, s'adjugeait la Toscane, sous prétexte de la concéder à un infant d'Espagne, et pour prix de cette fausse concession s'emparait de la plus belle partie du continent américain, la Louisiane! Voilà ce qu'il faisait ouvertement, le lendemain des préliminaires, pendant que vous étiez occupés à négocier dans la ville d'Amiens; et cela ne frappait pas vos yeux! Vous aviez à peine signé le traité définitif, *la cire avec laquelle vous aviez imprimé sur ce traité les armes d'Angleterre était à peine refroidie,* que déjà notre infatigable ennemi, mettant à découvert les intentions qu'il vous avait adroitement cachées, réunissait le Piémont à la France, et détrônait le digne roi de Sardaigne, ce constant allié de l'Angleterre, qui lui est resté invariablement fidèle pendant une lutte de dix années ; qui, renfermé dans sa capitale par les troupes du général Bonaparte, ne pouvant se sauver que par une capitulation, ne voulait pas la signer parce qu'elle contenait l'obligation de déclarer la guerre à la Grande-Bretagne! Quand le Portugal, quand Naples même nous fermaient leurs ports, le roi de Sardaigne nous ouvrait les siens, et il a succombé pour avoir voulu nous les laisser toujours ouverts! Mais ce n'est pas tout : le traité définitif était conclu en mars; en juin le Piémont était réuni à la France, et en août le gouvernement consulaire signifiait purement et simplement à l'Europe que la Constitution germanique avait cessé d'exister. Tous les États allemands étaient confondus, partagés comme des lots que la France distribuait à qui lui plaisait; et la seule puissance sur la force et la constance de laquelle nous ayons raison de compter pour contenir l'ambition de notre ennemi, l'Autriche, a été tellement affaiblie, abaissée, humiliée, que nous ne savons si elle pourra se relever jamais! Et ce stathouder, que vous aviez promis de faire indemniser dans une proportion égale à ses pertes, ce stathouder a été traité d'une manière dérisoire pour lui, dérisoire pour vous, qui vous étiez constitués les protecteurs de la maison d'Orange. Cette maison reçoit pour le stathoudérat un misérable évêché, à peu près comme la maison de Hanovre, qui s'est vue indignement dépouillée de ses propriétés personnelles. On a dit souvent, s'écriait lord Grenville, que l'Angleterre avait souffert à l'occasion du Hanovre; on ne le dira plus cette fois, car c'est à cause de l'Angleterre que le Hanovre a souffert. C'est parce qu'il était roi d'Angleterre, que le roi de Hanovre a été ainsi dépouillé de son antique patrimoine. On n'a pas même observé les formes de civilité qui sont d'usage entre puissances du même ordre : on n'a pas fait part à votre roi que l'Allemagne, son ancienne patrie, aujourd'hui encore son associée dans la Confédération, que l'Allemagne, la plus vaste contrée du continent, allait être bouleversée de fond en comble. Votre roi n'en a rien su, rien que ce qu'il a pu en apprendre par un message du ministre Talleyrand au Sénat conservateur ! L'Allemagne n'est donc pas l'un de ces pays dont la situation importe à l'Angleterre ! Sans quoi, les ministres qui nous disent, par la bouche de Sa Majesté, qu'ils ne resteraient pas insensibles à tout changement considérable en Europe, seraient sortis en cette occasion de leur stupeur et de leur engourdissement. Enfin, ces jours derniers, Parme a encore disparu de la liste des États indépendants. Parme est devenu un territoire dont le Premier Consul de la République française est libre de disposer à son gré. Tout cela s'est accompli sous vos yeux et presque sans interruption. Pas un mois, depuis les quatorze mois de cette paix funeste, pas un mois ne s'est écoulé, sans être marqué par la chute d'un État allié, ou ami de l'Angleterre. Vous n'avez rien vu, rien aperçu ! et tout à coup vous vous réveillez, pourquoi ? en faveur de qui ? en faveur des braves Suisses, très-intéressants assurément, très-dignes de toute la sympathie de l'Angleterre, mais pas plus intéressants pour elle que le Piémont, que la Lombardie, que l'Allemagne. Et qu'avez-vous découvert là de plus extraordinaire, de plus dommageable, que tout ce qui s'est passé depuis quatorze mois ? Quoi ! rien n'attirait votre attention sur le continent, ni le Piémont, ni la Lombardie, ni l'Allemagne? et ce sont les Suisses seuls qui vous amènent à penser que l'Angleterre ne doit pas rester insensible à l'équilibre des puissances européennes! Vous avez été, disait M. Canning, les plus incapables des hommes; car, en réclamant pour la Suisse, vous avez rendu l'Angleterre ridicule, vous l'avez exposée au mépris de notre ennemi. A Constance se trouvait un agent anglais connu de tout le monde; pourriez-vous nous dire ce qu'il y a fait, le rôle qu'il y a joué? Il est de notoriété publique que vous avez adressé des réclamations au Premier Consul de la République française, en faveur de la Suisse; pourriez-vous nous dire ce qu'il vous a répondu? Ce que nous savons, c'est que, depuis vos réclamations, les Suisses ont déposé les armes devant les troupes françaises, et que les députés de tous les cantons, réunis à Paris, reçoivent les lois du Premier Consul. Vous réclamez donc au nom de la Grande-Bretagne sans exiger qu'on vous écoute! Mieux valait vous taire, comme vous avez fait quand le Piémont a disparu, quand l'Allemagne a été bouleversée, que de réclamer sans être écoutés! Et il devait en être ainsi au surplus, quand on parlait aussi inconsidérément qu'on s'était tu; quand on parlait sans avoir préparé ses moyens, sans avoir ni une flotte, ni une armée, ni un allié. Il faut ou se taire, ou élever la voix avec certitude d'être entendu. On ne livre pas de la sorte la dignité d'une grande nation au hasard. Vous nous demandez des subsides, qu'en voulez-vous faire? Si c'est pour la paix, c'est trop; si c'est pour la guerre, ce n'est pas assez. Nous vous les donnerons cependant, mais à condition que vous laisserez le soin de les employer à l'homme que vous avez remplacé, et qui seul peut sauver l'Angleterre de la crise dans laquelle vous l'avez imprudemment précipitée. —

Les ministres anglais n'obtenaient donc pas même le prix de leurs concessions au parti ennemi de la paix, car on leur reprochait jusqu'à leurs réclamations en faveur de la Suisse; et, il faut le reconnaître, il n'y avait que cela, mais il y avait cela de fondé, dans les reproches de leurs adversaires. Leur conduite sous ce rapport avait été puérile.

Cependant, au milieu de ces déclamations, lord Grenville avait avancé quelque chose de grave, et surtout de bien étrange pour un ancien ministre des affaires étrangères. En reprochant à MM. Addington et Hawkesbury d'avoir désarmé la flotte, licencié l'armée, évacué l'Égypte, évacué le Cap, il les louait en un point, c'était de n'avoir pas encore retiré les troupes anglaises de Malte C'est par négligence, par légèreté, que vous avez agi de la sorte, s'écriait-il; heureuse légèreté, seule chose que nous puissions approuver en vous! Mais nous espérons que vous ne laisserez pas échapper ce dernier gage, resté par hasard en nos mains, et que vous le retiendrez, pour nous dédommager de toutes les infractions aux traités, commises par notre insatiable ennemi. —

On ne pouvait proclamer plus hardiment la violation des traités.

Au milieu de ce déchaînement, l'éloquent et généreux Fox fit entendre des paroles de bon sens, de modération et d'honneur national, dans la vraie acception de ce dernier mot. — J'ai peu de relations avec les membres du cabinet, dit-il, en s'adressant à l'opposition Grenville et Canning, et je suis d'ailleurs peu habitué à défendre les ministres de Sa Majesté; mais je suis étonné de tout ce que j'entends, étonné surtout en songeant à ceux qui le disent. Certainement je suis affligé, plus qu'aucun des honorables collègues et amis de M. Pitt, de la grandeur croissante de la France, qui chaque jour s'étend en Europe et en Amérique. Je m'en afflige, bien que je ne partage point les préventions des honorables membres contre la République française. Mais enfin cet accroissement extraordinaire, qui vous surprend, qui vous effraie, quand s'est-il produit? Est-ce sous le ministère de MM. Addington et Hawkesbury, ou bien sous le ministère de MM. Pitt et Grenville? Sous le ministère de MM. Pitt et Grenville, la France n'avait-elle pas acquis la ligne du Rhin, envahi la Hollande, la Suisse, l'Italie jusqu'à Naples? Était-ce parce qu'on ne lui avait pas résisté, parce qu'on avait souffert lâchement ses envahissements, qu'elle avait ainsi étendu ses vastes bras? Il me semble que non, car MM. Pitt et Grenville avaient noué la plus formidable des coalitions pour étouffer cette France ambitieuse! Ils assiégeaient Valenciennes et Dunkerque, et destinaient déjà la première de ces places à l'Autriche, la seconde à la Grande-Bretagne. Cette France, à qui on reproche de s'ingérer par la force dans les affaires d'autrui, on cherchait alors à l'envahir, pour lui imposer un régime qu'elle ne voulait plus subir, pour lui faire accepter la famille des Bourbons, dont elle repoussait le joug; et, par un de ces mouvements sublimes, dont l'histoire doit conserver un éternel souvenir, et conseiller l'imitation, la France a repoussé ses envahisseurs. On ne lui a pas arraché Valenciennes et Dunkerque, on ne lui a pas dicté des lois; elle en a, au contraire, dicté aux autres! Eh bien, nous, quoique très-attachés à la cause de la Grande-Bretagne, nous avons éprouvé un involontaire mouvement de sympathie pour ce généreux élan de liberté et de patriotisme, et nous sommes loin de nous en cacher. Nos pères n'applaudissaient-ils pas à la résistance que la Hollande opposait à la tyrannie des Espagnols? la vieille Angleterre n'a-t-elle pas applaudi à toute noble inspiration chez tous les peuples? Et vous, qui déplorez aujourd'hui la grandeur de la France, n'est-ce pas vous qui avez provoqué son essor victorieux? N'est-ce pas vous qui, en voulant prendre Valenciennes et Dunkerque, l'avez amenée à prendre la Belgique; qui, en voulant lui imposer des lois, l'avez poussée à en donner à la moitié du continent? Vous parlez de l'Italie; mais n'était-elle pas au pouvoir des Français quand vous avez traité? Ne le saviez-vous pas? N'était-ce pas une de vos doléances? Cette circonstance a-t-elle empêché qu'on signât la paix? Et vous, collègues de M. Pitt, qui sentiez alors combien cette paix était rendue nécessaire par les souffrances d'une guerre de dix ans, combien elle était indispensable pour soulager des maux qui étaient votre ouvrage, vous consentiez à ce que les ministres actuels la signassent pour vous! Pourquoi ne pas vous y opposer alors? Et si vous ne vous y êtes pas opposés, pourquoi ne pas souffrir aujourd'hui qu'ils en exécutent les conditions? Le roi de Piémont vous intéresse fort, soit; mais l'Autriche, dont il était bien plus l'allié que le vôtre, l'Autriche l'avait abandonné. Elle n'avait pas même voulu le mentionner dans les négociations, de peur que l'indemnité qui serait donnée à ce prince ne diminuât la part des États vénitiens qu'elle convoitait pour elle-même. L'Angleterre aurait donc la prétention de maintenir l'indépendance de l'Italie mieux que l'Autriche! Vous parlez de l'Allemagne bouleversée; mais qu'a-t-on fait en Allemagne? On a sécularisé les États ecclésiastiques, pour indemniser les princes héréditaires, en vertu d'un article formel du traité de Lunéville, traité signé neuf mois avant les préliminaires de Londres, plus de douze mois avant le traité d'Amiens; et signé à quelle époque? pendant que MM. Pitt et Grenville étaient ministres en Angleterre. Quand MM. Addington et Hawkesbury sont arrivés au pouvoir, le prétendu partage de l'Allemagne était convenu, promis, arrêté, au vu et au su de toute l'Europe. C'est, à vous entendre, un bouleversement de l'Allemagne : plaignez-vous donc aussi de la Russie, qui l'a consommé de moitié avec la France. L'électeur de Hanovre, dites-vous, parce qu'il était, malheureusement pour lui, roi d'Angleterre, a été

Nov. 1802.

fort maltraité. Je n'avais pas ouï dire qu'il fût très-mécontent de son lot; car, sans rien perdre, il a obtenu un riche évêché. Au surplus, je soupçonne fort ceux qui s'intéressent si vivement à l'électeur de Hanovre, qui montrent tant de sollicitude pour lui, de chercher à gagner par cet intermédiaire la confiance du roi d'Angleterre, et de travailler ainsi à se pousser dans ses conseils. Sans doute la France est grande, plus grande que ne doit le souhaiter un bon Anglais; mais sa grandeur, dont les derniers ministres britanniques sont les auteurs, nous la connaissions avant les préliminaires de Londres, avant les négociations d'Amiens; et ce ne saurait être là un motif de violer des traités solennels. Veillez sur l'exécution de ces traités; s'ils sont violés, réclamez la foi jurée : c'est votre droit et votre devoir. Mais parce que la France nous paraîtrait trop grande aujourd'hui, plus grande que nous ne l'avions jugé d'abord, rompre un engagement solennel, retenir Malte, par exemple, ce serait un indigne manque de foi, qui compromettrait l'honneur britannique! Si véritablement les conditions du traité d'Amiens n'ont pas été remplies, et jusqu'à ce qu'elles le soient, nous pouvons garder Malte; mais pas un instant de plus. J'espère que nos ministres ne feront pas dire d'eux ce qu'on disait des ministres français après les traités d'Aix-la-Chapelle, de Paris et de Versailles, qu'ils les avaient signés avec la secrète pensée de les violer à la première occasion. J'en crois MM. Addington et Hawkesbury incapables; ce serait une tache à l'honneur de la Grande-Bretagne. Après tout, ces continuelles invectives contre la grandeur de la France, ces terreurs qu'on cherche à exciter, ne servent qu'à entretenir le trouble et la haine entre deux grands peuples. Je suis certain que, s'il y avait à Paris une assemblée semblable à celle qui discute ici, on parlerait de la marine anglaise, de sa domination sur les mers, comme nous parlons dans cette enceinte des armées françaises, de leur domination sur le continent. Je comprends entre deux puissantes nations une noble rivalité; mais songer à la guerre, la proposer parce qu'une nation grandit, parce qu'elle prospère, serait insensé et inhumain. Si on vous annonçait que le Premier Consul fait un canal pour amener la mer de Dieppe à Paris, il y a des gens qui le croiraient, et qui vous proposeraient la guerre. On parle des manufactures françaises, de leurs progrès : j'ai vu ces manufactures, je les ai admirées; mais, s'il faut en dire mon sentiment, je ne les crains pas plus que je ne crains la marine de la France. Je suis certain que les manufactures anglaises l'emporteront quand la lutte s'établira entre elles et les manufactures françaises. Qu'on les laisse donc essayer leurs forces; mais qu'elles les essaient à Manchester, à Saint-Quentin. C'est là que la lice est ouverte; c'est là le champ-clos dans lequel doivent se rencontrer les deux nations. Faire la guerre pour assurer le succès des unes sur les autres, serait barbare. On reproche aux Français d'interdire l'arrivée de nos produits dans leurs ports; mais est-ce là un droit dont vous puissiez empêcher l'exercice? Et vous qui vous plaignez, y a-t-il une nation qui emploie les prohibitions plus activement que vous ne le faites? Une partie de notre commerce souffre, cela est possible; mais cela s'est vu à toutes les époques, après la paix de 1763, après la paix de 1782. Il y avait alors des industries développées par la guerre au delà de leurs proportions ordinaires, qui devaient rentrer à la paix dans des limites plus étroites, et d'autres en retour qui devaient prendre un plus grand développement. Que faire à tout cela? Devons-nous donc, pour l'ambition de nos marchands, verser à torrents le sang de la nation anglaise? Quant à moi, mon choix est fait. S'il faut, pour des passions insensées, immoler des milliers d'hommes, je reviens aux folies de l'antiquité : j'aime mieux que le sang coule pour les expéditions romanesques d'un Alexandre, que pour la cupidité grossière de quelques marchands affamés d'or. —

Ces nobles paroles, dans lesquelles le patriotisme le plus sincère ne nuisait point à l'humanité, car on peut concilier ces deux sentiments dans un cœur généreux, produisirent un grand effet sur le Parlement d'Angleterre. On avait singulièrement exagéré les progrès de notre industrie et de notre marine. L'une et l'autre, sans doute, commençaient à renaître; mais on disait fait et accompli, ce qui était à peine commencé; et ces exagérations, rapportées par le haut commerce, s'étaient répandues d'une manière funeste dans toutes les classes de la nation britannique. Les paroles éloquentes et sensées de M. Fox vinrent atténuer à propos ces exagérations, et furent écoutées avec fruit, quoiqu'il blessât les sympathies nationales. D'ailleurs, bien qu'on fût mécontent, alarmé de notre grandeur, on ne voulait pas encore la guerre. Le parti Grenville et Windham s'était compromis par sa violence. M. Fox s'était honoré en prêtant appui au cabinet. On le croyait rapproché du pouvoir par cette conduite toute nouvelle. On prétendait qu'il devait renforcer bientôt ce faible ministère, qui avait joué dans les débats un rôle médiocre et incertain, approuvant ce qui se disait pour la paix, sans oser le dire lui-même. Du reste, l'adresse proposée en réponse au discours de la couronne fut votée sans amendements; les subsides furent votés de même. Pour un certain temps, les ministres parurent sauvés, ce qui plaisait à M. Addington, quoiqu'il fût peu ambitieux, et ce qui plaisait bien davantage à lord Hawkesbury, qui tenait beaucoup plus que M. Addington à rester ministre. Cette espèce de succès disposait ces deux hommes d'État à de meilleures relations avec la France, car ils voulaient la paix, sachant bien qu'ils n'étaient venus qu'avec la paix, et qu'ils s'en iraient avec elle. Effectivement, au premier coup de canon, M. Pitt ne pouvait manquer d'être appelé par toutes les classes de la nation à prendre les rênes du gouvernement.

L'affaire suisse finie avec sagesse, avec promptitude, avait fait disparaître le grief principal, et lord Hawkesbury avait demandé que l'on fît partir pour Londres l'ambassadeur de France, le général An-

Nov. 1802.

Succès du ministère anglais dans le Parlement; calme momentané résultant de ce succès.

Les deux ambassadeurs se rendent à leur poste; lord Withworth part

dréossy, offrant de faire partir pour Paris lord With-worth, ambassadeur d'Angleterre. Le Premier Consul s'y prêta volontiers, car, malgré quelques mouvements de colère excités dans son âme par la malveillance britannique, malgré les images d'une grandeur inouïe qu'il entrevoyait quelquefois comme suite de la guerre, il était encore tourné tout entier à la paix. En le provoquant, en l'irritant, on le portait sans doute à se dire qu'après tout la guerre était sa vocation naturelle, son origine, sa destinée peut-être; qu'il savait gouverner d'une manière supérieure, mais qu'avant de gouverner il avait su combattre; que c'était là sa profession, son art par excellence; et que si Moreau avec les armées françaises était arrivé jusqu'aux portes de Vienne, il irait bien au delà. Il se répétait trop souvent ces choses, et, dans ce moment, en effet, de singulières visions s'offraient quelquefois à son esprit. Il voyait des empires détruits, l'Europe refaite, et son pouvoir consulaire changé en une couronne, qui ne serait pas moins que la couronne de Charlemagne. Quiconque le menaçait, ou l'irritait, faisait surgir l'une après l'autre dans sa vaste intelligence ces images fatales et séduisantes. Il était facile de s'en apercevoir à l'étrange grandeur de son langage journalier, aux dépêches qu'il dictait à son ministre des affaires étrangères, aux mille lettres enfin qu'il adressait aux agents de l'administration. Toutefois il se disait aussi que toute cette grandeur ne pouvait lui manquer tôt ou tard, et il trouvait que la paix avait trop peu duré, que Saint-Domingue n'était pas définitivement reconquis, que la Louisiane n'était pas occupée, que la marine française n'était pas rétablie. A son avis, il lui fallait, avant de recommencer la guerre, quatre ou cinq ans encore d'efforts continuels, au sein d'une paix profonde. Le Premier Consul partageait cette passion des grandes constructions, qui est naturelle aux fondateurs d'empires; il prenait goût à ces places fortes qu'il élevait en Italie, à ces vastes routes qu'il perçait dans les Alpes, à ces plans de villes nouvelles qu'il projetait en Bretagne, à ces canaux qui allaient unir les bassins de la Seine et de l'Escaut. Il jouissait d'un pouvoir absolu, d'une admiration universelle, et tout cela dans un profond repos, qui devait lui être doux après avoir livré tant de batailles, traversé tant de contrées, commis à tant de hasards sa fortune et sa vie.

Janv. 1803.

Le Premier Consul désirait donc sincèrement la continuation de la paix, et il consentit à tout ce qui pouvait en assurer la durée. En conséquence, il fit partir le général Andréossy pour Londres, et reçut avec une grande distinction lord Withworth à Paris. Ce personnage, destiné à représenter Georges III en France, était un vrai gentilhomme anglais, simple, quoique magnifique dans sa représentation, sensé, droit, mais roide et orgueilleux comme les hommes de sa nation, et tout à fait incapable de ces ménagements habiles et délicats, qui étaient nécessaires avec un caractère tour à tour emporté ou aimable, comme l'était celui du Premier Consul. Il aurait fallu un homme d'esprit plutôt qu'un grand seigneur, et l'un et

Caractère de lord Withworth, ambassadeur d'Angleterre.

l'autre si on avait pu, auprès d'un gouvernement nouveau, qui avait besoin d'être flatté et ménagé. Cependant ce n'est pas dans le premier instant que les défauts de caractère se font sentir dans les relations. Au début tout se passe bien. Lord Withworth fut accueilli à merveille ; son épouse, la duchesse de Dorset, très-grande dame d'Angleterre, fut l'objet des attentions les plus délicates. Le Premier Consul donna pour l'ambassadeur et pour l'ambassadrice de belles fêtes, tant à Saint-Cloud qu'aux Tuileries. M. de Talleyrand déploya pour les bien recevoir tout le savoir-faire, toute l'élégance de mœurs, qui le distinguaient. Les deux consuls Cambacérès et Lebrun eurent ordre de s'y employer eux-mêmes, et ils s'y prirent de leur mieux. A tous ces soins on joignit le soin plus flatteur encore de les publier.

Il entrait dans le sentiment de l'Angleterre à l'égard de la France, beaucoup d'orgueil blessé, bien que l'intérêt y eût sa grande part. Ces égards, prodigués par le Premier Consul à l'ambassadeur britannique, produisirent l'effet le plus sensible sur l'opinion publique à Londres, et ramenèrent un instant les cœurs à des sentiments meilleurs. Le général Andréossy s'en ressentit lui-même, et reçut un accueil flatteur, tout à fait semblable à celui que recevait lord Withworth à Paris. Les mois de décembre et de janvier firent naître une espèce de calme. Les fonds, qui avaient baissé dans les deux pays, se relevèrent sensiblement, et reprirent le taux auquel ils étaient parvenus dans le moment de la plus grande confiance. Le cinq pour cent était à 57 ou 58 francs en France.

Janv. 1803.

L'hiver de 1803 fut presque aussi brillant que celui de 1802. Il parut même plus calme, car au dedans la situation était parfaitement assise, tandis que l'année précédente l'opposition du Tribunat, sans donner de l'effroi, causait un certain malaise. Tous les hauts fonctionnaires, consuls, ministres, avaient ordre d'ouvrir leurs maisons, tant à leurs subordonnés qu'à la société parisienne et étrangère. Les classes commerçantes étaient satisfaites du mouvement général des affaires. Un sentiment de bien-être se répandait partout, et finissait même par gagner les cercles de l'émigration rentrée. Chaque jour on voyait un personnage, porteur d'un grand nom, se détacher du groupe oisif, agité, médisant, de l'ancienne noblesse française, pour venir solliciter des places de magistrature ou de finance, dans les salons graves et monotones des consuls Cambacérès et Lebrun. D'autres allaient jusque chez madame Bonaparte demander des places dans la nouvelle cour. On parlait mal de ceux qui avaient obtenu, mais on les enviait au fond, et on n'était pas loin de les imiter.

Calme et satisfaction pendant l'hiver de 1803.

Cet état de choses avait duré une partie de l'hiver, et aurait pu durer long-temps encore, sans une circonstance dont on commençait à sentir l'embarras dans le cabinet britannique; c'était le délai apporté à l'évacuation de Malte. En commettant la faute grave de contremander cette évacuation, on avait fait naître chez le peuple anglais une tentation bien

Embarras du cabinet britannique à l'égard de Malte, qu'il voudrait, mais qu'il n'ose pas évacuer.

dangereuse, celle de garder une position qui dominait la Méditerranée. Il aurait fallu, ou un ministère puissant en Angleterre, ou une concession quelconque de la part de la France, pour rendre possible l'abandon d'un gage aussi précieux. Or le ministère puissant en Angleterre n'existait pas, et le Premier Consul n'était pas assez accommodant pour créer à celui qui existait, des facilités par des sacrifices. Tout ce qu'on pouvait attendre de lui, c'est qu'il ne mît pas une trop grande précipitation à exiger l'exécution des traités.

Une circonstance nouvelle rendait pressant encore le danger de cette situation. On avait eu jusqu'ici un prétexte pour différer l'exécution du traité d'Amiens à l'égard de Malte; c'était le refus de la Russie d'accepter la garantie du nouvel ordre de choses établi dans cette île. Mais le cabinet russe, appréciant le danger de ce refus, et voulant sincèrement concourir au maintien de la paix, s'était hâté de revenir sur sa première détermination, par un mouvement d'honnêteté qui honorait le jeune Alexandre. Seulement, pour donner un motif à ce changement, il avait mis quelques conditions insignifiantes à sa garantie, telles que la reconnaissance par toutes les puissances de la souveraineté de l'ordre sur l'île de Malte, l'introduction des natifs dans le gouvernement, et la suppression de la langue maltaise. Ces conditions ne changeaient rien au traité, car elles s'y trouvaient à peu près contenues. La Prusse, tout aussi pressée d'assurer la paix, était également revenue sur sa première détermination, et avait accordé sa garantie dans les mêmes termes que la Russie. Le Premier Consul s'était empressé d'adhérer aux conditions nouvelles, ajoutées à l'article x du traité d'Amiens, et les avait formellement acceptées.

Janv. 1803.

Le cabinet anglais ne pouvait plus reculer. Il fallait qu'il acceptât la garantie, telle qu'elle était donnée, ou qu'il se constituât en état de mauvaise foi évidente, car les nouvelles clauses imaginées par la Russie étaient tellement insignifiantes qu'on ne pouvait pas raisonnablement les refuser. Quoique embarrassé dans les difficultés qu'il avait créées lui-même, il était disposé cependant à saisir le dernier acte du gouvernement russe, comme une occasion naturelle d'évacuer Malte, sauf à exiger quelques précautions apparentes à l'égard de l'Égypte et de l'Orient, lorsque survint tout à coup un incident malheureux, qui servit de prétexte à sa mauvaise foi, s'il était de mauvaise foi, ou d'épouvantail à sa faiblesse, s'il n'était que faible.

Le cabinet anglais est disposé à saisir l'occasion d'évacuer Malte.

On a déjà vu que le colonel Sébastiani avait été envoyé à Tunis, et de Tunis en Égypte, pour s'assurer si les Anglais étaient prêts ou non à quitter Alexandrie, pour observer ce qui se passait entre les Mamelucks et les Turcs, pour rétablir la protection française sur les chrétiens, et porter au général Brune, notre ambassadeur à Constantinople, une nouvelle confirmation de ses premières instructions. Le colonel avait parfaitement rempli sa mission; il avait trouvé les Anglais établis dans Alexandrie, et ne paraissant pas disposés à en sortir, les Turcs en guerre acharnée avec les Mamelucks, les Fran-

Incident malheureux qui fait renaître toutes les difficultés de l'évacuation.

çais vivement regrettés depuis qu'on avait pu comparer leur gouvernement avec celui des Turcs, et l'Orient retentissant encore du nom du général Bonaparte. Il avait mentionné tout cela; il avait même ajouté que dans la situation de l'Égypte, placée entre les Turcs et les Mamelucks, il suffirait d'un corps de six mille Français pour la reconquérir. Ce rapport, quoique mesuré, ne pouvait être publié sans inconvénient, parce qu'il avait été écrit pour le gouvernement seul, et qu'on y disait beaucoup de choses, qui n'étaient bonnes à dire qu'à lui. Par exemple, le colonel Sébastiani s'y plaignait amèrement du général anglais Stuart, qui occupait Alexandrie, et qui, par ses propos, avait failli le faire assassiner au Kaire. Dans son ensemble, le rapport prouvait que les Anglais ne songeaient pas encore à évacuer l'Égypte. C'est ce qui décida le Premier Consul à le faire insérer au *Moniteur*. Il trouvait qu'on prenait de grandes libertés, relativement à l'exécution du traité d'Amiens; et, quoiqu'il n'eût pas encore voulu se montrer pressant au sujet de Malte et d'Alexandrie, cependant il n'était pas fâché de mettre les Anglais publiquement en demeure, en faisant connaître un document qui prouvait leur lenteur à remplir leurs engagements, et le mauvais vouloir de leurs officiers envers les nôtres. Ce rapport fut inséré dans le *Moniteur* du 30 janvier. Peu remarqué en France, il produisit en Angleterre une sensation aussi vive qu'imprévue. L'expédition d'Égypte avait laissé chez les Anglais une extrême susceptibilité pour tout ce qui touchait à cette contrée ; et ils croyaient toujours voir une armée française prête à s'embarquer à Toulon pour Alexandrie. Le récit d'un officier, exposant l'état misérable des Turcs en Égypte, la facilité de les en chasser, la vivacité des souvenirs laissés par les Français, et se plaignant surtout des mauvais procédés d'un officier britannique, les alarma, les blessa, les fit sortir du calme dans lequel ils commençaient à rentrer. Cependant, cet effet n'eût été que passager, si les partis ne se fussent attachés à l'aggraver. MM. Windham, Dundas, Grenville se mirent à crier plus fort que jamais, et couvrirent la voix des hommes généreux, tels que M. Fox et ses amis. Ceux-ci s'épuisaient vainement à dire qu'il n'y avait dans ce rapport rien de bien extraordinaire, et que si le Premier Consul avait eu des projets sur l'Égypte, il ne les aurait pas publiés. On ne voulait point les écouter, on déclamait avec violence ; on disait que l'armée anglaise était insultée, et qu'il fallait une éclatante réparation pour venger son honneur outragé. L'impression produite à Londres revint à Paris comme un son réfléchi par de nombreux échos. Le Premier Consul, blessé de voir ses intentions toujours dénaturées, finit par perdre patience. Il trouva singulier que des gens qui étaient ses redevables, car ils étaient en retard sur deux points essentiels, l'évacuation d'Alexandrie et de Malte, fussent si prompts à se plaindre, quand on aurait eu au contraire des plaintes à leur adresser. Il chargea donc M. de Tal-

Janv. 1803.

Nouvelle agitation en Angleterre.

Le Premier Consul, blessé de ce qui se passe à Londres, provoque une explication long-temps différée au sujet

leyrand à Paris, le général Andréossy à Londres, d'en finir, et d'avoir une explication catégorique sur l'exécution des traités si long-temps différée.

L'explication venait mal à propos dans le moment. Les ministres anglais, osant à peine évacuer Malte avant la publication du rapport du colonel Sébastiani, en étaient moins capables encore depuis l'effet de ce rapport. Ils refusèrent de s'expliquer, en appuyant leur refus sur des motifs qui, pour la première fois, laissaient apercevoir des intentions suspectes. Lord Withworth fut chargé de soutenir qu'il était dû à l'Angleterre une compensation pour tout avantage obtenu par la France; que le traité d'Amiens avait été fondé sur ce principe, car c'était en considération des conquêtes faites par l'une des deux puissances en Europe, qu'on avait accordé à l'autre de nombreuses possessions en Amérique et dans l'Inde; que la France s'étant, depuis la paix, adjugé de nouveaux territoires, et une nouvelle extension d'influence, il serait dû à l'Angleterre des équivalents; que, par ce motif, on aurait pu refuser de rendre Malte; mais que, par désir de conserver la paix, on était prêt à évacuer cette île, sans avoir la pensée de demander aucune compensation, lorsqu'était survenu le rapport du colonel Sébastiani, et que, depuis la publication de ce rapport, le cabinet britannique avait pris le parti de ne rien accorder relativement à Malte, qu'à la condition d'une double satisfaction, premièrement sur l'outrage fait à l'armée anglaise, secondement sur les vues du Premier Consul à l'égard de l'Égypte, vues qui étaient exprimées dans le rapport en question, de manière à blesser et à inquiéter sa majesté britannique.

Quand cette déclaration fut adressée à M. de Talleyrand, il en ressentit la plus vive surprise. Quoiqu'il comprît les ombrages que devait causer en Angleterre tout ce qui touchait à l'Égypte, il ne pouvait pas se figurer que la disposition à rendre Malte étant vraie, cette disposition put être changée pour un motif aussi insignifiant que le rapport du colonel Sébastiani. Il en fit part au Premier Consul, qui en fut surpris à son tour, mais, suivant son caractère, plus irrité que surpris. Toutefois il jugea, et M. de Talleyrand avec lui, qu'il fallait sortir d'une situation pénible, intolérable, et pire que la guerre. Le Premier Consul se dit que, si les Anglais désiraient garder Malte, et que si toutes leurs récriminations n'étaient que de purs prétextes, destinés à cacher ce désir, il fallait s'en expliquer nettement avec eux, et leur faire comprendre que, sur ce sujet, le tromper, le fatiguer ou l'ébranler était impossible; que si, au contraire, les inquiétudes qu'ils affichaient étaient sincères, il fallait les rassurer, en leur faisant connaître ses intentions avec une vérité de langage qui ne leur laissât aucun doute. Il résolut donc de voir lui-même lord Withworth, de parler à cet ambassadeur avec une franchise sans bornes, afin de lui bien persuader que son parti était pris sur deux points, l'évacuation de Malte, qu'il voulait exiger impérieusement, et la paix, dont il désirait le maintien de très-bonne foi, quand il aurait obtenu l'exécution des traités. C'était un essai nouveau qu'il allait faire; celui de tout dire, tout absolument, même ce qu'on ne dit jamais à ses ennemis, afin de calmer leur défiance, s'ils n'étaient que défiants, ou de les convaincre de fausseté, s'ils étaient de mauvaise foi. Il en devait résulter, comme on va le voir, une scène étrange.

Le 18 février au soir, il invita lord Withworth à se rendre aux Tuileries, et le reçut avec une grâce parfaite. Une grande table à travail occupait le milieu de son cabinet; il fit asseoir l'ambassadeur à une extrémité de cette table, et s'assit à l'autre.[1] Il lui dit qu'il avait voulu le voir, l'entretenir directement, afin de le convaincre de ses véritables intentions, ce qu'aucun de ses ministres ne pouvait faire aussi bien que lui-même. Ensuite il récapitula ses rapports avec l'Angleterre dès leur origine, le soin qu'il avait mis à offrir la paix le jour même de son avénement au Consulat, les refus qu'il avait essuyés, l'empressement avec lequel il avait renoué les négociations dès qu'il l'avait pu honorablement, et enfin les concessions qu'il avait faites pour arriver à la conclusion de la paix d'Amiens.

[1] Le Premier Consul raconta le jour même cette conversation au ministre des relations extérieures, pour qu'on en fît part à nos ministres près les cours étrangères Il en parla à ses collègues, et à plusieurs personnes, qui en consignèrent le souvenir. Enfin lord Withworth la transmit intégralement à son cabinet. Elle circula dans toute l'Europe, et fut rapportée de beaucoup de façons différentes. C'est d'après ces versions, et en prenant ce qui m'a paru incontestable dans toutes, que je la reproduis ici. Je donne non pas les termes, mais le fond des choses, et j'en garantis la vérité.

Puis il exprima le chagrin qu'il ressentait de voir ses efforts, pour bien vivre avec la Grande-Bretagne, payés de si peu de retour. Il rappela les mauvais procédés qui avaient immédiatement suivi la cessation des hostilités, le déchaînement des gazettes anglaises, la licence permise aux gazettes des émigrés, licence injustifiable par les principes de la constitution britannique; les pensions accordées à Georges et à ses complices, les continuelles descentes de chouans aux îles de Jersey et Guernesey, l'accueil fait aux princes français, reçus avec les insignes de l'ancienne royauté; l'envoi d'agents en Suisse, en Italie, pour susciter partout des difficultés à la France. — Chaque vent, s'écria le Premier Consul, chaque vent qui se lève d'Angleterre, ne m'apporte que haine et outrage. Maintenant, ajouta-t-il, nous voilà parvenus à une situation dont il faut absolument sortir. Voulez-vous, ne voulez-vous pas exécuter le traité d'Amiens?... Je l'ai, quant à moi, exécuté avec une scrupuleuse fidélité. Ce traité m'obligeait à évacuer Naples, Tarente et les États Romains en trois mois; et en moins de deux mois les troupes françaises étaient sorties de tous ces pays. Il y a dix mois écoulés depuis l'échange des ratifications, et les troupes anglaises sont encore à Malte et à Alexandrie. Il est inutile de chercher à nous tromper à cet égard : voulez-vous la paix, voulez-vous la guerre? Si vous voulez la guerre, il n'y a qu'à le dire; nous la ferons, avec acharnement, et jusqu'à la ruine de l'une des deux nations. Voulez-vous la paix, il faut évacuer Alexandrie et Malte. Car, ajouta le Premier

Consul avec l'accent d'une résolution inébranlable, ce rocher de Malte, sur lequel on a élevé tant de fortifications, a sans doute une grande importance sous le rapport maritime, mais il en a une bien plus grande à mes yeux, c'est d'intéresser au plus haut point l'honneur de la France. Que dirait le monde, si nous laissions violer un traité solennel signé avec nous? Il douterait de notre énergie. Pour moi, mon parti est pris: j'aime mieux vous voir en possession des hauteurs de Montmartre que de Malte! —

Effroyable parole, qui s'est trop réalisée pour le malheur de notre patrie!

Lord Withworth, silencieux, immobile, ne comprenant pas assez la scène à laquelle il assistait, répondit brièvement aux déclarations du Premier Consul. Il allégua l'impossibilité de calmer en quelques mois les haines qu'une longue guerre avait suscitées entre les deux nations; il fit valoir les empêchements des lois anglaises, qui ne donnaient pas le moyen de réprimer la licence des écrivains; il expliqua enfin les pensions accordées aux chouans comme la rémunération de services passés, mais non comme le payement de services futurs (singulier aveu dans la bouche d'un ambassadeur), et l'accueil fait aux princes émigrés, comme un acte d'hospitalité envers le malheur, hospitalité noblement en usage chez la nation britannique. Tout cela ne pouvait justifier ni la tolérance accordée aux pamphlétaires français, ni les pensions allouées à des assassins, ni les insignes de l'ancienne royauté permis aux princes de Bourbon. Le Premier Consul fit remarquer à l'ambassadeur combien sa réponse était faible sur tous ces points, et revint à l'objet important, l'évacuation différée de l'Égypte et de Malte. Quant à l'évacuation d'Alexandrie, lord Withworth affirma qu'elle était accomplie au moment où il parlait. Quant à celle de Malte, il expliqua le retard qu'on y avait apporté par la difficulté d'obtenir la garantie des grandes cours, et par les refus obstinés du grand-maître Ruspoli. Mais il ajouta qu'on allait enfin évacuer l'île, lorsque les changements survenus en Europe, et surtout le rapport du colonel Sébastiani, avaient suscité de nouvelles difficultés. Ici le Premier Consul interrompit l'ambassadeur anglais. — De quels changements voulez-vous parler, lui dit-il. Ce n'est pas de la présidence de la République italienne, qui m'a été déférée avant la signature du traité d'Amiens. Ce n'est pas de l'érection du royaume d'Étrurie, qui vous était connue avant ce même traité, car on vous a demandé, et vous avez fait espérer la reconnaissance prochaine de ce royaume. Ce n'est donc pas de cela que vous voulez parler. Serait-ce du Piémont? Serait-ce de la Suisse? En vérité, ce n'est pas la peine, tant ces deux faits ont peu ajouté à la réalité des choses. Mais, quoi qu'il en soit, vous n'avez pas aujourd'hui le droit de vous plaindre, car, pour le Piémont, même avant le traité d'Amiens, j'ai dit à tout le monde ce que je voulais en faire; je l'ai dit à l'Autriche, à la Russie, à vous. Je n'ai jamais consenti, quand on me l'a demandé, à promettre le rétablissement de la maison de Sardaigne dans ses États ; je n'ai même jamais voulu stipuler pour elle une indemnité déterminée. Vous saviez donc que j'avais le projet de réunir le Piémont à la France ; et, d'ailleurs, cette adjonction ne change en rien mon pouvoir sur l'Italie, qui est absolu, que je veux tel, et qui restera tel. Quant à la Suisse, vous étiez bien convaincus que je n'y souffrirais pas une contre-révolution. Mais toutes ces allégations ne peuvent être prises au sérieux. Mon pouvoir sur l'Europe, depuis le traité d'Amiens, n'est ni moindre ni plus grand qu'il n'était. Je vous aurais appelés à le partager dans les affaires d'Allemagne, si vous m'aviez montré d'autres sentiments. Vous savez très-bien que dans tout ce que j'ai fait, j'ai voulu compléter l'exécution des traités, et assurer la paix générale. Maintenant, regardez, cherchez : y a-t-il quelque part un État que je menace, ou que je veuille envahir? Aucun, vous le savez ; du moins tant que la paix sera maintenue. Ce que vous dites du rapport du colonel Sébastiani, n'est pas digne des relations de deux grandes nations. Si vous avez des ombrages au sujet de mes vues sur l'Égypte, mylord, je vais essayer de vous rassurer. Oui, j'ai beaucoup pensé à l'Égypte, et j'y penserai encore, si vous m'obligez à recommencer la guerre. Mais je ne compromettrai pas la paix dont nous jouissons depuis si peu de temps, pour reconquérir cette contrée. L'empire turc menace ruine. Pour moi, je contribuerai à le faire durer autant qu'il sera possible ; mais s'il s'écroule, je veux que la France en ait sa part. Néanmoins, soyez-en sûr, je ne précipiterai pas les événements. Si je l'avais voulu, avec les nombreux armements que j'expédiais à Saint-Domingue, je pouvais en diriger un sur Alexandrie. Les quatre mille hommes que vous avez là n'étaient pas pour moi un obstacle. Ils auraient été, au contraire, mon excuse. J'aurais envahi l'Égypte à l'improviste, et, cette fois, vous ne me l'auriez plus arrachée. Mais je ne pense à rien de pareil. Croyez-vous, ajouta le Premier Consul, que je m'abuse à l'égard du pouvoir que j'exerce aujourd'hui sur l'opinion de la France et de l'Europe? Non, ce pouvoir n'est pas assez grand pour me permettre impunément une agression non motivée. L'opinion de l'Europe se tournerait à l'instant contre moi; mon ascendant politique serait perdu; et quant à la France, j'ai besoin de lui prouver qu'on m'a fait la guerre, que je ne l'ai point provoquée, pour obtenir d'elle l'élan, l'enthousiasme, que je veux exciter contre vous, si vous m'amenez à combattre. Il faut que vous ayez tous les torts, et que je n'en aie pas un seul. Je ne médite donc aucune agression. Tout ce que j'avais à faire en Allemagne et en Italie, est fait; et je n'ai rien fait que je n'eusse annoncé, avoué ou consigné d'avance dans un traité. Maintenant, si vous doutez de mon désir de conserver la paix, écoutez, et jugez à quel point je suis sincère. Bien jeune encore, je suis arrivé à une puissance, à une renommée, auxquelles il serait difficile d'ajouter. Ce pouvoir, cette renommée, croyez-vous que je veuille les risquer dans une lutte désespérée? Si j'ai une guerre avec l'Autriche, je saurai bien trouver le chemin de

Vienne. Si j'ai la guerre avec vous, je vous ôterai tout allié sur le continent, je vous en interdirai l'accès depuis la Baltique jusqu'au golfe de Tarente. Vous nous bloquerez, mais je vous bloquerai à mon tour; vous ferez du continent une prison pour nous, mais j'en ferai une pour vous de l'étendue des mers. Cependant, pour en finir, il faudra des moyens plus directs; il faudra réunir cent cinquante mille hommes, une immense flottille, essayer de franchir le détroit, et peut-être ensevelir au fond des mers ma fortune, ma gloire et ma vie. C'est une étrange témérité, milord, qu'une descente en Angleterre! — Et en disant ces mots, le Premier Consul, au grand étonnement de son interlocuteur, se mit à énumérer lui-même les difficultés, les dangers d'une telle entreprise; la quantité de matières, d'hommes, de bâtiments qu'il faudrait jeter dans le détroit, qu'il ne manquerait pas d'y jeter, pour essayer de détruire l'Angleterre; et toujours insistant davantage, toujours montrant la chance de périr supérieure à la chance de réussir, il ajouta, avec un accent d'une énergie extraordinaire : cette témérité, milord, cette témérité si grande, si vous m'y obligez, je suis résolu à la tenter. J'y exposerai mon armée, et ma personne. Avec moi, cette grande entreprise acquerra des chances qu'elle ne peut avoir avec aucun autre. J'ai passé les Alpes en hiver; je sais comment on rend possible, ce qui paraît impossible au commun des hommes; et, si je réussis, vos derniers neveux pleureront en larmes de sang la résolution que vous m'aurez forcé de prendre. Voyez, reprit le Premier Consul, si je dois, puissant, heureux, paisible, comme je suis aujourd'hui, si je dois risquer puissance, bonheur, repos, dans une telle entreprise, et si, quand je dis que je veux la paix, je ne suis pas sincère. Puis, se calmant, le Premier Consul ajouta : Il vaut mieux pour vous, pour moi, me satisfaire dans la limite des traités. Il faut évacuer Malte, ne pas souffrir mes assassins en Angleterre, me laisser injurier, si vous voulez, par les journaux anglais, mais non par ces misérables émigrés, qui déshonorent la protection que vous leur accordez, et que la loi de l'Alien-bill vous permet d'expulser d'Angleterre. Agissez cordialement avec moi, et je vous promets, de mon côté, une cordialité entière ; je vous promets de continuels efforts pour concilier nos intérêts dans ce qu'ils ont de conciliable. Voyez quelle puissance nous exercerions sur le monde, si nous parvenions à rapprocher nos deux nations! Vous avez une marine qu'en dix ans d'efforts consécutifs, en y employant toutes mes ressources, je ne pourrai pas égaler ; mais j'ai cinq cent mille hommes prêts à marcher, sous mes ordres, partout où je voudrai les conduire. Si vous êtes maîtres des mers, je suis maître de la terre. Songeons donc à nous unir plutôt qu'à nous combattre, et nous réglerons à volonté les destinées du monde. Tout est possible, dans l'intérêt de l'humanité et de notre double puissance, à la France et à l'Angleterre réunies. — .

Ce langage, si extraordinaire par sa franchise, avait surpris, troublé l'ambassadeur d'Angleterre, qui, malheureusement, quoiqu'il fût un fort honnête homme, n'était pas capable d'apprécier la grandeur et la sincérité des paroles du Premier Consul. Il aurait fallu les deux nations assemblées pour entendre un pareil entretien, et pour y répondre.

Le Premier Consul n'avait pas manqué d'avertir lord Withworth qu'il allait, sous deux jours, ouvrir la session du Corps Législatif, conformément aux prescriptions de la Constitution consulaire, qui fixait cette ouverture au 1er ventôse (20 février); que, suivant l'usage, il présenterait l'exposé annuel de la situation de la République, et qu'il ne fallait pas qu'on fût surpris en Angleterre d'y trouver les intentions du gouvernement français, aussi nettement exprimées qu'elles l'avaient été à l'ambassadeur lui-même. Lord Withworth se retira pour rendre compte à son cabinet de ce qu'il venait de voir et d'entendre.

Exposé de l'état de la République, présenté à l'ouverture du Corps Législatif.

En effet, le Premier Consul avait rédigé lui-même ce compte-rendu de la situation de la République, et, il faut le reconnaître, jamais gouvernement n'eut à exposer une situation aussi belle, et ne le fit dans un plus noble langage. Le calme rentrant de toute part dans les esprits, le rétablissement du culte opéré avec une étonnante promptitude et sans trouble, les traces des discordes civiles partout effacées, le commerce reprenant son activité, l'agriculture en progrès, les revenus de l'État croissant à vue d'œil, les travaux publics se développant avec une célérité prodigieuse, les ouvrages défensifs sur les

RUPTURE DE LA PAIX D'AMIENS.

Alpes, sur le Rhin, sur les côtes, marchant avec une égale rapidité, l'Europe dirigée tout entière par l'influence de la France, et sans qu'elle en fût blessée, sauf l'Angleterre, tel est le tableau que le Premier Consul avait à présenter, et qu'il avait tracé de main de maître. Le lendemain de l'ouverture, 21 février (2 ventôse), trois orateurs du gouvernement portèrent cet exposé au Corps Législatif, suivant l'usage introduit sous le Consulat, et cette lecture y produisit l'effet saisissant qu'elle devait produire partout. Mais le passage relatif à l'Angleterre, objet d'une curiosité générale, était d'une fierté peu adoucie, et surtout d'une précision si catégorique, qu'il devait amener une solution prochaine. Après avoir retracé l'heureuse conclusion des affaires germaniques, la pacification de la Suisse, la politique conservatrice de la France à l'égard de l'empire turc, le document ajoutait que les troupes britanniques occupaient encore Alexandrie et Malte, que le gouvernement français avait le droit de s'en plaindre, que cependant il venait d'apprendre que les vaisseaux chargés de transporter en Europe la garnison d'Alexandrie étaient entrés dans la Méditerranée. Quant à l'évacuation de Malte, il ne disait pas si elle devait être prochaine ou non, mais il ajoutait ces paroles significatives :

Fév. 1803

« Le gouvernement garantit à la nation la paix du
» continent, et il lui est permis d'espérer la conti-
» nuation de la paix maritime. Cette paix est le be-
» soin et la volonté de tous les peuples. Pour la
» conserver le gouvernement fera tout ce qui est

Passage de l'exposé relatif à l'Angleterre

» compatible avec l'honneur national, essentielle-
» ment lié à la stricte exécution des traités.

» Mais en Angleterre deux partis se disputent le
» pouvoir. L'un a conclu la paix et paraît décidé à
» la maintenir; l'autre a juré à la France une haine
» implacable. De là cette fluctuation dans les opinions
» et dans les conseils, et cette attitude à la fois pa-
» cifique et menaçante.

» Tant que durera cette lutte des partis, il est des
» mesures que la prudence commande au gouver-
» nement de la République. Cinq cent mille hom-
» mes doivent être, et seront prêts à la défendre
» et à la venger. Étrange nécessité que de misé-
» rables passions imposent à deux nations, qu'un
» même intérêt et une égale volonté attachent à la
» paix!

» Quel que soit à Londres le succès de l'intrigue,
» elle n'entraînera point d'autres peuples dans des
» ligues nouvelles; et le gouvernement le dit avec
» un juste orgueil, seule, l'Angleterre ne saurait
» aujourd'hui lutter contre la France.

» Mais ayons de meilleures espérances, et croyons
» plutôt qu'on n'écoutera dans le cabinet britannique
» que les conseils de la sagesse et la voix de l'hu-
» manité.

» Oui, sans doute, la paix se consolidera tous les
» jours davantage; les relations des deux gouver-
» nements prendront ce caractère de bienveillance
» qui convient à leurs intérêts mutuels; un heureux
» repos fera oublier les longues calamités d'une
» guerre désastreuse; et la France et l'Angleterre,

» en faisant leur bonheur réciproque, mériteront la
» reconnaissance du monde entier. »

Mars 1803.

Pour bien juger cet exposé, il ne faudrait pas vouloir le comparer à ce qu'on appelle aujourd'hui en France et en Angleterre le *Discours de la Couronne*, mais au *message* du président des États-Unis. C'est là ce qui peut expliquer et justifier les détails dans lesquels entrait le Premier Consul. Il avait voulu absolument parler des partis qui divisaient l'Angleterre, afin d'avoir le moyen de s'exprimer librement sur ses ennemis, sans que ses paroles pussent s'appliquer au gouvernement anglais lui-même. C'était une manière bien hardie et bien dangereuse de s'immiscer dans les affaires d'un pays voisin : c'était surtout faire à l'orgueil britannique une blessure cruelle et inutile que de prétendre, en termes si hautains, que l'Angleterre, réduite à ses seules forces, ne pouvait lutter contre la France. Le Premier Consul se donnait ainsi un tort dans la forme, quand il n'en avait aucun dans le fond.

Lorsque cet exposé de la situation de la République, très-beau, mais trop fier, parvint à Londres, il produisit bien plus d'effet que le rapport du colonel Sébastiani, bien plus même que les actes reprochés au Premier Consul, en Italie, en Suisse, en Allemagne[1]. Ces mots intempestifs, sur l'impuissance où

Effet produit en Angleterre par l'exposé de l'état de la République.

---

[1] J'ai entendu moi-même un grand personnage, et l'un des plus respectables membres de la diplomatie anglaise, me dire après quarante ans, quand le temps avait effacé en lui toutes les passions de cette époque, que ces mots où il était dit que l'Angleterre, seule, ne pouvait pas lutter contre la France, avaient soulevé tous les cœurs anglais, et

20.

était l'Angleterre de lutter seule contre la France, soulevèrent tous les cœurs anglais. Joignez à cela que le Premier Consul avait accompagné ce dernier document d'une note qui demandait au gouvernement britannique de s'expliquer définitivement sur l'évacuation de Malte.

Le cabinet anglais était forcé enfin de prendre une résolution, et de déclarer au Premier Consul ses intentions à l'égard de cette île si disputée, et cause de si grands événements. Son embarras était grand, car il ne voulait ni avouer l'intention de violer un traité solennel, ni promettre l'évacuation de Malte, devenue impossible à sa faiblesse. Pressé par l'opinion publique de faire quelque chose, et ne sachant quoi faire, il prit le parti d'adresser un message au Parlement, ce qui est quelquefois, dans les gouvernements représentatifs, une manière d'occuper les esprits, de tromper leur impatience, mais ce qui peut devenir très-dangereux, lorsqu'on ne sait pas clairement où l'on veut les conduire, et qu'on ne cherche qu'à leur procurer une satisfaction momentanée.

Dans la séance du 8 mars, le message suivant fut adressé au Parlement :

« Georges, roi......

» Sa Majesté croit nécessaire d'informer la Chambre des Communes que, des préparatifs militaires considérables se faisant dans les ports de France qu'à partir de ce jour la déclaration de guerre avait pu être considérée comme inévitable.

» et de Hollande, elle a jugé convenable d'adopter
» de nouvelles mesures de précaution pour la sû-
» reté de ses États. Quoique les préparatifs dont
» il s'agit aient pour but apparent des expéditions
» coloniales, comme il existe actuellement entre Sa
» Majesté et le gouvernement français des discus-
» sions d'une grande importance, dont le résultat
» est incertain, Sa Majesté s'est déterminée à faire
» cette communication à ses fidèles communes, bien
» persuadée que, quoiqu'elles partagent sa pres-
» sante et infatigable sollicitude pour la continua-
» tion de la paix, elle peut néanmoins se reposer
» avec une parfaite confiance sur leur esprit public
» et sur leur libéralité, et compter qu'elles la met-
» tront en état d'employer toutes les mesures que
» les circonstances paraîtront exiger pour l'honneur
» de sa couronne et les intérêts essentiels de son
» peuple.

On ne pouvait pas imaginer un message plus maladroitement conçu. Il reposait sur des erreurs de fait, et avait en outre quelque chose d'offensant pour la bonne foi du gouvernement français. D'abord il n'y avait pas un vaisseau disponible dans nos ports ; tous nos bâtiments en état de tenir la mer étaient à Saint-Domingue, armés pour la plupart en flûte, et employés à porter des troupes. On construisait beaucoup dans nos chantiers, et ce n'était pas un mystère ; mais on ne songeait pas à équiper un seul vaisseau. Il y avait seulement, dans le port hollandais d'Helvoëtsluis, une faible expédition de deux vaisseaux et deux frégates, portant trois mille hommes, et notoirement destinés à la Louisiane. Ils étaient retenus par la crainte des glaces depuis quelques mois, et l'objet de leur mission était annoncé à toute l'Europe. Dire que ces armements, destinés en apparence aux colonies, pourraient avoir en réalité un autre but, était une insinuation des plus offensantes. Prétendre enfin qu'il existait des discussions de grande importance entre les deux gouvernements, était bien imprudent, car, jusquelà, tout s'était borné à quelques mots relatifs à Malte, proférés par la France, et restés sans réponse de la part de l'Angleterre. Faire de cela une contestation, c'était déclarer sur-le-champ qu'on entendait se refuser à l'exécution des traités, à moins qu'on ne prétendît que quelques expressions recueillies dans le rapport du colonel Sebastiani, ou dans l'exposé de l'état de la République, constituaient un grief suffisant pour mettre sur pied toutes les forces de l'Angleterre. Ce message ne pouvait donc soutenir d'examen; il était à la fois inexact et blessant.

Lord Withworth, qui commençait à connaître un peu mieux le gouvernement auprès duquel il était accrédité, devina sur-le-champ l'impression que le message au Parlement produirait sur le général Bonaparte. Aussi n'en donna-t-il copie à M. de Talleyrand qu'avec beaucoup de regret, et en pressant ce ministre de courir chez le général, pour le calmer, pour lui persuader que ce n'était pas là une déclaration de guerre, mais une simple mesure de précaution. M. de Talleyrand se transporta sur-le-champ aux Tuileries, et ne réussit guère auprès du maître fougueux qui les occupait. Il le trouva profondément irrité de l'initiative si brusque prise par le cabinet britannique, car ce message étrange, que rien ne motivait, semblait être une provocation faite à la face du monde. Il se sentait bravé publiquement, se croyait outragé, et demandait où le cabinet britannique avait pu recueillir tous les mensonges contenus dans son message ; car il n'existait pas, disait-il, un seul armement dans les ports de France, et il n'y avait pas même encore un différend déclaré entre les deux cabinets.

Mars 1803.

M. de Talleyrand obtint du Premier Consul qu'il mettrait un frein à son ressentiment, et que, s'il fallait se résoudre à la guerre, il laisserait aux Anglais le tort de la provocation. C'était bien l'intention du Premier Consul, mais il lui était difficile de se contenir, tant il se sentait blessé. Le message avait été communiqué le 8 mars au Parlement d'Angleterre, et connu le 11 à Paris. Malheureusement, le surlendemain était un dimanche, jour où l'on recevait le corps diplomatique aux Tuileries. Une curiosité bien naturelle y avait attiré tous les ministres étrangers, qui désiraient voir l'attitude du Premier Consul en cette circonstance, et surtout celle de l'ambassadeur d'Angleterre. En attendant le moment de l'audience, le Premier Consul était auprès de madame Bonaparte, dans son appartement, jouant avec l'enfant qui devait alors être son héritier, et qui était le nouveau-né de Louis Bonaparte et d'Hortense de Beauharnais. M. de Rémusat, préfet du palais, annonça que le cercle était formé, et entre autres

Scène du Premier Consul à lord Withworth, en présence du corps diplomatique.

noms prononça celui de lord Withworth. Ce nom produisit sur le Premier Consul une impression visible ; il laissa l'enfant dont il s'occupait, prit brusquement la main de madame Bonaparte, franchit la porte qui s'ouvrait sur le salon de réception, passa devant les ministres étrangers qui se pressaient sur ses pas, et alla droit au représentant de la Grande-Bretagne. — Milord, lui dit-il avec une agitation extrême, avez-vous des nouvelles d'Angleterre ? Et, presque sans attendre sa réponse, il ajouta : Vous voulez donc la guerre ? — Non, général, répondit avec beaucoup de mesure l'ambassadeur, nous sentons trop les avantages de la paix. — Vous voulez donc la guerre, continua le Premier Consul d'une voix très-haute, et de manière à être entendu de tous les assistants. Nous nous sommes battus dix ans, vous voulez donc que nous nous battions dix ans encore ? Comment a-t-on osé dire que la France armait ? On en a imposé au monde. Il n'y a pas un vaisseau dans nos ports ; tous les vaisseaux capables de servir ont été expédiés à Saint-Domingue. Le seul armement existant se trouve dans les eaux de la Hollande, et personne n'ignore depuis quatre mois qu'il est destiné pour la Louisiane. On a dit qu'il y avait un différend entre la France et l'Angleterre ; je n'en connais aucun. Je sais seulement que l'île de Malte n'a pas été évacuée dans le délai prescrit ; mais je n'imagine pas que vos ministres veuillent manquer à la loyauté anglaise, en refusant d'exécuter un traité solennel. Du moins ils ne nous l'ont pas dit encore. Je ne suppose pas non plus que, par vos armements, vous ayez voulu intimider le peuple français : on peut le tuer, milord ; l'intimider, jamais ! — L'ambassadeur, surpris, et un peu troublé, malgré son sang-froid, répondit qu'on ne voulait ni l'un ni l'autre ; qu'on cherchait, au contraire, à vivre en bonne intelligence avec la France. — Alors, repartit le Premier Consul, il faut respecter les traités ! Malheur à qui ne respecte pas les traités ! — Il passa ensuite devant MM. d'Azara et de Markoff, et leur dit assez haut que les Anglais ne voulaient pas évacuer Malte, qu'ils refusaient de tenir leurs engagements, et que désormais il faudrait *couvrir les traités d'un crêpe noir*. Il continua sa marche, aperçut le ministre de Suède, dont la présence lui rappela les dépêches ridicules adressées à la Diète germanique, et rendues publiques dans le moment même. — Votre roi, lui dit-il, oublie donc que la Suède n'est plus au temps de Gustave-Adolphe ; qu'elle est descendue au troisième rang des puissances ? — Il acheva de parcourir le cercle, toujours agité, le regard étincelant, effrayant comme la puissance en courroux, mais dépourvu de la dignité calme qui lui sied si bien.

Sentant cependant qu'il était sorti de la mesure convenable, le Premier Consul, en achevant sa tournée, revint à l'ambassadeur d'Angleterre, et, lui demandant avec une voix adoucie des nouvelles de l'ambassadrice, madame la duchesse de Dorset, il lui exprima le désir qu'après avoir passé la mauvaise saison en France, elle pût y passer la bonne ; il ajouta que cela ne dépendrait pas de lui, mais de l'Angleterre; et que, si on était obligé de reprendre les armes, la responsabilité en serait tout entière, aux yeux de Dieu et des hommes, à ceux qui refusaient de tenir leurs engagements. Cette scène devait irriter profondément l'amour-propre du peuple anglais, et amener une fâcheuse réciprocité de mauvais traitements. Les Anglais avaient tort au fond, car leur ambition si peu dissimulée à l'égard de Malte était un vrai scandale. Il fallait leur laisser le tort du fond, sans se donner, à soi, celui de la forme. Mais le Premier Consul, blessé, éprouvait une sorte de plaisir à faire retentir d'un bout du monde à l'autre les éclats de sa colère.

La scène faite à lord Withworth devint aussitôt publique; car elle avait eu deux cents personnes pour témoins. Chacun la rendit à sa manière, et l'exagéra de son mieux. Elle causa un sentiment douloureux en Europe, et ajouta beaucoup aux embarras du cabinet britannique. Lord Withworth, blessé, se plaignit à M. de Talleyrand, et déclara qu'il ne se présenterait plus aux Tuileries, s'il ne recevait l'assurance formelle de n'y plus essuyer de tels traitements. M. de Talleyrand répondit verbalement à ces justes plaintes, et c'est là que son calme, son aplomb, son adresse, furent d'un grand secours pour la politique du cabinet, compromise par la véhémence naturelle du Premier Consul.

Une révolution subite s'était faite dans l'âme mobile et passionnée de Napoléon. De ces perspectives d'une paix laborieuse et féconde, dont récemment encore il aimait à repaître son active imagination, il passa tout de suite à ces perspectives de guerre, de grandeur prodigieuse par la victoire, de renouvellement de la face de l'Europe, de rétablissement de l'empire d'Occident, qui se présentaient trop souvent à son esprit. Il se jeta brusquement de l'une de ces routes vers l'autre. De bienfaiteur de la France et du monde, qu'il se flattait d'être, il voulut en devenir l'étonnement. Une colère, tout à la fois personnelle et patriotique, s'empara de lui; et vaincre l'Angleterre, l'humilier, l'abaisser, la détruire, devint, à partir de ce jour, la passion de sa vie. Persuadé que tout est possible à l'homme, à condition de beaucoup d'intelligence, de suite et de volonté, il s'attacha tout à coup à l'idée de franchir le détroit de Calais, et de porter en Angleterre l'une de ces armées qui avaient vaincu l'Europe. Il s'était dit, trois ans auparavant, que le Saint-Bernard et les glaces de l'hiver, réputés des obstacles invincibles pour le commun des hommes, ne l'étaient pas pour lui; il se dit la même chose pour le bras de mer qui est entre Douvres et Calais, et il s'appliqua depuis à le traverser, avec une profonde conviction d'y réussir. C'est de ce moment, c'est-à-dire du jour où fut connu le message du roi d'Angleterre, que datent ses premiers ordres; et c'est alors que cet esprit, que le sentiment de sa puissance égarait en politique, redevenait le prodige de la nature humaine, quand il s'agissait de prévoir et de surmonter toutes les difficultés d'une vaste entreprise.

Sur-le-champ il envoya le colonel Lacuée en

Flandre et en Hollande, pour visiter les ports de ces contrées, pour en examiner la forme, l'étendue, la population, le matériel naval. Il lui enjoignit de se procurer un état approximatif de tous les bâtiments destinés au cabotage et à la pêche, depuis le Havre jusqu'au Texel, et capables de suivre à la voile une escadre de guerre. Il envoya d'autres officiers à Cherbourg, Saint-Malo, Granville, Brest, avec ordre de faire la revue de tous les bateaux servant à la grande pêche, afin d'en connaître le nombre, la valeur, le tonnage total. Il fit commencer la réparation des chaloupes canonnières qui avaient composé l'ancienne flottille de Boulogne en 1801. Il ordonna aux ingénieurs de la marine de lui présenter des modèles de bateaux plats, capables de porter du gros canon; il leur demanda le plan d'un vaste canal entre Boulogne et Dunkerque, afin de mettre ces deux ports en communication. Il fit procéder à l'armement des côtes et des îles depuis Bordeaux jusqu'à Anvers. Il prescrivit une inspection immédiate de toutes les forêts qui bordaient les côtes de la Manche, dans le but de rechercher la nature et la quantité des bois qu'elles contenaient, et d'examiner quel parti on pourrait en tirer pour la construction d'une immense flottille de guerre. Averti par ses rapports que des émissaires du gouvernement anglais marchandaient les bois de l'État Romain, il dépêcha des agents avec les fonds nécessaires pour acheter ces bois, et des recommandations qui ne laissaient guère au pape le choix des acheteurs.

Trois actes devaient, suivant lui, signaler le début des hostilités : l'occupation du Hanovre, du Portugal, du golfe de Tarente, afin d'opérer immédiatement la clôture absolue des côtes du continent, depuis le Danemark jusqu'à l'Adriatique. Dans ce but, il commença par composer à Bayonne l'artillerie d'un corps d'armée; il réunit à Faenza une division de dix mille hommes et vingt-quatre bouches à feu, destinée à passer dans le royaume de Naples; il fit descendre à terre les troupes qui étaient embarquées à Helvoëtsluis, pour se rendre à la Louisiane. Pensant qu'il était trop dangereux de les mettre en mer à la veille d'une déclaration de guerre, il en dirigea une partie sur Flessingue, port appartenant à la Hollande, mais placé sous la puissance de la France pendant que nous occupions le pays. Il y envoya un officier avec mission de s'emparer de tous les pouvoirs qui appartiennent à un commandant militaire en temps de guerre, et ordre d'armer la place sans délai. Le reste de ces troupes fut dirigé sur Breda et Nimègue, deux points de rassemblement désignés pour la formation d'un corps de vingt-quatre mille hommes. Ce corps, placé sous les ordres d'un général sage et ferme, le général Mortier, devait envahir le Hanovre au premier acte d'hostilité commis par l'Angleterre.

Cependant ce n'était pas une chose politiquement très-facile que cette invasion. Le roi d'Angleterre, pour le Hanovre, était membre de la Confédération germanique, et avait droit, dans certains cas, à la

Mars 1803.

Le Premier Consul se dispose à fermer aux Anglais tous les ports du continent.

protection des États confédérés. Le roi de Prusse, directeur du cercle de Basse-Saxe, dans lequel était compris le Hanovre, était le protecteur naturel de cet État. Il fallait donc avoir recours à lui, et obtenir son adhésion, ce qui ne pouvait manquer de lui coûter beaucoup, car c'était compromettre l'Allemagne du nord dans la formidable querelle qui allait s'engager, et l'exposer peut-être au blocus du Weser, de l'Elbe, de l'Oder, par les Anglais. Le cabinet de Postdam affectait, il est vrai, beaucoup d'attachement pour la France, qui lui procurait de larges indemnités; cet attachement pouvait aller jusqu'à se refuser à tous les projets de coalition, jusqu'à faire ses efforts pour les prévenir, et même jusqu'à en avertir le Premier Consul; mais, dans l'état des choses, l'intimité n'était pas tellement convertie en alliance positive, que, si on avait besoin de quelque grand acte de dévouement, on pût sérieusement y compter. Le Premier Consul fit partir à l'instant même son aide-de-camp Duroc, qui connaissait parfaitement la cour de Prusse, avec mission d'informer cette cour du danger d'une rupture prochaine entre la France et l'Angleterre, de l'intention où était le gouvernement français de pousser la guerre à outrance, et de s'emparer du Hanovre. Le général Duroc était chargé d'ajouter que le Premier Consul ne voulait pas la guerre pour la guerre, et que, si les monarques étrangers à la querelle, comme le roi de Prusse et l'empereur de Russie, trouvaient le moyen d'arranger le différend, en amenant l'Angleterre à respecter les traités, il s'arrêterait tout de suite dans cette voie d'hostilités acharnées, dans laquelle il était prêt à se précipiter.

Mars 1803.

Le Premier Consul crut aussi devoir faire une démarche de convenance envers l'empereur de Russie. Il avait traité jusqu'ici, avec ce souverain, quelques-unes des grandes affaires de l'Europe, et il voulait l'intéresser à sa cause, en le constituant juge de ce qui se passait entre la France et l'Angleterre. Il lui écrivit une lettre dont le colonel Colbert devait être porteur, et dans laquelle, rappelant tous les événements passés depuis la paix d'Amiens, il se montrait disposé, sans la demander toutefois, à se soumettre à sa médiation, dans le cas où la Grande-Bretagne s'y soumettrait de son côté, tant il comptait, disait-il, sur la bonté de sa cause et la justice de l'empereur Alexandre.

Démarche à l'égard de l'empereur de Russie.

A toutes ces déterminations prises si promptement, devait s'en ajouter une dernière, relativement à la Louisiane. Les quatre mille hommes destinés à l'occuper venaient d'être débarqués. Mais que faire? quel parti prendre à l'égard de cette riche possession? Il n'y avait pas à s'inquiéter pour nos autres colonies. Saint-Domingue était rempli de troupes, et on embarquait en hâte sur tous les bâtiments de commerce, prêts à mettre à la voile, les soldats disponibles dans les dépôts coloniaux. La Guadeloupe, la Martinique, l'île de France, étaient pourvues aussi de fortes garnisons, et il aurait fallu d'immenses expéditions pour les disputer aux Français. Mais la Louisiane ne contenait pas un soldat. C'était une vaste province que quatre mille hommes ne suffisaient pas pour occuper en temps de

Le Premier Consul se décide à céder la Louisiane aux Américains, moyennant une somme considérable.

guerre. Les habitants, quoique d'origine française, avaient tant changé de maîtres depuis un siècle, qu'ils ne tenaient plus à rien qu'à leur indépendance. Les Américains du Nord étaient peu satisfaits de nous voir en possession des bouches du Mississipi, et de leur principal débouché dans le golfe du Mexique. Ils étaient même en instance auprès de la France, afin de ménager à leur commerce et à leur navigation des conditions avantageuses de transit, dans le port de la Nouvelle-Orléans. Il fallait donc compter si nous voulions garder la Louisiane, sur de grands efforts contre nous de la part des Anglais, sur une parfaite indifférence de la part des habitants, et sur une véritable malveillance de la part des Américains. Ces derniers, effectivement, ne souhaitaient que les Espagnols pour voisins. Tous les rêves coloniaux du Premier Consul s'étaient évanouis à la fois à l'apparition du message du roi Georges III, et sa résolution avait été formée à l'instant même. — Je ne garderai pas, dit-il à l'un de ses ministres, une possession qui ne serait pas en sûreté dans nos mains, qui me brouillerait peut-être avec les Américains, ou me placerait en état de froideur avec eux. Je m'en servirai, au contraire, pour me les attacher, pour les brouiller avec les Anglais, et je créerai à ceux-ci des ennemis qui nous vengeront un jour, si nous ne réussissons pas à nous venger nous-mêmes. Mon parti est pris, je donnerai la Louisiane aux États-Unis. Mais comme ils n'ont aucun territoire à nous céder en échange, je leur demanderai une somme d'argent pour payer les frais de l'armement extraordinaire que je projette contre la Grande-Bretagne. — Le Premier Consul ne voulait pas contracter d'emprunt; il espérait, avec une forte somme qu'il se procurerait extraordinairement, avec une augmentation modérée dans les impôts, et quelques ventes de biens nationaux lentement opérées, suffire aux dépenses de la guerre. Il convoqua M. de Marbois, ministre du trésor, employé autrefois en Amérique, M. Decrès, ministre de la marine, et voulut, quoique décidé, entendre leurs raisons. M. de Marbois parla pour l'aliénation de cette colonie, M. Decrès contre. Le Premier Consul les écouta fort attentivement, sans paraître le moins du monde touché des raisons de l'un ou de l'autre; il les écouta, comme il faisait souvent, même quand son parti était pris, pour s'assurer qu'il n'aurait pas méconnu quelque grand côté de la question soumise à son jugement. Confirmé plutôt qu'ébranlé dans sa résolution par ce qu'il avait entendu, il prescrivit à M. de Marbois d'appeler, sans perdre un instant, M. de Livingston, ministre d'Amérique, et d'entrer en négociation avec lui au sujet de la Louisiane. M. de Monroë venait justement d'arriver en Europe, pour régler avec les Anglais la question du droit maritime, et avec les Français la question du transit sur le Mississipi. A son arrivée à Paris, il fut accueilli par la proposition inattendue du cabinet français. On lui offrait non pas quelques facilités de transit à travers la Louisiane, mais l'adjonction même de cette contrée aux États-Unis. Il ne fut pas em-

Mars 1803.

Aliénation de la Louisiane pour la somme de quatre-vingts millions.

barrassé un instant par le défaut de pouvoirs, et traita sur-le-champ, sauf la ratification de son gouvernement. M. de Marbois lui demanda quatre-vingts millions, dont vingt pour indemniser le commerce américain des captures illégalement faites pendant la dernière guerre, et soixante pour le trésor de France. Les vingt millions consacrés à ce premier objet devaient nous assurer toute la bienveillance des négociants des États-Unis. Quant aux soixante millions destinés à la France, il était convenu que le cabinet de Washington créerait des annuités, et qu'on les négocierait à des maisons hollandaises, à un taux avantageux, et peu éloigné du pair. Le traité fut donc conclu sur ces bases, et envoyé à Washington pour y être ratifié. C'est ainsi que les Américains ont acquis de la France cette vaste contrée, qui a complété leur domination sur l'Amérique du Nord, et les a rendus les dominateurs du golfe du Mexique pour le présent et l'avenir! Ils sont par conséquent redevables de leur naissance et de leur grandeur à la longue lutte de la France contre l'Angleterre. Au premier acte de cette lutte, ils ont dû leur indépendance: au second, le complément de leur territoire. On verra bientôt à quel usage furent employés ces soixante millions, et quel résultat ils faillirent amener.

Suite de la négociation

Ces précautions une fois prises, le Premier Consul suivit avec plus de patience le dénoûment de la négociation. L'involontaire emportement dont il n'avait pu se défendre, en recevant le message du roi d'Angleterre, étant passé, il se promit, et tint parole, d'être d'une modération inaltérable, de se laisser même pousser à bout si visiblement, que la France et l'Europe ne pussent se tromper sur les véritables auteurs de la guerre.

Mars 1803.

M. de Talleyrand, qui, dans ces circonstances, se conduisit avec une rare sagesse, avait contribué plus que personne à inspirer ces nouvelles dispositions au Premier Consul. Ce ministre comprenait très-bien qu'une guerre avec l'Angleterre, vu la difficulté de la rendre décisive, vu l'influence des subsides britanniques qui la rendraient bientôt continentale, était tout simplement le renouvellement de la lutte de la Révolution avec l'Europe, et pour prévenir le malheur d'une conflagration universelle, il était décidé à user de cette inertie dont il se servait quelquefois avec le Premier Consul, comme d'une eau qu'on jette sur un feu ardent, pour en modérer la violence. Si, en quelques occasions, son inertie avait eu des inconvénients, elle fut cette fois d'un grand secours; et, avec un autre cabinet que celui qui régissait si faiblement l'Angleterre alors, il aurait peut-être réussi à prévenir une rupture, ou du moins à la retarder long-temps encore. En conséquence, après s'être concerté avec le Premier Consul, il fit au cabinet britannique une communication calme et franche, ayant pour but d'avertir ce cabinet que des précautions militaires commençaient du côté de la France, mais commençaient à partir de ce jour seulement, c'est-à-dire à partir du message du roi Georges III au Parlement. Puisqu'on arme en Angleterre, disait M. de Talley-

Louables efforts de M. de Talleyrand pour prévenir la guerre.

rand, le cabinet britannique ne sera pas étonné si la Suisse, qui allait être évacuée, ne l'est pas ; si un corps de troupes est acheminé vers le midi de l'Italie, dans le but de réoccuper Tarente ; si un corps de vingt mille hommes entre en Hollande, et prend la position la plus voisine du Hanovre ; si le matériel d'une division est réuni à Bayonne, pour agir en cas de besoin contre le Portugal ; si enfin, des travaux de pure construction dans nos ports, on passe à des travaux d'armement. Sans doute, il en résultera un redoublement d'émotion en Angleterre ; les excitateurs ordinaires de l'opinion publique en concluront encore que la France médite de nouvelles agressions ; mais que faire? il faut bien s'y résigner, puisqu'enfin le cabinet britannique a pris l'initiative de ces mesures de précaution, qui finissent par être en réalité des mesures de provocation. — En effet, o armait activement en Angleterre, on exerçait la presse sur les quais de la Tamise, au milieu de la ville de Londres. On se préparait ainsi à mettre en mer les cinquante vaisseaux de ligne, qui, suivant l'annonce faite au Parlement, devaient, en cas de rupture, être prêts à faire voile le jour même de la déclaration de guerre.

Inutiles efforts des ministres anglais pour s'adjoindre M. Pitt.

Le ministère de M. Addington, sentant qu'il était insuffisant pour ces circonstances, avait fa t quelques ouvertures à M. Pitt, afin de l'engager à entrer dans le cabinet. M. Pitt avait repoussé ces ouvertures avec hauteur, et il continuait à vivre presque toujours loin de Londres, et des agitations des partis. Sentant sa force, prévoyant les événements qui allaient le rendre nécessaire, il aimait beaucoup mieux tenir le pouvoir de ces événements, que des faibles ministres qui en étaient les détenteurs éphémères. Il refusa donc leurs offres, les laissant par ce refus dans un cruel embarras. On avait fait les démarches que nous rapportons, sans l'aveu du roi Georges III, qui aurait voulu garder son cabinet, car il avait pour M. Pitt un éloignement presque invincible. Il trouvait dans M. Pitt, avec des opinions qui étaient les siennes, un ministre qui était presque un maître. Il trouvait dans M. Fox, avec un caractère noble et attachant, des opinions qui lui étaient odieuses. Il ne voulait donc ni de l'un ni de l'autre. Il tenait à garder M. Addington, fils d'un médecin, qui lui était cher; lord Hawkesbury, fils de lord Liverpool, son confident intime; il tenait aussi à conserver la paix si c'était chose possible, et s'il ne le pouvait pas, se résignait à faire la guerre, qui était devenue pour lui une sorte d'habitude, mais en la faisant avec ses ministres actuels. MM. Addington et Hawkesbury étaient fort de cet avis; cependant ils auraient voulu se renforcer, et, après avoir été un ministère de paix, se constituer en ministère de guerre. A défaut de M. Pitt, qui les avait refusés, il n'était pas possible de s'adjoindre MM. Windham et Grenville, car la violence de ceux-ci dépassait de beaucoup l'opinion de l'Angleterre. MM. Addington et Hawkesbury se seraient volontiers adressés à M. Fox, dont les idées pacifiques leur convenaient tout à fait; mais ici la volonté du roi était un obstacle insurmontable, et ils furent réduits à rester seuls, faibles, isolés dans le

Mars 1803.

Parlement, et dès lors menés par les partis. Or, le parti qui avait le plus de force dans le moment, parce qu'il exploitait les passions nationales, était le parti Grenville, que l'on commençait, à cause de sa violence, à distinguer du parti Pitt, et qui se vengeait de ne pouvoir arriver au ministère, en obligeant le pouvoir à y faire ce qu'il y aurait fait lui-même. La faiblesse du cabinet le menait donc à la guerre, presque aussi certainement que s'il avait contenu dans son sein MM. Windham, Grenville et Dundas.

MM. Addington et Hawkesbury étaient maintenant fort embarrassés de tout l'éclat qu'ils avaient fait lors des événements de la Suisse, soit en retenant Malte, soit en répondant à une phrase altière du Premier Consul par un message au Parlement. Ils auraient bien voulu trouver un expédient pour se tirer d'embarras ; mais malheureusement ils s'étaient mis dans une situation où tout ce qui ne serait pas la conquête définitive de Malte, devait paraître insuffisant en Angleterre, et provoquer un déchaînement sous lequel ils succomberaient. Quant à Malte, il n'y avait aucune espérance de l'obtenir du Premier Consul.

M. de Talleyrand, pour venir à leur secours, leur insinua qu'une convention dans laquelle on accorderait, par exemple, l'évacuation de la Suisse et de la Hollande, pour prix de l'évacuation de Malte, dans laquelle on s'engagerait à respecter l'intégrité de l'empire turc, serait peut-être un moyen de calmer l'opinion publique en Angleterre, et de dissiper ses ombrages.

Cette proposition ne répondait pas aux désirs des ministres anglais, car Malte était la condition absolue que leur avaient imposée les dominateurs de leur faiblesse. Il fallait, ou satisfaire la convoitise éveillée par leur faute, ou succomber en plein Parlement. Cependant ils sentaient bien qu'ils finiraient par se couvrir de ridicule aux yeux de l'Angleterre, de la France et de l'Europe, s'ils continuaient à rester dans une position équivoque, n'osant pas dire ce qu'ils voulaient. Ils produisirent enfin leurs prétentions le 13 avril (1803). Le Premier Consul leur donnant des inquiétudes sur l'Égypte, il leur fallait, disaient-ils, la possession de Malte, comme moyen de surveillance capable de les rassurer. Ils offraient deux hypothèses : ou la possession par l'Angleterre des forts de l'île à perpétuité, en laissant le gouvernement civil à l'ordre ; ou bien, cette possession pour dix ans, à la condition, au bout des dix ans, de rendre les forts non à l'ordre, mais aux Maltais eux-mêmes. Dans les deux cas, la France s'obligerait à seconder une négociation avec le roi de Naples, pour obtenir de ce prince qu'il cédât à l'Angleterre l'île de Lampedouse, peu éloignée de celle de Malte, dans le but avoué d'y créer un établissement maritime.

Lord Withworth essaya de faire agréer ces demandes à M. de Talleyrand, et s'adressa même au frère du Premier Consul, Joseph, qui ne redoutait pas moins que M. de Talleyrand les chances d'une lutte désespérée, dans laquelle il faudrait risquer peut-être toute la grandeur des Bonaparte. Joseph promit de s'employer auprès de son frère, mais sans

Avril 1803.

Il faut Malte aux ministres anglais pour se présenter devant le Parlement.

Propositions des ministres britanniques.

Lord Withworth s'adresse à Joseph Bonaparte pour le faire concourir au maintien de la paix.

grande espérance de réussir. La seule proposition qui lui parut avoir chance de succès auprès du Premier Consul, c'était de laisser quelque temps, mais peu de temps, la possession des forteresses de Malte aux Anglais, en maintenant l'existence de l'ordre avec grand soin, pour qu'on pût lui rendre bientôt ces forteresses, et d'accorder à la France en compensation la reconnaissance immédiate des nouveaux États d'Italie. En conséquence, Joseph et M. de Talleyrand tentèrent les plus grands efforts pour décider le Premier Consul. Ils faisaient valoir auprès de lui le maintien de l'ordre de Saint-Jean-de-Jérusalem, comme témoignage certain aux yeux du public, que l'occupation des forts serait temporaire, et comme sauvant par ce moyen la dignité du gouvernement français. Le Premier Consul montra une opiniâtreté invincible. Tous ces tempéraments lui parurent au-dessous de son caractère. Il dit que mieux vaudrait abandonner purement et simplement l'île de Malte aux Anglais; que ce serait une sorte de dédommagement, accordé volontairement à l'Angleterre, pour les prétendus empiétements de la France depuis la paix d'Amiens; que la concession, ainsi expliquée, aurait quelque chose de franc, de net, et offrirait plutôt l'apparence d'une justice volontairement accordée, que l'apparence d'une faiblesse; qu'au contraire, la possession de Malte accordée en réalité (car les forts étaient toute l'île, et quelques années étaient la perpétuité), accordée en réalité, mais dissimulée, serait indigne de lui; que personne ne s'y tromperait, et que, dans les efforts même qu'il ferait pour dissimuler cette concession, on reconnaîtrait le sentiment de sa propre faiblesse. — Non, dit-il, ou Malte ou rien! Mais Malte, c'est la domination de la Méditerranée. Or personne ne croira que je consente à donner la domination de la Méditerranée aux Anglais, sans avoir peur de me mesurer avec eux. Je perds donc à la fois la plus importante mer du monde, et l'opinion de l'Europe, qui croit à mon énergie, qui la croit supérieure à tous les dangers. — Mais, répondait M. de Talleyrand, après tout, les Anglais tiennent Malte, et en rompant vous ne la leur arrachez pas. — Oui, répliquait le Premier Consul, mais je ne céderai pas sans combat un immense avantage; je le disputerai les armes à la main, et j'espère amener les Anglais à un tel état, qu'ils seront forcés de rendre Malte, et mieux encore; sans compter que, si j'arrive à Douvres, c'en est fini de ces tyrans des mers. D'ailleurs, puisqu'il faut combattre tôt ou tard, avec un peuple auquel la grandeur de la France est insupportable, eh bien! mieux vaut aujourd'hui que plus tard. L'énergie nationale n'est pas émoussée par une longue paix; je suis jeune, les Anglais ont tort, plus tort qu'ils n'auront jamais; j'aime mieux en finir. Malte ou rien, répétait-il sans cesse; mais je suis résolu, ils n'auront pas Malte. —

Cependant le Premier Consul consentit à ce que l'on négociât la cession aux Anglais de Lampedouse, ou de toute autre petite île dans le nord de l'Afrique, à condition toutefois qu'ils évacueraient Malte immédiatement. — Qu'ils se donnent, disait-il, une relâche dans la Méditerranée, à la bonne heure. Mais je ne veux pas qu'ils aient deux Gibraltar dans cette mer, un à l'entrée, un au milieu. —

Cette réponse causa le plus grand désappointement à lord Withworth, et d'accommodant qu'il s'était montré d'abord, quand il avait l'espérance de réussir, il devint roide, hautain, et presque inconvenant. Mais M. de Talleyrand s'était promis de tout supporter, pour prévenir ou retarder au moins la rupture. Lord Withworth dit à M. de Talleyrand que, si le Premier Consul mettait son honneur où il ne devait pas le mettre, peu importait à l'Angleterre; qu'elle n'était pas l'un de ces petits États auxquels il pouvait dicter ses volontés, et faire subir toutes ses manières d'entendre l'honneur et la politique. M. de Talleyrand répondit avec calme et dignité, que l'Angleterre, de son côté, n'avait pas le droit, sous prétexte de défiance, d'exiger l'abandon de l'un des points les plus importants du globe; qu'il n'y avait pas de puissance au monde qui pût imposer aux autres les conséquences de ses soupçons, fondés ou non; que ce serait là une manière fort commode de faire des conquêtes, et qu'il n'y aurait dès lors qu'à dire qu'on avait des inquiétudes, pour être autorisé à mettre la main sur une partie de la terre.

Lord Withworth communiqua cette réponse au cabinet anglais, qui, se voyant placé entre l'évacuation de Malte, ce qu'il regardait comme sa chute, ou la guerre, prit la coupable résolution de préférer la guerre, la guerre contre le seul homme qui pût faire courir à l'Angleterre de graves périls. Une fois cette résolution prise, le cabinet pensa qu'il fallait, pour plaire davantage au parti sous la domination duquel il était placé, être brusque, arrogant, prompt à rompre. On enjoignit à lord Withworth d'exiger l'occupation de Malte au moins pour dix ans, la cession de l'île de Lampedouse, l'évacuation immédiate de la Suisse et de la Hollande, une indemnité précise et déterminée en faveur du roi de Piémont, et d'offrir, à titre de compensation, la reconnaissance des États italiens. A ces ordres envoyés à l'ambassadeur, on ajouta l'injonction de prendre immédiatement ses passeports, si les conditions de l'Angleterre n'étaient pas acceptées.

La dépêche était du 23 avril, elle arriva le 25 à Paris. Le 2 mai était le terme fatal. Lord Withworth essaya quelques tentatives d'accommodement auprès de M. de Talleyrand, car lui-même était effrayé de cette rupture. M. de Talleyrand, de son côté, s'attachait à lui faire entendre qu'il n'y avait aucun espoir d'obtenir Malte, ni pour dix ans, ni pour moins, et qu'il fallait songer à un autre arrangement. Mais il s'appliquait en même temps, par la tournure de ses réponses, à éviter une conclusion immédiate. Lord Withworth, entrant tout à fait dans ses intentions, était résolu à ne pas devancer le terme du 2 mai. Il n'y avait pas un homme en effet, quelque hardi qu'il fût, qui n'entrevît avec effroi les conséquences d'une telle guerre. Il n'y avait d'inébranlables dans ce conflit, que les ministres anglais voulant sauver à tout prix leur triste existence, et le Premier Consul, bravant toutes les chances d'une lutte épouvantable, afin de soutenir l'honneur de son gouvernement, et la prépondérance de la France dans la Méditerranée. Lord Withworth et M. de Talleyrand atteignirent donc le septième jour sans rompre.

Enfin le 2 mai lord Withworth, n'osant pas manquer aux ordres de sa cour, demanda ses passe-ports. M. de Talleyrand, pour gagner encore un peu de temps, lui répondit qu'il allait soumettre au Premier Consul cette demande de passe-ports, le pria de nouveau de ne rien brusquer, lui affirmant que peut-être, à force de chercher, on trouverait un mode imprévu d'arrangement. M. de Talleyrand vit le Premier Consul, conféra long-temps avec lui, et de cette conférence sortit une proposition nouvelle, et assez ingénieuse. Elle consistait à remettre l'île de Malte dans les mains de l'empereur de Russie, et de l'y laisser en dépôt, en attendant la conclusion des différends survenus entre la France et l'Angleterre. Une telle combinaison devait ôter aux Anglais tout prétexte de défiance, car la loyauté du jeune empereur ne pouvait être contestée, et cela le constituait juge du différend. Par une sorte d'à propos, ce prince venait d'écrire, en réponse aux communications du Premier Consul, qu'il était tout prêt à offrir sa médiation, si c'était un moyen de prévenir la guerre ; et le roi de Prusse, partageant son désir, s'était joint à lui pour faire la même offre. On était donc bien sûr de trouver ces deux monarques disposés à se charger du fardeau d'une médiation. S'y refuser, c'était prouver qu'on n'avait de craintes ni sur Malte, ni sur l'Égypte, puisqu'un dépositaire impartial ne rassurait pas, mais qu'on voulait une conquête pour la nation, et un argument pour le Parlement.

M. de Talleyrand, heureux d'avoir trouvé un tel expédient, se rendit auprès de lord Withworth, pour l'engager à différer son départ, et l'inviter à transmettre la nouvelle proposition à son cabinet. Les ordres que cet ambassadeur avait reçus étaient si positifs, qu'il n'osait y manquer. Cependant il se laissa ébranler par la crainte de faire une démarche peut-être irréparable, en prenant immédiatement ses passe-ports. Il envoya donc un courrier à Londres pour transmettre les dernières offres du cabinet français, et s'excuser du délai qu'il s'était permis d'apporter à l'exécution des ordres de sa cour.

M. de Talleyrand envoya également un courrier extraordinaire au général Andréossy, qui ne voyait plus les ministres anglais depuis leurs dernières communications, et lui ordonna d'essayer auprès d'eux une démarche décisive. Le général Andréossy n'y manqua pas, et leur fit entendre la voix d'un honnête homme. Si ce n'était pas Malte qu'on voulait acquérir, au mépris des traités, on ne pouvait avoir aucun motif de refuser le dépôt de ce gage précieux, dans des mains puissantes, désintéressées et parfaitement sûres. M. Addington parut ébranlé; car, au fond, il souhaitait une solution pacifique. Ce chef de cabinet disait assez naïvement qu'il désirait être éclairé, exprimait le regret de ne pas l'être assez pour une conjoncture aussi grave, et restait suspendu entre la double crainte de commettre une faiblesse, ou de provoquer une guerre funeste. Lord Hawkesbury, plus ambitieux, plus ferme, se montra inébranlable. Le cabinet, après en avoir délibéré, refusa la proposition. On voulait satisfaire l'ambition nationale, et rendre Malte même à un tiers désintéressé, c'était manquer le but. D'ailleurs, la rendre à ce tiers désintéressé, c'était probablement la perdre pour jamais; car on savait bien qu'il n'y avait pas d'arbitre au monde qui pût donner gain de cause à l'Angleterre dans une pareille question. On employa, pour colorer le refus de cette dernière proposition, un argument tout à fait mensonger. On avait, disait-on, la certitude que la Russie n'accepterait pas la mission, dont on voulait la charger. Or le contraire était certain, car la Russie venait d'offrir sa médiation; et un peu plus tard, en apprenant la dernière proposition du gouvernement français, elle se hâta de déclarer qu'elle y consentait, malgré les dangers attachés au dépôt qu'il s'agissait de remettre en ses mains. Cependant les ministres anglais voulurent se réserver une dernière chance d'obtenir Malte, et imaginèrent un expédient qui n'était pas acceptable. Jugeant le Premier Consul d'après eux-mêmes, ils crurent qu'il ne refusait Malte que par crainte de l'opinion publique. Ils proposèrent donc, en ajoutant quelques articles patents au traité d'Amiens, de rejeter dans un article secret l'obligation de laisser les troupes anglaises à Malte. Les articles patents devaient dire que la Suisse et la Hollande seraient immédiatement évacuées, que le roi de Sardaigne recevrait une indemnité territoriale, que les Anglais obtiendraient l'île de Lampedouse, et, en attendant, resteraient à Malte. L'article secret devait dire que leur séjour à Malte durerait dix ans.

Mai 1803.

Cette réponse, délibérée le 7 mai, expédiée le même jour, arriva le 9 à Paris. Le 10, lord Withworth la communiqua par écrit à M. de Talleyrand, qu'il ne put voir, parce que ce ministre était retenu auprès du Premier Consul, malade par suite d'une chute de voiture. Quand on fit à celui-ci la proposition d'un article secret, il la repoussa fièrement, et n'en voulut entendre parler à aucun prix. A son tour il imagina un dernier expédient, et qui était une manière adroite de maintenir les deux ambitions nationales en équilibre, tant sous le rapport des avantages réels, que sous le rapport des avantages apparents. Cet expédient consistait à laisser les Anglais à Malte, un espace de temps indéterminé, mais à condition que les Français, pendant le même espace de temps, occuperaient le golfe de Tarente. Il y avait à cela d'assez grands avantages de circonstance. Les ministres anglais gagnaient cette espèce de gageure qu'ils avaient faite, d'obtenir Malte; les Français occupaient une position égale sur la Méditerranée; bientôt toutes les puissances devaient être tentées d'intervenir, et s'efforcer de faire sortir les Anglais de Malte pour que les Français sortissent du royaume de Naples. Cependant le Premier Consul ne voulait proposer ce nouvel arrangement que s'il avait l'espoir de le faire accepter. M. de

Le Premier Consul rejette l'idée d'un article secret.

Talleyrand eut donc pour instruction d'apporter dans cette dernière démarche une extrême mesure.

Le lendemain, 11 mai, M. de Talleyrand vit lord Withworth à midi, lui dit qu'un article secret était inacceptable, car le Premier Consul ne voulait pas tromper la France sur l'étendue des concessions accordées à l'Angleterre; que cependant on avait encore une proposition à présenter, dont le résultat serait de céder Malte, mais à condition d'un équivalent pour la France. Lord Withworth déclara qu'il ne pouvait admettre que la proposition envoyée par son cabinet, et qu'après avoir pris sur lui de différer une première fois son départ, il ne pouvait le retarder une seconde fois sans une adhésion formelle à ce que demandait son gouvernement. M. de Talleyrand ne répliqua rien à cette déclaration, et les deux ministres se quittèrent, fort attristés l'un et l'autre de n'avoir pu amener un accommodement. Lord Withworth demanda ses passe-ports pour le lendemain, mais en disant qu'il voyagerait lentement, et qu'on aurait encore le temps d'écrire à Londres, et de recevoir une réponse avant qu'il pût s'embarquer à Calais. Il fut convenu que les ambassadeurs seraient échangés à la frontière, et que lord Withworth attendrait à Calais que le général Andréossy fût rendu à Douvres.

La curiosité était grande dans Paris. Une foule empressée assiégeait la porte de l'hôtel de l'ambassadeur d'Angleterre, pour voir s'il faisait ses préparatifs de voyage. Le lendemain 12, après avoir attendu encore toute la journée, et laissé au cabinet français tout le temps possible pour réfléchir, lord Withworth s'achemina vers Calais, à petites journées. Le bruit de son départ produisit une vive sensation dans Paris, et tout le monde entrevit que d'immenses événements allaient signaler cette nouvelle période de guerre.

Mai 1803.

Départ de lord Withworth.

M. de Talleyrand avait envoyé un courrier au général Andréossy, pour lui remettre la nouvelle proposition de laisser occuper Tarente par les Français, en compensation de l'occupation de Malte par les Anglais. C'était par M. de Schimmelpennink, ministre de Hollande, que la proposition devait être faite, non pas au nom de la France, mais comme une idée personnelle à M. de Schimmelpennink, et du succès de laquelle il était assuré. L'idée, soumise au cabinet britannique, ne fut point accueillie, et le général Andréossy dut quitter l'Angleterre. L'anxiété qui s'était manifestée à Paris, était tout aussi grande à Londres. La salle du Parlement était sans cesse remplie depuis quelques jours, et chacun demandait aux ministres des nouvelles de la négociation. Au moment d'une aussi grande détermination, la fougue belliqueuse était tombée, et on se surprenait à craindre les conséquences d'une lutte désespérée. Le peuple de Londres ne souhaitait guère le renouvellement de la guerre. Le parti Grenville et le haut commerce étaient seuls satisfaits.

Départ du général Andréossy.

Le général Andréossy fut accompagné à son départ avec de grands égards et de visibles regrets. Il parvint à Douvres en même temps que lord Withworth à Calais, c'est-à-dire le 17 mai. Lord Withworth fut à l'instant même transporté de l'autre côté du détroit. Il s'empressa de visiter l'ambassadeur français, le combla de témoignages d'estime, et le conduisit lui-même à bord du bâtiment qui devait le ramener en France. Les deux ambassadeurs se séparèrent en présence de la foule émue, inquiète et attristée. Dans ce moment solennel, les deux nations semblaient se dire adieu, pour ne plus se revoir qu'après une effroyable guerre, et le bouleversement du monde. Combien les destinées eussent été différentes, si, comme l'avait dit le Premier Consul, ces deux puissances, l'une maritime, l'autre continentale, s'étaient unies et complétées, pour régler paisiblement les intérêts de l'univers! La civilisation générale aurait fait des pas plus rapides; l'indépendance future de l'Europe eût été à jamais assurée; les deux nations n'auraient pas préparé la domination du Nord sur l'Occident divisé!

Telle fut la triste fin de cette courte paix d'Amiens.

Nous ne dissimulons pas la vivacité de nos sentiments nationaux : donner des torts à la France nous coûterait; mais nous le ferions sans hésiter, si elle nous semblait en avoir; et nous saurons le faire, quand malheureusement elle en aura, parce que la vérité est le premier devoir de l'historien. Cependant, après de longues réflexions sur ce grave sujet, nous ne pouvons condamner la France, dans ce renouvellement de la lutte des deux nations. Le Premier Consul, dans cette circonstance, se conduisit avec une parfaite bonne foi. Il eut, nous l'avouons, des torts de forme, mais ces torts même il ne les eut pas tous. Il n'en eut pas un seul quant au fond des choses. Les plaintes de l'Angleterre, portant sur le changement opéré dans la situation relative des deux États depuis la paix, étaient sans fondement. En Italie, la République italienne avait choisi le Premier Consul pour président; mais en réalité cela ne changeait rien à la dépendance de cette République, qui n'existait, et ne pouvait exister que par la France. D'ailleurs, cet événement datait de février, et le traité d'Amiens du mois de mars 1802. La constitution du royaume d'Étrurie, la cession de la Louisiane et du duché de Parme à la France, étaient des faits publics avant cette même époque de mars 1802. Il faut ajouter que l'Angleterre au congrès d'Amiens avait presque promis la reconnaissance des nouveaux États d'Italie. La réunion du Piémont était également prévue et avouée, dans les négociations d'Amiens, puisque le négociateur anglais avait essayé quelques efforts, pour obtenir une indemnité en faveur du roi de Piémont. La Suisse, la Hollande n'avaient pas cessé d'être occupées par nos troupes, soit pendant la guerre, soit pendant la paix, et dans plus d'un entretien, lord Hawkesbury avait reconnu que notre influence sur ces États était une conséquence de la guerre; que, pourvu que leur indépendance fût définitivement reconnue, on n'élèverait aucune plainte. L'Angleterre ne pouvait donc pas supposer que la France laisserait accomplir en Suisse ou en Hollande, c'est-à-dire à ses portes, une contre-révolution sans s'en mêler. Quant aux sécularisations, c'était un acte obligé par

Mai 1803.

Mai 1803.

les traités, acte plein de justice, de modération, exécuté de moitié avec la Russie, consenti par tous les États d'Allemagne, y compris l'Autriche, renforcé enfin de l'adhésion du roi d'Angleterre lui-même, qui avait, en qualité de roi de Hanovre, adhéré à la répartition des indemnités, extrêmement avantageuse pour lui. Qu'y avait-il donc sur le continent à reprocher à la France? Sa grandeur seule, grandeur consacrée par les traités, admise par l'Angleterre au congrès d'Amiens, devenue, il est vrai, plus sensible dans le calme de la paix, et au milieu de négociations, que son influence et son habileté décidaient d'une manière irrésistible.

Le reproche de prétendus projets sur l'Égypte était un faux prétexte, car le Premier Consul n'en avait aucun à cette époque, et le colonel Sébastiani avait été envoyé seulement comme observateur, dans le but unique de s'assurer si les Anglais étaient prêts à évacuer Alexandrie. L'examen des plus secrets documents ne laisse pas le moindre doute à cet égard.

Sur quoi donc pouvait se fonder l'étrange violation du traité d'Amiens, relativement à Malte? Il ne faut, pour se l'expliquer, que se remettre en mémoire les événements écoulés depuis quinze mois.

Les Anglais, passionnés comme tous les grands peuples, souhaitaient en 1801, après dix ans de lutte, un instant de répit, et le souhaitaient avec ardeur, ainsi qu'on souhaite tout changement. Ce sentiment, rendu plus vif par la misère des classes ouvrières en 1801, devint l'une de ces impulsions qui, dans

Mai 1803.

les gouvernements libres, renversent ou élèvent les ministères. M. Pitt se retira; le faible ministère Addington lui succéda, et fit la paix à des conditions claires, parfaitement connues de sa nation et du monde. Il concéda les avantages acquis par la France depuis dix ans, car la paix était impossible à d'autres conditions. Après quelques mois, cette paix ne parut pas donner tout ce qu'on en attendait : est-il jamais arrivé que la réalité ait égalé l'espérance? Les Anglais virent la France, grande par la guerre, devenir grande par les négociations, grande par les travaux de l'industrie et du commerce. La jalousie s'enflamma de nouveau dans leur cœur. Ils demandèrent un traité de commerce, que le Premier Consul refusa, convaincu que les manufactures françaises, récemment créées, ne pouvaient vivre sans une forte protection. Néanmoins, les manufacturiers anglais étaient satisfaits, parce que la contrebande leur ouvrait encore d'assez grands débouchés. Mais le haut commerce de Londres, effrayé de la concurrence dont le menaçaient les pavillons français, espagnol, hollandais, génois, reparus sur les mers, privé des bénéfices des emprunts, lié avec MM. Pitt, Windham, Grenville, le haut commerce de Londres devint hostile, plus hostile que l'aristocratie anglaise elle-même. Il avait d'intimes relations avec la Hollande, et se plaignit vivement de l'empire que la France exerçait sur cette contrée. Une contre-révolution s'étant faite en Suisse, par la bonne foi même du Premier Consul, trop pressé d'évacuer cette contrée, il fallut y rentrer. Ce fut un nouveau prétexte. Bientôt le déchaînement fut au comble; et le parti de la guerre, composé du haut commerce, ayant à sa tête M. Pitt, absent du Parlement, et les Grenville, présents à toutes les discussions, poussa visiblement à une rupture. La presse britannique se livra au plus affreux déchaînement. La presse des émigrés français en profita pour dépasser de beaucoup toutes les violences des feuilles anglaises.

Malheureusement un ministère faible, voulant la paix, mais craignant le parti de la guerre, effrayé du bruit qui s'élevait à l'occasion de la Suisse, commit la faute de contremander l'évacuation de Malte. Dès cet instant, la paix fut irrévocablement sacrifiée; car cette riche proie de Malte une fois indiquée à l'ambition anglaise, il n'était plus possible de la lui refuser. La promptitude et la modération de l'intervention française en Suisse, ayant fait évanouir le grief qu'on en tirait, le cabinet britannique aurait bien voulu évacuer Malte; mais il ne l'osait plus. Le Premier Consul le somma, dans le langage de la justice et de l'orgueil blessé, d'exécuter le traité d'Amiens; et, de sommations en sommations, on fut conduit à la déplorable rupture que nous venons de raconter.

Ainsi l'aristocratie commerciale anglaise, bien plus active en cette circonstance que la vieille aristocratie nobiliaire, liguée avec les ambitieux du parti tory, aidée des émigrés français, mal contenue par un ministère débile, cette aristocratie commerciale et ses associés, excitant, provoquant un caractère impétueux, plein du double sentiment de sa force et de la justice de sa cause, tels sont les véritables auteurs de la guerre. Nous croyons être véridiques et justes en les signalant sous ces traits à la postérité, qui, du reste, pèsera nos torts à tous, dans des balances plus sûres que les nôtres, plus sûres, nous en convenons, parce qu'elle les tiendra d'une main froide et insensible.

FIN DU LIVRE SEIZIÈME.

LIVRE DIX-SEPTIÈME.

CAMP DE BOULOGNE.

Message du Premier Consul aux grands corps de l'État, et réponse à ce message. — Paroles de M. de Fontanes. — Violences de la marine anglaise à l'égard du commerce français. — Représailles. — Les communes et les départements, par un mouvement spontané, offrent au gouvernement des bateaux plats, des frégates, des vaisseaux de ligne. — Enthousiasme général. — Ralliement de la marine française dans les mers d'Europe. — État dans lequel la guerre place les colonies.— Suite de l'expédition de Saint-Domingue. — Invasion de la fièvre jaune. — Destruction de l'armée française. — Mort du capitaine général Leclerc. — Insurrection des noirs. — Ruine définitive de la colonie de Saint-Domingue. — Retour des escadres. — Caractère de la guerre entre la France et l'Angleterre. — Forces comparées des deux pays. — Le Premier Consul se résout hardiment à tenter une descente. — Il la prépare avec une activité extraordinaire. — Constructions dans les ports, et dans le bassin intérieur des rivières. — Formation de six camps de troupes, depuis le Texel jusqu'à Bayonne. — Moyens financiers. — Le Premier Consul ne veut pas recourir à l'emprunt. — Vente de la Louisiane. — Subsides des alliés. — Concours de la Hollande, de l'Italie et de l'Espagne. — Incapacité de l'Espagne. — Le Premier Consul la dispense de l'exécution du traité de Saint-Ildephonse, à condition d'un subside. — Occupation d'Otrante et du Hanovre. — Manière de penser de toutes les puissances, au sujet de la nouvelle guerre. — L'Autriche, la Prusse, la Russie. — Leurs anxiétés et leurs vues. — La Russie prétend limiter les moyens des puissances belligérantes. — Elle offre sa médiation, que le Premier Consul accepte avec un empressement calculé. — L'Angleterre répond froidement aux offres de la Russie. — Pendant ces pourparlers, le Premier Consul part pour un voyage sur les côtes de France, afin de presser les préparatifs de sa grande expédition. — Madame Bonaparte l'accompagne. — Le travail le plus actif mêlé à des pompes royales. — Amiens, Abbeville, Boulogne. — Moyens imaginés par le Premier Consul, pour transporter une armée de Calais à Douvres. — Trois espèces de bâtiments. — Leurs qualités et leurs défauts. — Flottille de guerre et flottille de transport. — Immense établissement maritime élevé à Boulogne par enchantement. — Projet de concentrer deux mille bâtiments à Boulogne, quand les constructions auront été achevées dans les ports et les rivières. — Préférence

CAMP DE BOULOGNE.   345

donnée à Boulogne sur Dunkerque et Calais. — Le détroit, ses vents et ses courants. — Creusement des ports de Boulogne, Étaples, Wimereux et Ambleteuse. — Ouvrages destinés à protéger le mouillage. — Distribution des troupes le long de la mer. — Leurs travaux et leurs exercices militaires. — Le Premier Consul, après avoir tout vu et tout réglé, quitte Boulogne, pour visiter Calais, Dunkerque, Ostende, Anvers. — Projets sur Anvers. — Séjour à Bruxelles. — Concours dans cette ville des ministres, des ambassadeurs, des évêques. — Le cardinal Caprara en Belgique. — Voyage à Bruxelles de M. Lombard, secrétaire du roi de Prusse. — Le Premier Consul cherche à rassurer le roi Frédéric-Guillaume par de franches communications. — Retour à Paris. — Le Premier Consul veut en finir de la médiation de la Russie, et annonce une guerre à outrance contre l'Angleterre. — Il veut enfin obliger l'Espagne à s'expliquer, et à exécuter le traité de Saint-Ildephonse, en lui laissant le choix des moyens. — Conduite étrange du prince de la Paix. — Le Premier Consul fait une démarche auprès du roi d'Espagne, pour lui dénoncer ce favori et ses turpitudes. — Triste abaissement de la cour d'Espagne. — Elle se soumet, et promet un subside. — Continuation des préparatifs de Boulogne. — Le Premier Consul se dispose à exécuter son entreprise dans l'hiver de 1803. — Il se crée un pied-à-terre près de Boulogne, au Pont-de-Briques, et y fait des apparitions fréquentes. — Réunion dans la Manche de toutes les divisions de la flottille. — Brillants combats des chaloupes canonnières contre des bricks et des frégates. — Confiance acquise dans l'expédition. — Intime union des matelots et des soldats. — Espérance d'une exécution prochaine. — Événements imprévus qui rappellent un moment l'attention du Premier Consul sur les affaires intérieures.

Juin 1803.

Le goût de la guerre qu'on devait naturellement supposer au Premier Consul, l'aurait rendu suspect à l'opinion publique en France, et fait accuser peut-être de trop de précipitation à rompre, si l'Angleterre, par la violation manifeste du traité d'Amiens, ne s'était chargée de le justifier complétement. Mais il était évident, pour tous les esprits, qu'elle n'avait pas résisté à la tentation de s'approprier Malte, et de se procurer ainsi une compensation peu légitime de notre grandeur. On acceptait donc la rupture comme une nécessité d'hon-

Le renouvellement de la guerre imputé en France à l'Angleterre seule.

neur et d'intérêt, bien qu'on ne se fît aucune illusion sur ses conséquences. On savait que la guerre avec l'Angleterre pouvait toujours devenir la guerre avec l'Europe; que sa durée était aussi incalculable que son étendue, car il n'était pas facile d'aller la terminer à Londres, comme on allait terminer aux portes de Vienne une querelle avec l'Autriche. Elle devait porter de plus un dommage mortel au commerce, car les mers ne pouvaient manquer d'être bientôt fermées. Cependant deux considérations en diminuaient beaucoup le chagrin pour la France. Sous un chef tel que Napoléon, la guerre n'était plus le signal de nouveaux désordres intérieurs, et on se flattait, en outre, d'assister peut-être à quelque merveille de son génie, qui terminerait d'un seul coup la longue rivalité des deux nations.

Le Premier Consul, qui en cette occasion voulut garder de grands ménagements pour l'opinion publique, se conduisit comme on aurait pu le faire dans le gouvernement représentatif le plus anciennement établi. Il convoqua le Sénat, le Corps Législatif, le Tribunat, et leur communiqua les pièces de la négociation qui méritaient d'être connues. Il pouvait, en effet, se dispenser de toute dissimulation, car, sauf quelques mouvements de vivacité, il n'avait au fond rien à se reprocher. Ces trois corps de l'État répondirent à la démarche du Premier Consul, par l'envoi de députations, chargées d'apporter au gouvernement l'approbation la plus complète. Un homme qui excellait dans

cette éloquence étudiée et solennelle, qui sied bien
à la tête des grandes assemblées, M. de Fontanes,
récemment introduit dans le Corps Législatif par
l'influence de la famille Bonaparte, vint exprimer
au Premier Consul les sentiments de ce corps, et
le fit en termes dignes d'être recueillis par l'histoire.

« La France, dit-il, est prête encore à se couvrir
» de ces armes qui ont vaincu l'Europe... Malheur
» au gouvernement ambitieux qui voudrait nous
» rappeler sur le champ de bataille, et qui, enviant
» à l'humanité un si court intervalle de repos, la re-
» plongerait dans les calamités dont elle est à peine
» sortie!.... L'Angleterre ne pourrait plus dire qu'elle
» défend les principes conservateurs de la société
» menacée dans ses fondements; c'est nous qui pour-
» rons tenir ce langage, si la guerre se rallume;
» c'est nous qui vengerons alors les droits des peu-
» ples et la cause de l'humanité, en repoussant
» l'injuste attaque d'une nation qui négocie pour
» tromper, qui demande la paix pour recommencer
» la guerre, et ne signe de traités que pour les rom-
» pre.... N'en doutons pas, si le signal est une fois
» donné, la France se ralliera par un mouvement
» unanime autour du héros qu'elle admire. Tous les
» partis qu'il tient en silence autour de lui, ne dis-
» puteront plus que de zèle et de courage. Tous
» sentent qu'ils ont besoin de son génie, et recon-
» naissent que seul il peut porter le poids et la gran-
» deur de nos nouvelles destinées....

» Citoyen Premier Consul, le peuple français ne
» peut avoir que de grandes pensées et des senti-

Juin 1803.

Belles paroles de M. de Fontanes.

» ments héroïques comme les vôtres. Il a vaincu
» pour avoir la paix ; il la désire comme vous, mais
» comme vous il ne craindra jamais la guerre. L'An-
» gleterre, qui se croit si bien protégée par l'Océan,
» ne sait-elle pas que le monde voit quelquefois pa-
» raître des hommes rares, dont le génie exécute ce
» qui, avant eux, paraissait impossible? Et si l'un
» de ces hommes avait paru, devrait-elle le provo-
» quer imprudemment, et le forcer à obtenir de sa
» fortune tout ce qu'il a droit d'en attendre? Un
» grand peuple est capable de tout avec un grand
» homme, dont il ne peut jamais séparer sa gloire,
» ses intérêts et son bonheur. »

A ce langage brillant et apprêté, on ne pouvait plus sans doute reconnaître l'enthousiasme de quatre-vingt-neuf, mais on y sentait la confiance immense que tout le monde éprouvait pour le héros qui avait en main les destinées de la France, et duquel on attendait l'humiliation ardemment désirée de l'Angleterre. Une circonstance, d'ailleurs facile à prévoir, accrut singulièrement l'indignation publique. Presque au moment du départ des deux ambassadeurs, et avant toute manifestation régulière, on apprit que les vaisseaux de la marine royale anglaise couraient sur le commerce français. Deux frégates avaient enlevé, dans la baie d'Audierne, des vaisseaux marchands qui cherchaient un refuge à Brest. Bientôt à ces premiers actes vinrent s'en ajouter beaucoup d'autres, dont la nouvelle arriva de tous les ports. C'était une violence peu conforme au droit des gens. Il y avait une stipulation formelle à ce sujet dans le dernier traité signé entre l'Amérique et la France (30 septembre 1800, — art. 8); il n'y avait rien de pareil, il est vrai, dans le traité d'Amiens. Ce traité ne stipulait, en cas de rupture, aucun délai pour commencer les hostilités contre le commerce. Mais ce délai résultait des principes moraux du droit des gens, placés bien au-dessus de toutes les stipulations écrites des nations. Le Premier Consul, que cette situation nouvelle ramenait à toute l'ardeur de son caractère, voulut user de représailles à l'instant même, et rédigea un arrêté par lequel il déclarait prisonniers de guerre, tous les Anglais voyageant en France, au moment de la rupture. Puisqu'on voulait, disait-il, faire retomber sur de simples marchands, innocents de la politique de leur gouvernement, les conséquences de cette politique, il était autorisé à rendre la pareille, et à s'assurer des moyens d'échange, en constituant prisonniers les sujets britanniques, actuellement arrêtés sur le sol français. Cette mesure, quoique motivée par la conduite de la Grande-Bretagne, présentait cependant un caractère de rigueur qui pouvait inquiéter l'opinion publique, et faire craindre le retour des violences de la dernière guerre. M. Cambacérès insista fortement auprès du Premier Consul, et obtint la modification des dispositions projetées. Grâce à ses efforts ces dispositions ne s'appliquèrent qu'aux sujets britanniques qui servaient dans les milices, ou qui avaient une commission quelconque de leur gouvernement. Du reste, ils ne furent pas enfermés,

Juin 1803.

Le Premier Consul fait arrêter tous les Anglais voyageant en France.

Juin 1803.

Élan général en France, et empressement à faire des dons volontaires pour la construction des bateaux plats.

mais simplement prisonniers sur parole, dans diverses places de guerre.

Une vive commotion fut bientôt imprimée à toute la France. Depuis le dernier siècle, c'est-à-dire depuis que la marine anglaise avait paru prendre l'avantage sur la nôtre, l'idée de terminer par une invasion la rivalité maritime des deux peuples, était entrée dans tous les esprits. Louis XVI et le Directoire avaient fait des préparatifs de descente. Le Directoire notamment avait entretenu, pendant plusieurs années, un certain nombre de bateaux plats sur les côtes de la Manche, et on doit se souvenir qu'en 1801, un peu avant la signature des préliminaires de paix, l'amiral Latouche-Tréville avait repoussé les efforts réitérés de Nelson, pour enlever à l'abordage la flottille de Boulogne. C'était une sorte de tradition devenue populaire, qu'avec des bateaux plats on pouvait transporter une armée de Calais à Douvres. Par un mouvement tout à fait électrique, les départements et les grandes villes, chacun suivant ses moyens, offrirent au gouvernement des bateaux plats, des corvettes, des frégates, même des vaisseaux de ligne. Le département du Loiret fut saisi le premier de cette patriotique pensée. Il s'imposa une somme de 300 mille francs pour construire et armer une frégate de 30 canons. A ce signal, les communes, les départements, et même les corporations répondirent par un élan universel. Les maires de Paris ouvrirent des souscriptions, couvertes bientôt d'une multitude de signatures. Parmi les modèles de bateaux proposés par la marine, il y en avait de dimensions différentes, coûtant depuis 8 mille jusqu'à 30 mille francs. Chaque localité pouvait, par conséquent, proportionner son zèle à ses moyens. De petites villes, telles que Coutances, Bernay, Louviers, Valogne, Foix, Verdun, Moissac, donnaient de simples bateaux plats, de la première ou de la seconde dimension. Les villes plus considérables votaient des frégates, et même des vaisseaux de haut bord. Paris vota un vaisseau de cent vingt canons, Lyon un vaisseau de cent, Bordeaux de quatre-vingts, Marseille de soixante-quatorze. Ces dons des grandes villes étaient indépendants de ceux que faisaient les départements; ainsi quoique Bordeaux eût offert un vaisseau de quatre-vingts, le département de la Gironde souscrivait pour 1,600 mille francs employables en constructions navales. Quoique Lyon eût donné un vaisseau de cent canons, le département du Rhône y ajoutait un don patriotique montant au huitième de ses contributions. Le département du Nord joignait un million au fonds voté par la ville de Lille. Les départements s'imposaient, en général, depuis 2 à 300 mille francs, jusqu'à 900 mille francs et un million. Quelques-uns apportaient leur concours en marchandises du pays propres à la marine. Le département de la Côte d'Or faisait hommage à l'État de 100 pièces de canon de gros calibre, qui devaient être fondues au Creuzot. Le département de Lot-et-Garonne délibérait une addition de 5 centimes à ses contributions directes, pendant les exercices de l'an XI et de l'an XII, pour être employés en toiles à voile achetées dans le pays. La République italienne, imitant cet élan, offrait au Premier Consul quatre millions de livres milanaises, pour construire deux frégates, appelées l'une *le Président*, l'autre *la République italienne*, plus douze chaloupes canonnières, portant le nom des douze départements italiens. Les grands corps de l'État ne voulurent pas rester en arrière, et le Sénat donna sur sa dotation un vaisseau de cent vingt canons. De simples maisons de commerce, comme la maison Barillon, des employés des finances, tels que les receveurs-généraux, par exemple, offrirent des bateaux plats. Une semblable ressource n'était pas à dédaigner, car on ne pouvait guère l'évaluer à moins de 40 millions. Comparée à un budget de 500 millions, elle avait une véritable importance. Jointe au prix de la Louisiane, qui était de 60 millions, à divers subsides obtenus des alliés, à l'augmentation naturelle du produit des impôts, elle allait dispenser le gouvernement de s'adresser à la ressource coûteuse, et presque impossible à cette époque, de l'emprunt en rentes.

Nous ferons bientôt connaître avec détail la création de cette flottille, capable de porter 150 mille hommes, 400 bouches à feu, 10 mille chevaux, et qui faillit un instant opérer la conquête de l'Angleterre. Pour le présent, il suffira de dire que la condition imposée par la marine à ces bateaux plats de toute dimension, était de ne pas tirer plus de 6 à 7 pieds d'eau. Désarmés, ils n'en tiraient pas plus de 3 ou 4. Ils pouvaient donc flotter sur toutes nos rivières, et les descendre jusqu'à leur embouchure, pour être ensuite réunis dans les ports de la Manche, en longeant les côtes. C'était un grand avantage, car nos ports n'auraient pu suffire, faute de chantiers, de bois, et d'ouvriers, à la construction de 1,500 ou 2 mille bâtiments, qu'il fallait achever en quelques mois. En construisant dans l'intérieur, la difficulté était levée. Les bords de la Gironde, de la Loire, de la Seine, de la Somme, de l'Oise, de l'Escaut, de la Meuse, du Rhin, se couvrirent de chantiers improvisés. Les ouvriers du pays, dirigés par des contre-maîtres de la marine, suffirent parfaitement à ces singulières créations, qui d'abord étonnèrent la population, quelquefois lui fournirent des sujets de raillerie, mais qui bientôt néanmoins devinrent pour l'Angleterre une cause d'alarmes sérieuses. A Paris, depuis la Rapée jusqu'aux Invalides, il y avait quatre-vingt-dix chaloupes canonnières sur chantier, à la construction desquelles étaient employés plus de mille travailleurs.

Juin 1803.

Le premier soin à prendre à l'occasion de la nouvelle guerre avec l'Angleterre, c'était de rallier notre marine, répandue dans les Antilles, et occupée à faire rentrer nos colonies sous l'autorité de la métropole. C'est à quoi le Premier Consul avait pensé tout d'abord. Il s'était pressé de rappeler nos escadres, en leur ordonnant de laisser à la Martinique, à la Guadeloupe, à Saint-Domingue, tout ce qu'elles pourraient en hommes, munitions et matériel. Les frégates et les bâtiments légers devaient rester seuls en Amérique. Mais il ne fallait pas s'abuser. La guerre

Dispersion des flottes françaises aux Antilles.

avec l'Angleterre, si elle ne pouvait pas nous enlever les petites Antilles, telles que la Guadeloupe et la Martinique, devait nous faire perdre la plus précieuse de toutes, celle à la conservation de laquelle on avait sacrifié une armée, nous voulons parler de Saint-Domingue.

On a vu le capitaine général Leclerc, après des opérations bien conduites et une assez grande perte d'hommes, devenu maître de la colonie, pouvant même se flatter de l'avoir rendue à la France, et Toussaint retiré dans son habitation d'Ennery, regardant le mois d'août comme le terme du règne des Européens sur la terre d'Haïti. Ce terrible noir prédisait juste, en prévoyant le triomphe du climat d'Amérique sur les soldats de l'Europe. Mais il ne devait pas jouir de ce triomphe, car il était destiné à succomber lui-même sous la rigueur de notre ciel. Tristes représailles de la guerre des races, acharnées à se disputer les régions de l'équateur!

A peine l'armée commençait-elle à s'établir qu'un fléau fréquent dans ces régions, mais plus meurtrier cette fois que jamais, vint frapper les nobles soldats de l'armée du Rhin et de l'Égypte, transportés aux Antilles. Soit que le climat, par un arrêt inconnu de la Providence, fût cette année plus destructeur que de coutume, soit que son action fût plus grande sur des soldats fatigués, accumulés en nombre considérable, formant un foyer d'infection plus puissant, la mort sévit avec une rapidité et une violence effrayantes. Vingt généraux furent enlevés presque en même temps; les officiers et les soldats succombèrent par milliers. Aux vingt-deux mille hommes arrivés en plusieurs expéditions, dont cinq mille avaient été mis hors de combat, cinq mille atteints de diverses maladies, le Premier Consul avait ajouté, vers la fin de 1802, une dizaine de mille hommes encore. Les nouveaux arrivés surtout furent frappés au moment même du débarquement. Quinze mille hommes au moins périrent en deux mois. L'armée resta réduite à neuf ou dix mille soldats, acclimatés, il est vrai, mais la plupart convalescents, et peu propres à reprendre immédiatement les armes.

Juin 1803.

Dès les premiers ravages de la fièvre jaune, Toussaint Louverture, enchanté de voir ses sinistres prédictions se réaliser, sentit renaître toutes ses espérances. Du fond de sa retraite d'Ennery, il se mit secrètement en correspondance avec ses affidés, leur ordonna de se tenir prêts, leur recommanda de l'informer exactement des progrès de la maladie, et particulièrement de l'état de santé du capitaine général, sur la tête duquel sa cruelle impatience appelait les coups du fléau. Ses menées n'étaient pas tellement cachées qu'il n'en parvînt quelques avis au capitaine général, et notamment aux généraux noirs. Ceux-ci se hâtèrent d'en avertir l'autorité française. Ils jalousaient Toussaint, tout en lui obéissant, et ce sentiment n'avait pas peu contribué à leur prompte soumission. Ces *noirs dorés*, comme les appelait le Premier Consul, étaient contents du repos, de l'opulence dont ils jouissaient. Ils n'avaient pas envie de recommencer la guerre, et ils craignaient de voir Toussaint, redevenu tout-puissant, leur faire

Joie et menées de Toussaint Louverture à l'apparition du fléau.

expier leur désertion. Ils firent donc une démarche auprès du général Leclerc, pour l'engager à se saisir de l'ancien dictateur. L'action sourde exercée par celui-ci, se révélait par un symptôme alarmant. Les nègres composant autrefois sa garde, et répandus dans les troupes coloniales passées au service de la métropole, quittaient les rangs pour retourner, disaient-ils, à la culture, et en réalité pour se jeter dans les mornes, autour d'Ennery. Le capitaine général, pressé entre un double danger, d'un côté la fièvre jaune qui détruisait son armée, de l'autre la révolte qui s'annonçait de toute part, ayant de plus les instructions du Premier Consul, qui lui enjoignaient, au premier signe de désobéissance, de se débarrasser des chefs noirs, résolut de faire arrêter Toussaint. D'ailleurs les lettres interceptées de celui-ci l'y autorisaient suffisamment. Mais il fallait recourir à la dissimulation pour saisir ce chef puissant, entouré déjà d'une armée d'insurgés. On lui demanda conseil sur les moyens de faire rentrer les nègres échappés des cultures, et sur le choix des stations les plus propres à rétablir la santé de l'armée. C'était le vrai moyen d'attirer Toussaint à une entrevue, que d'exciter ainsi sa vanité. — Vous le voyez bien, s'écria-t-il, ces blancs ne peuvent se passer du vieux Toussaint. — Il se transporta, en effet, au lieu du rendez-vous, entouré d'une troupe de noirs. A peine arrivé, il fut assailli, désarmé, et conduit prisonnier à bord d'un vaisseau. Surpris, honteux, et cependant résigné, il ne proféra que cette grande parole : En me renversant on n'a renversé que le tronc de l'arbre de la liberté des noirs; mais les racines restent; elles repousseront, parce qu'elles sont profondes et nombreuses. — On l'envoya en Europe, où il fut gardé dans le fort de Joux.

Malheureusement l'esprit d'insurrection s'était propagé chez les noirs; il était rentré dans leurs cœurs avec la défiance des projets des blancs, et avec l'espérance de les vaincre. La nouvelle de ce qu'on avait fait à la Guadeloupe, où l'esclavage venait d'être rétabli, s'était répandue à Saint-Domingue, et y avait produit une impression extraordinaire. Quelques paroles, prononcées à la tribune du Corps Législatif en France, sur le rétablissement de l'esclavage aux Antilles, paroles qui n'étaient applicables qu'à la Martinique et à la Guadeloupe, mais qu'on pouvait, avec un peu de défiance, étendre à Saint-Domingue, avaient contribué à inspirer aux noirs la conviction qu'on songeait à les remettre en servitude. Depuis les simples cultivateurs, jusqu'aux généraux, l'idée de retomber sous l'esclavage les faisait frémir d'indignation. Quelques officiers noirs, plus humains, plus dignes de leur nouvelle fortune, tels que Laplume, Clervaux, Christophe même, qui, n'aspirant pas comme Toussaint à être dictateurs de l'île, s'accommodaient parfaitement de la domination de la métropole, pourvu qu'elle respectât la liberté de leur race, s'exprimèrent avec une chaleur qui ne permettait aucun doute sur leurs sentiments. — Nous voulons, disaient-ils, rester Français et soumis, servir la mère-patrie fidèlement, car nous ne désirons pas recommencer

Juin 1803.

L'esprit de révolte devenu général chez les nègres, en apprenant le rétablissement de l'esclavage à la Guadeloupe.

Dispositions des généraux noirs.

une vie de brigandage ; mais si la métropole veut refaire des esclaves de nos frères ou de nos enfants, il faut qu'elle se décide à nous égorger jusqu'au dernier. — Le général Leclerc, dont la loyauté les touchait, les rassurait bien pour quelques jours, quand il répondait sur l'honneur que les intentions prêtées aux blancs étaient une imposture ; mais au fond la défiance était incurable. Quoi que fît le général en chef, il lui était impossible de la calmer. Si Laplume et Clervaux, rattachés de bonne foi à la métropole, raisonnaient comme nous venons de le dire, Dessalines, véritable monstre, tel qu'en peuvent former l'esclavage et la révolte, ne songeait qu'à pousser, avec une profonde perfidie, les noirs sur les blancs, les blancs sur les noirs, à irriter les uns par les autres, à triompher au milieu du massacre général, et à remplacer Toussaint Louverture, dont il avait le premier demandé l'arrestation.

Dans cette affreuse perplexité, le capitaine général n'ayant plus qu'une faible partie de son armée, dont chaque jour il voyait périr les restes, menacé en même temps par une insurrection prochaine, crut devoir ordonner le désarmement des nègres. La mesure paraissait raisonnable et nécessaire. Les chefs noirs de bonne foi, comme Laplume et Clervaux, l'approuvaient ; les chefs noirs animés d'intentions perfides, comme Dessalines, la provoquaient avec ardeur. On y procéda sur-le-champ, et il fallut une véritable violence pour y réussir. Beaucoup de nègres s'enfuirent dans les mornes, d'autres se laissèrent torturer, plutôt que de rendre ce qu'ils regardaient comme leur liberté même, c'est-à-dire leur fusil. Les officiers noirs, en particulier, se montraient impitoyables dans ce genre de recherches. Ils faisaient fusiller les hommes de leur couleur; et agissaient ainsi, les uns pour prévenir la guerre, les autres au contraire pour l'exciter. On retira néanmoins par ces moyens environ trente mille fusils, la plupart de fabrique anglaise, et achetés par la prévoyance de Toussaint. Ces rigueurs excitèrent des insurrections dans le nord, dans l'ouest, aux environs du Port-au-Prince. Le neveu de Toussaint, Charles Belair, noir qui avait une certaine supériorité sur ses pareils, par ses mœurs, son esprit, ses lumières, et que par ces motifs son oncle voulait faire son successeur, Charles Belair, irrité de quelques exécutions commises dans le département de l'ouest, se jeta dans les mornes, en levant le drapeau de la révolte. Dessalines, résidant à Saint-Marc, demanda très-vivement à être chargé de le poursuivre; et trouvant ici la double occasion de montrer ce zèle trompeur qu'il affectait, et de se venger d'un rival qui lui avait causé de grands ombrages, il dirigea contre Charles Belair une guerre acharnée. Il parvint à le prendre avec sa femme, et les envoya l'un et l'autre devant une commission militaire, qui fit fusiller ces deux infortunés. Dessalines s'excusait d'une telle conduite auprès des noirs, en alléguant l'impitoyable volonté des blancs, et n'en profitait pas moins de l'occasion pour détruire un rival abhorré. Tristes atrocités qui prouvent que les passions du cœur humain sont partout les mêmes, et que le climat, le temps, les traits du visage ne

Juin 1803

Exécution de Charles Belair.

font pas l'homme sensiblement différent! Tout conduisait donc à la révolte des noirs, et la sombre défiance qui s'était emparée d'eux, et les rigoureuses précautions qu'il fallait prendre à leur égard, et les féroces passions qui les divisaient, passions qu'on était obligé de souffrir, et souvent même d'employer.

A ces malheurs de situation se joignirent des fautes, dues à la confusion, que la maladie, le danger surgissant partout à la fois, la difficulté de communiquer d'une partie de l'île à l'autre, commençaient à introduire dans la colonie. Le général Boudet avait été tiré du Port-au-Prince, pour être envoyé aux îles du Vent, afin d'y remplacer Richepanse, mort de la fièvre jaune. On lui substitua le général Rochambeau, brave militaire, aussi intelligent qu'intrépide, mais ayant contracté dans les colonies, où il avait servi, tous les préjugés des créoles qui les habitaient. Il haïssait les mulâtres, comme faisaient les anciens colons eux-mêmes. Il les trouvait dissolus, violents, cruels, et disait qu'il aimait mieux les noirs parce que ceux-ci étaient, selon lui, plus simples, plus sobres, plus durs à la guerre. Le général Rochambeau, commandant au Port-au-Prince et dans le sud, où abondaient les mulâtres, leur témoigna, aux approches de l'insurrection, autant de défiance qu'aux noirs, et en incarcéra un grand nombre. Ce qu'il fit de plus irritant pour eux, ce fut de renvoyer le général Rigaud, ancien chef des mulâtres, long-temps le rival et l'ennemi de Toussaint, vaincu et expulsé par lui, profitant naturellement de la victoire des blancs, pour revenir à

Saint-Domingue, et devant y espérer un bon accueil. Mais la faute que les blancs avaient commise au commencement de la révolution de Saint-Domingue, en ne s'alliant point avec les gens de couleur, ils la commirent encore à la fin. Le général Rochambeau repoussa Rigaud, et lui ordonna de se rembarquer pour les États-Unis. Les mulâtres, offensés, désolés, tendirent dès lors à s'unir aux noirs; ce qui était très-fâcheux, surtout dans le sud, où ils dominaient.

Juin 1803.

Ces causes réunies rendirent générale l'insurrection, qui n'était d'abord que partielle. Dans le nord, Clervaux, Maurepas, Christophe, s'enfuirent dans les mornes, non sans exprimer des regrets, mais entraînés par un sentiment plus fort qu'eux, l'amour de leur liberté menacée. Dans l'ouest, le barbare Dessalines, jetant enfin le masque, se joignit aux révoltés. Dans le sud, les mulâtres, unis aux noirs, se mirent à ravager cette belle province, jusque-là demeurée intacte et florissante comme dans les plus beaux temps. Il ne restait de fidèle que le noir Laplume, définitivement rattaché à la métropole, et la préférant au barbare gouvernement des hommes de sa couleur.

Insurrection générale des noirs.

Désertion de Clervaux, Christophe et Dessalines.

L'armée française, réduite à huit ou dix mille hommes, à peine en état de servir, ne possédait plus dans le nord que le Cap et quelques positions environnantes, dans l'ouest, le Port-au-Prince et Saint-Marc, dans le sud, Les Cayes, Jérémie, Tiburon. Les angoisses du malheureux Leclerc étaient extrêmes. Il avait avec lui sa femme, qu'il venait d'envoyer dans l'île de la Tortue, pour la sauver de la peste. Il avait vu mourir le sage et habile M. Benezech, quelques-uns des généraux les plus distingués des armées du Rhin et d'Italie; il venait d'apprendre la mort de Richepanse; il assistait chaque jour à la fin de ses plus vaillants soldats, sans pouvoir les secourir, et sentait approcher l'instant où il ne pourrait plus défendre contre les noirs la petite partie du littoral qui lui restait encore. Tourmenté par ces désolantes réflexions, il était plus exposé qu'un autre aux atteintes du mal qui détruisait l'armée. En effet, il fut saisi à son tour, et après une courte maladie, qui, prenant le caractère d'une fièvre continue, finit par lui enlever toutes ses forces, il expira, ne cessant de tenir un noble langage, et ne paraissant occupé que de sa femme et de ses compagnons d'armes, qu'il laissait dans une affreuse situation. Il mourut en novembre 1802.

Le général Rochambeau prit le commandement, comme le plus ancien. Ce n'étaient ni la bravoure, ni les talents militaires, qui manquaient à ce nouveau gouverneur de la colonie, mais la prudence, le sang-froid d'un chef étranger aux passions des tropiques. Le général Rochambeau prétendit réprimer partout l'insurrection, mais il n'était plus temps. C'est tout au plus si en concentrant ses forces au Cap, et abandonnant l'ouest et le sud, il aurait pu se soutenir. Voulant faire face sur tous les points à la fois, il ne put faire sur tous que des efforts énergiques et impuissants. Il était revenu au Cap pour se saisir de l'autorité. Il y arriva dans le moment où Christophe, Clervaux, et les chefs noirs du nord, essayaient d'attaquer et d'enlever cette capitale de l'île. Le général Rochambeau avait pour la défendre quelques centaines de soldats, et la garde nationale du Cap, composée de propriétaires, braves comme tous les hommes de ces contrées. Déjà Christophe et Clervaux avaient enlevé l'un des forts ; le général Rochambeau le reprit, avec un rare courage, secondé par l'énergie de la garde nationale, et se comporta si bien que les noirs, croyant qu'une armée de renfort était arrivée dans l'île, battirent en retraite. Mais, pendant cette héroïque défense, il se passait une scène affreuse dans la rade. On avait envoyé à bord des vaisseaux douze cents noirs environ, ne sachant comment les garder à terre, et ne voulant pas donner ce renfort à l'ennemi. Les équipages, décimés par la maladie, étaient plus faibles que leurs prisonniers. Au bruit de l'attaque du Cap, craignant d'être égorgés par eux, ils en jetèrent ; nous avons horreur de le dire, ils en jetèrent une partie dans les flots. Au même instant, dans le sud de l'île, on faisait subir un traitement pareil à un mulâtre, nommé Bardet, et on le noyait par une injuste et atroce défiance. Dès ce jour les mulâtres, encore incertains, se joignirent aux nègres, égorgèrent les blancs, et achevèrent de ravager la belle province du sud.

<small>Juin 1803.</small>

<small>Attaque et défense du Cap.</small>

Terminons ces lugubres récits dans lesquels l'histoire n'a plus rien d'utile à recueillir. A l'époque du renouvellement de la guerre entre la France et la Grande-Bretagne, les Français enfermés au Cap, au Port-au-Prince, aux Cayes, se défendaient à peine contre les noirs et les mulâtres coalisés. La nouvelle

<small>État désespéré de la colonie, au moment du renouvellement de la guerre entre la France et la Grande-Bretagne.</small>

Juin 1803.

Pertes causées à la France par l'expédition de Saint-Domingue.

de la guerre européenne vint ajouter à leur désespoir. Ils n'avaient qu'à choisir entre les noirs devenus plus féroces que jamais, et les Anglais attendant qu'ils fussent obligés de se rendre à eux, pour les envoyer prisonniers en Angleterre, après les avoir dépouillés des débris de leur fortune.

De trente à trente-deux mille hommes envoyés par la métropole, il en restait à la fin sept à huit. Plus de vingt généraux avaient péri, parmi lesquels Richepanse, le plus regrettable de tous. Dans le moment, Toussaint Louverture, sinistre prophète, qui avait prédit et souhaité tous ces maux, mourait de froid en France, prisonnier au fort de Joux, tandis que nos soldats succombaient sous les traits d'un soleil dévorant. Déplorable compensation que la mort d'un noir de génie, pour la perte de tant de blancs héroïques!

Tel fut le sacrifice fait par le Premier Consul à l'ancien système commercial de la France, sacrifice qui lui a été amèrement reproché. Cependant pour juger sainement les actes des chefs de gouvernement, il faut toujours tenir compte des circonstances sous l'empire desquelles ils ont agi. Quand la paix était faite avec le monde entier, quand les idées du vieux commerce revenaient comme un torrent, quand à Paris, et dans tous les ports, des négociants, des colons ruinés, invoquaient à grands cris le rétablissement de notre prospérité commerciale, quand ils demandaient qu'on nous rendît une possession qui faisait autrefois la richesse et l'orgueil de l'ancienne monarchie, quand des milliers d'officiers, voyant avec chagrin leur carrière interrompue par la paix, offraient de servir partout où l'on aurait besoin de leurs bras, était-il possible de refuser aux regrets des uns, à l'activité des autres, l'occasion de restaurer le commerce de la France? Que n'a pas fait l'Angleterre pour conserver le nord de l'Amérique? l'Espagne, pour en conserver le sud? Que ne ferait pas la Hollande pour conserver Java? Les peuples ne laissent jamais échapper aucune grande possession, sans essayer de la retenir, n'eussent-ils aucune chance de succès. Nous verrons si la guerre d'Amérique aura servi de leçon aux Anglais, et s'ils n'essaieront pas de défendre le Canada, le jour où cette colonie du nord cédera au penchant bien naturel qui l'attire vers les États-Unis.

Le Premier Consul avait rappelé en Europe toutes nos flottes, sauf les frégates et les bâtiments légers. Elles étaient toutes rentrées dans nos ports, une seule exceptée, forte de cinq vaisseaux, obligée de relâcher à la Corogne. Un sixième vaisseau s'était réfugié à Cadix. Il fallait réunir ces éléments épars, pour entreprendre une lutte corps à corps avec la Grande-Bretagne.

C'était une tâche difficile, même pour le gouvernement le plus habile et le plus solidement établi, que de lutter contre l'Angleterre. Assurément, il était aisé au Premier Consul de se mettre à l'abri de ses coups; mais il était tout aussi aisé à l'Angleterre de se mettre à l'abri des siens. L'Angleterre et la France avaient conquis un empire presque égal, la première sur mer, la seconde sur terre. Les hostilités commencées, l'Angleterre allait déployer son pavillon dans les deux hémisphères, prendre quelques colonies hollandaises ou espagnoles, peut-être, mais plus difficilement, quelques colonies françaises. Elle allait interdire la navigation à tous les peuples, et se l'arroger exclusivement; mais par elle-même, elle ne pouvait rien de plus. Une apparition de troupes anglaises sur le continent ne lui aurait procuré qu'un désastre semblable à celui du Helder en 1799. La France, de son côté, pouvait, ou par force ou par influence, interdire à l'Angleterre les abords du littoral européen, depuis Copenhague jusqu'à Venise; la réduire à ne toucher qu'aux rivages de la Baltique, pour faire descendre, des hauteurs du Pôle, les denrées coloniales dont elle devenait pendant la guerre l'unique dépositaire. Mais dans cette lutte de deux grandes puissances, qui dominaient chacune sur l'un des deux éléments, sans avoir le moyen d'en sortir pour se joindre, il était à craindre qu'elles ne fussent réduites à se menacer sans se frapper, et que le monde, foulé par elles, ne finît par se révolter contre l'une ou contre l'autre, afin de se soustraire aux suites de cette affreuse querelle. Dans une pareille situation, le succès devait appartenir à celle qui saurait sortir de l'élément où elle régnait, pour atteindre sa rivale, et si cet effort devenait impossible, à celle qui saurait rendre sa cause assez populaire dans l'univers, pour le mettre de son parti. S'attacher les nations était difficile à toutes deux; car l'Angleterre, pour s'arroger le monopole du commerce, était réduite à tourmenter les neutres, et la France, pour fermer le continent au commerce de l'Angleterre, était réduite à violenter toutes les puissances de l'Europe. Il fallait donc, si on voulait vaincre l'Angleterre, résoudre l'un de ces problèmes : ou franchir l'Océan et marcher sur Londres, ou dominer le continent, et l'obliger, soit par la force, soit par la politique, à refuser tous les produits britanniques ; réaliser, en un mot, la descente, ou le blocus continental. On verra dans le cours de cette histoire, par quelle suite d'événements Napoléon fut successivement amené de la première de ces entreprises à la seconde ; par quel enchaînement de prodiges il approcha d'abord du but, presque jusqu'à l'atteindre ; par quelle combinaison de fautes et de malheurs il s'en éloigna ensuite, et finit par succomber. Heureusement, avant d'en arriver à ce terme déplorable, la France a fait de telles choses, qu'une nation à qui la Providence a permis de les accomplir, reste éternellement glorieuse, et peut-être la plus grande des nations.

{Juin 1803.}

{La lutte entre les deux nations devait aboutir ou à une descente ou au blocus continental.}

Ce sont là les proportions que devait prendre inévitablement cette guerre entre la France et la Grande-Bretagne. Elle avait été, de 1792 à 1801, la lutte du principe démocratique contre le principe aristocratique ; sans cesser d'avoir ce caractère, elle allait devenir, sous Napoléon, la lutte d'un élément contre un autre élément, avec bien plus de difficulté pour nous que pour les Anglais ; car le continent entier, par haine de la révolution française, par jalousie de notre puissance, devait haïr la France beaucoup plus que les neutres ne détestaient l'Angleterre.

Avec son regard perçant, le Premier Consul aper-

{Napoléon}

Juin 1803.

forme le projet de tenter une descente en Angleterre.

çut bientôt la portée de cette guerre, et il prit sa résolution sans hésiter. Il forma le projet de franchir le détroit de Calais avec une armée, et de terminer dans Londres même la rivalité des deux nations. On va le voir pendant trois années consécutives, appliquant toutes ses facultés à cette prodigieuse entreprise, et demeurant calme, confiant, heureux même, tant il était plein d'espérance, en présence d'une tentative qui devait le conduire, ou à être le maître absolu du monde, ou à s'engloutir, lui, son armée, sa gloire, au fond de l'Océan.

Quelles étaient les forces navales de la France et de l'Angleterre en 1803.

On dira peut-être que Louis XIV et Louis XVI n'avaient pas été réduits à de telles extrémités pour combattre l'Angleterre, et que de nombreuses flottes se disputant les plaines de l'Océan, y avaient suffi. Mais nous répondrons qu'aux dix-septième et dix-huitième siècles, l'Angleterre n'avait pas encore, en s'emparant du commerce universel, acquis la plus grande population maritime du globe, et que les moyens des deux marines étaient beaucoup moins inégaux. Le Premier Consul était décidé à faire d'immenses efforts pour relever la marine française; mais il doutait beaucoup du succès, bien qu'il possédât une vaste étendue de rivages, bien qu'il eût à sa disposition les ports et les chantiers de la Hollande, de la Belgique, de l'ancienne France et de l'Italie. Nous ne citons pas ceux de l'Espagne, alors trop indignement gouvernée pour être une alliée utile. Il n'avait guère, en comptant toutes ses forces navales actuellement réunies en Europe, plus de 50 vaisseaux de ligne à mettre en mer dans le courant de l'année. Il pouvait s'en procurer 4 ou 5 en Hollande, 20 ou 22 à Brest, 2 à Lorient, 6 à La Rochelle, 5 en relâche à la Corogne, un à Cadix, 10 ou 12 à Toulon, total 50 environ. Avec les bois dont son vaste empire était couvert, et qui arrivaient, en descendant les fleuves, aux chantiers de la Hollande, des Pays-Bas et de l'Italie, il pouvait construire 50 autres vaisseaux de ligne, et faire porter par cent vaisseaux son glorieux pavillon tricolore. Mais il fallait plus de 100 mille matelots pour les armer, et il en possédait à peine 60 mille. L'Angleterre allait avoir 75 vaisseaux de ligne tout prêts à prendre la mer; il lui était facile de porter son armement total à 120, avec le nombre de frégates et de petits bâtiments qu'un tel armement suppose. Elle y pouvait embarquer 120 mille matelots, et davantage encore, si, renonçant à ménager les neutres, elle exerçait la presse sur leurs bâtiments de commerce. Elle possédait, en outre, des amiraux expérimentés, confiants, parce qu'ils avaient vaincu, se comportant sur mer comme les généraux Lannes, Ney, Masséna se comportaient sur terre.

La disproportion des deux flottes, résultant du temps et des circonstances, était donc fort grande; néanmoins elle ne désespérait pas le Premier Consul. Il voulait construire partout, au Texel, dans l'Escaut, au Hâvre, à Cherbourg, à Brest, à Toulon, à Gênes. Il songeait à comprendre un certain nombre de soldats de terre dans la composition de ses équipages, et à racheter par ce moyen l'infériorité de notre population maritime. Il avait été le premier à s'apercevoir qu'un vaisseau, monté par 600 bons matelots et 2 ou 300 hommes de terre bien choisis, tenu sous voile pendant deux ou trois années, exercé aux manœuvres et au tir, était capable de se mesurer avec tout vaisseau quelconque. Mais, en employant ces moyens et d'autres encore, il lui aurait fallu dix années, disait-il, pour créer une marine. Or, il ne pouvait pas attendre dix ans, les bras croisés, que sa marine, courant les mers par petits détachements, se fût rendue digne d'entrer en lutte avec la marine anglaise. Employer dix ans à former une flotte, sans rien exécuter de considérable dans l'intervalle, eût été un long aveu d'impuissance, désolant pour tout gouvernement, plus désolant pour lui, qui avait fait sa fortune, et qui devait la continuer, en éblouissant le monde. Il devait donc, tout en s'appliquant à réorganiser notre armée navale, tenter audacieusement le passage du détroit, et se servir en même temps de la crainte qu'inspirait son épée, pour obliger l'Europe à fermer à l'Angleterre les accès du continent. Si, à son génie d'exécution pour les grandes entreprises, il joignait une politique habile, il pouvait, par ces moyens réunis, ou détruire d'un seul coup, à Londres même, la puissance britannique, ou la ruiner à la longue en ruinant son commerce.

Beaucoup de ses amiraux, notamment le ministre Decrès, lui conseillaient une lente recomposition de notre marine, consistant à former de petites divisions navales, et à les faire courir sur les mers, jusqu'à ce qu'elles fussent assez habiles pour manœuvrer en grandes escadres; et, en attendant, ils l'exhortaient à s'en tenir là, regardant comme douteux tous les plans imaginés pour franchir la Manche. Le Premier Consul ne voulut point s'enchaîner à de telles vues; il se proposa bien de restaurer la marine française, mais en essayant néanmoins une tentative plus directe pour frapper l'Angleterre. En conséquence il ordonna de nombreuses constructions à Flessingue, dont il disposait par suite de son pouvoir sur la Hollande; à Anvers, qui était devenu port français; à Cherbourg, à Brest, à Lorient, à Toulon, enfin à Gênes, que la France occupait au même titre que la Hollande. Il fit réparer et armer 22 vaisseaux à Brest; il en fit achever 2 à Lorient; réparer, mettre à flot et armer 5 à La Rochelle. Il réclama de l'Espagne les moyens de radouber et de ravitailler l'escadre en relâche à la Corogne, et envoya de Bayonne tout ce qu'il était possible de lui faire parvenir par la voie de terre, en hommes, en matériel et en argent. Il prit les mêmes précautions pour le vaisseau en relâche à Cadix. Il ordonna l'armement de la flotte de Toulon, qu'il voulait composer de 12 vaisseaux. Ces divers armements, joints à 3 ou 4 vaisseaux hollandais, devaient, comme nous l'avons dit, porter à 50 environ les forces de la France, sans compter ce qu'on pouvait obtenir plus tard des marines hollandaise et espagnole, sans compter ce qu'on pouvait construire dans les ports de France, et armer avec un mélange de matelots et de soldats de terre. Cependant le Premier Consul ne se flattait pas, avec de telles forces, de reconquérir en bataille rangée la supériorité ou même l'égalité ma-

Juin 1803.

Ordres pour réarmer sur-le-champ les 50 vaisseaux dont la France peut disposer.

Emploi des 50 vaisseaux de la marine française,

ritime à l'égard de l'Angleterre ; il voulait s'en servir pour tenir la mer, pour aller aux colonies et en revenir, pour s'ouvrir pendant quelques instants le détroit de Calais, par des mouvements d'escadres dont on jugera bientôt la profonde combinaison.

C'est vers ce détroit que se concentrèrent tous les efforts de son génie. Quels que fussent les moyens de transports imaginés, il fallait d'abord une armée, et il forma le projet d'en composer une, qui ne laissât rien à désirer sous le rapport du nombre et de l'organisation ; de la distribuer en plusieurs camps, depuis le Texel jusqu'aux Pyrénées, et de la disposer de telle manière qu'elle pût se concentrer avec rapidité, sur quelques points du littoral habilement choisis. Indépendamment d'un corps de 25 mille hommes, réunis entre Bréda et Nimègue, pour marcher sur le Hanovre, il ordonna la formation de six camps, un premier aux environs d'Utrecht, un second à Gand, un troisième à Saint-Omer, un quatrième à Compiègne, un cinquième à Brest, un sixième à Bayonne, ce dernier destiné à imposer à l'Espagne, pour des motifs que nous ferons connaître plus tard. Il commença d'abord par former des parcs d'artillerie sur ces six points de rassemblement, précaution qu'il prenait ordinairement avant toute autre, disant que c'était toujours ce qu'il y avait de plus difficile à organiser. Il dirigea ensuite sur chacun de ces camps un nombre suffisant de demi-brigades d'infanterie, pour les porter à 25 mille hommes au moins. La cavalerie fut acheminée plus lentement, et en proportion moindre que de coutume, parce que, dans l'hypothèse d'un embarquement, on ne pouvait transporter que très-peu de chevaux. Il fallait que la qualité et la quantité de l'infanterie, l'excellence de l'artillerie, et le nombre des bouches à feu, pussent compenser, dans une telle armée, l'infériorité numérique de la cavalerie. Sous ce double rapport, l'infanterie et l'artillerie françaises réunissaient toutes les conditions désirables. Le Premier Consul eut soin de rassembler sur les côtes, et de former en quatre grandes divisions, toute l'arme des dragons. Les soldats de cette arme, sachant servir à cheval et à pied, devaient être embarqués seulement avec leurs selles, et être utiles comme fantassins, en attendant qu'ils pussent le devenir comme cavaliers, lorsqu'on les aurait montés avec les chevaux enlevés à l'ennemi.

Juin 1803.

Toutes les dispositions furent ordonnées pour armer et atteler 400 bouches à feu de campagne, indépendamment d'un vaste parc de siége. Les demi-brigades, qui étaient alors à trois bataillons, durent fournir deux bataillons de guerre, chacun de 800 hommes, en prenant dans le troisième bataillon de quoi compléter les deux premiers. Le troisième bataillon fut laissé au dépôt, pour recevoir les conscrits, les instruire et les discipliner. Néanmoins, une certaine quantité de ces conscrits fut envoyée immédiatement aux bataillons de guerre, pour qu'aux vieux soldats de la République fussent mêlés, dans une proportion suffisante, de jeunes soldats, bien choisis, ayant la vivacité, l'ardeur et la docilité de la jeunesse.

Réunion de 400 bouches à feu à la suite de l'armée d'expédition.

La conscription avait été définitivement intro-

Loi de recrutement

Juin 1803.

et moyens employés pour porter l'armée à 480 mille hommes.

duite dans notre législation militaire, et régularisée sous le Directoire, sur la proposition du général Jourdan. Cependant la loi qui l'établissait présentait encore quelques lacunes, qui avaient été remplies par une nouvelle loi du 26 avril 1803. Le contingent avait été fixé à 60 mille hommes par an, levés à l'âge de 20 ans. Ce contingent était divisé en deux parts, de 30 mille hommes chacune. La première devait toujours être levée en temps de paix : la seconde formait la réserve, et pouvait être appelée, en cas de guerre, à compléter les bataillons. On était à la moitié de l'an XI (juin 1803) ; on demanda le droit de lever le contingent des années XI et XII, sans toucher à la réserve de ces deux années. C'étaient 60 mille conscrits à prendre tout de suite. En les appelant ainsi à l'avance, on se donnait le temps de les instruire et de les accoutumer au service militaire, dans les camps formés sur les côtes. On pouvait enfin recourir, s'il devenait nécessaire, à la réserve de ces deux années, ce qui présentait encore 60 mille hommes disponibles, mais dont on comptait ne se servir qu'en cas de guerre continentale. Trente mille hommes seulement demandés à chaque classe, étaient un faible sacrifice, qui ne pouvait guère fatiguer une population composée de cent neuf départements. De plus, il restait à prendre une partie des contingents des années VIII, IX et X, qui n'avait point été appelée, grâce à la paix dont on avait joui sous le Consulat. Un arriéré en hommes est aussi difficile à recouvrer qu'un arriéré en impôts. Le Premier Consul fit, à ce sujet, une sorte de liquidation. Il demanda, sur ces contingents arriérés, une certaine quantité d'hommes, choisis parmi les plus robustes, et les plus disponibles; il en exempta un nombre plus grand sur le littoral que dans l'intérieur, en imposant à ceux qui n'étaient pas appelés un service de gardes-côtes. De la sorte, il pourvut encore l'armée d'une cinquantaine de mille hommes, plus âgés, plus forts que les conscrits des années XI et XII. L'armée fut ainsi portée à 480 mille hommes, répandus dans les colonies, le Hanovre, la Hollande, la Suisse, l'Italie et la France. Sur cet effectif, 100 mille environ, employés à garder l'Italie, la Hollande, le Hanovre et les colonies, n'étaient pas à la charge du trésor français. Des subsides en argent ou des vivres fournis sur les lieux couvraient la dépense de leur entretien. Trois cent quatre-vingt mille étaient entièrement payés par la France, et tout à fait à sa disposition. En défalquant de ces 380 mille hommes, 40 mille pour les non-valeurs ordinaires, c'est-à-dire pour les soldats malades, momentanément absents, en route, etc., 40 mille pour gendarmes, vétérans, invalides, disciplinaires, on pouvait compter sur 300 mille hommes disponibles, aguerris, et capables d'entrer immédiatement en campagne. Si on en destinait 150 mille à combattre l'Angleterre, il en restait 150 mille, dont 70 mille, formant les dépôts, suffisaient à la garde de l'intérieur, et 80 mille pouvaient accourir sur le Rhin, en cas d'inquiétudes du côté du continent. Ce n'est pas sur le nombre qu'il faudrait juger une

Juin 1803.

Distribution de l'armée en Italie, en Hollande, en Hanovre, sur les côtes de l'Océan, dans l'intérieur de la France, et aux colonies.

telle armée. Ces 300 mille hommes, presque tous éprouvés, rompus aux fatigues et à la guerre, conduits par des officiers accomplis, en valaient six ou sept cent mille, un million peut-être, de ceux qu'on possède ordinairement à la suite d'une longue paix ; car entre un soldat fait et celui qui ne l'est pas, la différence est infinie. Sous ce rapport, le Premier Consul n'avait rien à désirer. Il commandait la plus belle armée de l'univers.

Le grand problème à résoudre, c'était la réunion des moyens de transport, pour faire passer cette armée de Calais à Douvres. Le Premier Consul n'avait pas encore définitivement arrêté ses idées à cet égard. Une seule chose était fixée définitivement, d'après une longue suite d'observations, c'était la forme des constructions navales. Des bâtiments à fond plat, pouvant s'échouer, aller à la voile et à la rame, avaient paru à tous les ingénieurs de la marine le moyen le plus adapté au trajet, outre l'avantage de pouvoir être construits partout, même dans le bassin supérieur de nos rivières. Mais il restait à les réunir, à les abriter dans des ports convenablement placés, à les armer, à les équiper, à trouver enfin le meilleur système de manœuvres, pour les mouvoir avec ordre devant l'ennemi. Il fallait pour cela se livrer à une suite d'expériences longues et difficiles. Le Premier Consul avait le projet de s'établir de sa personne à Boulogne, sur les bords de la Manche, d'y vivre assez souvent, assez longuement, pour étudier les lieux, les circonstances de la mer et du temps, et organiser lui-même, dans toutes ses parties, la vaste entreprise qu'il méditait.

En attendant que les constructions ordonnées dans toute la France, fussent assez avancées pour que sa présence sur les côtes pût être utile, il s'occupait à Paris de deux soins essentiels, les finances et les relations avec les puissances du continent; car il fallait, d'une part, suffire aux dépenses de l'entreprise, et, de l'autre, avoir la certitude de n'être pas troublé pendant l'exécution, par les alliés continentaux de l'Angleterre.

La difficulté financière n'était pas la moindre des difficultés que présentait le renouvellement de la guerre. La Révolution française avait dévoré, sous la forme d'assignats, une masse immense de biens nationaux, et abouti à la banqueroute. Les biens nationaux étaient presque épuisés, et le crédit était ruiné pour long-temps. Pour sauver de l'aliénation les 400 millions de biens nationaux restant en 1800, on les avait répartis entre divers services publics, tels que l'Instruction publique, les Invalides, la Légion d'Honneur, le Sénat, la Caisse d'amortissement. Changés ainsi en dotations, ils soulageaient le budget de l'État, et présentaient une immense valeur d'avenir, grâce à l'augmentation de la propriété foncière, augmentation constante en tout temps, mais toujours plus grande le lendemain d'une révolution. Ils devaient toutefois être diminués de quelques portions à restituer aux émigrés, portions peu considérables, parce que les biens non aliénés étaient en presque totalité des

Juin 1803.

navales soient plus avancées.

En attendant il s'occupe d'assurer ses moyens de finances et ses relations avec les États du continent.

Moyens financiers imaginés pour faire face à la nouvelle guerre.

domaines de l'Église. Il faut ajouter à ce qui restait, les biens situés dans le Piémont et dans les nouveaux départements du Rhin, pour une valeur de 50 à 60 millions. Telles étaient les ressources disponibles en domaines nationaux. Quant au crédit, le Premier Consul était résolu à ne pas y recourir. On se souvient que lorsqu'il acheva, en l'an IX, la liquidation du passé, il profita de l'élévation des fonds publics, pour acquitter en rentes une partie de l'arriéré des années V, VI, VII et VIII; mais ce fut la seule opération de ce genre qu'il voulut se permettre, et il solda intégralement en numéraire les exercices des années IX et X. En l'an X, dernier budget voté, il avait fait poser en principe, que la dette publique ne dépasserait jamais 80 millions de rentes, et que, si une telle chose arrivait, on créerait immédiatement une ressource pour amortir l'excédant en quinze ans. Cette précaution avait été nécessaire pour soutenir la confiance, car, malgré un bien-être général, le crédit était tellement détruit, que les rentes 5 pour cent ne s'élevaient guère au delà de 56, et n'avaient pas dépassé 60, dans le moment où l'on croyait le plus à la paix.

Depuis long-temps en Angleterre, et depuis peu de temps en France, les fonds publics sont devenus l'objet d'un commerce régulier, auquel participent les plus grandes maisons, toujours disposées à traiter avec les gouvernements, pour leur fournir les sommes dont ils ont besoin. Il n'en était pas ainsi à cette époque. Aucune maison en France n'aurait voulu souscrire un emprunt. Elle aurait perdu tout crédit, en avouant qu'elle était liée d'affaires avec l'État; et si des spéculateurs téméraires avaient consenti à faire un prêt, ils auraient tout au plus donné 50 francs d'une rente 5 pour cent, ce qui aurait exposé le trésor à supporter l'énorme intérêt de 10 pour cent. Le Premier Consul ne voulait donc pas d'une ressource aussi coûteuse. Il y avait une autre manière alors d'emprunter; c'était de s'endetter avec les grosses compagnies de fournisseurs, chargées de l'approvisionnement des armées, en s'acquittant inexactement de ce qu'on leur devait. Elles s'en dédommageaient en faisant payer les services deux ou trois fois ce qu'ils valaient. Aussi les spéculateurs hardis, qui aiment les grandes affaires, au lieu de s'attacher aux emprunts, se jetaient-ils avec avidité sur les fournitures. On aurait eu le moyen, par conséquent, en s'adressant à eux, de suppléer au crédit; mais ce moyen était encore beaucoup plus cher que les emprunts même. Le Premier Consul entendait payer les fournisseurs régulièrement, pour les obliger à exécuter régulièrement leurs services, et à les exécuter à des prix raisonnables. Il ne voulait donc ni de la ressource des aliénations de biens nationaux, qui ne pouvaient pas encore se vendre avec avantage, ni de la ressource des emprunts, alors trop difficiles et trop chers, ni enfin de la ressource des grandes fournitures, entraînant des abus difficiles à calculer. Il se flattait, avec beaucoup d'ordre et d'économie, avec l'accroissement naturel du produit des impôts, et quelques recettes accessoires que nous allons faire

Juin 1803.

Le Premier Consul repousse l'idée de recourir au crédit.

connaître, d'échapper aux dures nécessités que les spéculateurs font subir aux gouvernements, qui sont privés à la fois de revenus et de crédit.

Le dernier budget, celui de l'an x (septembre 1801 à septembre 1802) avait été fixé à 500 millions (620 avec les frais de perception et les centimes additionnels). Ce chiffre n'avait pas été dépassé, ce qui était dû à la paix. Les impôts seuls avaient excédé par leurs produits les prévisions du gouvernement. On avait supposé un revenu de 470 millions, et voté une faible aliénation de biens nationaux, pour égaler les recettes aux dépenses. Mais les impôts avaient dépassé de 33 millions la somme prévue, et dès lors l'aliénation votée était devenue inutile. Cette augmentation inattendue de ressources provenait de l'enregistrement, qui, grâce au nombre croissant des transactions privées, avait produit 172 millions au lieu de 150; des douanes, qui, grâce au commerce renaissant, avaient produit 31 millions au lieu de 22; enfin des postes, et de quelques autres branches de revenu moins importantes.

Malgré le renouvellement de la guerre, on espérait, et l'événement prouva qu'on ne se trompait pas, on espérait la même augmentation dans le produit des impôts. Sous le gouvernement vigoureux du Premier Consul, on ne craignait plus ni désordres, ni revers. La confiance se maintenant, les transactions privées, le commerce intérieur, les échanges tous les jours plus considérables avec le continent, devaient suivre une progression croissante. Le commerce maritime était seul exposé à souffrir, et le revenu des douanes, figurant alors pour 30 millions au budget des recettes, exprimait assez qu'il ne pouvait pas résulter de cette souffrance une grande perte pour le trésor. On comptait donc avec raison sur plus de 500 millions de recettes. Le budget de l'an XI (septembre 1802 à septembre 1803) venait d'être voté en mars, avec la crainte, mais non pas avec la certitude de la guerre. On l'avait fixé à 589 millions, sans les frais de perception, mais en y comprenant une partie des centimes additionnels. C'était par conséquent une augmentation de 89 millions. La marine, portée de 105 millions à 126, la guerre de 210 à 243, avaient obtenu une partie de cette augmentation. Les travaux publics, les cultes, la nouvelle liste civile des Consuls, et les dépenses fixes des départements, inscrites cette fois au budget général, s'étaient partagé le reste. On avait fait face à cette augmentation de dépenses avec l'accroissement supposé du produit des impôts, avec les centimes additionnels consacrés auparavant aux dépenses fixes des départements, et avec plusieurs recettes étrangères provenant des pays alliés. Le budget courant devait donc être considéré comme en équilibre, sauf un excédant indispensable pour les frais de la guerre. Et il n'était pas supposable en effet qu'une vingtaine de millions ajoutés à l'entretien de la marine, une trentaine ajoutés à l'entretien de l'armée, pussent suffire aux besoins de la nouvelle situation. La guerre avec le continent coûtait ordinairement assez peu, car nos troupes victorieuses, passant le Rhin et l'Adige, dès le début des opérations, allaient se nour-

Juin 1803.

Fixation du budget de l'an XI à 589 millions sans les frais de perception.

382   LIVRE XVII.

Juin 1803.

rir aux dépens de l'ennemi; mais ici ce n'était pas le cas. Les six camps établis sur le littoral de la Hollande aux Pyrénées, devaient vivre sur le sol français, jusqu'au jour où ils franchiraient le détroit. Il fallait pourvoir en outre aux dépenses des nouvelles constructions navales, et placer sur nos côtes une masse énorme d'artillerie. Cent millions de plus par an étaient à peine suffisants, pour faire face aux besoins de la guerre avec la Grande-Bretagne[1]. Voici les ressources dont le Premier Consul entendait se servir.

Nécessité de trouver une ressource annuelle de cent millions pour ajouter au budget.

Nous venons de mentionner quelques recettes étrangères, déjà portées au budget de l'an XI, afin de couvrir en partie la somme de 89 millions, dont ce budget dépassait le budget de l'an x. Ces recettes étaient celles d'Italie. La République italienne n'ayant pas encore d'armée, et ne pouvant se passer de la nôtre, payait 1,600 mille francs par mois (19,200,000 francs par an) pour l'entretien des troupes françaises. La Ligurie, placée dans le même cas, fournissait 1,200 mille francs par an; Parme, 2 millions. C'était une ressource annuelle de 22 millions et demi, déjà portée, comme nous venons de le dire, au budget de l'an XI. Restait donc à trouver tout entière la somme de 100 millions, qu'il fallait probablement ajouter aux 589 millions du budget de l'an XI.

Recettes d'Italie.

Somme des dons volontaires.

Les dons volontaires, le prix de la Louisiane, les

---

[1] Cette somme paraîtra bien peu de chose en jugeant d'après le chiffre actuel de nos budgets; mais il faut toujours se reporter aux valeurs du temps, et se dire que 100 millions alors répondaient à 200 ou 250 d'aujourd'hui, peut-être davantage, quand il s'agit de dépenses militaires.

subsides des autres États alliés, tels étaient les moyens sur lesquels comptait le Premier Consul. Les dons volontaires des villes et des départements montaient à 40 millions environ, dont 15 payables en l'an XI, 15 en l'an XII, le reste dans les années suivantes. Le prix de la Louisiane, aliénée pour 80 millions, dont 60 à verser en Hollande au profit du trésor français, et 54 à toucher intégralement, les frais de négociation déduits, présentait une seconde ressource. Les Américains n'avaient pas encore accepté légalement le contrat, mais la maison Hope offrait déjà de verser par anticipation une partie de cette somme. En distribuant entre deux années cette ressource de 54 millions, c'étaient 27 millions ajoutés aux 15 provenant des dons volontaires, ce qui portait à 42 environ le supplément annuel, pour les exercices XI et XII (septembre 1802 à septembre 1804). Enfin la Hollande et l'Espagne devaient fournir le surplus. La Hollande, délivrée du stathoudérat par nos armes, défendue contre l'Angleterre par notre diplomatie, qui lui avait fait restituer la plus grande partie de ses colonies, aurait bien voulu maintenant être affranchie d'une alliance, qui l'entraînait de nouveau dans la guerre. Elle aurait désiré rester neutre entre la France et la Grande-Bretagne, et faire les profits d'une neutralité, fort heureusement située entre les deux pays. Mais le Premier Consul avait pris une résolution dont on ne saurait nier la justice : c'était de faire concourir toutes les nations maritimes à notre lutte contre la Grande-Bretagne.—La Hollande et l'Espagne,

Juin 1803.

Prix de la Louisiane, évalué à 54 millions net.

Secours à tirer de la Hollande et de l'Espagne.

Motifs du Premier Consul pour faire concourir toutes les nations maritimes

Juin 1803.

à la guerre contre l'Angleterre.

disait-il sans cesse, sont perdues si nous sommes vaincus. Toutes leurs colonies de l'Inde, de l'Amérique, seront ou prises, ou détruites, ou poussées à la révolte par l'Angleterre. Sans doute ces deux puissances trouveraient commode de ne point prendre parti, d'assister à nos défaites si nous sommes vaincus, de profiter de nos victoires si nous sommes victorieux, car si l'ennemi est battu, il le sera autant à leur profit qu'au nôtre. Mais il n'en saurait être ainsi : elles combattront avec nous, comme nous, à effort égal. La justice le veut, leur intérêt aussi, car leurs ressources nous sont indispensables pour réussir. C'est tout au plus si, en unissant nos moyens à tous, nous pourrons vaincre les dominateurs des mers. Isolés, réduits chacun à nos seules forces, nous serons insuffisants et battus. — Le Premier Consul en avait donc conclu que la Hollande et l'Espagne devaient l'aider ; et on peut dire en toute vérité, qu'en les forçant à concourir à ses desseins, il les obligeait seulement à être prévoyantes dans leur propre intérêt. Quoi qu'il en soit, pour faire entendre ce langage de la raison, il avait à l'égard de la Hollande la force, puisque nos troupes occupaient Flessingue et Utrecht, et, à l'égard de l'Espagne, le traité d'alliance de Saint-Ildephonse.

Convention réglant le concours de la Hollande.

Du reste, à Amsterdam, tous les esprits éclairés et vraiment patriotes, M. de Schimmelpenninck en tête, pensaient comme le Premier Consul. On n'eut donc pas de peine à se mettre d'accord, et il fut convenu que la Hollande nous aiderait de la manière suivante. Elle s'engageait à nourrir et à solder un corps de 18 mille Français, et de 16 mille Hollandais, en tout 34 mille hommes. A cette force de terre elle promettait de joindre une force navale, composée d'une escadre de ligne et d'une flottille de bateaux plats. L'escadre de ligne devait consister en 5 vaisseaux de haut bord, 5 frégates, et les bâtiments nécessaires pour transporter 25 mille hommes et 2,500 chevaux, du Texel aux côtes d'Angleterre. La flottille devait être composée de 350 bateaux plats de toute dimension, et être propre à transporter 37 mille hommes et 1,500 chevaux, des bouches de l'Escaut à celles de la Tamise. En retour, la France garantissait à la Hollande son indépendance, l'intégrité de son territoire européen et colonial, et, en cas de succès contre l'Angleterre, la restitution des colonies perdues dans les dernières guerres. Le secours obtenu au moyen de cet arrangement était considérable, sous le rapport des hommes et de l'argent, car 18 mille Français cessaient de peser dès cet instant sur le trésor de France, 16 mille Hollandais allaient grossir notre armée, et enfin des moyens de transport pour 62 mille hommes et 4 mille chevaux devaient être ajoutés à nos ressources navales. Il serait difficile de dire toutefois pour quelle somme un tel secours pouvait figurer dans le budget extraordinaire du Premier Consul.

Juin 1803.

Restait à obtenir le concours de l'Espagne. Cette puissance était encore moins disposée à se dévouer à la cause commune, que la Hollande elle-même. On l'a déjà vue, sous l'influence capricieuse du prince de

Concours de l'Espagne.

la Paix, flotter misérablement entre les directions les plus contraires, tantôt pencher vers la France afin d'en obtenir un établissement en Italie, tantôt vers l'Angleterre pour s'affranchir des efforts que lui imposait un courageux et infatigable allié, et perdre, dans ces fluctuations, l'île précieuse de la Trinité. Amie ou ennemie également impuissante, on ne savait que faire d'elle, ni dans la paix, ni dans la guerre; non que cette noble nation, pleine de patriotisme, non que le magnifique sol de la péninsule, contenant les ports du Ferrol, de Cadix, de Carthagène, fussent à dédaigner, il s'en fallait de beaucoup. Mais un indigne gouvernement trahissait, par une incapacité profonde, la cause de l'Espagne et celle de toutes les nations maritimes. Aussi, après y avoir bien réfléchi, le Premier Consul ne songea-t-il à tirer du traité d'alliance de Saint-Ildephonse, d'autre parti que celui d'obtenir des subsides. Ce traité, souscrit en 1796, sous la première administration du prince de la Paix, obligeait l'Espagne à fournir à la France 24 mille hommes, 15 vaisseaux de ligne, 6 frégates, 4 corvettes. Le Premier Consul prit la résolution de ne point réclamer ce secours. Il se dit avec raison qu'entraîner l'Espagne dans la guerre ne serait rendre un service ni à la France ni à elle, qu'elle n'y figurerait pas d'une manière brillante, qu'elle se trouverait sur-le-champ privée de sa seule ressource, les piastres du Mexique, dont l'arrivée serait interceptée; qu'elle ne pourrait équiper ni une armée, ni une flotte; qu'elle ne serait par conséquent d'aucune utilité, et fournirait à l'Angleterre le prétexte depuis long-temps cherché de faire insurger toute l'Amérique du Sud ; que, si, à la vérité, la participation de l'Espagne aux hostilités changeait en côtes ennemies pour les vaisseaux anglais, toutes les côtes de la péninsule, aucun de ses ports ne pouvait avoir une influence utile, comme ceux de la Hollande, sur l'opération de la descente; que dès lors l'intérêt de les avoir à sa disposition n'était pas grand ; que, sous le rapport commercial, le pavillon britannique était déjà exclu de l'Espagne par les tarifs, et que les produits français continueraient d'y trouver, en paix comme en guerre, une préférence assurée. Par ces considérations réunies, il fit dire secrètement à M. d'Azara, ambassadeur de Charles IV à Paris, que, si sa cour répugnait à la guerre, il consentait à la laisser neutre, à la condition d'un subside de 6 millions par mois (72 millions par an), et d'un traité de commerce, qui ouvrirait aux manufactures françaises un débouché plus large que celui dont elles jouissaient actuellement.

Cette offre fort modérée ne rencontra point à Madrid l'accueil qu'elle méritait. Le prince de la Paix était en relations intimes avec les Anglais, et trahissait ouvertement l'alliance. C'est pour ce motif que le Premier Consul, se doutant de cette trahison, avait placé à Bayonne même l'un des six camps destinés à opérer contre l'Angleterre. Il était résolu à déclarer la guerre à l'Espagne, plutôt que de souffrir qu'elle abandonnât la cause commune. Il ordonna donc au général Beurnonville, son am-

Juin 1803.

bassadeur, de s'expliquer à cet égard d'une manière péremptoire. Les Anglais, en usurpant une autorité absolue sur les mers, l'obligeaient à exercer une autorité semblable sur le continent, pour la défense des intérêts généraux du monde.

Aux secours des États alliés il faut joindre ceux qu'on allait tirer des États ennemis, ou malveillants au moins, qu'on était prêt à occuper. Le Hanovre devait suffire à l'entretien de trente mille hommes. La division formée à Faenza, et en route vers le golfe de Tarente, devait vivre aux dépens de la cour de Naples. Instruit par son ambassadeur, le Premier Consul savait très-exactement que la reine Caroline, gouvernée par le ministre Acton, était tout à fait d'accord avec l'Angleterre, et qu'il ne se passerait pas long-temps sans qu'il fût obligé d'expulser les Bourbons du continent de l'Italie. Aussi ne manqua-t-il pas de s'expliquer franchement avec la reine de Naples. — Je ne souffrirai pas plus, lui dit-il, les Anglais en Italie qu'en Espagne et en Portugal. Au premier acte de complicité avec l'Angleterre, la guerre me fera justice de votre inimitié. Je puis vous faire ou beaucoup de bien, ou beaucoup de mal. C'est à vous de choisir. Je ne veux pas prendre vos États; il me suffit qu'ils servent à mes desseins contre l'Angleterre; mais je les prendrai certainement s'ils sont employés à lui être utiles. — Le Premier Consul parlait sincèrement, car il ne s'était pas encore fait chef de dynastie, et ne songeait pas à conquérir des royaumes pour ses frères. En conséquence il exigea que la division de quinze mille hommes, établie à Tarente, fût nourrie par le trésor de Naples, sauf à compter plus tard. Il considérait cette charge, comme une contribution imposée à des ennemis, tout autant que celle qui allait peser sur le royaume de Hanovre.

Juin 1803.

En récapitulant ce qui précède, on trouve que les ressources du Premier Consul étaient les suivantes. Naples, la Hollande, le Hanovre, devaient entretenir environ 60 mille hommes. La République italienne, Parme, la Ligurie, l'Espagne, étaient chargées de lui payer un subside régulier. L'Amérique se préparait à lui solder le prix de la Louisiane. Le patriotisme des départements et des grandes villes lui fournissait des suppléments d'impôts tout à fait volontaires. Enfin le revenu public promettait une augmentation croissante de produits, même pendant la guerre, grâce à la confiance qu'inspirait un gouvernement vigoureux et réputé invincible. C'est avec tous ces moyens que le Premier Consul se flattait d'ajouter aux 589 millions du budget de l'an XI, la ressource extraordinaire de cent millions par an, pendant deux, trois ou quatre années. Il avait pour l'avenir les impôts indirects. Il était ainsi assuré de pouvoir entretenir une armée de 150 mille hommes sur les côtes, une autre armée de 80 mille sur le Rhin, les troupes nécessaires à l'occupation de l'Italie, de la Hollande et du Hanovre, 50 vaisseaux de ligne, une flottille de transport d'une étendue inconnue, sans exemple jusqu'ici, puisqu'il s'agissait d'embarquer 150 mille soldats, 10 mille chevaux, 400 bouches à feu.

Total des ressources créées par le Premier Consul.

Juin 1803.

Dispositions des puissances du continent, à l'égard de la France et de l'Angleterre.

Le monde était agité, effrayé, on peut le dire, des apprêts de cette lutte gigantesque, entre les deux empires les plus puissants du globe. Il était difficile qu'il n'en ressentît pas les conséquences, la guerre se renfermât-elle entre la France et l'Angleterre; car les neutres allaient essuyer les vexations de la marine britannique, et le continent allait être obligé de se prêter aux desseins du Premier Consul, soit en fermant ses ports, soit en souffrant des occupations incommodes et dispendieuses. Au fond, toutes les puissances donnaient le tort de cette rupture à l'Angleterre. La prétention de garder Malte avait paru à toutes, même aux moins bienveillantes envers nous, une violation manifeste des traités, que rien ne justifiait dans ce qui s'était passé en Europe, depuis la paix d'Amiens. La Prusse et l'Autriche avaient sanctionné par des conventions formelles ce qui s'était fait en Italie et en Allemagne, et approuvé par des notes ce qui s'était fait en Suisse. La Russie avait moins expressément adhéré à la conduite de la France; mais, sauf quelques réclamations, en forme de rappel, pour l'indemnité trop différée du roi de Sardaigne, elle avait à peu près approuvé tous nos actes. Elle avait loué notamment notre intervention en Suisse, comme habilement conduite, et équitablement terminée. Aucune des trois puissances du continent ne pouvait donc trouver, dans les événements des deux dernières années, une justification de l'usurpation de Malte, et elles s'en expliquaient avec franchise. Cependant, malgré cette manière de voir, elles penchaient plutôt pour l'Angleterre que pour la France.

Juin 1803.

Bien que le Premier Consul eût mis tous ses soins à comprimer l'anarchie, elles ne pouvaient s'empêcher de reconnaître en lui la Révolution française victorieuse, et beaucoup plus glorieuse qu'il ne leur convenait. Deux d'entre elles, comme la Prusse et l'Autriche, étaient trop peu maritimes pour être fortement touchées du grand intérêt de la liberté des mers; la troisième, c'est-à-dire la Russie, avait à cette liberté un intérêt encore trop éloigné pour s'en préoccuper vivement. Toutes trois étaient bien autrement affectées de la prépondérance de la France sur le continent, que de la prépondérance de l'Angleterre sur l'océan. Le droit maritime, que l'Angleterre voulait faire prévaloir, leur semblait une atteinte à la justice et à l'intérêt du commerce général; mais la domination que la France exerçait déjà, et allait être amenée à exercer davantage en Europe, était un danger immédiat et pressant qui les troublait profondément. Aussi en voulaient-elles beaucoup à l'Angleterre d'avoir provoqué cette nouvelle guerre, et elles le disaient tout haut; mais elles étaient revenues à cette mauvaise disposition pour la France, que la sagesse et la gloire du Premier Consul avaient comme suspendue un instant, par une sorte de surprise faite à la haine par le génie.

Leur blâme est pour l'Angleterre; leur mauvais vouloir pour la France.

Quelques paroles échappées aux plus grands personnages du temps prouvent mieux que tout ce que nous pourrions dire, les sentiments des puissances à

Paroles significatives de M. de Cobentzel et

notre égard. M. Philippe de Cobentzel, ambassadeur à Paris, et cousin de M. Louis de Cobentzel, ministre des affaires étrangères à Vienne, s'entretenant à table avec l'amiral Decrès, qui, par la vivacité de son esprit, provoquait la vivacité de l'esprit des autres, M. de Cobentzel ne put se défendre de dire : Oui, l'Angleterre a tous les torts; elle a des prétentions insoutenables; cela est vrai. Mais, franchement, vous faites trop de peur à tout le monde, pour qu'on songe maintenant à craindre l'Angleterre [1]. — L'empereur d'Allemagne, François II, qui a terminé de nos jours sa longue et sage vie, et qui cachait sous une simplicité apparente une grande pénétration, l'empereur d'Allemagne, parlant à notre ambassadeur, M. de Champagny, de la nouvelle guerre, et en exprimant son chagrin avec une évidente bonne foi, affirmait qu'il était, quant à lui, résolu à rester en paix, mais qu'il était saisi d'inquiétudes involontaires, dont il osait à peine dire le motif. M. de Champagny l'encourageant à la confiance, il avait, avec mille excuses, avec mille protestations d'estime pour le Premier Consul, il avait dit : Si le général Bonaparte, qui a tant accompli de miracles, n'accomplit pas celui qu'il prépare actuellement, s'il ne passe pas le détroit, c'est nous qui en serons les victimes; car il se rejettera sur nous, et battra l'Angleterre en Allemagne. — L'empereur François, qui était timide, eut regret de s'être autant avancé, et voulut revenir sur ses paroles; mais

---

[1] J'ai lu ce récit dans une note écrite de la main même de M. Decrès, et adressée sur-le-champ à Napoléon.

il n'était plus temps. M. de Champagny les manda tout de suite à Paris par le premier courrier¹. C'était de la part de ce prince la preuve d'une rare prévoyance, mais qui lui servit bien peu; car c'est lui-même qui vint plus tard offrir à Napoléon l'occasion de battre, comme il disait, l'Angleterre en Allemagne.

Juin 1803.

Au surplus, de toutes les puissances, l'Autriche était celle qui avait le moins à redouter les conséquences de la présente guerre, si elle savait résister aux suggestions de la cour de Londres. Elle n'avait en effet aucun intérêt maritime à défendre, puisqu'elle ne possédait ni commerce, ni ports, ni colonies. Le port ensablé de la vieille Venise, qu'on venait de lui donner, n'avait pu lui créer des intérêts de ce genre. Elle n'était pas, comme la Prusse, l'Espagne ou Naples, souveraine de vastes rivages, que la France fût tentée d'occuper. Il lui était donc facile de rester en dehors de la querelle. Elle y gagnait, au contraire, une pleine liberté d'action dans les affaires germaniques. La France, obligée de faire face à l'Angleterre, ne pouvait plus peser de tout son poids sur l'Allemagne, et l'Autriche, au contraire, pouvait se donner carrière à l'égard des questions restées sans solution. Elle voulait, comme on l'a vu, changer le nombre des voix dans le Collége des princes, s'approprier frauduleusement toutes les valeurs mobilières des États sécularisés, empêcher l'incorporation de la noblesse immédiate, arracher

Dispositions particulières et calculs de l'Autriche.

¹ Je n'ai pas besoin de dire que ce récit est encore extrait d'une dépêche authentique de l'ambassadeur de France.

l'Inn à la Bavière, et par tous ces moyens réunis reprendre sa supériorité en empire. L'avantage de résoudre toutes ces questions comme elle l'entendrait, la consolait fort du renouvellement de la guerre, et, sans son extrême prudence, lui aurait presque inspiré de la joie.

Les deux puissances du continent les plus chagrines en ce moment, étaient la Prusse et la Russie, par des motifs, il est vrai, fort différents, et point au même degré. La plus affectée était la Prusse. On comprend facilement avec le caractère de son roi, lequel haïssait la guerre et la dépense, combien la perspective d'une nouvelle conflagration européenne devait lui être pénible. L'occupation du Hanovre avait en outre, pour son royaume, les plus graves inconvénients. Pour prévenir cette occupation, il avait essayé d'un arrangement qui pût convenir en même temps à la France et à l'Angleterre. Il avait offert à l'Angleterre d'occuper cet électorat avec les troupes prussiennes, lui promettant de n'en être que le dépositaire amical, à condition qu'elle laisserait libre la navigation de l'Elbe et du Weser. D'autre part, il avait offert au Premier Consul de garder le Hanovre pour le compte de la France, en versant dans le trésor français les revenus du pays. Ce double zèle, témoigné aux deux puissances, avait pour but, premièrement de sauver la navigation de l'Elbe et du Weser des rigueurs de l'Angleterre, secondement d'épargner au nord de l'Allemagne la présence des Français. Ces deux intérêts étaient pour la Prusse des intérêts majeurs. C'était par l'Elbe et Hambourg, par le Weser et Brême, que s'exportaient tous les produits de son territoire. Les toiles de Silésie, qui composaient sa plus grande richesse d'exportation, étaient achetées par Hambourg et Brême, échangées en France contre des vins, et en Amérique contre des denrées coloniales. Si les Anglais bloquaient l'Elbe et le Weser, tout ce commerce était perdu. L'intérêt de n'avoir pas les Français dans le nord de l'Allemagne, n'était pas moindre. D'abord leur présence inquiétait la Prusse. Ensuite elle lui valait d'amers reproches de la part des princes allemands, formant sa clientèle en empire. Ils lui disaient que, liée à la France par des raisons d'ambition, elle abandonnait la défense du sol germanique, et contribuait même, par sa lâche complaisance, à y attirer l'invasion étrangère. Ils allaient jusqu'à soutenir qu'elle était, par le droit germanique, obligée d'intervenir pour empêcher les Français d'occuper le Hanovre. Ces princes avaient tort assurément, d'après les principes rigoureux du droit des gens, car les États allemands, quoique attachés les uns aux autres par un lien fédératif, avaient le droit individuel de paix et de guerre, et pouvaient être, chacun pour leur compte, en paix ou en guerre avec une puissance, sans que la confédération se trouvât avec cette puissance dans les mêmes rapports. Il eût été étrange, en effet, que le roi Georges III pût se dire en guerre pour l'Angleterre, qui est inaccessible, et se dire en paix pour le Hanovre, qui ne l'est pas. Cette manière d'entendre le droit public eût été trop commode, et le Premier Consul, lorsqu'on voulut s'en prévaloir, y répondit par un apologue aussi vrai qu'ingénieux. — Il y avait, disait-il, chez les anciens, droit d'asile dans certains temples. Un esclave cherchant à se réfugier dans l'un de ces temples, en avait presque franchi le seuil, quand il fut saisi au pied. On ne méconnut pas le droit anciennement établi, on n'arracha pas cet esclave de son asile, mais on lui coupa le pied resté en dehors du temple. — La Prusse négociait donc avant de se prononcer définitivement sur l'occupation du Hanovre, annoncée du reste par le Premier Consul comme certaine et prochaine.

Efforts de la Russie pour faire accepter sa médiation à la France et à l'Angleterre.

La rupture récemment survenue entre la France et l'Angleterre surprenait désagréablement la cour de Russie, à cause des soins dont cette cour était alors occupée. Le jeune empereur avait fait un nouveau pas dans l'exécution de ses projets, et livré un peu plus à ses jeunes amis les affaires de l'empire. Il avait remercié de ses services le prince de Kourakin, et appelé à la tête de ses conseils un personnage considérable, M. de Woronzoff, frère de celui qui était ambassadeur de Russie à Londres. Il avait donné à M. de Woronzoff le titre de chancelier, ministre des affaires étrangères, et partagé l'administration de l'État en huit départements ministériels. Il s'était appliqué à mettre à la tête de ces divers départements des hommes d'un mérite connu, mais en ayant soin de placer auprès d'eux, comme adjoints, ses amis, MM. de Czartoryski, de Strogonoff, et de Nowosiltzoff. Ainsi, le prince Adam Czartoryski était attaché à M. de Woronzoff, comme adjoint au département des affaires étrangères. M. de Woronzoff, à cause de sa santé, se trouvant souvent en congé dans ses terres, le prince Adam devait être chargé, presque seul, des relations extérieures de l'empire. M. de Strogonoff était adjoint au département de la justice; M. de Nowosiltzoff, à celui de l'intérieur. Le prince de Kotschoubey, le plus âgé des amis personnels de l'empereur, avait été fait ministre en titre, et chargé du département de l'intérieur. Ces huit ministres devaient délibérer en commun sur toutes les affaires de l'État, et rendre au Sénat des comptes annuels. C'était un premier changement considérable que de faire délibérer les ministres, plus grand encore de leur faire rendre des comptes au Sénat. L'empereur Alexandre considérait ces changements comme un acheminement vers les institutions des pays libres et civilisés. Tout occupé de ces réformes intérieures, il fut péniblement affecté de se voir rappelé dans le champ immense et périlleux de la politique européenne, et en montra un sensible déplaisir aux représentants des deux puissances belligérantes. Il était mécontent de l'Angleterre, dont les prétentions outrées, dont la mauvaise foi évidente dans l'affaire de Malte, troublaient de nouveau l'Europe; il était mécontent aussi de la France, mais par d'autres motifs. La France n'avait pas tenu grand compte de la demande si souvent réitérée d'une indemnité pour le roi de Piémont; de plus, en accordant une influence apparente à la Russie dans les affaires germaniques, elle s'était trop clairement arrogé l'influence réelle. Le jeune empereur s'en était aperçu. Fort jaloux, tout jeune qu'il était, de faire parler de lui, il commençait à voir avec une sorte de déplaisir la gloire du grand homme qui dominait l'occident. La disposition de la cour de Russie était donc un mécontentement général contre tout le monde. L'empereur, délibérant avec ses ministres et ses amis, décida qu'on offrirait la médiation de la Russie, invoquée assez ouvertement par la France; qu'on essayerait par là de prévenir un embrasement universel; qu'en même temps on dirait la vérité à tous; qu'on ne dissimulerait pas à l'Angleterre combien ses prétentions sur Malte étaient peu légitimes, et qu'on ferait sentir au Premier Consul la nécessité de s'acquitter enfin envers le roi de Piémont, et de ménager pendant cette nouvelle guerre les petites puissances, qui composaient la clientèle de la cour de Russie.

En conséquence, par l'organe de M. de Woronzoff parlant au général Hédouville, par l'organe de M. de Markoff parlant à M. de Talleyrand, le cabinet russe exprima son vif déplaisir du nouveau trouble apporté à la paix générale par les ambitions rivales de la France et de l'Angleterre. Il reconnut que les prétentions de l'Angleterre sur Malte étaient mal fondées, mais il fit entendre que les entreprises continuelles de la France avaient pu faire naître ces prétentions, sans les justifier; et il ajouta que la France ferait bien de modérer son action en Europe, si elle ne voulait pas rendre la paix impossible à toutes les puissances. Il offrit la médiation de la Russie, quelque pénible qu'il fût pour elle de se mêler à des différends qui, lui étant étrangers jusqu'ici, finiraient peut-être, si elle s'en mêlait, par lui devenir personnels. Il conclut, en disant que, si, malgré sa bonne volonté, ses efforts pour rétablir la paix demeuraient sans succès, l'empereur espérait que la France ménagerait les amis de la Russie, spécialement le royaume de Naples, devenu son allié en 1798, et le royaume de Hanovre, garanti par elle à titre d'État allemand. Tel fut le sens des communications du cabinet russe.

La jeunesse élevée dans la dissipation est ordinairement légère dans son langage; la jeunesse élevée d'une manière sérieuse est volontiers dogmatique; car ce qu'il y a de plus difficile à la jeunesse, c'est la mesure. C'est là ce qui explique comment les jeunes gouvernants de la Russie donnaient des leçons aux deux plus puissants gouvernements du globe, l'un mené par un grand homme, l'autre par de grandes institutions. Le Premier Consul en sourit, car depuis long-temps il avait deviné tout ce qu'il y avait d'inexpérience et de prétention dans le cabinet russe. Mais, sachant se dominer dans l'intérêt de ses vastes desseins, il ne voulut pas compliquer les affaires du continent, et faire naître sur le Rhin une guerre qui l'eût détourné de celle qu'il préparait sur les bords de la Manche. Recevant, sans paraître s'en apercevoir, les leçons qui lui venaient de Saint-Pétersbourg, il

Juin 1803.

Accueil fait par le Premier Consul aux communications de la Russie.

Juin 1803.

Le Premier Consul offre de rendre le czar arbitre absolu de la querelle de la France avec l'Angleterre.

résolut de couper court à tous les reproches du jeune czar, en le constituant arbitre absolu de la grande querelle qui occupait le monde. Il fit donc offrir par M. de Talleyrand et par le général Hédouville au cabinet russe, de déposer un compromis, en vertu duquel il s'engageait à subir, quelle qu'elle fût, la décision de l'empereur Alexandre, se confiant entièrement en sa justice. Cette proposition était aussi sage qu'habile. Si l'Angleterre la refusait, elle avouait qu'elle se défiait ou de sa cause, ou de l'empereur Alexandre; elle se mettait dans son tort, elle autorisait le Premier Consul à lui faire une guerre à outrance. La clôture de tous les ports placés sous l'influence de la France, l'occupation de tous les pays appartenant à l'Angleterre, devenaient une conséquence légitime de cette guerre. Cependant, pour ce qui regardait les royaumes de Naples et de Hanovre, le Premier Consul, prenant le ton décidé qui convenait à ses plans, déclara qu'il ferait tout ce qu'exigerait la guerre qu'on lui avait suscitée, et qu'il n'avait pas commencée.

Occupation du golfe de Tarente.

Après avoir adopté l'attitude qui lui semblait dans le moment la meilleure, à l'égard des puissances du continent, le Premier Consul procéda sur-le-champ aux occupations déjà préparées et annoncées. Le général Saint-Cyr était à Faenza, dans la Romagne, avec une division de 15 mille hommes, et un matériel d'artillerie considérable, tel qu'il le fallait pour armer la rade de Tarente. Il reçut l'ordre, qu'il exécuta immédiatement, de traverser l'Etat romain pour se rendre aux extrémités de l'Italie, en payant tout sur la route, afin de ne pas indisposer le Saint-Père. D'après la convention conclue avec la cour de Naples, les troupes françaises devaient être nourries par l'administration napolitaine. Le général Saint-Cyr, jugé comme il méritait de l'être par le Premier Consul, c'est-à-dire comme l'un des premiers généraux du temps, principalement lorsqu'il opérait seul, avait une position embarrassante, au milieu d'un royaume ennemi; mais il était capable de faire face à toutes les difficultés. Ses instructions lui laissaient d'ailleurs une immense latitude. Il lui était prescrit, au premier signe d'une insurrection dans les Calabres, de les quitter pour se jeter sur la capitale du royaume. Ayant déjà conquis Naples une première fois, il savait mieux que personne comment il fallait s'y prendre.

Juin 1803.

Le Premier Consul fit en outre occuper Ancône, après avoir donné au Pape toutes les satisfactions qui pouvaient adoucir ce désagrément. La garnison française devait payer exactement ce qu'elle consommerait, ne troubler en rien le gouvernement civil du Saint-Siége, même l'aider au besoin contre les perturbateurs, s'il y en avait.

Occupation d'Ancône.

Les ordres avaient été envoyés en même temps pour l'invasion du Hanovre. Les négociations de la Prusse étaient demeurées sans succès. L'Angleterre avait déclaré qu'elle bloquerait l'Elbe et le Weser, si on touchait aux États de la maison de Hanovre, qu'on y employât des Prussiens ou des Français. C'était, certainement, la plus injuste des prétentions. Qu'elle empêchât le pavillon français de

Occupation du Hanovre.

circuler sur l'Elbe et le Weser, rien n'était plus légitime ; mais qu'elle arrêtât le négoce de Brême et de Hambourg, parce que les Français avaient envahi le territoire au milieu duquel ces villes se trouvaient enclavées, qu'elle exigeât que l'Allemagne entière bravât la guerre avec la France pour les intérêts de la maison de Hanovre, et qu'elle la punît d'une inaction forcée, en détruisant son commerce, c'était la conduite la plus inique. La Prusse fut réduite à se plaindre amèrement de l'injustice d'un tel procédé, et, en définitive, à souffrir le pavillon britannique aux bouches des deux fleuves allemands, comme la présence des Français au sein du Hanovre. Elle n'avait plus le même intérêt à se charger de l'occupation, depuis que son commerce devait être dans tous les cas frappé d'interdit. Le Premier Consul lui fit exprimer ses regrets, lui promit de ne pas franchir la limite du Hanovre, mais s'excusa de cette invasion sur les nécessités de la guerre, et sur l'immense avantage qu'il y avait pour lui à fermer aux Anglais les deux plus grandes voies commerciales du continent.

Le général Mortier eut ordre de marcher en avant. Il s'était transporté avec 25 mille hommes, à l'extrémité nord de la Hollande, sur la frontière du bas-évêché de Munster, appartenant, depuis les sécularisations, à la maison d'Aremberg. On était assuré du consentement de cette maison. On passait de chez elle sur le territoire de l'évêché d'Osnabruck, récemment adjoint au Hanovre, et du territoire d'Osnabruck en Hanovre même. On pouvait ainsi se dispenser d'emprunter le territoire prussien, ce qui était un ménagement indispensable envers la cour de Prusse. Le Premier Consul avait recommandé au général Mortier de bien traiter les pays qu'on traverserait, et surtout de se montrer plein d'égards pour les autorités prussiennes, qu'on allait rencontrer sur toute la frontière du Hanovre. Ce général, sage et probe autant que brave, était parfaitement choisi pour cette mission difficile. Il se mit en marche à travers les sables arides et les bruyères marécageuses de la Frise et de la Basse-Westphalie, pénétra par Meppen en Hanovre, et arriva en juin sur les bords de la Hunte. L'armée hanovrienne occupait Diepholz. Après quelques rencontres de cavalerie, elle se replia derrière le Weser. Quoique composée d'excellents soldats, elle savait que toute résistance était impossible, et qu'elle ne ferait qu'attirer des malheurs sur le pays, en s'obstinant à combattre. Elle offrit donc de capituler honorablement, à quoi le général Mortier consentit volontiers. Il fut convenu à Suhlingen que l'armée hanovrienne se retirerait avec armes et bagages derrière l'Elbe ; qu'elle s'engagerait sous parole d'honneur à ne pas servir dans la présente guerre, à moins d'échange contre un égal nombre de prisonniers français ; que l'administration du pays et la perception de ses revenus appartiendraient à la France, sauf le respect dû aux individus, aux propriétés privées, et aux divers cultes.

Cette convention, dite de Suhlingen, fut envoyée au Premier Consul et au roi d'Angleterre, pour recevoir leur double ratification. Le Premier Consul se hâta de donner la sienne, ne voulant pas réduire l'armée hanovrienne au désespoir, en lui imposant des conditions plus dures. Lorsqu'on présenta cette même convention au vieux Georges III, il fut saisi d'un violent mouvement de colère, et alla, dit-on, jusqu'à la jeter au visage du ministre qui la lui présentait. Ce vieux roi, dans ses sombres rêveries, avait toujours considéré le Hanovre comme devant être le dernier asile de sa famille, dont il était le berceau. L'invasion de ses États patrimoniaux le mit au désespoir; il refusa de signer la convention de Suhlingen, exposant ainsi ses soldats hanovriens à la cruelle alternative, ou de mettre bas les armes, ou de se faire égorger jusqu'au dernier. Son cabinet allégua pour excuse d'une aussi singulière détermination, que le roi voulait rester étranger à tout ce qu'on entreprenait contre ses États; que ratifier cette convention, c'était adhérer à l'occupation du Hanovre; que cette occupation était une violation du sol germanique, et qu'il en appelait à la Diète de la violence faite à ses sujets. C'était la plus étrange façon d'argumenter, la moins soutenable sous tous les rapports.

Quand cette nouvelle arriva en Hanovre, la brave armée que commandait le maréchal de Walmoden fut consternée. Elle était rangée derrière l'Elbe, au milieu du pays de Lunebourg, établie dans une forte position, et résolue à défendre son honneur. De son côté, l'armée française, qui depuis trois ans n'avait pas tiré un coup de fusil, ne demandait pas mieux que de livrer un combat brillant. Cependant l'avis le plus sage prévalut. Le général Mortier, qui joignait l'humanité à la vaillance, fit ce qu'il put pour adoucir le sort des Hanovriens. Il n'exigea pas qu'ils se rendissent prisonniers de guerre : il se contenta de leur licenciement, et convint avec eux qu'ils laisseraient leurs armes au camp, et se retireraient dans leurs foyers, en promettant de n'être jamais ni armés, ni réunis. Le matériel de guerre, contenu dans le royaume, matériel très-considérable, fut livré aux Français. Les revenus du pays durent leur appartenir, ainsi que les propriétés personnelles de l'électeur de Hanovre. Au nombre de ces propriétés se trouvaient les beaux étalons de la race hanovrienne, qui furent envoyés en France. La cavalerie mit pied à terre, et livra 3,500 chevaux superbes, qui furent employés à remonter la cavalerie française.

Juin 1803.

Capitulation de l'armée hanovrienne.

Acquisition au profit de l'armée française des chevaux de Hanovre.

Le général Mortier ne s'empara que d'une manière très-indirecte de l'administration du pays, et en laissa la plus grande partie dans les mains des autorités locales. Le Hanovre, si on ne voulait pas le pressurer, pouvait parfaitement nourrir 30 mille hommes. Ce fut la force qu'on projeta d'y faire vivre, et qu'on promit au roi de Prusse de ne pas excéder. Il fut demandé à ce monarque, pour éviter les longs détours de la Hollande et de la Basse-Westphalie, de consentir à l'établissement d'une route d'étapes, à travers le territoire prussien, en payant exactement à des fournisseurs désignés d'avance, l'entretien des troupes qui se rendraient en Hanovre, ou qui en reviendraient. Le roi de Prusse s'y prêta pour complaire au Premier Consul. Dès lors les communications directes furent établies, et on s'en servit pour envoyer un grand nombre de cavaliers, qui allaient à pied, et revenaient avec trois chevaux, un qu'ils montaient, deux qu'ils tenaient en main. La possession de cette partie de l'Allemagne devint fort utile à notre cavalerie, et servit bientôt à la rendre excellente sous le rapport des chevaux, comme elle l'était déjà sous le rapport des hommes.

Pendant que s'exécutaient ces diverses occupations, le Premier Consul poursuivait ses préparatifs sur les bords de la Manche. Il faisait acheter des matières navales, en Hollande, surtout en Russie, afin d'être pourvu avant que les dispositions, peu rassurantes de cette dernière puissance, ne la portassent à refuser des approvisionnements. Sur les bassins de la Gironde, de la Loire, de la Seine, de la Somme, de l'Escaut, on construisait des bateaux plats de toute dimension. Des milliers d'ouvriers abattaient les forêts du littoral. Toutes les fonderies de la République étaient en activité pour fabriquer des mortiers, des obusiers, de l'artillerie du plus gros calibre. Les Parisiens voyaient sur les quais de Bercy, des Invalides, de l'École-Militaire, une centaine de chaloupes en construction. On commençait à comprendre qu'une si prodigieuse activité ne pouvait être une simple démonstration, destinée seulement à inquiéter l'Angleterre.

Le Premier Consul s'était promis de partir pour les côtes de la Manche, dès que les constructions navales, partout entreprises, seraient un peu plus avancées, et qu'il aurait mis ordre aux affaires les plus urgentes. La session du Corps Législatif avait été paisiblement consacrée à donner au gouvernement une entière approbation pour sa conduite diplomatique envers l'Angleterre, à lui prêter l'appui moral le plus complet, à lui voter le budget dont on a vu plus haut les principales dispositions, et enfin à discuter sans éclat, mais avec profondeur, les premiers titres du Code civil. Le Corps Législatif n'était plus, dès cette époque, qu'un grand conseil, étranger à la politique, et uniquement consacré aux affaires.

<small>Juin 1803.</small>

Le Premier Consul se trouva libre dès la fin de juin. Il se proposait de parcourir toutes les côtes jusqu'à Flessingue et Anvers, de visiter la Belgique qu'il n'avait pas encore vue, les départements du Rhin qu'il ne connaissait point, de faire, en un mot, un voyage militaire et politique. Madame Bonaparte devait l'accompagner, et partager les honneurs qui l'attendaient. Pour la première fois, il avait demandé au ministre du trésor public, qui les avait sous sa garde, les diamants de la couronne, pour en composer des parures à sa femme. Il voulait se montrer aux nouveaux départements et sur les bords même du Rhin, presque en souverain; car on le regardait comme tel, depuis qu'il était consul à vie, chargé de se choisir un successeur. Ses ministres avaient rendez-vous, les uns à Dunkerque, les autres à Lille, à Gand, à Anvers, à Bruxelles. Les ambassadeurs étrangers étaient invités à le visi-

<small>Voyage du Premier Consul sur les côtes de la Manche.</small>

ter dans les mêmes villes. Allant se montrer à des peuples d'un catholicisme fervent, il avait jugé convenable de paraître au milieu d'eux, accompagné du légat du Pape. Sur la simple expression de ce désir, le cardinal Caprara, malgré son grand âge et ses infirmités, s'était décidé, après en avoir obtenu la permission du Pape, à grossir le cortége consulaire, dans les Pays-Bas. Des ordres avaient été aussitôt donnés pour faire à ce prince de l'Église un accueil magnifique.

Le Premier Consul partit le 23 juin. Il visita d'abord Compiègne, où l'on construisait sur les bords de l'Oise ; Amiens, Abbeville, Saint-Valery, où l'on construisait sur les bords de la Somme. Il fut accueilli avec transport, et reçu avec des honneurs tout à fait royaux. La ville d'Amiens lui offrit, selon un ancien usage, quatre cygnes d'une éclatante blancheur, qui furent envoyés au jardin des Tuileries. Partout sa présence faisait éclater le dévouement pour sa personne, la haine pour les Anglais, le zèle à combattre et à vaincre ces anciens ennemis de la France. Il écoutait les autorités, les habitants, avec une extrême bonté; mais son attention était évidemment tout entière au grand objet qui l'occupait dans le moment. Les chantiers, les magasins, les approvisionnements de toute espèce, attiraient exclusivement son ardente sollicitude. Il visitait les troupes qui commençaient à s'agglomérer vers la Picardie, inspectait leur équipement, caressait les vieux soldats dont le visage lui était connu, et les laissait pleins de confiance dans sa vaste entreprise.

A peine avait-il achevé ces visites, qu'il rentrait, et, quoique accablé de fatigue, dictait une multitude d'ordres, qui existent encore, pour l'éternelle instruction des gouvernements chargés de grands préparatifs. Ici, le trésor avait différé des envois de fonds aux entrepreneurs ; là, le ministre de la marine avait négligé de faire arriver des matières navales ; ailleurs, la direction des forêts, par diverses formalités, avait retardé les coupes de bois ; autre part, enfin, l'artillerie n'avait pas expédié les bouches à feu ou les munitions nécessaires. Le Premier Consul réparait ces négligences, ou levait ces obstacles par la puissance de sa volonté. Il arriva ainsi à Boulogne, centre principal auquel venaient aboutir ses efforts, et point de départ présumé de la grande expédition projetée contre l'Angleterre.

C'est le moment de faire connaître avec détail l'immense armement imaginé pour transporter 150 mille hommes au delà du détroit de Calais, avec le nombre de chevaux, de canons, de munitions, de vivres qu'une telle armée suppose. C'est déjà une vaste et difficile opération que de transporter 20 ou 30 mille hommes au delà des mers. L'expédition d'Égypte, exécutée il y a cinquante ans, l'expédition d'Alger, exécutée de nos jours, en sont la preuve. Que sera-ce, s'il faut embarquer 150 mille soldats, 10 ou 15 mille chevaux, 3 ou 400 bouches à feu attelées ? Un vaisseau de ligne peut contenir en moyenne 6 ou 700 hommes, à condition d'une traversée de quelques jours ; une

Juin 1803.

Arrivée à Boulogne.

Exposition des moyens imaginés pour franchir le détroit de Calais.

grosse frégate en peut contenir la moitié. Il faudrait donc 200 vaisseaux de ligne pour embarquer une telle armée, c'est-à-dire une force navale chimérique, et que l'alliance de la France et de l'Angleterre, pour un même but, peut tout au plus rendre imaginable. C'eût été par conséquent une entreprise impossible, que de vouloir jeter 150 mille hommes en Angleterre, si l'Angleterre eût été à la distance de l'Égypte ou de la Morée. Mais il ne fallait passer que le détroit de Calais, c'est-à-dire parcourir 8 à 10 lieues marines. Pour une telle traversée, il n'était pas besoin d'employer de gros vaisseaux. On n'aurait pas même pu s'en servir, si on les avait possédés, car il n'y a pas d'Ostende au Havre un seul port capable de les recevoir; et il n'y aurait pas eu sur la côte opposée, à moins de se détourner beaucoup, un seul port où ils pussent aborder. L'idée de petits bâtiments, vu le trajet, vu la nature des ports, s'était donc toujours offerte à tous les esprits. D'ailleurs ces petits bâtiments suffisaient pour les circonstances de mer qu'on était exposé à rencontrer. De longues observations, recueillies sur les côtes, avaient conduit à découvrir ces circonstances, et à déterminer les bâtiments qui s'y adaptaient le mieux. En été, par exemple, il y a dans la Manche des calmes presque absolus, et assez longs, pour qu'on puisse compter sur 48 heures du même temps. Il fallait à peu près ce nombre d'heures, non pour passer, mais pour faire sortir des ports l'immense flottille dont il s'agissait. Pendant ce calme, la croisière anglaise étant condamnée à l'immobilité, des bâtiments construits pour marcher à la rame comme à la voile, pouvaient passer impunément, même devant une escadre ennemie. L'hiver avait aussi ses moments favorables. Les fortes brumes de la saison froide, se rencontrant avec des vents ou nuls ou faibles, offraient encore un moyen de faire le trajet en présence d'une force ennemie, ou immobile, ou trompée par le brouillard. Restait enfin une troisième occasion favorable, c'était celle qu'offraient les équinoxes. Il arrive souvent qu'après les ouragans de l'équinoxe, le vent tombe tout à coup, et laisse le temps nécessaire pour franchir le détroit, avant le retour de l'escadre ennemie, obligée par la tempête à prendre le large. C'étaient là les circonstances universellement désignées par les marins vivant sur les bords de la Manche.

Il y avait un cas dans lequel, en toute saison, quel que fût le temps, à moins d'une tempête, on pouvait toujours franchir le détroit; c'était celui où, par d'habiles manœuvres, on aurait amené, pour quelques heures, une grande escadre de ligne dans la Manche. Alors la flottille, protégée par cette escadre, pouvait mettre à la voile, sans s'inquiéter de la croisière ennemie.

Mais le cas d'une grande escadre française amenée entre Calais et Douvres, dépendait de si difficiles combinaisons, qu'on devait y compter le moins possible. Il fallait même construire la flottille de transport, de telle façon qu'elle pût, en apparence au moins, se passer de toute force auxiliaire; car s'il eût été démontré par sa construction, qu'il lui

Juillet 1803.

était impossible de tenir la mer sans une escadre de secours, le secret de cette grande opération eût été sur-le-champ livré aux ennemis. Avertis, ils auraient concentré toutes leurs forces navales dans le détroit, et prévenu toute manœuvre des escadres françaises tendant à s'y rendre.

<small>Forme des rivages et des ports de la Manche.</small>

Aux considérations tirées de la nature des vents et de la mer, dans le détroit, se joignaient les considérations tirées de la forme des côtes. Les ports français du détroit étaient tous des ports d'échouage, c'est-à-dire restant à sec à la marée basse, et ne présentant pas un fond de plus de huit ou neuf pieds à marée haute. Il fallait donc des bâtiments qui n'eussent pas besoin, quand ils étaient chargés, de plus de sept à huit pieds d'eau pour flotter, et qui pussent supporter l'échouage sans en souffrir. Quant au rivage d'Angleterre, les ports situés entre la Tamise, Douvres, Folkstone et Brighton, étaient fort petits ; mais, quels qu'ils fussent, il fallait, pour opérer un si vaste débarquement, se jeter tout simplement à la côte, et, pour ce motif encore, des bâtiments propres à l'échouage. C'étaient là les diverses raisons qui avaient fait adopter des bateaux plats, pouvant marcher à l'aviron, afin de passer, soit en calme, soit en brume ; pouvant porter du gros canon, sans tirer plus de sept ou huit pieds d'eau, afin de se mouvoir librement dans les ports français de la Manche, afin d'échouer, sans se briser, sur les plages d'Angleterre.

<small>La forme des bâtiments à employer déduite des circonstances locales.</small>

<small>Trois espèces de bâtiments.</small>

Pour satisfaire à ces conditions réunies, on imagina de grosses chaloupes canonnières, à fond plat, solidement construites, et de deux espèces diverses, pour répondre à deux besoins différents. Les chaloupes de la première espèce, qu'on appela proprement chaloupes canonnières, étaient construites de manière à porter quatre pièces de gros calibre, depuis le 24 jusqu'au 36, deux sur l'avant, deux sur l'arrière, et en mesure, par conséquent, de répondre au feu des vaisseaux et des frégates. Cinq cents chaloupes canonnières, armées de 4 pièces, pouvaient ainsi égaler le feu de vingt vaisseaux de cent canons. Elles étaient gréées comme des bricks, c'est-à-dire à deux mâts, manœuvrées par 24 matelots, et capables de contenir une compagnie d'infanterie de 100 hommes, avec son état-major, ses armes et ses munitions.

Juillet 1803.

Chaloupes canonnières proprement dites.

Les chaloupes de la seconde espèce, qu'on appela, pour les distinguer des autres, bateaux canonniers, étaient moins fortement armées, moins maniables, mais destinées à porter, indépendamment de l'infanterie, l'artillerie de campagne. Ces bateaux dits canonniers étaient pourvus sur l'avant d'une pièce de 24, et sur l'arrière d'une pièce de campagne, laissée sur son affût, avec les apparaux nécessaires pour l'embarquer et la débarquer, en quelques minutes. Ils portaient, de plus, un caisson d'artillerie, rempli de munitions, et disposé sur le pont, de manière à ne pas gêner la manœuvre, et à pouvoir être mis à terre en un clin d'œil. Ils contenaient enfin, au centre même de leur cale, une petite écurie, dans laquelle devaient être logés deux chevaux d'artillerie, avec des vivres pour

Bateaux canonniers.

plusieurs jours. Cette écurie, placée au centre, ouverte par le haut, surmontée d'un couvercle mobile, était combinée avec la mâture, de façon qu'un cheval, saisi à terre par une vergue, enlevé rapidement, était descendu dans sa loge avec la plus grande facilité. Ces bateaux canonniers, inférieurs par leur armement aux chaloupes canonnières, mais pouvant lancer un gros boulet, et jeter de la mitraille au moyen de la pièce de campagne placée sur leur pont, avaient l'avantage de porter, outre une portion de l'infanterie, toute l'artillerie de l'armée, avec deux chevaux, pour la traîner en ligne, dans le premier moment de la descente à terre. Le surplus des attelages devait être placé sur des transports, dont on verra plus bas l'organisation. Moins propres que les chaloupes aux manœuvres et aux combats, ils étaient gréés comme les grosses barques longeant nos côtes, et n'avaient que trois grosses voiles attachées à trois mâts, sans hune ni perroquet. Ils n'étaient montés que par 6 matelots. Ils étaient capables de contenir, comme les chaloupes canonnières, une compagnie d'infanterie avec ses officiers, plus deux charretiers d'artillerie, et quelques artilleurs. Si on suppose trois ou quatre cents de ces bateaux, ils pouvaient porter, indépendamment d'une masse considérable d'infanterie, 3 ou 400 bouches à feu de campagne, avec une voiture de munitions, suffisante pour une bataille. Le reste des munitions, joint au reste des attelages, devait suivre sur les bâtiments de transport.

Tels étaient les bateaux plats de la première et de la seconde espèce. On avait reconnu nécessaire d'en construire d'une troisième sorte, encore plus légers et plus mobiles que les précédents, tirant deux à trois pieds d'eau seulement, et faits pour aborder partout. C'étaient de grands canots, étroits et longs de 60 pieds, ayant un pont mobile qu'on posait ou retirait à volonté, et distingués des autres par le nom de péniches. Ces gros canots étaient pourvus d'une soixantaine d'avirons, portaient au besoin une légère voilure, et marchaient avec une extrême vitesse. Lorsque soixante soldats, dressés à manier la rame aussi bien que des matelots, les mettaient en mouvement, ils glissaient sur la mer comme ces légères embarcations, détachées des flancs de nos grands vaisseaux, et surprenant la vue par la rapidité de leur sillage. Ces péniches pouvaient recevoir 60 à 70 soldats, outre 2 ou 3 marins pour les diriger. Elles avaient à bord un petit obusier, plus une pièce de 4, et ne devaient recevoir d'autre chargement que les armes de leurs passagers, et quelques vivres de campagne, disposés comme lest.

Juillet 1803.

Les péniches.

Après de nombreuses expériences, on s'était définitivement attaché à ces trois espèces de bâtiments, qui répondaient à tous les besoins de la traversée, et qui, rangés en bataille, présentaient une redoutable ligne de feux. Les chaloupes canonnières, plus faciles à manœuvrer et plus fortement armées, occupaient la première ligne; les bateaux canonniers, inférieurs sous ces deux rapports, étaient rangés en seconde ligne, faisant face aux intervalles qui séparaient les chaloupes, de manière qu'il n'y eût aucun espace privé de feux. Les péniches, qui ne portaient que de petits obusiers, et qui étaient surtout redoutables par la mousqueterie, disposées, tantôt en avant de la ligne de bataille, tantôt en arrière ou sur les ailes, pouvaient rapidement courir à l'abordage si on avait affaire à une flotte, ou jeter leurs hommes à terre si on voulait opérer un débarquement, ou se dérober s'il fallait supporter un feu de grosse artillerie.

Ces trois espèces de bâtiments devaient être réunis au nombre de 12 ou 1500. Ils devaient porter au moins 3 mille bouches à feu de gros calibre, sans compter un grand nombre de pièces de petite dimension, c'est-à-dire, lancer autant de projectiles que la plus forte escadre. Leur feu était dangereux, parce qu'il était rasant, et dirigé vers la ligne de flottaison. Engagés contre de gros vaisseaux, ils présentaient un but difficile à saisir, et tiraient, au contraire, sur un but facile à atteindre. Ils pouvaient se mouvoir, se diviser, et envelopper l'ennemi. Mais s'ils avaient les avantages de la division, ils en avaient aussi les inconvénients. L'ordre à introduire dans cette masse mouvante et prodigieusement nombreuse, était un problème extrêmement difficile, à la solution duquel s'appliquèrent sans cesse, pendant trois ans, l'amiral Bruix et Napoléon. On verra plus tard à quel degré de précision dans les manœuvres ils surent arriver, et jusqu'à quel point le problème fut par eux résolu.

Quel effet aurait produit une escadre de haut bord,

traversant à toutes voiles cette masse de petits bâtiments, foulant, renversant ceux qu'elle rencontrerait devant elle, coulant à fond ceux qu'elle atteindrait de ses boulets, mais, enveloppée à son tour par cette nuée d'ennemis, recevant dans tous les sens un feu d'artillerie dangereux, assaillie par la mousqueterie de cent mille fantassins, et peut-être envahie par d'intrépides soldats, dressés à l'abordage? On ne saurait le dire, car on ne peut se faire une idée d'une scène aussi étrange, sans aucun antécédent connu, qui puisse aider l'esprit à en prévoir les chances diverses. L'amiral Decrès, esprit supérieur, mais dénigrant, admettait qu'en sacrifiant cent bâtiments et dix mille hommes, on pourrait probablement essuyer la rencontre d'une escadre ennemie, et franchir le détroit. — On les perd tous les jours dans une bataille, répondait le Premier Consul; et quelle bataille a jamais promis les résultats que nous fait espérer la descente en Angleterre? — Mais c'était la chance la plus défavorable que celle d'une rencontre avec la croisière anglaise. Restait toujours la chance de passer par un calme qui paralysât l'ennemi, par une brume qui lui dérobât la vue de notre flottille; et enfin la chance plus rassurante encore d'une escadre française, apparaissant tout à coup dans le détroit pour quelques heures.

Quoiqu'il en soit, ces bâtiments avaient assez de force pour se défendre, pour aborder un rivage et le balayer, pour ôter à l'ennemi toute idée d'une escadre de secours, pour donner confiance aux sol-

Juillet 1803.

possible d'une escadre de haut bord avec une flottille de chaloupes canonnières.

Opinion de l'amiral Decrès sur les propriétés de la flottille de Boulogne.

Juillet 1803.

Inconvénients dérivant de la construction des bateaux à fond plat.

dats et aux matelots chargés de les monter. Cependant ils présentaient des inconvénients tenant à la forme même de leur construction. Ayant, au lieu d'une quille profondément immergée, un fond plat qui pénétrait peu dans l'eau, portant de plus une assez forte mâture, ils devaient avoir peu de stabilité, s'incliner facilement sous le souffle du vent, et même chavirer, s'ils étaient frappés par une rafale subite. C'est ce qui arriva une fois, dans la rade de Brest, à une chaloupe canonnière mal lestée. L'accident eut lieu sous les yeux de l'amiral Ganteaume, qui, saisi de crainte, en écrivit sur-le-champ au Premier Consul. Mais cet accident ne se reproduisit pas. Avec des précautions dans la manière de distribuer les munitions qui leur servaient de lest, les bâtiments de la flottille acquirent assez de stabilité pour supporter de gros temps; et il ne leur arriva d'autre malheur que celui d'échouer, ce qui était naturel, en naviguant toujours le long des côtes, et, ce qui était en général volontaire de leur part, dans le but d'échapper aux Anglais. Du reste, la marée suivante les remettait à flot, quand ils avaient été obligés de se jeter à la côte.

Ils offraient un inconvénient plus fâcheux, celui de dériver, c'est-à-dire, de céder aux courants. Ils le devaient à leur lourde structure, qui présentait plus de prise à l'eau, que leur mâture n'en présentait au vent. Cet inconvénient s'aggravait, lorsque, privés de vent, ils marchaient à la rame, et n'avaient que la force des rameurs pour combattre la force du courant. Dans ce cas, ils pouvaient être emportés loin du but, ou, ce qui est pire, y arriver séparément; car, étant de formes différentes, ils devaient subir une dérivation inégale. Nelson l'avait éprouvé lui-même, lorsqu'en 1801 il attaqua la flottille de Boulogne. Ses quatre divisions n'ayant pu agir toutes en même temps, ne firent que des efforts décousus. Un semblable défaut, fâcheux dans toute mer, l'était davantage encore dans la Manche, où règnent deux courants très-forts à chaque marée. Lorsque la mer s'élève ou s'abaisse, elle produit alternativement un courant ascendant ou descendant, dont la direction est déterminée par la figure des côtes de France et d'Angleterre. (Voir la carte n° 23.) La Manche est très-ouverte à l'ouest, entre la pointe du Finistère et celle de Cornouailles; très-resserrée à l'est, entre Calais et Douvres. La mer, en s'élevant, pénètre plus vivement par l'issue la plus large; ce qui produit à la marée montante un courant ascendant de l'ouest à l'est, de Brest à Calais. Le même effet se produit en sens contraire, quand la mer s'abaisse; elle fuit alors plus vite par l'issue la plus vaste; et il en résulte, à la marée descendante, un courant de l'est à l'ouest, de Calais à Brest. Ce double courant, recevant près des côtes, et de leur forme elle-même, diverses inflexions, devait porter une certaine perturbation dans la marche de ces deux mille navires, perturbation plus ou moins à craindre, suivant la faiblesse du vent et la force du flot. Cela diminuait beaucoup l'avantage de la traversée en calme, l'une des plus souhaitables. Toutefois le canal, entre Boulogne et Douvres, non-seulement fort étroit, mais de plus peu profond, permettait de jeter l'ancre à égale distance des deux côtes. Les amiraux regardaient donc comme possible de s'arrêter, dans le cas d'une dérivation trop grande, et d'attendre à l'ancre le retour du courant contraire, ce qui ne pouvait pas entraîner une perte de temps de plus de trois ou quatre heures. C'était une difficulté, mais point insurmontable [1].

Cet inconvénient avait bientôt fait abandonner une sorte de bâtiments, appelés prames. Ceux-ci, tout à fait plats, sans aucune courbure dans leurs flancs, et même à trois quilles, étaient de vrais pontons flottants, destinés à porter beaucoup de canons et de chevaux. On avait d'abord résolu d'en construire cinquante, ce qui aurait procuré des moyens de transport pour 2,500 chevaux, et une force de 600 bouches à feu. Mais l'infériorité de leurs qualités navigantes les fit bientôt abandonner, et on n'en construisit pas au delà de douze ou quinze. Nous ne parlerons pas de grosses barques, courtes et larges, armées d'une pièce de 24 à l'arrière, qu'on appelait caïques, ni de corvettes d'un faible tirant d'eau, portant une dizaine de gros canons, les unes et les

---

[1] Tout ce que je rapporte ici est extrait de la volumineuse correspondance des amiraux, notamment de celle de l'amiral Bruix, avec le ministre de la marine et avec Napoléon. Il est bien entendu que je ne suppose rien, que je résume autant que je puis, avec la précision historique, tout ce qu'il y a d'essentiel dans cette correspondance, que je crois qualifier très-justement en l'appelant admirable.

autres construites à titre d'essais, et que l'expérience empêcha de multiplier. La totalité de la flottille se composa presque exclusivement des trois espèces de bâtiments dont on vient de lire la description, c'est-à-dire de chaloupes canonnières, de bateaux canonniers et de péniches.

Juillet 1803.

Chaque chaloupe et chaque bateau canonnier pouvant contenir une compagnie d'infanterie, chaque péniche, les deux tiers d'une compagnie, si on réunissait 500 chaloupes, 400 bateaux, 300 péniches, c'est-à-dire 1,200 bâtiments, on avait le moyen d'embarquer 120 mille hommes. Supposez que l'escadre de Brest en portât 15 ou 18 mille, celle du Texel 20 mille, c'étaient 150 ou 160 mille hommes, qu'on pouvait jeter en Angleterre, 120 mille en une seule masse à bord de la flottille, 30 ou 40 mille en divisions détachées, à bord de deux grosses escadres, partant, l'une de Hollande, l'autre de Bretagne.

C'était assez pour vaincre et réduire cette superbe nation, qui prétendait dominer le monde du fond de son asile inviolable.

Ce n'est pas tout que de porter des hommes; il leur faut du matériel, c'est-à-dire des vivres, des armes, des chevaux. La flottille dite de guerre pouvait embarquer les hommes, les munitions indispensables pour les premiers combats, des vivres pour une vingtaine de jours, l'artillerie de campagne avec un attelage de deux chevaux par pièce. Mais il fallait de plus le reste des attelages, au moins sept à huit mille chevaux de cavalerie, des

Moyens pour transporter le matériel.

munitions pour toute une campagne, des vivres pour un ou deux mois, un grand parc de siége, dans le cas où l'on aurait des murailles à renverser. Les chevaux surtout étaient très-difficiles à transporter, et il ne fallait pas moins de 6 à 700 bâtiments, si on voulait en porter seulement 7 à 8 mille.

Pour ce dernier objet on n'avait pas besoin de construire. Le cabotage et la grande pêche devaient fournir un matériel naval tout prêt, et très-considérable. On pouvait acheter sur toutes les côtes depuis Saint-Malo jusqu'au Texel, et dans l'intérieur même de la Hollande, des bâtiments jaugeant de 20 à 60 tonneaux, faisant le cabotage, la pêche de la morue et du hareng, parfaitement solides, excellents à la mer, et très-capables de recevoir tout ce dont on voudrait les charger, moyennant les aménagements convenables. Une commission formée pour cet objet achetait, depuis Brest jusqu'à Amsterdam, des bâtiments qui coûtaient en moyenne de 12 à 15,000 francs chacun. On s'en était déjà procuré plusieurs centaines. Le reste n'était pas difficile à trouver.

En portant la flotte de guerre à 12 ou 1,300 bâtiments, la flottille de transport à 900 ou 1,000, c'était 2,200 ou 2,300 bâtiments à réunir, rassemblement naval prodigieux, sans exemple dans le passé, et probablement aussi dans l'avenir.

On doit comprendre maintenant comment il eût été impossible de construire sur un ou deux points de la côte cette immense quantité de bâtiments.

Si petite que fût leur dimension, jamais on n'aurait pu se procurer dans un seul lieu les matières, les ouvriers, les chantiers nécessaires à leur construction. Il avait donc été indispensable de faire concourir au même objet tous les ports, et tous les bassins des rivières. C'était bien assez de réserver aux ports de la Manche, dans lesquels on devait les réunir, le soin d'aménager et d'entretenir ces deux mille bâtiments.

Juillet 1803.

Mais après les avoir construits fort loin les uns des autres, il fallait les rassembler en un seul point, de Boulogne à Dunkerque, à travers les croisières anglaises, résolues à les détruire avant qu'ils fussent réunis. Il fallait ensuite les recevoir dans trois ou quatre ports, placés autant que possible sous le même vent, à une très-petite distance, afin d'appareiller et de partir ensemble. Il fallait enfin les loger sans encombrement, sans confusion, à l'abri du danger du feu, à la portée des troupes, de manière qu'ils pussent sortir et rentrer souvent, apprendre à charger et à décharger rapidement, hommes, canons et chevaux.

Ports disposés pour recevoir les 2,300 bâtiments dont se composait la flottille.

Toutes ces difficultés ne pouvaient être résolues que sur les lieux mêmes, par Napoléon, voyant les choses de ses propres yeux, et entouré des officiers les plus habiles et les plus spéciaux. Il avait appelé à Boulogne M. Sganzin, ingénieur de la marine, et l'un des premiers sujets de ce corps distingué; M. Forfait, ministre de la marine pendant quelques mois, médiocre en fait d'administration, mais supérieur dans l'art des constructions navales, plein d'invention,

Ingénieurs et amiraux dont le Premier Consul s'était entouré à Boulogne.

MM. Sganzin et Forfait.

et dévoué à une entreprise dont il avait été, sous le Directoire, l'un des plus ardents promoteurs; enfin le ministre Decrès et l'amiral Bruix, deux hommes dont il a été parlé déjà, et qui méritent qu'on les fasse connaître ici avec plus de détail.

Le Premier Consul aurait voulu posséder un peu moins de bons généraux dans ses armées de terre, et un peu plus dans ses armées de mer. Mais la guerre et la victoire forment seules les bons généraux. La guerre ne nous avait pas manqué sur mer depuis douze ans; malheureusement notre marine, désorganisée par l'émigration, s'étant trouvée tout de suite inférieure à celle des Anglais, avait été presque toujours obligée de se renfermer dans les ports, et nos amiraux avaient perdu, non pas la bravoure, mais la confiance. Les uns étaient très-âgés, les autres manquaient d'expérience. Quatre attiraient dans le moment toute l'attention de Napoléon, Decrès, Latouche-Tréville, Ganteaume et Bruix. L'amiral Decrès était un homme d'un esprit rare, mais frondeur, ne voyant que le mauvais côté des choses, critique excellent des opérations d'autrui, à ce titre bon ministre, mais administrateur peu actif, très-utile toutefois à côté de Napoléon, qui suppléait par son activité à celle de tout le monde, et qui avait besoin de conseillers moins confiants qu'il n'était lui-même. Par ces raisons, l'amiral Decrès était celui des quatre qui valait le mieux à la tête des bureaux de la marine, et qui aurait valu le moins à la tête d'une escadre. Ganteaume, brave officier, intelligent, instruit, pou-

BRUIX.

vait conduire une division navale au feu; mais hors du feu, hésitant, incertain, laissant passer la fortune sans la saisir, il ne devait être employé que dans la moins difficile des entreprises. Latouche-Tréville et Bruix étaient les deux marins les plus distingués du temps, et appelés certainement, s'ils avaient vécu, à disputer à l'Angleterre l'empire des mers. Latouche-Tréville était tout ardeur, tout audace; il joignait l'esprit, l'expérience au courage, inspirait aux marins les sentiments dont il était plein, et, sous ce rapport, était le plus précieux de tous, puisqu'il avait ce que notre marine avait trop peu, la confiance en soi-même. Enfin Bruix, chétif de corps et de santé, épuisé par les plaisirs, doué d'une vaste intelligence, d'un génie d'organisation rare, trouvant ressource à tout, profondément expérimenté, seul homme qui eût dirigé quarante vaisseaux de ligne à la fois, aussi habile à concevoir qu'à exécuter, eût été le véritable ministre de la marine, s'il n'avait été si propre à commander. Ce n'étaient pas là tous les chefs de notre flotte : il restait Villeneuve, si malheureux depuis; Linois, le vainqueur d'Algésiras, actuellement dans l'Inde, et d'autres qu'on verra figurer en leur lieu. Mais les quatre que nous citons étaient alors les principaux.

Le Premier Consul voulut confier à l'amiral Bruix le commandement de la flottille, parce que là tout était à créer; à Ganteaume la flotte de Brest, qui n'avait à exécuter qu'un transport de troupes; enfin à Latouche-Tréville la flotte de Toulon, laquelle était chargée d'une manœuvre difficile, audacieuse, mais décisive, et que nous exposerons plus tard. L'amiral Bruix, ayant à organiser la flottille, était sans cesse en contact avec l'amiral Décrès. L'un et l'autre avaient trop d'esprit pour n'être pas rivaux, dès lors ennemis : de plus, leur nature était incompatible. Déclarer les difficultés invincibles, critiquer les tentatives qu'on faisait pour les vaincre, tel était l'amiral Decrès. Les voir, les étudier, chercher à en triompher, tel était l'amiral Bruix. Il faut ajouter qu'ils se défiaient l'un de l'autre : ils craignaient sans cesse, l'amiral Decrès qu'on ne dénonçât au Premier Consul les inconvénients de son inaction, l'amiral Bruix ceux de sa vie déréglée. Ces deux hommes, sous un maître faible, auraient troublé la flotte par leurs divisions; sous un maître comme le Premier Consul, ils étaient utiles par leur diversité même. Bruix proposait des combinaisons, Decrès les critiquait; le Premier Consul prononçait avec une sûreté de jugement infaillible.

C'est au milieu de ces hommes, et sur les lieux, que Napoléon décida toutes les questions laissées en suspens. Son arrivée à Boulogne était urgente, car, malgré l'énergie et la fréquence de ses ordres, beaucoup de choses restaient en arrière. On ne construisait pas à Boulogne, à Calais, à Dunkerque, mais on réparait l'ancienne flottille, et on se préparait à exécuter les aménagements, jugés nécessaires, sur les deux mille bâtiments construits ou achetés, quand ils seraient réunis. On manquait d'ouvriers, de bois, de fer, de chanvre, d'artillerie à grande portée pour éloigner les Anglais, très-occupés à lancer des projectiles incendiaires.

Juillet 1803.

La présence du Premier Consul, entouré de MM. Sganzin, Forfait, Bruix, Decrès, et d'une quantité d'autres officiers, imprima bientôt à son entreprise une activité nouvelle. Il avait déjà employé à Paris une mesure, qu'il voulut appliquer à Boulogne et partout où il passa. Il fit prendre dans la conscription cinq à six mille hommes, appartenant à toutes les professions consacrées au travail du bois ou du fer, telles que menuisiers, charpentiers, scieurs de long, charrons, serruriers, forgerons. Des maîtres, choisis parmi les ouvriers de la marine, les dirigeaient. Une haute paye était accordée à ceux qui montraient de l'intelligence et de la bonne volonté; et en peu de temps les chantiers furent couverts d'une population d'ouvriers constructeurs, dont il eût été difficile de deviner la profession originelle.

Activité imprimée à toutes choses à Boulogne.

Comment on se procure des ouvriers.

Les forêts abondaient autour de Boulogne. Un ordre avait livré à la marine toutes celles des environs. Les bois, employés le jour même où on les abattait, étaient verts, mais bons à servir de pieux, et il en fallait des milliers dans les ports de la Manche. On pouvait en tirer aussi des bordages et des planches. Quant aux bois, destinés à fournir des courbes, on les faisait venir du Nord. Les matières navales, telles que chanvres, mâtures, cuivres, goudrons, transportées de la Russie et de la Suède en Hollande, pour être amenées, par les eaux intérieures, de la Hollande et de la Flandre à Boulogne,

Comment on se procure du bois.

Comment on se procure du chanvre, du cuivre, du goudron.

étaient en ce moment arrêtées par divers obstacles, sur les canaux de la Belgique. Des officiers, envoyés immédiatement avec des ordres et des fonds, partirent pour accélérer les arrivages. Enfin les fonderies de Douai, de Liége, de Strasbourg, malgré leur activité se trouvaient en retard. Le savant Monge, qui suivait presque partout le Premier Consul, fut envoyé en mission pour accélérer leurs travaux, et faire couler à Liége de gros mortiers et des pièces de fort calibre. Le général Marmont avait été chargé de l'artillerie. Des aides-de-camp partaient chaque jour en poste pour aller stimuler son zèle, et lui signaler les expéditions de canons ou d'affûts qui étaient retardées. On avait besoin, en effet, indépendamment de l'artillerie des bâtiments, de 5 à 600 bouches à feu en batterie, afin de tenir l'ennemi à distance des chantiers.

Ces premiers ordres donnés, il fallait s'occuper de la grande question des ports de rassemblement, et des moyens de proportionner leur capacité à l'étendue de la flottille. Il fallait agrandir les uns, créer les autres, les défendre tous. Après en avoir conféré avec MM. Sganzin, Forfait, Decrès et Bruix, le Premier Consul arrêta les dispositions suivantes.

Depuis long-temps le port de Boulogne avait été indiqué comme le meilleur point de départ, pour une expédition dirigée contre l'Angleterre. (Voir la carte n° 23.) La côte de France, en s'avançant vers celle d'Angleterre, projette un cap qui s'appelle le cap Grisnez. A droite de ce cap, elle court à l'est, vers l'Escaut, ayant en face la vaste étendue de la mer du Nord. A gauche elle rencontre celle d'Angleterre, forme ainsi l'un des deux bords du détroit, puis descend brusquement du nord au sud, vers l'embouchure de la Somme. Les ports à la droite du cap Grisnez, tels que Calais et Dunkerque, placés en dehors du détroit, sont moins bien situés comme point de départ; les ports à gauche, au contraire, tels que Boulogne, Ambleteuse et Étaples, placés dans le détroit même, ont toujours été jugés préférables. En effet, si l'on part de Dunkerque ou de Calais, il faut doubler le cap Grisnez pour entrer dans le détroit, surmonter la bouffée des vents de la Manche qui se fait sentir en doublant le cap, et venir se placer au vent de Boulogne, pour aborder entre Douvres et Folkstone. Au contraire, en allant d'Angleterre en France, on est plus naturellement porté vers Calais que vers Boulogne. Pour se transporter en Angleterre, ce qui était le cas de l'expédition projetée, Boulogne et les ports placés à la gauche du cap Grisnez valaient mieux que Calais et Dunkerque. Seulement, ils avaient l'inconvénient de présenter moins d'étendue et de fond que Calais et Dunkerque, ce qui s'explique par l'accumulation des sables et des galets, toujours plus grande dans un espace resserré comme un détroit.

Port de Boulogne. Néanmoins le port de Boulogne, consistant dans le lit d'une petite rivière marécageuse, la Liane, était susceptible de recevoir un agrandissement considérable. Le bassin de la Liane, formé par deux plateaux qui se séparent aux environs de Boulogne, et laissent entre eux un espace de figure demi-circulaire, pouvait être, avec de grands travaux, converti en un port d'échouage très-vaste. (Voir les cartes n°ˢ 24 et 25.) Le lit de la Liane présentait six à sept pieds d'eau, à la marée haute, dans les moyennes marées. Il était possible, en le creusant, de lui en procurer neuf à dix. C'était donc chose praticable que de créer dans ce lit marécageux de la Liane, à peu près à la hauteur de Boulogne, un bassin de figure semblable au terrain, c'est-à-dire demi-circulaire, capable de contenir quelques centaines de bâtiments, plus ou moins, selon le rayon qu'on lui donnerait. Ce bassin, et le lit creusé de la Liane, pouvaient être amenés à contenir 12 à 1,300 bâtiments, par conséquent plus de la moitié de la flottille. Ce n'était pas tout que d'avoir une surface suffisante, il fallait des quais extrêmement étendus, pour que ces nombreux bâtiments pussent, sinon tous à la fois, du moins en assez grand nombre, joindre les bords du bassin, et prendre leur chargement. L'étendue des quais importait donc autant que l'étendue du port lui-même. On n'avait songé à aucune de ces choses sous le Directoire, parce que jamais les projets n'avaient été poussés jusqu'à réunir 150 mille hommes et deux mille bâtiments. Le Premier Consul, malgré la grandeur du travail, n'hésita pas à prescrire sur-le-champ le creusement du bassin de Boulogne et du lit de la Liane. Ces mêmes 150 mille hommes, qui constituaient par leur nombre la difficulté de l'entreprise, allaient être employés à la vaincre, en creusant eux-mêmes le bassin où ils devaient s'embarquer. Il fut décidé que les camps, placés dans l'origine à quelque distance des côtes, seraient immédiatement rapprochés de la mer, et que les soldats enlèveraient eux-mêmes la masse énorme de terre dont il fallait se débarrasser.

Juillet 1803.

Une écluse de chasse fut ordonnée pour creuser le chenal, et procurer la profondeur d'eau nécessaire. Les ports qui ne sont pas, comme celui de Brest, formés par les sinuosités d'une côte profonde, et qu'on appelle ports d'échouage, consistent en général dans l'embouchure de petites rivières, qui grossissent à la marée haute, forment alors un bassin où les bâtiments se trouvent à flot, puis diminuent avec la marée basse, jusqu'à ne plus présenter que de gros ruisseaux coulant sur un lit de vase, et laissant pendant quelques heures les bâtiments échoués sur leurs rives. Les sables que ces rivières entraînent, ramassés par la mer et ramenés en face des embouchures, forment des bancs ou barres, qui gênent la navigation. Pour vaincre cet obstacle, on élève alors dans le lit des rivières des écluses, qui s'ouvrent devant la marée montante, recueillent l'abondance des eaux, retiennent cette abondance en se refermant à la marée descendante, et ne la laissent échapper qu'au moment où l'on veut faire la chasse. Ce moment venu, et l'on choisit celui de la basse mer, on ouvre l'écluse : l'eau se précipite dans la rivière, et, chassant les sables par ce débordement artificiel, creuse un chenal ou passage. C'est là ce que les in-

Construction d'écluses de chasse.

génieurs appellent des écluses de chasse, et ce qu'on se hâta de construire dans le bassin supérieur de la Liane.

Vingt mille pieds d'arbres abattus dans la forêt de Boulogne servirent à garnir de pieux les deux bords de la Liane, et le pourtour du bassin demi-circulaire. Une partie de ces pieds d'arbres, sciés en gros madriers, puis étendus en plancher sur ces pieux, servirent à former de larges quais, le long de la Liane et du bassin demi-circulaire. Les nombreux bâtiments de la flottille pouvaient ainsi venir se ranger contre ces quais, pour embarquer ou débarquer les hommes, les chevaux et le matériel.

La ville de Boulogne était placée à la droite de la Liane, le bassin à la gauche, et presque vis-à-vis. La Liane s'étendait longitudinalement entre deux. Des ponts furent construits pour communiquer facilement d'une rive à l'autre, et placés au-dessus du point où commençait le mouillage.

Ces vastes travaux étaient loin de suffire. Un grand établissement maritime suppose des ateliers, des chantiers, des magasins, des casernes, des boulangeries, des hôpitaux, tout ce qu'il faut enfin pour abriter de grands amas de matières, pour recevoir des marins sains ou malades, pour les nourrir, les vêtir, les armer. Qu'on se figure tout ce qu'ont coûté de temps et d'efforts des établissements tels que ceux de Brest et de Toulon! Il s'agissait de créer ici de bien autres établissements, puisqu'il fallait que ces ateliers, ces chantiers, ces magasins, ces hôpitaux, répondissent aux besoins de 2,300 bâtiments, 30 mille matelots, 10 mille ouvriers, 120 mille soldats. Si même ces créations n'avaient pas dû être temporaires, elles eussent été absolument impossibles. Cependant, quoique temporaires, la difficulté de les exécuter, vu la quantité de choses à réunir en un seul endroit, était immense.

Juillet 1803.

On loua dans Boulogne toutes les maisons qui pouvaient être converties en bureaux, en magasins, en hôpitaux. On loua également dans les environs les maisons de campagne et les fermes propres au même usage. On éleva des hangars pour les ouvriers de la marine, et des abris en planches pour les chevaux. Quant aux troupes, elles durent camper en plein champ, dans des baraques construites avec les débris des forêts environnantes. Le Premier Consul choisit, à droite et à gauche de la Liane, sur les deux plateaux dont l'écartement formait le bassin de Boulogne, l'emplacement que devaient occuper les troupes. Trente-six mille hommes furent distribués en deux camps : l'un dit de gauche, l'autre dit de droite. Ce fut le rassemblement de Saint-Omer, placé sous les ordres du général Soult, qui vint occuper ces deux positions. Les autres corps d'armée devaient être successivement rapprochés de la côte, lorsque leur établissement y aurait été préparé. Les troupes allaient se trouver là en bon air, exposées, il est vrai, à des vents violents et froids, mais pourvues d'une grande abondance de bois pour se baraquer et se chauffer.

Construction improvisée de magasins, d'hôpitaux, d'écuries.

Juillet 1803.

D'immenses approvisionnements furent ordonnés de toutes parts, et amenés dans ces magasins improvisés. On fit venir, par la navigation intérieure, qui est fort perfectionnée, comme on sait, dans le nord de la France, des farines pour les convertir en biscuit, du riz, des avoines, des viandes salées, des vins, des eaux-de-vie. On tira de la Hollande de grandes quantités de fromages à forme ronde. Ces diverses matières alimentaires devaient servir à la consommation journalière des camps, et au chargement en vivres des deux flottilles de guerre et de transport. On peut se figurer aisément les quantités qu'il fallait réunir, si on imagine qu'il s'agissait de nourrir l'armée, la flotte, la nombreuse population d'ouvriers attirée sur les lieux, d'abord pendant le campement, puis pendant deux mois d'expédition; ce qui supposait des vivres pour près de deux cent mille bouches, et des fourrages pour vingt mille chevaux. Si on ajoute que tout cela fut fait avec une abondance qui ne laissa rien à désirer, on comprendra que jamais création plus extraordinaire ne fut exécutée chez aucun peuple, par aucun chef d'empire.

Ports auxiliaires du port de Boulogne.

Mais un seul port ne suffisait pas pour toute l'expédition. Boulogne ne pouvait contenir que 12 ou 1,300 bâtiments, et il en fallait recevoir environ 2,300. Ce port en aurait-il contenu le nombre nécessaire, il eût été trop long de les faire tous sortir par le même chenal. Dans certaines circonstances de mer, c'était un grand inconvénient que de n'avoir qu'un seul lieu de refuge. Si, par exemple, on faisait sortir une grande quantité de bâtiments, et que le mauvais temps ou l'ennemi obligeât à les faire rentrer subitement, ils pouvaient s'encombrer à l'entrée, manquer la marée, et rester en perdition. Il y avait, en descendant à quatre lieues au sud, une petite rivière, la Canche, dont l'embouchure formait une baie tortueuse, très-ensablée, malheureusement ouverte à tous les vents, et présentant un mouillage beaucoup moins sûr que celui de Boulogne. (Voir la carte n° 24.) Il s'y était formé un petit port de pêche, celui d'Étaples. Sur cette même rivière de la Canche, à une lieue dans l'intérieur des terres, se trouvait la place fortifiée de Montreuil. Il était difficile de creuser là un bassin, mais on pouvait y planter une suite de pieux, afin d'y amarrer les bâtiments, et construire sur ces pieux des quais en bois, propres à l'embarquement et au débarquement des troupes. C'était un abri assez sûr pour 3 ou 400 bâtiments. On en pouvait sortir par des vents à peu près pareils à ceux de Boulogne. La distance de Boulogne, qui était de 4 à 5 lieues, présentait bien quelque difficulté pour la simultanéité des opérations; mais c'était une difficulté secondaire, et un asile pour 400 navires était trop important pour le négliger. Le Premier Consul y forma un camp destiné aux troupes réunies entre Compiègne et Amiens, et en réserva le commandement au général Ney, revenu de sa mission en Suisse. Ce camp fut appelé camp de Montreuil. Les troupes eurent ordre de s'y baraquer, comme celles qui étaient campées autour de Boulogne. Des établissements fu-

Juillet 1803.

Port d'Étaples et camp de Montreuil.

rent préparés pour la manutention des vivres, pour les hôpitaux, pour tous les besoins enfin d'une armée de 24 mille hommes. Le centre de l'armée étant supposé à Boulogne, le camp d'Étaples en était la gauche.

Un peu au nord de Boulogne, avant d'être au cap Grisnez, se trouvaient deux autres baies, formées par deux petites rivières, dont le lit était fort encombré par la vase et le sable, mais dans lesquelles l'eau de la haute mer s'élevait à 6 ou 7 pieds. L'une était à une lieue, l'autre à deux lieues de Boulogne; elles étaient en outre placées sous le même vent. En y creusant le sol, en y pratiquant des chasses, il était possible d'y abriter plusieurs centaines de bâtiments; ce qui aurait complété les moyens de loger la flottille entière. La plus proche de ces deux petites rivières était le Wimereux, débouchant près d'un village appelé Wimereux. L'autre était la Selacque, débouchant près d'un village de pêcheurs appelé Ambleteuse. Sous Louis XVI on avait songé à y creuser des bassins, mais les travaux exécutés à cette époque avaient complétement disparu sous la vase et les sables. Le Premier Consul ordonna aux ingénieurs l'examen des localités; et, dans le cas d'une réponse favorable à ses vues, des troupes y devaient être employées, et campées sous baraques, comme à Étaples et Boulogne. Ces deux ports devaient contenir, l'un 200, l'autre 300 bâtiments : c'étaient donc 500 qui se trouvaient encore abrités. La garde, les grenadiers réunis, les réserves de cavalerie et d'artillerie, et les divers corps qui étaient en formation entre Lille, Douai, Arras, devaient trouver là leurs moyens d'embarquement.

Juillet 1803.

Restait la flottille batave, destinée à porter le corps du général Davout, et qui, d'après le traité conclu avec la Hollande, était indépendante de l'escadre de ligne réunie au Texel. Malheureusement la flottille batave était moins activement armée que la flottille française. C'était une question de savoir si elle partirait de l'Escaut pour la côte d'Angleterre, en la faisant escorter par quelques frégates, ou si on l'amènerait à Dunkerque et Calais, pour la faire partir des ports placés à la droite du cap Grisnez. L'amiral Bruix était chargé de résoudre cette question. Le corps du général Davout, qui formait la droite de l'armée, se serait ainsi trouvé rapproché du centre. On ne désespérait même pas, à force d'élargir les bassins et de serrer le campement, de lui faire doubler le cap Grisnez, et de l'établir à Ambleteuse et Wimereux. Alors les flottilles française et batave, réunies au nombre de 2,300 bâtiments, portant les corps des généraux Davout, Soult, Ney, plus la réserve, c'est-à-dire 120 mille hommes, pouvaient partir simultanément, par le même vent, des quatre ports placés dans l'intérieur du détroit, avec certitude d'agir ensemble. Les deux grandes flottes de guerre appareillant, l'une de Brest, l'autre du Texel, devaient porter les 40 mille hommes restants, dont le concours et l'emploi étaient le secret exclusif du Premier Consul.

La flottille batave destinée à porter le corps du général Davout.

Pour compléter toutes les parties de cette vaste organisation, il fallait mettre la côte à l'abri des attaques des Anglais. Outre le zèle qu'ils allaient apporter à empêcher la concentration de la flottille à Boulogne, en gardant le littoral depuis Bordeaux jusqu'à Flessingue, il était présumable qu'à l'imitation de ce qu'ils avaient fait en 1801, ils tâcheraient de la détruire, soit en l'incendiant dans les bassins, soit en l'attaquant au mouillage, lorsqu'elle sortirait pour manœuvrer. Il fallait donc rendre impossible l'approche des Anglais, tant pour garantir les ports eux-mêmes, que pour s'assurer une libre sortie et une libre entrée; car, si la flottille était condamnée à rester immobile, elle devait être incapable de manœuvrer et d'exécuter aucune grande opération.

Cette approche des Anglais n'était pas facile à empêcher, vu la forme de la côte, qui était droite, qui ne présentait ni rentrant, ni saillie, et ne fournissait par conséquent aucun moyen de porter des feux au loin. On y pourvut néanmoins de la manière la plus ingénieuse. (Voir la carte n° 25.) En avant du rivage de Boulogne s'avançaient dans la mer deux pointes de rocher, l'une à droite, dite la pointe de la Crèche, l'autre à gauche, dite la pointe de l'Heurt. Entre l'une et l'autre se trouvait un espace de 2,500 toises parfaitement sûr, et très-commode pour mouiller. Deux à trois cents bâtiments pouvaient y tenir à l'aise sur plusieurs lignes. Ces pointes de rocher, couvertes par les eaux à la marée haute, étaient découvertes à la marée basse. Le Premier Consul ordonna d'y élever deux forts en grosse maçonnerie, de forme demi-circulaire, solidement casematés, présentant deux étages de feux, et pouvant couvrir de leurs projectiles le mouillage qui s'étendait de l'un à l'autre. Il fit mettre sur-le-champ la main à l'œuvre. Les ingénieurs de la marine et de l'armée, secondés par les maçons pris dans la conscription, commencèrent immédiatement les travaux. Le Premier Consul avait la prétention de les avoir achevés à l'entrée de l'hiver. Mais il tenait tellement à multiplier les précautions, qu'il voulut garantir encore le milieu de la ligne d'embossage, par un troisième point d'appui. Ce point d'appui, choisi au milieu de cette ligne, se trouvait en face de l'entrée du port; et, comme on était là sur un fond de sable mobile, le Premier Consul imagina de construire ce nouveau fort en grosse charpente. De nombreux ouvriers se mirent aussitôt à enfoncer à la marée basse des centaines de pieux, qui devaient servir de base à une batterie de 18 pièces de 24. Le plus souvent ils les battaient sous le feu même des Anglais.

Indépendamment de ces trois points avancés dans la mer, et placés parallèlement à la côte de Boulogne, le Premier Consul fit hérisser de canons et de mortiers toutes les parties un peu saillantes de la falaise, et ne laissa pas un point capable de porter de l'artillerie, sans l'armer avec des bouches à feu du plus gros calibre. Des précautions moindres, mais suffisantes encore, furent prises pour Étaples, et pour les nouveaux ports qu'on s'occupait à creuser.

Tels furent les vastes projets définitivement arrêtés par le Premier Consul, à la vue des lieux, et avec le concours des ingénieurs et des officiers de la marine. La construction de la flottille avançait rapidement, depuis les côtes de Bretagne jusqu'à celles de Hollande ; mais, avant d'en opérer la réunion devant Ambleteuse, Boulogne et Étaples, il fallait avoir achevé le creusement des bassins, l'érection des forts, amené sur la côte le matériel d'artillerie, concentré les troupes vers la mer, et créé les établissements nécessaires à leurs besoins. On comptait sur l'achèvement de tous ces ouvrages pour l'hiver.

Le Premier Consul, après Boulogne, visita Calais, Dunkerque, Ostende et Anvers. Il tenait à voir ce dernier port, et à s'assurer par ses propres yeux de ce qu'il y avait de vrai dans les rapports très-divers qu'on lui avait adressés. Après avoir examiné l'emplacement de cette ville avec cette promptitude et cette sûreté de coup d'œil qui n'appartenaient qu'à lui, il n'eut aucun doute sur la possibilité de faire d'Anvers un grand arsenal maritime. Anvers avait, à ses yeux, des propriétés toutes particulières : il était situé sur l'Escaut, vis-à-vis la Tamise ; il était en communication immédiate avec la Hollande, par la plus belle des navigations intérieures, et par conséquent à portée du plus riche dépôt de matières navales. Il pouvait recevoir sans difficulté, par le Rhin et la Meuse, les bois des Alpes, des Vosges, de la Forêt-Noire, de la Wettéravie, des Ardennes. Enfin, les ouvriers des Flandres, naturellement attirés par le voisinage, devaient y offrir des milliers de bras pour la construction des vaisseaux. Le Premier Consul résolut donc de créer à Anvers une flotte dont le pavillon flotterait toujours entre l'Escaut et la Tamise. C'était l'un des plus sensibles déplaisirs qu'il pût causer à ses ennemis, désormais irréconciliables, c'est-à-dire aux Anglais. Il fit occuper sur-le-champ les terrains nécessaires à la construction de vastes bassins, qui existent encore, et qui sont l'orgueil de la ville d'Anvers. Ces bassins, communiquant par une écluse de la plus grande dimension avec l'Escaut, devaient être capables de contenir toute une flotte de guerre, et rester toujours pourvus de 30 pieds d'eau, quelle que fût la hauteur du fleuve. Le Premier Consul voulait faire construire 25 vaisseaux dans ce nouveau port de la République; et, en attendant de nouvelles expériences relativement à la navigabilité de l'Escaut, il ordonna la mise en chantier de plusieurs vaisseaux de soixante-quatorze. Il ne renonçait pas à en construire plus tard d'un échantillon supérieur. Il espérait faire d'Anvers un établissement égal à ceux de Brest et de Toulon, mais infiniment mieux placé pour troubler le sommeil de l'Angleterre.

Août 1803.

Ordres pour la création d'un grand établissement maritime à Anvers.

Il se rendit d'Anvers à Gand, de Gand à Bruxelles. Ces populations belges, mécontentes dans tous les temps du gouvernement qui les a régies, se montraient peu dociles pour l'administration française. La ferveur de leurs sentiments religieux y rendait plus grandes qu'ailleurs les difficultés de l'administration des cultes. Le Premier Consul y

Séjour à Bruxelles.

rencontra d'abord quelque froideur, ou, pour parler plus exactement, une vivacité moins expansive que dans les anciennes provinces françaises. Mais cette froideur disparut bientôt quand on vit le jeune général, entouré du clergé, assistant avec respect aux cérémonies religieuses, accompagné de son épouse, qui, malgré beaucoup de dissipation, avait dans le cœur la piété d'une femme, et d'une femme de l'ancien régime. M. de Roquelaure était archevêque de Malines : c'était un vieillard plein d'aménité. Le Premier Consul l'accueillit avec des égards infinis, rendit même à sa famille des biens considérables restés sous le séquestre de l'État, se montra souvent au peuple, accompagné de ce métropolitain de la Belgique, et réussit par sa manière d'être à calmer les défiances religieuses du pays. Il était attendu à Bruxelles par le cardinal Caprara. Leur rencontre produisit le meilleur effet. Le séjour de Premier Consul dans cette ville se prolongeant, les ministres et le consul Cambacérès vinrent y tenir conseil. Une partie des membres du corps diplomatique s'y rendirent de leur côté, pour obtenir des audiences du chef de la France. Entouré ainsi de ministres, de généraux, de troupes nombreuses et brillantes, le général Bonaparte tint dans cette capitale des Pays-Bas une cour qui avait toutes les apparences de la souveraineté. On eût dit qu'un empereur d'Allemagne venait visiter le patrimoine de Charles-Quint. Le temps s'était écoulé plus vite que le Premier Consul ne l'avait cru. De nombreuses affaires le rappelaient à Paris : c'étaient les ordres à donner pour l'exécution de ce qu'il avait résolu à Boulogne; c'étaient aussi les négociations avec l'Europe, que cet état de crise rendait plus actives que jamais. Il renonça donc pour le moment à voir les provinces du Rhin, et remit à un second et prochain voyage cette partie de sa tournée. Mais, avant de quitter Bruxelles, il y reçut une visite qui fut fort remarquée, et qui méritait de l'être, à cause du personnage accouru pour le voir.

Août 1803.

Ce personnage était M. Lombard, secrétaire intime du roi de Prusse. Le jeune Frédéric-Guillaume, dans sa défiance de lui-même et des autres, avait la coutume de retenir le travail de ses ministres, et de le soumettre à un nouvel examen, qu'il faisait de moitié avec son secrétaire, M. Lombard, homme d'esprit et de savoir. M. Lombard, grâce à cette royale intimité, avait acquis en Prusse une très-grande importance. M. d'Haugwitz, habile à se saisir de toutes les influences, avait eu l'art de s'emparer de M. Lombard, de manière que le roi, passant des mains du ministre dans celles du secrétaire particulier, n'y trouvait que les mêmes inspirations, c'est-à-dire celles de M. d'Haugwitz. M. Lombard, venu à Bruxelles, représentait donc à la fois auprès du Premier Consul le roi et le premier ministre, c'est-à-dire tout le gouvernement prussien, moins la cour, rangée exclusivement autour de la reine, et animée d'un autre esprit que le gouvernement.

Le Premier Consul visité à Bruxelles par M. Lombard, secrétaire du roi de Prusse.

La visite de M. Lombard à Bruxelles était la conséquence de l'agitation des cabinets, depuis le re-

Motifs de la visite de M. Lombard.

Août 1803.

Mécontentements de la Russie, et ses efforts pour créer un tiers-parti en Europe.

nouvellement de la guerre entre la France et l'Angleterre. La cour de Prusse était dans une extrême anxiété, accrue par les communications récentes du cabinet russe. Ce dernier cabinet, comme on a vu, ramené malgré lui de ses affaires intérieures aux affaires européennes, aurait voulu s'en dédommager en jouant un rôle considérable. Il s'était efforcé tout d'abord de faire accepter sa médiation aux deux parties belligérantes, et de recommander ses protégés à la France. Le résultat de ces premières démarches n'était pas de nature à le satisfaire. L'Angleterre avait très-froidement accueilli ses ouvertures, refusé nettement de confier Malte à sa garde, et de suspendre les hostilités pendant que durerait la médiation. Seulement elle avait déclaré ne pas repousser l'entremise du cabinet russe, si la nouvelle négociation embrassait l'ensemble des affaires de l'Europe, et mettait en question, par conséquent, tout ce que les traités de Lunéville et d'Amiens avaient résolu. C'était repousser la médiation, que de l'accepter à des conditions pareilles. Tandis que l'Angleterre répondait de la sorte, la France, de son côté, accueillant avec une entière déférence l'intervention du jeune empereur, avait néanmoins occupé sans hésiter les pays recommandés par la Russie, le Hanovre et Naples. La cour de Saint-Pétersbourg était singulièrement blessée de se voir si peu écoutée, lorsqu'elle pressait l'Angleterre d'accepter sa médiation, et la France de limiter le champ des hostilités. Elle avait donc jeté les yeux sur la Prusse pour l'engager à former un tiers parti, qui ferait la loi aux Anglais et aux Français, et aux Français surtout, bien plus alarmants que les Anglais, quoique plus polis. L'empereur Alexandre, qui avait rencontré le roi de Prusse à Memel, qui lui avait juré dans cette rencontre une amitié éternelle, qui s'était découvert toute sorte d'analogies avec le jeune monarque, analogies d'âge, d'esprit, de vertus, cherchait à lui persuader, dans une correspondance fréquente, qu'ils étaient faits l'un pour l'autre, qu'ils étaient les seuls honnêtes gens en Europe; qu'à Vienne il n'y avait que fausseté, à Paris qu'ambition, à Londres qu'avarice, et qu'ils devaient s'unir étroitement pour contenir et gouverner l'Europe. Le jeune empereur, montrant une finesse précoce, avait surtout cherché à persuader au roi de Prusse qu'il était dupe des caresses du Premier Consul, et que, pour des intérêts médiocres, il lui faisait des sacrifices de politique dangereux; que, grâce à sa condescendance, le Hanovre se trouvait envahi; que les Français ne borneraient pas là leurs occupations; que la raison qui les portait à fermer aux Anglais le continent, les porterait plus loin que le Hanovre, et les conduirait jusqu'au Danemark, afin de s'emparer du Sund; qu'alors les Anglais bloqueraient la Baltique, comme ils bloquaient l'Elbe et le Weser, et fermeraient la dernière issue restée au commerce du continent. Cette crainte, exprimée par la Russie, ne pouvait être sincère; car le Premier Consul ne songeait pas à pousser ses occupations jusqu'au Danemark, et il n'était pas possible qu'il y songeât. Il avait occupé

Août 1803.

Effet des suggestions de la Russie sur la Prusse.

le Hanovre à titre de propriété anglaise, Tarente en vertu de la domination non contestée de la France sur l'Italie. Mais envahir le Danemark en passant sur le corps de l'Allemagne, était impossible, si on ne commençait par conquérir la Prusse elle-même. Et heureusement alors, la politique de la France n'avait pas acquis une telle extension.

Les suggestions de la Russie étaient donc mensongères, mais elles inquiétaient le roi de Prusse, déjà fort troublé par l'occupation du Hanovre. Cette occupation lui avait valu, outre les plaintes des États allemands, de cruelles souffrances commerciales. L'Elbe et le Weser étant fermés par les Anglais, l'exportation des produits prussiens avait cessé tout à coup. Les toiles de la Silésie, achetées ordinairement par Hambourg et Brême, dont elles alimentaient le vaste commerce, avaient été refusées le jour même où avait commencé le blocus. Les gros négociants de Hambourg surtout avaient mis une sorte de malice à repousser toute espèce de transactions, afin de stimuler davantage la cour de Prusse, afin de lui faire plus vivement sentir l'inconvénient de l'occupation du Hanovre, cause unique de la clôture de l'Elbe et du Weser. Depuis lors, les plus grands seigneurs prussiens essuyaient des pertes immenses. M. d'Haugwitz notamment avait perdu la moitié de ses revenus; ce qui n'avait altéré en rien le calme qui faisait l'un des mérites de son génie politique. Le roi, assiégé des plaintes de la Silésie, avait été obligé de prêter à cette province un million d'écus (4 millions de francs), sacrifice bien grand pour un prince économe, et jaloux de rétablir le trésor du grand Frédéric. On lui demandait, dans le moment, le double de cette somme.

Agité par les suggestions russes, par les plaintes du commerce prussien, le roi Frédéric-Guillaume craignait, en outre, s'il se laissait entraîner par ces suggestions et ces plaintes, d'être engagé dans des liaisons hostiles à la France ; ce qui aurait bouleversé toute sa politique, qui depuis quelques années avait reposé sur l'alliance française. C'est pour sortir de ce pénible état d'anxiété que M. Lombard venait d'être envoyé à Bruxelles. Il avait mission de bien observer le jeune général, de chercher à pénétrer ses intentions, de s'assurer s'il voulait, comme on le disait à Pétersbourg, pousser ses occupations jusqu'au Danemark ; si enfin, comme on le disait encore à Pétersbourg, il était si dangereux de se fier à cet homme extraordinaire. M. Lombard devait en même temps s'efforcer d'obtenir quelques concessions relativement au Hanovre. Le roi Frédéric-Guillaume aurait voulu qu'on réduisît à quelques mille hommes le corps qui occupait ce royaume ; ce qui aurait répondu aux craintes sincères ou affectées dont la présence des Français en Allemagne était la cause. Il aurait voulu de plus l'évacuation d'un petit port placé aux bouches de l'Elbe, celui de Cuxhaven. Ce petit port, situé à l'entrée même de l'Elbe, était la propriété nominale des Hambourgeois, mais en réalité il servait aux Anglais pour y continuer leur commerce. Si on l'avait laissé inoc-

Août 1803.

Deux concessions demandées par la Prusse.

cupé à titre de territoire hambourgeois, le commerce anglais se serait fait comme en pleine paix. Dès lors l'objet que se proposait la France aurait été manqué, et cela était si vrai qu'en 1800, lorsque la Prusse avait pris le Hanovre, elle avait occupé Cuxhaven.

Pour prix de ces deux concessions, le roi de Prusse offrait un système de neutralité du Nord, calqué sur l'ancienne neutralité prussienne, qui comprendrait, outre la Prusse et le nord de l'Allemagne, de nouveaux États allemands, peut-être même la Russie; du moins le roi Frédéric-Guillaume s'en flattait. C'était, suivant ce monarque, garantir à la France l'immobilité du continent, lui laisser ainsi le libre emploi de ses moyens contre l'Angleterre, et, par conséquent, mériter de sa part quelques sacrifices. Tels avaient été les divers objets confiés à la prudence de M. Lombard.

Ce secrétaire du roi partit de Berlin pour Bruxelles, chaudement recommandé par M. d'Haugwitz à M. de Talleyrand. Il sentait vivement l'honneur d'approcher, d'entretenir le Premier Consul. Celui-ci, averti des dispositions dans lesquelles arrivait M. Lombard, l'accueillit de la manière la plus brillante, et prit le meilleur moyen de s'ouvrir accès dans son esprit, c'était de le flatter par une confiance sans bornes, par le développement de toutes ses pensées, même les plus secrètes. Du reste, il pouvait, dans le moment, se montrer tout entier sans y perdre; et il le fit avec une franchise, une abondance de langage entraînantes. Il ne voulait pas, dit-il à M. Lombard, acquérir un seul territoire de plus sur le continent; il ne voulait que ce que les puissances avaient reconnu à la France, par des traités patents ou secrets : le Rhin, les Alpes, le Piémont, Parme, et le maintien des rapports actuels avec la République italienne et l'Étrurie. Il était prêt à reconnaître l'indépendance de la Suisse et de la Hollande. Il était bien résolu à ne plus s'immiscer dans les affaires allemandes, à partir du Recès de 1803. Il ne tendait qu'à une seule chose, c'était à réprimer le despotisme maritime des Anglais, insupportable à d'autres qu'à lui certainement, puisque la Prusse, la Russie, la Suède et le Danemark s'étaient unis deux fois en vingt ans, en 1780 et en 1800, pour le faire cesser. C'était à la Prusse à l'aider dans cette tâche, à la Prusse qui était l'alliée naturelle de la France, qui depuis quelques années en avait reçu une foule de services, et qui en attendait de si grands encore. Si, en effet, il était victorieux, mais grandement victorieux, que ne pouvait-il pas faire pour elle? N'avait-il pas sous la main le Hanovre, ce complément si naturel, si nécessaire du territoire prussien? Et n'était-ce pas là un prix, immense et certain, de l'amitié que le roi Frédéric-Guillaume lui témoignerait en cette circonstance? Mais, pour qu'il fût victorieux et reconnaissant, il fallait qu'on le secondât d'une manière efficace. Une bonne volonté ambiguë, une neutralité plus ou moins étendue, étaient de médiocres secours. Il fallait l'aider à fermer complétement les rivages de l'Allemagne, supporter quelques souffrances momentanées, et se lier à la France par un traité d'union patent et positif. Ce qu'on appelait depuis 1795 la neutralité prussienne, ne suffisait pas pour assurer la paix du continent. Il fallait, pour rendre cette paix certaine, l'alliance formelle, publique, offensive et défensive, de la Prusse et de la France. Alors aucune des puissances continentales n'oserait former un projet. L'Angleterre serait manifestement seule, réduite à une lutte corps à corps avec l'armée de Boulogne; et, si à la perspective de cette lutte se joignait la clôture des marchés de l'Europe, elle serait, ou amenée à composer, ou écrasée par la formidable expédition qui se préparait sur les bords de la Manche. Mais, répétait sans cesse le Premier Consul, pour cela il fallait l'alliance effective de la Prusse, et un concours sérieux et entier de sa part aux projets de la France. Alors il réussirait, alors il pourrait combler de biens son alliée, et lui faire ce présent qu'elle ne demandait pas, mais qu'elle désirait ardemment au fond du cœur, celui du Hanovre.

Le Premier Consul, par la sincérité, la chaleur de ses explications, l'éblouissant éclat de son esprit, avait, non pas dupé, comme le dit bientôt à Berlin une faction ennemie, mais convaincu, entraîné M. Lombard. Il avait fini par lui persuader qu'il ne méditait rien contre l'Allemagne, qu'il voulait uniquement se procurer des moyens d'action contre l'Angleterre, et qu'un magnifique agrandissement serait pour la Prusse le prix d'un concours franc et sincère. Quant aux concessions dont M. Lombard apportait la demande, le Premier Consul lui en avait montré les graves inconvénients; car laisser le commerce britannique s'exercer librement, tandis qu'on ferait une guerre qui, jusqu'au jour si incertain de la descente, serait sans conséquence pour l'Angleterre, c'était abandonner à celle-ci tous les avantages de la lutte. Le Premier Consul alla même jusqu'à déclarer qu'il était prêt à indemniser, aux dépens du trésor français, le commerce souffrant de la Silésie. Toutefois, dans le cas où la Prusse consentirait à stipuler une alliance offensive et défensive, il était disposé, dans un tel intérêt, à faire quelques-unes des concessions que désirait le roi Frédéric-Guillaume.

M. Lombard, convaincu, ébloui, enchanté des familiarités du grand homme, dont les princes mêmes appréciaient avec orgueil les moindres égards, partit pour Berlin, disposé à communiquer à son maître et à M. d'Haugwitz tous les sentiments dont son âme était remplie.

Le Premier Consul, après avoir tenu à Bruxelles une cour brillante, n'ayant plus rien qui le retînt en Flandre, tant que les travaux ordonnés sur les côtes ne seraient pas plus avancés, repartit pour Paris, où il avait tout à faire, sous le double rapport de l'administration et de la diplomatie. Il passa par Liége, Namur, Sedan, fut partout accueilli avec transport, et arriva vers les premiers jours d'août à Saint-Cloud.

Il était pressé, tout en continuant d'ordonner de Paris les préparatifs de sa grande expédition, d'é-

Août 1803.

Le Premier Consul met fin à la médiation russe.

Conditions de rapprochement avec l'Angleterre, imaginées par la Russie.

claircir, de fixer définitivement ses rapports avec les grandes puissances du continent. Dans les inquiétudes de la Prusse, il avait clairement discerné l'influence russe ; il discernait cette influence ailleurs, c'est-à-dire dans la mauvaise volonté qu'on lui montrait à Madrid. Le cabinet espagnol refusait en effet de s'expliquer sur l'exécution du traité de Saint-Ildephonse, et disait que, la médiation russe faisant encore espérer une fin pacifique, il fallait attendre le résultat de cette médiation avant de prendre un parti décisif. D'autres circonstances avaient désagréablement affecté le Premier Consul : c'était la partialité évidente de la Russie dans l'essai de médiation qu'elle venait de tenter. Tandis que le Premier Consul avait accepté cette médiation avec une déférence entière, et que l'Angleterre au contraire y avait opposé des difficultés de toute nature, tantôt refusant de confier Malte aux mains de la puissance médiatrice, tantôt argumentant à l'infini sur l'étendue de la négociation, la diplomatie russe penchait plutôt pour l'Angleterre que pour la France, et semblait ne tenir aucun compte de la déférence de l'une, et de la mauvaise volonté de l'autre. Les propositions récemment arrivées de Saint-Pétersbourg révélaient cette disposition de la manière la plus claire. La Russie déclarait qu'à son avis l'Angleterre devait rendre Malte à l'ordre de Saint-Jean de Jérusalem ; mais qu'en retour il était convenable de lui accorder l'île de Lampedouse ; que la France devait en outre fournir une indemnité au roi de Sardaigne, reconnaître et respecter l'indépendance des États placés dans son voisinage, évacuer pour n'y plus rentrer, non-seulement Tarente et le Hanovre, mais le royaume d'Étrurie, la République italienne, la Suisse et la Hollande.

Ces conditions, acceptables sous quelques rapports, étaient complétement inacceptables sous tous les autres. Concéder Lampedouse en compensation de Malte, c'était donner aux Anglais le moyen de faire avec de l'argent, dont ils ne manquaient jamais, un second Gibraltar dans la Méditerranée. Le Premier Consul avait été près d'y consentir pour garder la paix. Lancé maintenant dans la guerre, plein d'espérance de réussir, il ne voulait plus faire un tel sacrifice. Indemniser le roi de Piémont n'était pas pour lui une difficulté; il était disposé à consacrer à cet objet Parme ou un équivalent. Évacuer Tarente et le Hanovre la paix rétablie, était une suite naturelle de la paix même. Mais évacuer la République italienne qui n'avait point d'armée, la Suisse, la Hollande, qui étaient menacées d'une contre-révolution immédiate si les troupes françaises se retiraient, c'était lui demander de livrer aux ennemis de la France les États dont on avait acquis le droit de disposer, par dix ans de guerres et de victoires. Le Premier Consul ne pouvait adhérer à de telles conditions. Ce qui le décidait plus souverainement encore à ne pas laisser continuer cette médiation, c'était la forme sous laquelle on l'offrait. Le Premier Consul avait consenti à un arbitrage suprême, absolu et sans appel, du

Août 1803.

Le Premier Consul les repousse.

jeune empereur lui-même, car c'était intéresser l'honneur de ce monarque à être juste, et se donner de plus la certitude d'en finir. Mais s'en remettre à la partialité des agents russes, tous dévoués à l'Angleterre, c'était souscrire à une négociation désavantageuse et sans terme.

Il déclara donc, après avoir discuté les propositions de la Russie, après avoir montré l'injustice et le danger de quelques-unes, qu'il était toujours prêt à accepter l'arbitrage personnel du czar lui-même, mais non une négociation conduite par son cabinet d'une manière peu amicale pour la France, et tellement compliquée, qu'on ne pouvait en espérer la fin ; qu'il remerciait le cabinet de Saint-Pétersbourg de ses bons offices, qu'il renonçait toutefois à s'en servir davantage, s'en remettant à la guerre du soin de ramener la paix. La déclaration du Premier Consul se terminait par ces paroles, profondément empreintes de son caractère : « Le Premier Consul a tout fait pour conserver la » paix ; ses efforts ayant été vains, il a dû voir » que la guerre était dans l'ordre du destin. Il fera » la guerre, et il ne pliera pas devant une nation » orgueilleuse, en possession, depuis vingt ans, » de faire plier toutes les puissances. » (29 août 1803.)

M. de Markoff fut sèchement traité, et avait mérité de l'être par son langage et son attitude à Paris. Approbateur constant de l'Angleterre, de ses prétentions, de sa conduite, il était le détracteur avoué de la France et de son gouvernement. Quand on lui disait qu'il ne se conformait pas ainsi aux intentions, du moins apparentes, de son maître, qui professait une rigoureuse impartialité entre la France et l'Angleterre, il répondait que *l'empereur avait son opinion, mais que les Russes avaient la leur.* Il était à craindre qu'il ne s'attirât bientôt quelque tempête, semblable à celle qu'avait essuyée lord Withworth, et même plus désagréable encore, parce que le Premier Consul n'avait pas pour M. de Markoff la considération qu'il professait pour lord Withworth.

Le fil de cette fausse médiation une fois tranché, sans rompre néanmoins avec la Russie, le Premier Consul voulut forcer l'Espagne à s'expliquer, et à dire comment elle entendait exécuter le traité de Saint-Ildephonse. Il s'agissait de savoir si elle prendrait part à la guerre, ou si elle resterait neutre, en fournissant à la France un subside, au lieu d'un secours en hommes et en vaisseaux. Le Premier Consul ne pouvait se donner tout entier à son expédition, tant que cette question ne serait pas résolue.

L'Espagne éprouvait à se décider une répugnance extrême, et qui l'avait rejetée à l'égard de la France dans les plus fâcheux sentiments. Sans doute il était onéreux de suivre une puissance voisine dans toutes les vicissitudes de sa politique; mais, en s'engageant par le traité de Saint-Ildephonse dans les liens d'une alliance offensive et défensive avec la France, l'Espagne avait contracté une obligation positive, dont il était impossible de contester les conséquences. In-

Août 1803.

Après avoir mis fin à la médiation russe, le Premier Consul oblige l'Espagne à s'expliquer.

Août 1803.

dépendamment de cette obligation, il fallait que cette puissance fût indignement dégénérée, pour vouloir se tenir à l'écart, lorsqu'allait s'agiter pour la dernière fois la question de la suprématie maritime. Si l'Angleterre l'emportait, il était évident qu'il n'y avait plus pour l'Espagne ni commerce, ni colonies, ni galions, ni rien enfin de ce qui composait depuis trois siècles sa grandeur et sa richesse. Quand le Premier Consul la pressait d'agir, il la pressait non-seulement de remplir un engagement formel, mais de remplir ses plus sacrés devoirs envers elle-même. Tenant compte de son incapacité présente, il la laissait neutre, et, en lui ménageant ainsi la faculté de recevoir les piastres du Mexique, il lui demandait d'en verser une partie dans la guerre faite au profit commun, de payer, en un mot, la dette d'argent, puisqu'elle ne pouvait payer la dette du sang, à la cause de la liberté des mers.

L'Espagne arrivée, on ne sait pourquoi, à un véritable état d'hostilité à l'égard de la France.

Nos relations avec l'Espagne, altérées, comme on l'a vu, à l'occasion du Portugal, un peu améliorées depuis, grâce à la vacance du duché de Parme, s'étaient gâtées de nouveau, au point d'être tout à fait hostiles. On se plaignait tous les jours à Madrid d'avoir cédé la Louisiane pour la royauté de l'Étrurie, qu'on appelait nominale, parce que des troupes françaises gardaient l'Étrurie, incapable de se garder elle-même. On se plaignait surtout de la cession de la Louisiane aux États-Unis. On disait que si la France voulait aliéner cette précieuse colonie, c'était au roi d'Espagne qu'elle aurait dû s'adresser, non aux Américains, qui deviendraient pour le

Mexique des voisins dangereux; que si la France avait rendu cette colonie à Charles IV, il se serait bien chargé de la sauver des mains des Américains et des Anglais. Il était ridicule, en vérité, à des gens qui allaient perdre le Mexique, le Pérou, et toute l'Amérique du Sud, de prétendre pouvoir garder la Louisiane, laquelle n'était espagnole ni par les mœurs, ni par l'esprit, ni par le langage. On faisait à Madrid de cette aliénation de la Louisiane un grief considérable contre la France, et tellement grave, qu'on se tenait pour délié de toute obligation envers elle. Le vrai motif de cette humeur était dans le refus du Premier Consul d'ajouter le duché de Parme au royaume d'Étrurie; refus forcé dans le moment, car il était obligé de garder quelques territoires pour indemniser le roi de Piémont, depuis qu'on demandait si vivement une indemnité pour ce prince; et d'ailleurs les Florides, après l'abandon de la Louisiane, n'étaient plus un objet d'échange acceptable. Le cabinet de Madrid ne s'en tenait pas envers la France à l'attitude de la mauvaise humeur, il en était venu aux plus mauvais procédés. Notre commerce était indignement traité. Sous prétexte de contrebande, des bâtiments avaient été saisis, et les équipages envoyés aux présides d'Afrique. Toutes les réclamations de nos nationaux étaient écartées; on ne répondait plus à l'ambassadeur sur aucun sujet. Pour mettre le comble aux outrages, on venait de laisser enlever au mouillage d'Algésiras et de Cadix, sous le feu même des canons espagnols, des bâtiments français;

Août 1803.

ce qui constituait, à part toute alliance, une violation de territoire qu'il était indigne de souffrir. La flotte réfugiée à la Córogne était, sur une fausse allégation de quarantaine, tenue en dehors du mouillage, où elle aurait pu se trouver en sûreté. On forçait les équipages de mourir à bord, faute des ressources les plus indispensables, et faute surtout de l'air bienfaisant de la terre. Cette escadre, bloquée par une flotte anglaise, ne pouvait reprendre la mer, sans un repos, sans un radoub considérable, et sans un renouvellement de vivres et de munitions. On lui refusait tout cela, même à prix d'argent. Enfin, par une bravade qui mettait le comble à de tels procédés, tandis que la marine espagnole était laissée dans un délabrement à faire pitié, on s'occupait avec des soins étranges de l'armée de terre, et on organisait les milices, comme si on avait voulu préparer une guerre nationale contre la France.

Motifs qui pouvaient porter le prince de la Paix à se conduire comme il le faisait.

Qui pouvait ainsi pousser dans l'abîme l'inepte favori, dont la domination avilissait le noble sang de Louis XIV, et réduisait une brave nation à la plus honteuse impuissance? Le défaut de suite dans les idées, la vanité blessée, la paresse, l'incapacité, tels étaient les misérables mobiles de cet usurpateur de la royauté espagnole. Il avait penché autrefois pour la France, c'en était assez pour que son inconstance penchât aujourd'hui pour l'Angleterre. Le Premier Consul n'avait pu lui dissimuler son mépris, tandis que les agents anglais et russes, au contraire, l'accablaient de flatteries; puis, et surtout, la France lui demandait du courage, de l'activité, une bonne administration des affaires espagnoles : c'était plus qu'il n'en fallait pour l'amener à détester un allié aussi exigeant. Tout cela finira, avait dit le Premier Consul, *par un coup de tonnerre*. Ainsi s'annonçait, par de sinistres éclairs, la foudre cachée dans cette nue épaisse, qui commençait à s'amonceler sur le vieux trône d'Espagne.

Le sixième des camps formés sur les rives de l'Océan se réunissait à Bayonne. Les apprêts furent accélérés et accrus jusqu'à former une véritable armée. Un autre rassemblement fut préparé du côté des Pyrénées orientales. Augereau reçut le titre de général en chef de ces divers corps de troupes. L'ambassadeur de France eut ordre de demander à la cour d'Espagne le redressement de tous les griefs dont on avait à se plaindre, l'élargissement des Français détenus, avec un dédommagement pour les pertes qu'ils avaient essuyées, la punition des commandants des forts d'Algésiras et de Cadix, qui avaient laissé prendre des bâtiments français à portée de leurs canons, la restitution des bâtiments pris, l'admission dans les bassins du Ferrol de l'escadre réfugiée à la Corogne, son radoub et son ravitaillement immédiats, sauf à compter sur-le-champ avec la France; le licenciement de toutes les milices, et enfin, au choix de l'Espagne, ou la stipulation d'un subside, ou l'armement des 15 vaisseaux et des 24 mille hommes promis par le traité de Saint-Ildephonse. Le général Beurnonville devait déclarer au prince de la Paix ces volontés expresses, lui dire que si la cour de Madrid persistait dans sa folle et coupable conduite, c'était à lui que s'en prendrait la juste indignation du gouvernement français ; qu'en franchissant la frontière on dénoncerait au roi et au peuple d'Espagne le joug honteux sous lequel ils étaient courbés, et dont on venait les délivrer. Si cette déclaration faite au prince de la Paix n'avait pas d'effet, le général Beurnonville devait demander une audience au roi et à la reine, leur répéter ce qu'il avait dit au prince, et, s'il n'obtenait pas justice, se retirer de la cour, en attendant de nouvelles dépêches de Paris.

Le général Beurnonville, impatient de mettre un terme à d'intolérables outrages, se hâta de se rendre chez le prince de la Paix, de lui dire les dures vérités qu'il avait mission de faire arriver à ses oreilles, et pour ne lui laisser aucun doute sur le sérieux de ces menaces, plaça sous ses yeux plusieurs passages des dépêches du Premier Consul. Le prince de la Paix pâlit, laissa échapper quelques larmes, fut tour à tour bas ou arrogant, finit par déclarer que M. d'Azara était chargé de s'entendre à Paris avec M. de Talleyrand, qu'au surplus cela ne le regardait pas, lui prince de la Paix ; qu'en écoutant l'ambassadeur de France il sortait de son rôle, car il était généralissime des armées espagnoles, et n'avait pas d'autre fonction dans l'État ; et que, si on avait quelque déclaration à faire, c'était au ministre des affaires étrangères et non à lui qu'il fallait s'adresser. Il refusa même une note que le général Beurnonville devait lui remettre à la fin de cette conférence. Le général, poussé à bout, lui dit : Monsieur le prince, il y a cinquante personnes dans votre antichambre, je vais les prendre à témoin du refus que vous faites de recevoir une note qui importe au service de votre roi, et constater que, si je n'ai pu m'acquitter de mon devoir, la faute en est à vous seul, et non pas à moi. — Le prince intimidé reçut la note, et le général Beurnonville se retira.

Août 1803.

M. de Beurnonville reçoit pour réponse un renvoi à M. d'Azara.

Tenant à remplir ses instructions dans toute leur étendue, le général ambassadeur voulut voir le roi et la reine, les trouva surpris, éperdus, semblant ne rien comprendre à ce qui se passait, et répétant que le chevalier d'Azara venait de recevoir des instructions pour tout arranger avec le Premier Consul. Notre ambassadeur quitta la cour, interrompit même toute communication avec les ministres espagnols, et se hâta de mander à son gouvernement ce qu'il avait fait, et le peu de résultat qu'il avait obtenu.

M. d'Azara, en effet, avait reçu la plus singulière communication, la plus inconvenante, la plus désagréable pour lui. Ce spirituel et sage Espagnol était partisan sincère de l'alliance de l'Espagne avec la France, et ami personnel du Premier Consul depuis les guerres d'Italie, où il avait joué un rôle conciliateur entre l'armée française et le Saint-Père. Malheureusement, il ne cachait pas assez le dégoût, la douleur que lui causait l'état de la cour d'Espagne, et cette cour mécontente s'en prenait de sa déconsidération à l'ambassadeur qui la déplorait. Il était, disait-on dans les dépêches qu'on venait de lui écrire

Instructions qu'avait reçues M. d'Azara de Madrid.

Août 1803.

Mission de M. Hermann à Madrid, et dénonciation du prince de la Paix au roi d'Espagne, contenue dans une lettre du Premier Consul.

de Madrid, il était l'humble serviteur du Premier Consul; il n'informait sa cour de rien, il ne savait la sauver d'aucune exigence. On allait jusqu'à lui déclarer que, si le Premier Consul n'avait pas autant tenu à le conserver à Paris, on aurait choisi un autre représentant. On provoquait ainsi sa démission, sans oser la lui envoyer. On le chargeait, pour toute conclusion, d'offrir à la France un subside de 2 millions et demi par mois, en déclarant que c'était là tout ce que l'Espagne pouvait faire, qu'au delà il y aurait pour elle impuissance absolue de payer. M. d'Azara transmit ces propositions au Premier Consul, et puis envoya par un courrier sa démission à Madrid.

Le Premier Consul manda auprès de lui M. Hermann, secrétaire d'ambassade, qui avait eu des relations personnelles avec le prince de la Paix, et le chargea de ses ordres pour Madrid. M. Hermann devait signifier au prince qu'il fallait, ou se soumettre, ou se résigner à une chute immédiate, préparée par des moyens que M. Hermann avait en portefeuille. Ces moyens étaient les suivants. Le Premier Consul avait écrit une lettre au roi, dans laquelle il dénonçait à ce monarque infortuné les malheurs et les hontes de sa couronne, de manière, toutefois, à réveiller en lui, sans le blesser, le sentiment de sa dignité; il le plaçait ensuite entre l'éloignement du favori, ou l'entrée immédiate d'une armée française. Si le prince de la Paix, après avoir vu M. Hermann, n'avait pas sur-le-champ, sans faux-fuyant, sans nouveau renvoi à Paris, donné satisfaction complète à la France, le général Beurnonville devait demander une audience solennelle à Charles IV, et lui remettre en mains propres la foudroyante lettre du Premier Consul. Vingt-quatre heures après, si le prince de la Paix n'était pas renvoyé, le général Beurnonville devait quitter Madrid, en expédiant à Augereau l'injonction de passer la frontière.

M. Hermann arriva en toute hâte à Madrid. Il vit le prince de la Paix, lui signifia les volontés du Premier Consul, et cette fois le trouva, non plus arrogant et bas, mais bas seulement. Un ministre espagnol qui aurait eu la conviction de défendre les intérêts de son pays, de représenter dignement son roi, et non de le couvrir d'ignominie, aurait bravé la disgrâce, la mort, tout, plutôt qu'un tel déploiement de l'autorité étrangère. Mais l'indignité de sa position ne laissait au prince de la Paix aucune ressource d'énergie. Il se soumit, et affirma sur sa parole d'honneur que des instructions venaient d'être envoyées à M. d'Azara, avec pouvoir de consentir à tout ce que demandait le Premier Consul. Cette réponse fut rapportée au général Beurnonville. Celui-ci, qui avait ordre d'exiger une solution immédiate, et de ne pas se payer d'un nouveau renvoi à Paris, déclara au prince qu'il avait pour instruction expresse de n'en pas croire sa parole, et d'exiger une signature à Madrid même, ou de remettre au roi la fatale lettre. Le prince de la Paix répéta sa triste version, que tout se terminait à Paris dans le moment, et conformément aux volontés du Premier Consul. Cette misérable cour croyait sauver son honneur, en laissant à M. d'Azara le

Août 1803.

Comment M. Hermann accomplit sa mission.

Effroi du prince de la Paix, mais sa constance à tout renvoyer à M. d'Azara.

triste rôle de se soumettre aux volontés de la France, et en renvoyant à quatre cents lieues d'elle le spectacle de son abaissement. Le général Beurnonville se crut alors obligé de porter au roi la lettre du Premier Consul. Les directeurs du roi, c'est-à-dire la reine et le prince, auraient pu refuser l'audience, mais un courrier aurait ordonné à Augereau d'entrer en Espagne. Ils trouvèrent un moyen de tout arranger. Ils conseillèrent à Charles IV de recevoir la lettre, mais en lui persuadant de ne pas l'ouvrir, parce qu'elle contenait des expressions dont il aurait à s'offenser. Ils s'efforcèrent de lui prouver qu'en la recevant il s'épargnerait l'entrée de l'armée française, et qu'en ne l'ouvrant pas il sauverait sa dignité. Les choses furent ainsi disposées. Le général Beurnonville fut admis à l'Escurial, en présence du roi et de la reine, hors de la présence du prince de la Paix, qu'il avait ordre de ne pas souffrir, et remit au monarque espagnol l'accablante dénonciation dont il était porteur. — Charles IV, avec une aisance qui prouvait son ignorance, dit à l'ambassadeur : Je reçois la lettre du Premier Consul, puisqu'il le faut, mais je vous la rendrai bientôt, sans l'avoir ouverte. Vous saurez sous peu de jours que votre démarche était inutile, car M. d'Azara était chargé de tout terminer à Paris. J'estime le Premier Consul ; je veux être son fidèle allié, et lui fournir tous les secours dont ma couronne peut disposer. — Après cette réponse officielle, le roi, reprenant le ton d'une familiarité peu digne du trône et de la situation présente, parla en termes d'une vulgarité embarrassante de la vivacité de son ami le général Bonaparte, et de sa résolution de tout lui pardonner pour ne pas rompre l'union des deux cours. L'ambassadeur se retira confondu, souffrant cruellement d'un tel spectacle, et croyant devoir attendre un nouveau courrier de Paris, avant d'envoyer au général Augereau l'avis de marcher.

Cette fois le prince de la Paix disait vrai : M. d'Azara avait reçu les autorisations nécessaires pour signer les conditions imposées par le Premier Consul. Il fut convenu que l'Espagne resterait neutre; que, pour tenir lieu des secours stipulés dans le traité de Saint-Ildephonse, elle payerait à la France un subside de 6 millions par mois, dont un tiers serait retenu pour le règlement des comptes existant entre les deux gouvernements; que l'Espagne acquitterait en un seul payement les quatre mois échus depuis le commencement de la guerre, c'est-à-dire 16 millions. Un agent appelé d'Hervas, qui traitait à Paris les affaires financières de la cour de Madrid, dut se rendre en Hollande pour négocier un emprunt avec la maison Hope, en lui livrant des piastres, à extraire du Mexique. Il fut entendu que, si l'Angleterre déclarait la guerre à l'Espagne, le subside cesserait. Pour prix de ces secours, il fut stipulé que, si les projets du Premier Consul contre la Grande-Bretagne venaient à réussir, la France ferait rendre à son alliée la Trinité d'abord, et ensuite, dans le cas d'un triomphe complet, la célèbre forteresse de Gibraltar.

Cette convention signée, M. d'Azara n'en persista

Août 1803

Ordres envoyés à Paris pour terminer au gré du Premier Consul les contestations survenues avec l'Espagne

Traité de subside entre l'Espagne et la France.

pas moins à donner sa démission, quoiqu'il fût sans fortune, et privé de toute ressource pour soulager une vieillesse précoce. Il mourut à Paris quelques mois plus tard. Le prince de la Paix eut encore assez peu de dignité pour écrire à son agent d'Hervas, et le charger, disait-il, d'arranger ses affaires personnelles avec le Premier Consul. Tout ce qui s'était passé n'était, suivant lui, qu'un malentendu, qu'une de ces brouilles ordinaires entre personnes qui s'aiment, et qui sont après plus amies qu'auparavant. Tel était ce personnage; telles étaient la force et l'élévation de son caractère.

On se trouvait en automne; la mauvaise saison approchait, et l'une des trois occasions réputées les meilleures pour le passage du détroit, allait se présenter avec les brumes et les longues nuits d'hiver. Aussi le Premier Consul s'occupait-il sans relâche de sa grande entreprise. La fin de la querelle avec l'Espagne était venue fort à propos, non-seulement pour lui procurer des ressources pécuniaires, mais pour rendre une partie de ses troupes disponibles. Les rassemblements formés du côté des Pyrénées furent dispersés, et les corps qui les composaient acheminés vers l'Océan. Plusieurs de ces corps furent placés à Saintes, tout à fait à portée de l'escadre de Rochefort. Les autres eurent ordre de se rendre en Bretagne, pour être embarqués sur la grande escadre de Brest. Augereau commandait le camp formé dans cette province. Le projet du Premier Consul se mûrissant peu à peu dans sa tête, il lui semblait que, pour troubler davantage le gouvernement anglais, il fallait l'attaquer sur plusieurs points à la fois, et qu'une partie des 150 mille hommes destinés à l'invasion devait être jetée en Irlande. C'était le but des préparatifs ordonnés à Brest. Le ministre Decrès s'était abouché avec les Irlandais fugitifs, qui avaient déjà cherché à détacher leur patrie de l'Angleterre. Ils promettaient un soulèvement général dans le cas où l'on débarquerait 18 mille hommes, avec un matériel complet, et une grande quantité d'armes. Ils demandaient que, pour prix de leurs efforts, la France ne fît pas la paix, sans exiger l'indépendance de l'Irlande. Le Premier Consul y consentait, à condition qu'un corps de 20 mille Irlandais au moins, aurait joint l'armée française, et combattu avec elle pendant la durée de l'expédition. Les Irlandais étaient confiants et féconds en promesses, comme le sont tous les émigrés ; cependant il y en avait parmi eux qui ne donnaient pas de grandes espérances, qui ne promettaient même aucun secours effectif de la part de la population. Toutefois, d'après ces derniers, on devait la trouver au moins bienveillante, et c'était assez pour prêter appui à notre armée, pour causer de graves embarras à l'Angleterre, et pour paralyser peut-être 40 ou 50 mille de ses soldats. L'expédition d'Irlande avait encore l'avantage de tenir l'ennemi incertain sur le vrai point d'attaque. Sans cette expédition, en effet, l'Angleterre n'aurait cru qu'à un seul projet, celui de traverser le détroit pour diriger une armée sur Londres. Au contraire, avec les préparatifs de Brest, beaucoup de gens imaginaient que ce qui se

Sept. 1803.

L'escadre de Brest destinée à l'Irlande.

faisait à Boulogne était une feinte, et que le projet véritable consistait en une grande expédition sur l'Irlande. Les doutes inspirés à cet égard étaient un premier résultat fort utile.

La flotte en relâche au Ferrol se trouvait enfin introduite dans les bassins, mise en réparation, et pourvue des rafraîchissements dont les équipages avaient un pressant besoin. Celle de Toulon se préparait. On commençait en Hollande à équiper l'escadre de haut bord, et à réunir la masse de chaloupes nécessaires pour former la flottille batave. Mais c'est à Boulogne principalement que tout marchait avec une ardeur et une rapidité merveilleuses.

Le Premier Consul, plein de cette persuasion qu'il faut tout voir soi-même, que les agents les plus sûrs sont souvent inexacts dans leurs rapports, par défaut d'attention ou d'intelligence, quand ce n'est pas par volonté de mentir, s'était créé à Boulogne un pied-à-terre, où il avait l'intention de séjourner fréquemment. Il avait fait louer un petit château dans un village appelé le Pont-de-Briques, et il avait ordonné les apprêts nécessaires pour y habiter avec sa maison militaire. Il partait le soir de Saint-Cloud, et, franchissant les soixante lieues qui séparent Paris de Boulogne, avec la rapidité que les princes ordinaires mettent à courir à de vulgaires plaisirs, il arrivait le lendemain, au milieu du jour, sur le théâtre de ses immenses travaux, et voulait tout examiner avant de prendre un instant de sommeil. Il avait exigé que l'amiral Bruix, exténué de fatigue, quelquefois agité par ses querelles avec le ministre Decrès, ne se logeât pas à Boulogne, mais sur la falaise même, sur une hauteur d'où l'on apercevait le port, la rade et les camps. On avait construit là une baraque bien calfeutrée, dans laquelle cet homme si regrettable achevait sa vie, en ayant sans cesse devant lui toutes les parties de la vaste création à laquelle il présidait. Il s'était résigné à cette demeure périlleuse pour sa défaillante existence, afin de satisfaire l'inquiète vigilance du chef du gouvernement[1].

[1] Voici un extrait de la correspondance du ministre Decrès, qui prouve le dévouement de l'amiral Bruix à l'entreprise, et peint bien la nature de son caractère. Seulement ses souffrances étaient moins imaginaires que ne le dit le ministre Decrès, car il mourut l'année suivante.

Boulogne, 7 janvier 1804.

Le ministre de la marine et des colonies au Premier Consul.

CITOYEN CONSUL,

L'amiral Bruix ne s'était point dissimulé votre mécontentement, et il m'a paru très-soulagé de me trouver la disposition d'en parler de confiance avec lui. *Il voit toujours le général Latouche aux portes de Boulogne*, et cette idée ne lui est rien moins qu'agréable.

Cette affaire-ci est si grande et si importante, m'a-t-il dit fort noblement, qu'elle ne peut être confiée qu'à l'homme que le Premier Consul en croira le plus digne. Je conçois que nulle considération particulière ne peut être admise, et si le Premier Consul croit Latouche plus capable, il le nommera, et il fera bien. Pour moi, au point où en sont les choses, je ne puis quitter la partie, et je servirai sous les ordres de Latouche. — Mais ta santé te le permet-elle? — Oui, il faut bien qu'elle le permette, et je suis presque sûr de le pouvoir. — Le Premier Consul demande tant d'activité, il en donne un exemple si extraordinaire! — Eh bien! cet exemple, j'ai bien vu que c'était une leçon qu'il me donnait, et cette leçon ne sera pas perdue. — Quoi! tu entreras dans tous les détails, tu inspecteras chaque bâtiment? — Oui, je le ferai puisqu'il le veut, quoiqu'il soit dans mon principe que cette méthode ne vaut pas la mienne, qui est de faire faire, et de se montrer rarement. — Mais le Premier Consul? — Oh! lui peut toujours se faire voir, parce que toujours il subjugue; mais nous qui ne sommes pas *lui*, pas même l'Éphestion

Le Premier Consul avait même fait construire pour son usage personnel une semblable baraque, tout près de celle de l'amiral, et il y passait quelquefois les jours et les nuits. Il exigeait que les généraux Davout, Ney, Soult, résidassent sans interruption au milieu des camps, assistassent en personne aux travaux et aux manœuvres, et lui rendissent compte chaque jour des moindres circonstances. Le général Soult, qui se distinguait par une qualité précieuse, celle de la vigilance, lui était là d'une grande et continuelle utilité. Lorsque le Premier Consul avait reçu de ses lieutenants des correspondances quotidiennes, auxquelles il répondait à l'instant, il partait pour aller vérifier lui-même l'exactitude des rapports qu'on lui avait adressés, n'en croyant jamais que ses propres yeux sur toutes choses.

Les Anglais s'étaient appliqués à troubler l'exécution des ouvrages destinés à protéger le mouillage de Boulogne. Leur croisière, composée le plus habituellement d'une vingtaine de bâtiments, dont trois ou quatre vaisseaux de soixante-quatorze, cinq à six

---

de ton Alexandre, je crois qu'il nous faut une plus grande réserve. Mais il le veut, il l'entend comme cela, et je veux lui faire voir que je sais faire tout ce qu'il désire. —

Voilà, citoyen Consul, le sommaire d'une partie de mon dialogue avec lui. Il se portait à merveille, et quelques généraux étant entrés à la fin de notre conférence, et lui ayant demandé des nouvelles de sa santé, il a passé subitement à son air moribond, et s'en est plaint d'une voix lamentable! Sacrifice involontaire à sa vieille habitude!

De tout ce qu'il m'a dit, il résulte qu'il tremble que vous ne lui ôtiez le commandement, qu'il ne m'a point caché qu'il avait cette crainte, et qu'il m'a promis de faire dans le plus grand détail tout ce dont vous lui avez donné l'exemple, et cela à commencer d'aujourd'hui.

DECRÈS.

frégates, dix ou douze bricks et corvettes, et d'un certain nombre de chaloupes canonnières, faisait sur nos travailleurs un feu continuel. Leurs boulets, dépassant la falaise, venaient tomber dans le port et sur les camps. Quoique leurs projectiles n'eussent causé que bien peu de dommage, ce feu était fort incommode, et pouvait, lorsqu'une grande quantité de bâtiments serait réunie, y causer de funestes ravages, peut-être un incendie. Une nuit même les Anglais, s'avançant avec beaucoup d'audace dans leurs chaloupes, surprirent l'atelier où l'on travaillait à la construction du fort en bois, coupèrent les sonnettes qui servaient à battre les pieux, et bouleversèrent les travaux pour plusieurs jours. Le Premier Consul montra un vif mécontentement de cette tentative, et donna de nouveaux ordres pour en empêcher une pareille à l'avenir. Des chaloupes armées, se succédant comme des factionnaires, durent passer la nuit autour des ouvrages. Les ouvriers encouragés, piqués d'honneur, ainsi que des soldats que l'on conduit à l'ennemi, furent amenés à travailler en présence des vaisseaux anglais, sous le feu de leur artillerie. C'était à la marée basse qu'on pouvait aborder les ouvrages. Quand la tête des pieux était assez découverte par la mer pour qu'on pût les battre, les ouvriers se mettaient à l'œuvre, même avant la retraite des eaux, restaient après qu'elles étaient revenues, et, la moitié du corps dans les flots, travaillaient en chantant, sous les boulets des Anglais. Cependant le Premier Consul, avec son intarissable fécondité, inventa de

Sept. 1803.

Efforts des Anglais pour troubler les travaux de Boulogne.

nouvelles précautions pour éloigner l'ennemi. Il fit faire des expériences sur la côte, et essayer la portée du gros canon, en le tirant sous un angle de 45 degrés, à peu près comme on tire le mortier. L'expérience réussit, et on porta les boulets du calibre de 24, jusqu'à 2,300 toises; ce qui obligea les Anglais à s'éloigner d'autant. Il fit mieux encore; pensant toujours au même objet, il imagina le premier un moyen qui cause aujourd'hui d'effroyables ravages, et qui semble devoir exercer une grande influence sur la guerre maritime, celui des projectiles creux employés contre les vaisseaux. Il ordonna de tirer sur les bâtiments avec de gros obus, qui, éclatant dans le bois ou dans la voilure, devaient produire ou des brèches fatales au corps du navire, ou de grandes déchirures dans le gréement. *C'est avec des projectiles qui éclatent,* écrivait-il, *qu'il faut attaquer le bois.* Rien ne se fait facilement, surtout quand il y a d'anciennes habitudes à vaincre, et il eut à réitérer souvent les mêmes instructions. Lorsque les Anglais, au lieu de ces boulets pleins qui traversent comme la foudre tout ce qui est devant eux, mais qui ne font pas un ravage plus étendu que leur diamètre, virent un projectile qui a moins d'impulsion, il est vrai, mais qui éclate comme une mine, ou dans les flancs du navire, ou sur la tête de ses défenseurs, ils furent surpris, et tenus fort à distance. Enfin, pour obtenir encore plus de sécurité, le Premier Consul imagina un moyen non moins ingénieux. Il eut l'idée d'établir des batteries sous-marines, c'est-à-dire qu'il fit placer, à la laisse de basse-mer, des batteries de gros canons et de gros mortiers, que l'eau recouvrait à la marée haute, et découvrait à la marée basse. Il en coûta beaucoup de peine pour assurer les plates-formes sur lesquelles reposaient les pièces, pour prévenir les ensablements et les affouillements. On y réussit néanmoins, et à l'heure de la marée descendante, qui était celle du travail, lorsque les Anglais s'avançaient pour le troubler, ils étaient accueillis par des décharges d'artillerie, partant à l'improviste de la ligne de basse-mer; de façon que les feux s'avançaient, en quelque sorte, ou reculaient avec la mer elle-même. Ces batteries ne furent employées que pendant le temps de la construction des forts; elles devinrent inutiles dès que les forts furent achevés[1].

Sept. 1803.

à la marée haute, découvertes à la marée basse, et tenant l'ennemi à grande distance.

Le fort en bois fut terminé le premier, grâce à la nature de la construction. On établit de solides plates-formes sur la tête des pieux, et à quelques pieds au-dessus des plus hautes eaux. On arma cet ouvrage de dix pièces de gros calibre, et de plusieurs mortiers à grande portée, et dès qu'il commença de tirer, les Anglais ne reparurent plus à l'entrée du port. Tout le haut des falaises fut armé avec du 24, du 36 et des mortiers. Environ 500 bouches à feu furent mises en batterie, et la côte, devenue inabordable, reçut des Anglais et des Français le nom de *Côte de fer*. Dans cet intervalle, on achevait

---

[1] Tous les détails que nous donnons ici sont extraits des correspondances originales de l'amiral Bruix et de Napoléon, que nous avons déjà citées.

les forts en maçonnerie, sans autre obstacle que celui de la mer. A l'entrée de l'hiver surtout, les vagues deviennent quelquefois si furieuses sous l'impulsion des vents de la Manche, qu'elles ébranlent et inondent les ouvrages les plus solides et les plus élevés. Deux fois elles enlevèrent des assises entières, et précipitèrent les plus gros blocs du haut des murailles commencées, dans le fond de la mer. On continua cependant ces deux importantes constructions, indispensables à la sûreté du mouillage.

Pendant ces travaux, les troupes, rapprochées des côtes, avaient construit leurs baraques, et tracé leurs camps à l'image de véritables cités militaires, divisées en quartiers, traversées par de longues rues. Cette besogne terminée, elles s'étaient réparties autour du bassin de Boulogne. On leur avait partagé la tâche, et chaque régiment devait enlever une portion déterminée de cette énorme couche de sable et de limon, qui remplissait le bas-fond de la Liane. Les uns creusaient le lit même de la Liane, ou le bassin demi-circulaire; les autres enfonçaient les pieux destinés à former des quais. Les ports de Wimereux et d'Ambleteuse, dont l'exécution avait été reconnue possible, étaient déjà entrepris. On travaillait à en extraire le sable et la vase; on y construisait des écluses, afin de creuser un chenal d'entrée par des chasses répétées. D'autres détachements étaient occupés à tracer des routes, pour réunir entre eux les ports de Wimereux, d'Ambleteuse, de Boulogne, d'Étaples, et ces ports eux-mêmes avec les forêts voisines.

Les troupes consacrées à ces rudes travaux se relevaient après l'accomplissement de leur tâche, et celles qui avaient cessé de remuer la terre, se livraient à des manœuvres de tout genre, propres à perfectionner leur instruction. Vêtues de gros habits d'ouvriers, garanties par des sabots de l'humidité du sol, bien logées, nourries abondamment, grâce au prix de leur travail ajouté à leur solde, vivant en plein air, elles jouissaient, au milieu du plus rude climat et de la plus mauvaise saison, d'une santé parfaite. Contentes, occupées, pleines de confiance dans l'entreprise qui se préparait, elles acquéraient chaque jour cette double force physique et morale, qui devait leur servir à vaincre le monde.

Sept. 1803.

Excellentes dispositions physiques et morales des troupes réunies au camp de Boulogne.

Le moment était venu de concentrer la flottille. La construction des bateaux de toute espèce était presque partout achevée. On les avait fait descendre aux embouchures des rivières; on les avait gréés et armés dans les ports. Les ouvriers en bois, qui étaient devenus libres dans l'intérieur, avaient été formés en compagnies, et conduits tant à Boulogne que dans les ports environnants. On se proposait de les employer aux aménagements et à l'entretien de la flottille, une fois réunie.

Commencement de concentration de la flottille

Il fallut donc procéder à ces concentrations, attendues impatiemment par les Anglais, avec la confiance de détruire jusqu'au dernier nos légers bâtiments. C'est ici qu'on peut juger des ressources d'esprit du Premier Consul. Les divisions de la flottille qui avaient à se rendre à Boulogne, allaient partir de tous les points des côtes de l'Océan, depuis

Ingénieux emploi de la cavalerie et de l'artillerie attelée, pour protéger

Bayonne jusqu'au Texel, pour venir se rallier dans le détroit de Calais. Elles devaient côtoyer le rivage en se tenant toujours à très-petite distance de la terre, et s'échouer quand elles seraient serrées de trop près par les croisières anglaises. Un ou deux accidents arrivés à des bâtiments de la flottille, fournirent au Premier Consul l'idée d'un système de secours aussi sûr qu'ingénieux. Il avait vu quelques chaloupes jetées à la côte pour éviter l'ennemi, secourues heureusement par les habitants des villages voisins. Frappé de cette circonstance, il fit distribuer le long de la mer des corps nombreux de cavalerie, depuis Nantes jusqu'à Brest, depuis Brest jusqu'à Cherbourg, depuis Cherbourg et le Havre jusqu'à Boulogne. Ces corps de cavalerie, divisés par arrondissements, avaient avec eux des batteries d'artillerie attelées, dressées à manœuvrer avec une extrême rapidité, et à courir au galop sur les sables unis que la mer laisse à découvert en se retirant. Ces sables, qu'on appelle l'estran, sont en général solides, au point de porter des chevaux et des voitures. Nos escadrons, traînant l'artillerie à leur suite, devaient parcourir sans cesse la plage, s'avancer ou se retirer avec la mer, et protéger de leurs feux les bateaux en marche. Ordinairement on n'attelle que du petit calibre; le Premier Consul avait poussé l'emploi de tous les moyens, jusqu'à faire atteler du 16, roulant aussi vite que du 4 et du 8. Il avait exigé et obtenu que chaque cavalier, devenu propre à tous les services, se pliât à mettre pied à terre, à tirer les pièces, ou à courir la carabine à la main au secours des matelots échoués sur le rivage. « Il faut » faire souvenir les hussards, écrivait-il au ministre » de la guerre, qu'un soldat français doit être cava- » lier, fantassin, canonnier, qu'il doit faire face à » tout. » (29 septembre.) Deux généraux, Lemarrois et Sébastiani, étaient chargés du commandement de toute cette cavalerie. Ils avaient ordre d'être sans cesse à cheval, de faire manœuvrer tous les jours les escadrons avec leurs pièces, et de se tenir constamment avertis du mouvement des convois, afin de les escorter dans leur marche[1].

Ce système produisit, comme on le verra, d'ex-

[1] La lettre suivante, écrite à propos d'une négligence commise, prouve dans quel état il avait mis la côte.

30 octobre 1803.

Au général Davout.

Citoyen général Davout, je n'ai vu qu'avec peine, par le rapport du général de brigade Seras, que les Anglais avaient eu le temps de piller et de dégréer le bâtiment qui était échoué entre Gravelines et Calais. Dans la situation actuelle de la côte, jamais pareil événement ne serait arrivé depuis Bordeaux. Des détachements de cavalerie et des pièces mobiles seraient arrivés pour empêcher les Anglais de piller le bâtiment. Voilà la seconde fois que des bâtiments échoués sur cette côte ne sont point secourus. La faute en est à celui que vous avez chargé de la surveillance de la côte. Chargez deux généraux de brigade de l'inspection de la côte : l'un de Calais à Dunkerque, l'autre de Dunkerque à l'Escaut. Que des piquets de cavalerie soient disposés de manière à se croiser sans cesse, et que des pièces soient placées avec des attelages, de manière qu'au premier signal elles puissent arriver dans le moins de temps possible aux endroits où les bâtiments seraient échoués. Enfin ces généraux inspecteurs doivent toujours être à cheval, faire manœuvrer les batteries de terre, inspecter les canonniers gardes-côtes, escorter les flottilles sur l'estran, lorsqu'elles se mettront en mouvement. Faites-moi connaître le nom de tous les postes que vous aurez placés, et l'endroit où vous aurez établi des pièces mobiles.

cellents résultats. Les bâtiments étaient formés en convois de 30, 50 et jusqu'à 60 voiles. Ils devaient commencer à sortir, vers la fin de septembre, de Saint-Malo, Granville, Cherbourg, de la rivière de Caen, du Havre, de Saint-Valery. Il n'y en avait pas beaucoup au delà de la pointe de Brest; mais, en tout cas, les Anglais gardaient cette partie de nos rivages avec trop de soin, pour hasarder ce trajet, avant d'avoir fait de nombreuses expériences. Ce n'était pas le même commandant qui conduisait les convois du point de départ au point d'arrivée. On avait pensé que tel officier de mer qui connaissait bien les côtes de Bretagne, par exemple, ne connaîtrait pas également bien les côtes de Normandie ou de Picardie. On les avait donc distribués suivant leurs connaissances locales, et, comme des pilotes côtiers, ils ne sortaient pas de l'arrondissement qui leur était fixé. Ils recevaient les convois à la limite de leur arrondissement, les dirigeaient jusqu'à la limite de l'arrondissement voisin, et se les transmettaient ainsi de main en main jusqu'à Boulogne. On avait embarqué des troupes sur les bâtiments, même des chevaux sur ceux qui étaient destinés à en recevoir; on les avait chargés, en un mot, comme ils devaient l'être pendant la traversée de France en Angleterre. Le Premier Consul avait ordonné d'examiner avec le plus grand soin comment ils se comporteraient à la mer sous le fardeau qu'ils devaient transporter.

Vers les derniers jours de septembre (premiers jours de vendémiaire an XII), une première division, composée de chaloupes, bateaux canonniers et péniches, partit de Dunkerque pour doubler le cap Grisnez, et se rendre à Boulogne. Le capitaine de vaisseau Saint-Haouen, excellent officier, qui commandait cette division, quoique très-hardi, marchait avec beaucoup de précaution. Quand il fut à la hauteur de Calais, il se laissa intimider par une circonstance en réalité peu importante : il vit la croisière anglaise disparaître, comme si elle était allée chercher d'autres bâtiments. Il craignit d'être bientôt assailli par une escadre nombreuse, et au lieu de forcer de voiles pour gagner Boulogne, il relâcha dans le port de Calais. L'amiral Bruix, averti de cette faute, courut de sa personne sur les lieux, afin de la réparer s'il était possible. En effet, les Anglais étaient bientôt venus en très grand nombre, et il devenait évident qu'ils allaient s'acharner sur le port de Calais, pour empêcher d'en sortir la division qui s'y trouvait en relâche. L'amiral se rendit à Dunkerque, pour hâter l'organisation d'une seconde division, qui était prête dans ce port, et la faire venir au secours de la première.

Sept. 1803.

Combats soutenus par les capitaines Saint-Haouen et Pevrieux autour du cap Grisnez, pour faire passer à Boulogne les divisions de Dunkerque et de Calais.

Les Anglais étaient devant Calais avec une force considérable, surtout avec plusieurs bombardes. Dans la journée du 27 septembre (4 vendémiaire), ils lancèrent un grand nombre de bombes sur la ville et sur le port. Ils tuèrent un ou deux hommes, et n'atteignirent aucun bâtiment. Les batteries attelées, accourues au galop sur la plage, leur répondirent par un feu bien nourri, et les obligèrent à se retirer. Ils s'en allèrent assez confus d'avoir produit si peu d'effet. Le lendemain, l'amiral Bruix prescrivit à la division Saint-Haouen de mettre en mer pour affronter la croisière ennemie, empêcher un nouveau bombardement, et, suivant les circonstances, doubler le cap Grisnez, afin de se rendre à Boulogne. La seconde division de Dunkerque devait mettre à la voile en même temps, sous le commandement du capitaine Pevrieux, et appuyer la première. Le contre-amiral Magon, qui commandait à Boulogne, avait ordre, de son côté, de sortir de ce port avec tout ce qui était disponible, de se tenir sous voiles pour donner la main aux divisions Saint-Haouen et Pevrieux, si elles parvenaient à doubler le cap Grisnez.

Le 28 septembre au matin (5 vendémiaire an XII) le capitaine Saint-Haouen sortit hardiment de Calais, et s'avança jusqu'à portée de canon. Les Anglais firent un mouvement pour s'élever au vent. Le capitaine Saint-Haouen, profitant habilement de ce mouvement, qui les éloignait de lui, se dirigea à toutes voiles vers le cap Grisnez. Mais il fut rejoint bientôt par les Anglais un peu au delà du cap, et assailli par un feu violent d'artillerie. Il semblait qu'une vingtaine de bâtiments ennemis, quelques-uns de grand échantillon, auraient dû couler nos légers navires; mais il n'en fut rien. Le capitaine Saint-Haouen continua sa marche sous les boulets des Anglais, sans en souffrir beaucoup. Un bataillon de la 46ᵉ, et un détachement de la 22ᵉ, embarqués à bord des bâtiments, maniaient la rame avec un admirable sang-froid sous un feu très-vif, mais heureusement peu meurtrier. En même temps les batteries attelées sur la plage étaient accourues, et répondaient avec avantage à l'artillerie des vaisseaux anglais. Enfin, dans l'après-midi, le capitaine Saint-Haouen mouilla en rade de Boulogne, joint par un détachement sorti de ce port, sous les ordres du contre-amiral Magon. La seconde division de Dunkerque, qui avait mis à la mer, s'était avancée de son côté jusqu'à la vue du cap Grisnez. Mais, arrêtée par le calme et la marée, elle fut obligée de mouiller en deçà, le long d'une côte découverte. Elle resta dans cette position jusqu'au moment où le courant changé pouvait la porter vers Boulogne. Elle n'avait point de vent, et elle fut obligée de se servir de ses rames. Quinze bâtiments anglais, frégates, corvettes et bricks, l'attendaient au cap Grisnez. A ce point la profondeur d'eau étant plus grande, et la croisière anglaise pouvant s'approcher de terre, sans que nos bâtiments eussent la ressource de s'échouer, on devait concevoir pour eux de très-vives craintes. Mais ils passèrent comme ceux de la veille, nos soldats maniant la rame avec une rare intrépidité, et les Anglais recevant de nos batteries de terre, plus de mal qu'ils n'en pouvaient faire à nos chaloupes canonnières. La flottille de Boulogne et la division Saint-Haouen, entrée la veille, étaient sorties de nouveau, pour venir au-devant de la division Pévrieux. Elles la joignirent à une hauteur dite la Tour de Croy, devant Wimereux. Alors les trois divisions réunies s'arrêtèrent, et, se mettant en ligne, présentant aux Anglais leur proue armée de canons, allèrent droit à eux, et firent un feu des plus vifs. Ce feu dura deux heures. Nos légers bâtiments atteignaient quelquefois les gros bâtiments anglais, et en étaient rarement atteints. A la fin, les Anglais se retirèrent au large, quelques-uns même assez maltraités pour avoir besoin d'aller se réparer aux dunes. L'une de nos chaloupes, la seule du reste à qui arriva cet accident, percée de part en part par un boulet, eut encore le temps de se jeter sur la plage, avant de couler à fond.

Ce combat, qui fut suivi plus tard de beaucoup d'autres, plus importants et plus meurtriers, produisit un effet décisif sur l'opinion de la marine et de l'armée. On vit que ces petits bâtiments ne seraient pas si aisément coulés à fond par de gros vaisseaux, et qu'ils atteindraient plus souvent leurs gigantesques adversaires qu'ils n'en seraient atteints ; on vit quel secours on pourrait tirer de la coopération des troupes de terre, qui, sans être encore exercées, avaient manié la rame, servi l'artillerie de marine, avec une rare adresse, et surtout montré peu d'effroi de la mer, et beaucoup de zèle à seconder les matelots[1].

A peine cette première expérience avait-elle été faite, qu'on mit la plus grande ardeur à la renouveler. De nombreux convois partirent successivement de tous les ports de la Manche, pour le rendez-vous général de Boulogne. Plusieurs officiers de mer, les capitaines Saint-Haouen et Pévrieux, dont

---

[1] On trouve ces sentiments exprimés dans toutes les correspondances écrites de Boulogne le lendemain de ces deux combats.

nous venons de citer les noms, les capitaines Hamelin, Daugier, se distinguèrent dans cette espèce de cabotage, par leur courage et par leur habileté. Nos bâtiments, marchant tantôt à la voile, tantôt à la rame, longeaient la côte à très-petite distance des détachements de cavalerie et d'artillerie, prêts à les protéger. Rarement ils furent obligés de se réfugier au rivage, car presque toujours ils naviguèrent à la vue des Anglais, soutenant leur feu, et quelquefois s'arrêtant, quand ils en avaient le temps, pour faire face à l'ennemi, et lui montrer leur avant armé de gros calibre. Souvent ils firent reculer les bricks, les corvettes et même les frégates. S'ils échouèrent dans quelques occasions, ce fut plutôt par l'effet du mauvais temps que par la force de leurs adversaires. Quand cela leur arrivait, les Anglais se jetaient dans des canots pour s'emparer des chaloupes ou des péniches échouées. Mais nos artilleurs, accourus avec leurs pièces sur la plage, ou bien nos cavaliers, changés tout à coup en fantassins, presque en gens de mer, venaient, au milieu des brisants, au secours des marins, éloignaient les canots anglais par le feu de leurs carabines, et les obligeaient à regagner le large, sans amener aucune prise, souvent même après avoir perdu quelques-uns de leurs plus intrépides matelots.

Dans les mois d'octobre, de novembre et de décembre, près de mille bâtiments, chaloupes canonnières, bateaux canonniers, péniches, partis de tous les ports, entrèrent dans Boulogne. Sur ce nombre les Anglais n'en prirent pas plus de trois ou quatre,

Octob. 1803.

Quelques changements apportés à l'armement et à l'arrimage, par suite des expériences faites dans les traversées le long des côtes.

la mer n'en détruisit pas plus de dix ou douze.

Ces courtes et fréquentes traversées furent l'occasion de beaucoup d'observations utiles. Elles révélèrent la supériorité des chaloupes canonnières sur les bateaux canonniers. Ceux-ci étaient plus difficiles à mouvoir, dérivaient davantage, et surtout manquaient de feux. Les défauts de ces bateaux canonniers tenaient à leur construction, et leur construction à la nécessité d'y placer l'artillerie de campagne. Il fallait bien s'y résigner. Les péniches ne laissaient rien à désirer sous le rapport de la manœuvre et de la vitesse. Du reste tous ensemble avaient une marche passable, même sans le secours de la voile. Il y avait des divisions venues du Havre à Boulogne, presque toujours à la rame, avec une vitesse moyenne de deux lieues à l'heure. Quelques changements à l'arrimage, c'est-à-dire au chargement, devaient améliorer leurs qualités navigantes.

L'expérience de ces traversées conduisit à un changement dans la disposition de l'artillerie, qui fut immédiatement exécuté sur toute la flottille. Les gros canons, placés à l'avant et à l'arrière, étaient engagés dans des coulisses, dans lesquelles ils ne pouvaient qu'avancer ou reculer en ligne droite. Il en résultait que les bâtiments pour tirer étaient obligés de se détourner, et de présenter à l'ennemi, ou l'avant ou l'arrière. Il leur était donc impossible, quand ils étaient en marche, de riposter au feu des Anglais, parce qu'ils ne montraient alors que le travers. En rade, les courants leur faisaient prendre une position parallèle à la côte, c'est-à-dire offrir à l'ennemi leur flanc désarmé. On changea cette disposition quand on eut éprouvé la stabilité de ces bâtiments, et qu'on l'eut assurée par un système d'arrimage mieux calculé. On construisit des affûts assez semblables à l'affût de campagne, qui permettaient de tirer *en belle,* c'est-à-dire en tout sens. De la sorte, les bâtiments en rade ou en marche pouvaient faire feu, quelle que fût leur position, sans être obligés de se détourner. Les chaloupes avaient ainsi quatre coups à tirer dans toutes les directions. Avec un peu d'habitude, les hommes de terre et de mer devaient arriver à pratiquer ce tir avec justesse et sans danger.

On songea surtout à faire naître une complète intimité entre les marins et les soldats, par l'affectation des mêmes bâtiments aux mêmes troupes. La capacité des chaloupes canonnières et des bateaux canonniers avait été calculée de façon à pouvoir porter une compagnie d'infanterie, outre quelques artilleurs. Ce fut là l'élément dont on se servit pour arrêter l'organisation générale de la flottille. Les bataillons se composaient alors de neuf compagnies; les demi-brigades, de deux bataillons de guerre, le troisième restant au dépôt. On distribua les chaloupes et les bateaux canonniers conformément à cette composition des troupes. Neuf chaloupes ou bateaux formaient une section, et portaient neuf compagnies ou un bataillon. Deux sections formaient une division, et portaient une demi-brigade. Ainsi

Octob. 1803.

Correspondance établie entre les divisions de la flottille et les divisions de l'armée, et affectation constante des mêmes bâtiments aux mêmes troupes.

le bateau ou la chaloupe répondait à la compagnie, la section répondait au bataillon, la division à la demi-brigade. Des officiers de mer d'un grade correspondant commandaient la chaloupe, la section, la division. Pour arriver à une parfaite adhérence des troupes avec la flottille, chaque division fut affectée à une demi-brigade, chaque section à un bataillon, chaque chaloupe ou bateau à une compagnie; et cette affectation une fois faite demeura invariable. Les troupes durent ainsi conserver toujours les mêmes bâtiments, et s'y attacher comme un cavalier s'attache à son cheval. Officiers de terre et de mer, soldats et matelots, devaient par ce moyen arriver à se connaître, prendre confiance les uns dans les autres, et en être plus disposés à s'entr'aider. Chaque compagnie dut fournir au bâtiment qui lui appartenait, une garnison de vingt-cinq hommes, toujours embarqués. Ces vingt-cinq hommes, formant le quart de la compagnie, restaient environ un mois à bord. Pendant ce temps ils logeaient sur le bâtiment avec l'équipage, soit que le bâtiment se trouvât en mer pour manœuvrer, soit qu'il séjournât dans le port. Ils faisaient là tout ce que faisaient les matelots eux-mêmes, concouraient aux basses manœuvres, et s'exerçaient surtout à manier la rame et à tirer le canon. Quand ils avaient été livrés à ce genre de vie pendant un mois, ils étaient remplacés par vingt-cinq autres soldats de la même compagnie, qui venaient pendant le même espace de temps se livrer aux mêmes exercices de mer. Successivement la compagnie tout entière faisait son stage à bord des chaloupes ou bateaux. Chaque homme était donc alternativement soldat de terre, soldat de mer, artilleur, fantassin, matelot, et même ouvrier du génie, par suite des travaux exécutés dans les bassins. Les matelots prenaient part aussi à cet enseignement réciproque. Il y avait à bord des armes d'infanterie, et quand on était dans le port, ils faisaient sur le quai, pendant la journée, l'exercice du fantassin. C'était par conséquent un renfort de quinze mille fantassins, qui, après le débarquement en Angleterre, seraient capables de défendre la flottille le long des côtes où elle serait venue s'échouer. En leur laissant comme renforts une dizaine de mille hommes, ils pouvaient attendre impunément au rivage les victoires de l'armée d'invasion.

Les péniches dans le commencement, restèrent en dehors de cette organisation, parce qu'elles ne pouvaient pas porter toute une compagnie, et qu'elles étaient plutôt capables de jeter rapidement les troupes à terre, que de faire face en mer à l'ennemi. Cependant on les rangea plus tard en division, et on les attribua spécialement à l'avant-garde, composée des grenadiers réunis. En attendant, elles étaient rangées en escouades dans le port, et, tous les jours, les troupes auxquelles des bâtiments n'étaient pas encore affectés, allaient s'exercer tantôt à les mouvoir à la rame, tantôt à tirer le léger obusier dont elles étaient armées.

Octob. 1803.

Soins donnés au chargement des navires, et manœuvres pour apprendre à embarquer et débarquer.

Cela réglé, on s'occupa d'un autre soin non moins important, celui de l'arrimage des navires. Le Premier Consul, dans l'un de ses voyages, fit charger et décharger plusieurs fois sous ses yeux quelques chaloupes, bateaux et péniches, et arrêta sur place leur arrimage[1]. Comme lest on leur assigna des boulets, des obus, des munitions de guerre, en quantité suffisante pour une longue campagne. On disposa dans leur cale du biscuit, du vin, de l'eau-de-vie, de la viande salée, du fromage de Hollande, pour nourrir pendant vingt jours toute la masse d'hommes composant l'expédition. Ainsi, la flottille de guerre devait porter, outre l'armée et ses 400 bouches à feu attelées de deux chevaux, des munitions pour une campagne, des vivres pour vingt jours. La flottille de transport devait porter, comme nous l'avons dit, le surplus des attelages d'artillerie, les chevaux nécessaires à une moitié de la cavalerie, deux ou trois mois de vivres, enfin tous les bagages. A chaque division de la flottille de guerre, répondait une division de la flottille de transport, l'une devant naviguer à la suite de l'autre. Sur chaque bâtiment un sous-officier d'artillerie veillait aux munitions, un sous-

---

[1] Boulogne, 16 novembre 1803.

Au citoyen Fleurieu.

J'ai passé ici la journée pour présider à l'installation d'une chaloupe et d'un bateau canonniers. Ici l'arrimage est une des plus importantes manœuvres du plan de campagne, pour que rien ne soit oublié, et que tout soit également réparti.

Tout commence à prendre une tournure satisfaisante...

officier d'infanterie aux vivres. Tout devait être constamment embarqué sur les deux flottilles, et il ne restait à mettre à bord, au signal du départ, que les hommes et les chevaux. Les hommes, exercés fréquemment à prendre les armes, et à se rendre par demi-brigades, bataillons et compagnies, à bord de la flottille, n'y mettaient que le temps nécessaire pour aller des camps au port. Quant aux chevaux, on était arrivé à simplifier et accélérer leur embarquement d'une manière surprenante. Quelque grand que fût le développement des quais, il n'était pas possible cependant d'y ranger tous les bâtiments. On était obligé d'en disposer jusqu'à neuf l'un contre l'autre, le premier seul touchant le quai. Un cheval, revêtu d'un harnais qui le saisissait sous le ventre, enlevé de terre au moyen d'une vergue, transmis neuf fois de vergue en vergue, était déposé en deux ou trois minutes dans le neuvième bâtiment. De la sorte, hommes et chevaux pouvaient être placés en deux heures sur la flottille de guerre. Il en fallait trois ou quatre pour embarquer les neuf à dix mille chevaux restants sur la flottille de transport. Ainsi, tout le gros bagage étant constamment à bord, on devait toujours être prêt en quelques heures à lever l'ancre; et, comme il n'était pas possible de faire sortir des ports un aussi grand nombre de bâtiments dans l'espace d'une seule marée, l'embarquement des hommes et des chevaux ne pouvait jamais être la cause d'une perte de temps.

Après des exercices incessamment répétés, on

réussit bientôt à exécuter toutes les manœuvres avec autant de promptitude que de précision. Tous les jours, par tous les temps, à moins d'une tempête, on sortait au nombre de 100 à 150 bâtiments, pour manœuvrer ou mouiller en rade, devant l'ennemi. Puis on simulait le long des falaises l'opération d'un débarquement. On s'exerçait d'abord à balayer le rivage par un feu nourri d'artillerie, puis à s'approcher de terre, à y déposer hommes, chevaux, canons. Souvent, quand on ne pouvait pas joindre la terre, on jetait les hommes dans les flots, par cinq ou six pieds de profondeur d'eau. Jamais il n'y en eut de noyés, tant ils déployaient d'adresse et d'ardeur. Quelquefois même on ne débarquait pas autrement les chevaux. On les descendait dans la mer, et des hommes placés dans des canots les dirigeaient avec une longe vers le rivage. De la sorte il n'y avait pas un accident de débarquement sur une côte ennemie, qui ne fût prévu, et bravé plusieurs fois, en y ajoutant toutes les difficultés qu'on pouvait se donner à vaincre, même celles de la nuit[1], excepté cependant la difficulté du feu. Mais celle-là devait être plutôt un excitant qu'un obstacle, pour ces soldats les plus braves de l'univers par nature, et par habitude de la guerre.

Boulogne, 9 novembre 1803.

Au consul Cambacérès.

J'ai passé une portion de la nuit dernière à faire faire aux troupes des évolutions de nuit, manœuvre qu'une troupe instruite et bien disciplinée peut quelquefois faire avantageusement contre des levées en masse.

Cette variété d'exercices de terre et de mer, ces manœuvres entremêlées de rudes travaux, intéressaient ces soldats aventureux, remplis d'imagination, et ambitieux comme leur illustre chef. Une nourriture considérablement augmentée, grâce au prix de leurs journées ajouté à leur solde, une activité continuelle, l'air le plus vif, le plus sain, tout cela devait leur donner une force physique extraordinaire. L'espoir d'exécuter un prodige y ajoutait une force morale non moins grande. C'est ainsi que se préparait peu à peu cette armée sans pareille, qui devait faire la conquête du continent en deux années.

Octob. 1803.

Le Premier Consul passait une grande partie de son temps au milieu d'eux. Il se remplissait de confiance en les voyant si dispos, si alertes, si animés de sa propre pensée. A leur tour ils recevaient de sa présence une excitation continuelle. Ils le voyaient à cheval, tantôt sur le sommet des falaises, tantôt à leur pied, galopant sur les sables unis que la mer délaisse, se rendant ainsi par l'estran d'un port à l'autre[1], quelquefois embarqué sur de légères péni-

Présence fréquente du Premier Consul au camp de Boulogne.

---

[1] Il écrivait d'Étaples au consul Cambacérès, le 1er janvier 1804 :

« Je suis arrivé hier matin à Étaples, d'où je vous écris dans ma ba-
» raque. Il fait un vent de sud-ouest affreux. Ce pays ressemble assez
» au pays d'Éole... Je monte à l'instant à cheval pour me rendre à Bou-
» logne par l'estran. »

Il écrivait antérieurement, le 12 novembre :

« Je reçois, citoyen Consul, votre lettre du 18 (brumaire). La mer
» continue ici à être mauvaise, et la pluie continue à tomber par tor-
» rents. J'ai été hier à cheval et en bateau toute la journée. C'est vous
» dire que j'ai été constamment mouillé. Dans la saison actuelle, on ne
» ferait rien si on n'affrontait pas l'eau. Heureusement que pour mon

ches, allant assister à de petits combats entre nos chaloupes canonnières et la croisière anglaise, les poussant sur l'ennemi jusqu'à ce qu'il eût fait reculer les corvettes et les frégates, par le feu de nos frêles bâtiments. Souvent il s'obstinait à braver la mer, et une fois, ayant voulu visiter la ligne d'embossage malgré le plus gros temps, il échoua non loin du rivage, en rentrant dans son canot. Heureusement les hommes avaient pied. Les matelots se jetèrent à la mer, et, formant un groupe serré pour résister aux vagues, le portèrent sur leurs épaules, au milieu des flots brisant sur leurs têtes.

Un jour que, parcourant ainsi la plage, il s'était animé à la vue des côtes d'Angleterre, il écrivit les lignes suivantes au consul Cambacérès : « J'ai passé » ces trois jours au milieu du camp et du port. J'ai » vu des hauteurs d'Ambleteuse les côtes d'Angle-

» compte cela me réussit parfaitement, et que je ne me suis jamais si » bien porté.

» Boulogne, 12 novembre. »

Le 1ᵉʳ janvier 1804 il écrivait encore au ministre de la marine :

« Demain, à huit heures du matin, je ferai l'inspection de toute la » flottille; je la verrai par division. Un commissaire de marine fera » l'appel de tous les officiers et soldats qui composent l'équipage. Tout » le monde se tiendra à son poste de bataille, et avec le plus grand » ordre. Au moment où je mettrai le pied dans chaque bâtiment, on sa-» luera trois fois de *vive la République,* et trois fois de *vive le Premier* » *Consul.* Je serai accompagné dans cette visite de l'ingénieur en chef, » du commissaire de l'armement, du colonel commandant l'artillerie.

» Pendant tout le temps de l'inspection, les équipages et les garnisons » de toute la flottille resteront à leur poste, et on placera des sentinelles » pour empêcher que personne ne passe sur le quai qui regarde la flot-» tille. »

» terre, comme on voit des Tuileries le Calvaire. On
» distinguait les maisons et le mouvement. C'est un
» fossé qui sera franchi, lorsqu'on aura l'audace de
» le tenter. » (16 novembre 1803. *Dépôt de la Secrétairerie d'État.*)

Nov. 1803.

Son impatience d'exécuter cette grande entreprise était extrême[1]. Il y avait songé d'abord pour la fin de l'automne ; maintenant il y songeait pour le commencement de l'hiver, ou au plus tard pour le milieu. Mais les travaux s'étendaient à vue d'œil, et chaque jour un perfectionnement nouveau se pré-

Fixation de l'époque de l'entreprise au milieu de l'hiver de 1803 à 1804.

[1] Les lettres suivantes prouvent bien cette impatience, et le désir d'exécuter l'expédition en nivôse ou pluviôse, c'est-à-dire en janvier ou février. L'une d'elles est adressée à l'amiral Ganteaume, qui dut un moment commander la flotte de Toulon, avant de commander celle de Brest. Les chiffres contenus dans ces lettres ne sont pas exactement ceux que nous donnons dans notre récit, parce que le Premier Consul ne se fixa qu'un peu plus tard sur le nombre définitif des hommes et des bâtiments. Nous avons adopté les chiffres qui furent définitivement arrêtés.

Paris, 23 novembre 1803.

Au citoyen Rapp.

Vous voudrez bien vous rendre à Toulon. Vous remettrez la lettre ci-jointe au général Ganteaume ; vous y prendrez connaissance de la situation de la marine, de l'organisation des équipages et du nombre des vaisseaux en rade ou qui seraient prêts à s'y rendre. Vous resterez jusqu'à nouvel ordre à Toulon. Quarante-huit heures après votre arrivée, vous m'enverrez un courrier extraordinaire avec la réponse du général Ganteaume à ma lettre. Ce courrier extraordinaire parti, vous m'écrirez chaque jour ce que vous aurez fait, et vous entrerez dans le plus grand détail sur toutes les parties de l'administration. Vous irez tous les jours une ou deux heures à l'arsenal. Vous vous informerez du jour où passera le 3e bataillon de la 8e légère, qui part d'Antibes, et qui a ordre de se rendre à Saint-Omer pour l'expédition ; vous vous rendrez au lieu le plus près de Toulon où il passera pour l'inspecter, et vous me ferez connaître sa situation.

Vous irez visiter les îles d'Hières pour voir de quelle manière elles

sentant ou à lui, ou à l'amiral Bruix, il sacrifiait du temps à l'introduire. L'instruction des soldats et des matelots gagnait à ces délais inévitables, qui portaient ainsi avec eux leur propre dédommagement. A la rigueur, on aurait pu tenter, même après ces huit mois d'apprentissage, l'expédition projetée. Cependant il fallait six mois encore, si l'on voulait que tout fût prêt, que l'équipement et l'armement fussent achevés, que l'éducation chez les

sont gardées et armées. Vous me ferez un rapport détaillé sur tous les objets que vous verrez.

Paris, 23 novembre 1803.

Au général Ganteaume, conseiller d'État et préfet maritime, à Toulon.

Citoyen général, j'expédie auprès de vous le général Rapp, un de mes aides-de-camp; il séjournera quelques jours dans votre port, et s'instruira en détail de tout ce qui concerne votre département.

Je vous ai mandé, il y a deux mois, que, dans le courant de frimaire, je comptais avoir 10 vaisseaux, 4 frégates, 4 corvettes, prêts à mettre à la voile de Toulon, et que je désirais que cette escadre fût approvisionnée pour quatre mois de vivres pour 25,000 hommes de bonnes troupes d'infanterie qui s'embarqueraient à son bord. Je désire que quarante-huit heures après la réception de cette lettre, par le courrier extraordinaire du général Rapp, vous me fassiez connaître le jour précis où une escadre pareille pourra mettre à la voile de Toulon, ce que vous aurez en rade et prêt à partir au moment de la réception de ma lettre, ce que vous aurez au 15 frimaire et au 1er nivôse. Mon vœu serait que votre expédition pût mettre à la voile au plus tard dans les premiers jours de nivôse.

Je viens de Boulogne, où il règne aujourd'hui une grande activité, et où j'espère avoir, vers le milieu de nivôse, 300 chaloupes, 500 bateaux, 500 péniches réunis, chaque péniche portant un obusier de 36, chaque chaloupe 3 canons de 24, et chaque bateau un canon de 24. Faites-moi connaître vos idées sur cette flottille. Croyez-vous qu'elle nous mènera sur les bords d'Albion? Elle peut nous porter 100,000 hommes. Huit heures de nuit qui nous seraient favorables décideraient du sort de l'univers.

hommes de terre et de mer ne laissât plus rien à désirer.

Mais des considérations décisives commandaient un nouveau délai, c'étaient les retards de la flottille batave, qui devait porter l'aile droite, commandée par le général Davout. Sur le vœu exprimé par le Premier Consul qu'on lui dépêchât un officier distingué de la marine hollandaise, on lui avait envoyé le contre-amiral Verhuel. Frappé de l'intelligence et du

Nov. 1803.

Dispositions relatives à la flottille batave.

Le ministre de la marine a continué sa tournée vers Flessingue, visiter la flottille batave, composée de 100 chaloupes, 300 bateaux canonniers, capables de porter 30,000 hommes, et la flotte du Texel, capable de porter 30,000 hommes.

Je n'ai pas besoin d'activer votre zèle; je sais que vous ferez tout ce qui sera possible. Comptez sur mon estime.

Paris, 12 janvier 1804.

Au citoyen Daugier, capitaine de vaisseau, commandant le bataillon des matelots de la garde.

Citoyen Daugier, je désire que vous partiez dans la journée de Paris pour vous rendre en droite ligne à Cherbourg. Vous y donnerez des ordres pour le départ des bâtiments de la flottille qui se trouvent dans ce port, et vous y resterez le temps nécessaire pour lever tous les obstacles et accélérer les expéditions.

Vous vous rendrez dans tous les ports de la déroute où vous saurez qu'il y a des bâtiments de la flottille; vous en presserez le départ, et vous donnerez des instructions pour que des bâtiments ne restent pas des mois entiers dans ces ports, notamment à Dielette.

Vous remplirez la même mission qu'à Cherbourg, à Granville et à Saint-Malo. Vous m'écrirez de ces deux ports.

Vous remplirez la même mission à Lorient, Nantes, Rochefort, Bordeaux et Bayonne.

La saison s'avance; tout ce qui ne serait pas rendu à Boulogne dans le courant de pluviôse ne pourrait plus nous servir. Il faut donc que vous activiez et disposiez les travaux en conséquence.

Vous vous assurerez que les dispositions qui ont été faites pour fournir des garnisons sont suffisantes dans chaque port.

sang-froid de cet homme de mer, il avait demandé qu'on le chargeât de tout ce qui concernait l'organisation de la flottille hollandaise, ce qui fut fait selon sa volonté, et ce qui imprima bientôt à cette organisation la rapidité désirée. Cette flottille, préparée dans l'Escaut, devait être conduite à Ostende, car on avait reconnu le danger de partir de points aussi éloignés que l'Escaut et Boulogne. Enfin d'Ostende, on avait l'espoir de la faire venir à Ambleteuse et à Wimereux, quand ces deux ports seraient achevés. On devait se procurer ainsi l'avantage immense d'appareiller tous ensemble, c'est-à-dire de faire partir 120 mille hommes, 15 mille matelots et 10 mille chevaux, de quatre ports, placés sous le même vent, contigus les uns aux autres. Mais, pour cela, il fallait plusieurs mois encore, soit pour l'équipement de la flottille batave, soit pour l'achèvement des ports de Wimereux et d'Ambleteuse.

Deux autres portions de l'armée d'invasion n'étaient pas prêtes : l'escadre de Brest, destinée à jeter le corps d'Augereau en Irlande, et l'escadre hollandaise du Texel, destinée à embarquer le corps de 20 mille hommes, campé entre Utrecht et Amsterdam. C'étaient ces deux corps qui, joints aux 120 mille hommes du camp de Boulogne, portaient à 160 mille, sans les matelots, le total de l'armée d'invasion. Il fallait encore quelques mois pour que la flotte du Texel et celle de Brest fussent complétement armées.

Rôle assigné à la flotte de Toulon.

Restait enfin une dernière condition de succès à se procurer, et cette condition, le Premier Consul la

Nov. 1803.

regardait, pour son entreprise, comme la certitude même de la réussite. Ces bâtiments, maintenant éprouvés, pouvaient parfaitement franchir les dix lieues du détroit, puisque la plupart d'entre eux avaient fait cent et deux cents lieues, pour se rendre à Boulogne, et souvent, par leur feu divisé et rasant, avaient répondu avec avantage au feu dominant et concentré des vaisseaux. Ils avaient la chance de passer sans être atteints ou vus, soit dans les calmes d'été, soit dans les brumes d'hiver ; et, dans la supposition la plus défavorable, s'ils étaient exposés à rencontrer les vingt-cinq ou trente corvettes, bricks et frégates de la croisière anglaise, ils devaient passer, fallût-il sacrifier cent chaloupes ou bateaux sur les 2,300 dont se composait la flottille[1]. Mais il y avait un cas où toute mauvaise chance disparaissait, c'était celui où une grande escadre française, transportée à l'improviste dans le détroit, en chasserait la croisière anglaise, dominerait la Manche pendant deux à trois jours, et couvrirait le passage

---

[1] Voici l'extrait d'une lettre du ministre Decrès, qui était, de tous les hommes employés auprès de Napoléon, celui qui avait le moins d'illusions, et qui prouve qu'avec le sacrifice d'une centaine de bâtiments on croyait pouvoir passer.

Boulogne, 7 janvier 1804.

Le ministre de la marine au Premier Consul.

On commence à croire fermement dans la flottille que le départ est plus prochain qu'on ne le pensait, et on m'a promis de s'y préparer bien sérieusement. On s'étourdit sur les dangers, et chacun ne voit que César et sa fortune.

Les idées de tous les subalternes ne passent pas la limite de la rade et de son courant. Ils raisonnent du vent, du mouillage, de la ligne

de notre flottille. Pour ce cas, il n'y avait plus de doute ; toutes les objections élevées contre l'entreprise tombaient à la fois, à moins d'une tempête imprévue, chance improbable, si on choisissait bien la saison, et d'ailleurs toujours hors de tous les calculs. Mais il fallait que la troisième des escadres de haut bord, celle de Toulon, fût entièrement équipée, et elle ne l'était pas. Le Premier Consul la destinait à exécuter une grande combinaison, dont personne n'avait le secret, pas même son ministre de la marine. Il mûrissait peu à peu cette combinaison dans sa tête, n'en disant mot à personne, et laissant les Anglais persuadés que la flottille devait se suffire à elle-même, puisqu'on l'armait si complétement, puisqu'on la présentait tous les jours à des frégates et à des vaisseaux.

Des événements graves détournent du camp de Boulogne l'attention du Premier Consul.

Cet homme, si audacieux dans ses conceptions, était, dans l'exécution, le plus prudent des capitaines. Quoiqu'il eût 120 mille soldats réunis sous la main, il ne voulait pas partir sans le concours de la flotte du Texel, portant 20 mille hommes, sans

d'embossage comme des anges. Quant à la traversée, c'est votre affaire. Vous en savez plus qu'eux, et vos yeux valent mieux que leurs lunettes. Ils ont pour tout ce que vous ferez la foi du charbonnier.

L'amiral lui-même en est là. Il ne vous a jamais présenté de plan, parce que dans le fait il n'en a point. D'ailleurs vous ne lui en avez point demandé. Ce sera le moment de l'exécution qui le décidera. Très-possible d'être obligé de sacrifier cent bâtiments qui attireront l'ennemi sur eux, tandis que le reste, partant au moment de la déroute de ceux-ci, se rendra sans obstacle.

Au reste, un in-folio ne contiendrait pas le développement des idées qu'il a préparées à ce sujet. Quelle sera celle qu'il adoptera ? C'est aux circonstances à le décider....

la flotte de Brest, en portant 18 mille, sans les flottes de La Rochelle, du Ferrol et de Toulon, chargées de dégager le détroit par une profonde manœuvre. Il s'efforçait d'avoir tous ces moyens prêts pour février 1804, et s'en flattait, lorsque des événements graves, survenus dans l'intérieur de la République, s'emparèrent tout à coup de son attention, et l'arrachèrent, pour un moment, à la grande entreprise sur laquelle le monde entier avait les yeux fixés.

FIN DU LIVRE DIX-SEPTIÈME.

LIVRE DIX-HUITIÈME.

CONSPIRATION DE GEORGES.

Craintes de l'Angleterre à la vue des préparatifs qui se font à Boulogne. — Ce que la guerre est ordinairement pour elle. — Opinion qu'on se fait d'abord à Londres des projets du Premier Consul; terreur qu'on finit par en concevoir. — Moyens imaginés pour résister aux Français. — Discussion de ces moyens au Parlement. — Rentrée de M. Pitt à la Chambre des Communes. — Son attitude, et celle de ses amis. — Force militaire des Anglais. — M. Windham demande l'établissement d'une armée régulière, à l'imitation de l'armée française. — On se borne à la création d'une armée de réserve, et à une levée de volontaires. — Précautions prises pour la garde du littoral. — Le cabinet britannique revient aux moyens anciennement pratiqués par M. Pitt, et seconde les complots des émigrés. — Intrigues des agents diplomatiques anglais, MM. Drake, Smith et Taylor. — Les princes réfugiés à Londres se réunissent à Georges et à Pichegru, et entrent dans un complot dont le but est d'assaillir le Premier Consul, avec une troupe de chouans, sur la route de la Malmaison. — Afin de s'assurer l'adhésion de l'armée, dans la supposition du succès, on s'adresse au général Moreau, chef des mécontents. — Intrigues du nommé Lajolais. — Folles espérances conçues sur quelques propos du général Moreau. — Premier départ d'une troupe de chouans conduits par Georges. — Leur débarquement à la falaise de Biville; leur route à travers la Normandie. — Georges, caché dans Paris, prépare des moyens d'exécution. — Second débarquement, composé de Pichegru et de plusieurs émigrés de haut rang. — Pichegru s'abouche avec Moreau. — Il le trouve irrité contre le Premier Consul, souhaitant sa chute et sa mort, mais nullement disposé à seconder le retour des Bourbons. — Désappointement des conjurés. — Leur découragement, et la perte de temps que ce découragement entraîne. — Le Premier Consul, que la police servait mal depuis la retraite de M. Fouché, découvre le danger dont il est menacé. — Il fait livrer à une commission militaire quelques chouans récemment arrêtés, pour les contraindre à dire ce qu'ils savent. — Il se procure ainsi un révélateur. — Le complot dénoncé tout entier. — Surprise en apprenant que Georges et Pichegru sont dans Paris, que Moreau est leur complice. — Conseil extraordinaire, et résolution d'arrêter Moreau. — Dispositions du Premier Consul. — Il est plein d'indulgence pour les républicains, et de colère contre les royalistes. — Sa résolution de frapper ceux-ci d'une manière impitoyable. — Il charge le grand-juge de lui amener Moreau, pour tout terminer dans une explication personnelle et amicale. — L'attitude de Moreau devant le grand-juge fait avorter cette bonne résolution. — Les conjurés arrêtés déclarent tous qu'un prince français devait être à leur tête, et qu'il avait le projet d'entrer en France par la falaise de Biville. — Résolution du Premier Consul de s'en saisir, et de le livrer à une commission militaire. — Le colonel Savary envoyé à la falaise de Biville, pour attendre le prince, et l'arrêter. — Loi terrible, qui punit de mort quiconque donnera asile aux conjurés. — Paris fermé pendant plusieurs jours. — Arrestation successive de Pichegru, de MM. de Polignac, de M. de Rivière, et de Georges lui-même. — Déclaration de Georges. — Il est venu pour attaquer le Premier Consul de vive force. — Nouvelle affirmation qu'un prince devait être à la tête des conjurés. — Irritation croissante du Premier Consul. — Inutile attente du colonel Savary à la falaise de Biville. — On est conduit à rechercher où se trouvent les princes de la maison de Bourbon. — On songe au duc d'Enghien, qui était à Ettenheim, sur les bords du Rhin. — Un sous-officier de gendarmerie est envoyé pour prendre des renseignements. — Rapport erroné de ce sous-officier, et fatale coïncidence de son rapport avec une nouvelle déposition d'un domestique de Georges. — Erreur, et aveugle colère du Premier Consul. — Conseil extraordinaire, à la suite duquel l'enlèvement du prince est résolu. — Son enlèvement et sa translation à Paris — Une partie de l'erreur est découverte, mais trop tard. — Le prince, envoyé devant une commission militaire, est fusillé dans un fossé du château de Vincennes. — Caractère de ce funeste événement.

<small>Août 1803.</small>

L'Angleterre commençait à s'émouvoir à l'aspect des préparatifs qui se faisaient en face de ses rivages. Elle y avait d'abord attaché peu d'importance. La guerre, en général, pour un pays insulaire, qui ne prend part aux grandes luttes des nations qu'avec des vaisseaux ordinairement victorieux, et tout au plus avec des armées jouant le rôle d'auxiliaires, la guerre est un état peu inquiétant, qui n'altère pas le repos public, qui ne nuit pas même au mouvement journalier des affaires. La stabilité du crédit, à Londres, au milieu des plus grandes effusions de sang humain, en est la preuve frap-

<small>La guerre n'est pas pour l'Angleterre ce qu'elle est pour les autres nations.</small>

Août 1803.

pante. Si on ajoute à ces considérations que l'armée se recrute de mercenaires, que la flotte se compose de gens de mer, auxquels il importe assez peu de vivre à bord des vaisseaux de l'État ou à bord des vaisseaux du commerce, pour lesquels au contraire les prises ont un attrait infini, on concevra mieux encore que, pour un tel pays, la guerre est une charge qui se résout simplement en impôts, une sorte de spéculation, dans laquelle des millions sont engagés afin d'obtenir des débouchés commerciaux plus étendus. Pour les classes aristocratiques seules, qui commandent ces flottes et ces armées, qui versent leur sang en les commandant, qui aspirent enfin à étendre la gloire de leur pays autant qu'à conquérir de nouveaux débouchés, la guerre reprend sa gravité, ses périls, jamais toutefois ses plus grandes anxiétés, car le danger de l'invasion ne paraît pas exister.

Opinion que se faisaient les Anglais de la flottille réunie à Boulogne.

C'était la guerre ainsi faite que MM. Windham et Grenville, et le faible ministère qu'ils traînaient à leur suite, croyaient avoir attirée sur leur patrie. Ils avaient entendu parler, sous le Directoire, de bateaux plats, mais si souvent et avec si peu d'effet, qu'ils finissaient par n'y plus croire. Sir Sidney Smith, plus expérimenté sous ce rapport que ses compatriotes, car il avait vu, tour à tour, les Français, les Turcs, les Anglais débarquer en Égypte, tantôt malgré de redoutables croisières, tantôt malgré de vigoureux soldats postés sur le rivage, sir Sidney Smith avait dit à la tribune du Parlement, qu'on pourrait à la rigueur réunir soixante ou quatre-vingts chaloupes canonnières dans la Manche, cent si l'on voulait tout exagérer, mais qu'on n'en réunirait jamais davantage, et que vingt-cinq ou trente mille hommes étaient la limite extrême des forces qu'il était possible de transporter en Angleterre. Suivant cet officier, le plus grave danger qu'on pût prévoir après celui-là, c'était la descente d'une armée française en Irlande, double ou triple de celle qui avait été jetée autrefois dans cette île, armée qui, après avoir plus ou moins agité et ravagé le pays, finirait, comme la précédente, par succomber et par mettre bas les armes. Il restait d'ailleurs les inimitiés toujours sourdement existantes en Europe contre la France, inimitiés qui, bientôt réveillées, rappelleraient vers le continent les forces du Premier Consul. On avait donc tout au plus à craindre la guerre des premiers temps de la Révolution, signalée de nouveau par quelques victoires du général Bonaparte sur l'Autriche, mais avec toutes les chances ordinaires de bouleversement dans un pays mobile comme la France, qui depuis quinze années n'avait pas supporté trois ans de suite le même gouvernement, et avec l'avantage permanent pour l'Angleterre de nouvelles conquêtes maritimes. Ces prévisions se sont réalisées, grâce à beaucoup de malheurs et de fautes; mais on va voir que, pendant plusieurs années, des dangers infiniment graves menacèrent l'existence même de la Grande-Bretagne.

La confiance des Anglais s'évanouit bientôt à l'aspect des préparatifs qui se faisaient sur la côte de Boulogne. On entendit parler de mille à douze cents

Août 1803.

Graves inquiétudes conçues en Angleterre,

Août 1803.

lorsque les préparatifs faits à Boulogne commencèrent à être mieux connus.

bateaux plats (on ignorait qu'ils passeraient deux mille); on fut surpris; néanmoins on se rassura, en doutant de leur réunion, en doutant surtout de la possibilité de les abriter dans les ports de la Manche. Mais la concentration de ces bateaux plats dans le détroit de Calais, opérée malgré les nombreuses croisières anglaises, leur bonne tenue à la mer et au feu, la construction de vastes bassins pour les recevoir, l'établissement de batteries formidables pour les protéger au mouillage, la réunion de cent cinquante mille hommes prêts à s'y embarquer, faisaient tomber, une à une, les illusions d'une sécurité présomptueuse. On voyait bien que de tels préparatifs ne pouvaient être une feinte, et qu'on avait provoqué trop légèrement le plus audacieux, le plus habile des hommes. Il y avait, il est vrai, de vieux Anglais, confiants dans l'inviolabilité de leur île, qui ne croyaient point au péril dont on les menaçait; mais le gouvernement et les chefs de parti ne pensaient pas que, dans le doute, on pût livrer au hasard la sûreté du sol britannique. Vingt, trente mille Français, quelque braves, quelque bien commandés qu'ils fussent, ne les auraient pas effrayés: mais cent cinquante mille hommes, ayant à leur tête le général Bonaparte, causaient un frisson de terreur dans toutes les classes de la nation. Et ce n'était pas là une preuve de manque de courage, car le plus brave peuple du monde aurait bien pu être inquiet en présence d'une armée qui avait accompli de si grandes choses, et qui allait en accomplir de si grandes encore.

Une circonstance ajoutait à la gravité de cette situation, c'était l'immobilité des puissances continentales. L'Autriche ne voulait pas, pour cent ou deux cents millions, attirer sur elle les coups destinés à l'Angleterre. La Prusse était en communauté, non pas de sympathies, mais d'intérêts, avec la France. La Russie blâmait les deux parties belligérantes, s'érigeait en juge de leur conduite, mais ne se prononçait formellement pour aucune. Si les Français n'allaient pas au nord au delà du Hanovre, il n'y avait pas chance, du moins dans le moment, d'entraîner l'empire russe à la guerre; et il était évident qu'ils ne songeaient pas à lui donner ce motif de prendre les armes.

Août 1803.

Les préparatifs durent donc être proportionnés à l'étendue du danger. On avait peu à faire sous le rapport de la marine, pour conserver la supériorité sur la France. On avait d'abord armé 60 vaisseaux de ligne, et levé 80 mille matelots, la veille de la rupture. On porta le nombre des vaisseaux à 75, celui des matelots à 100 mille, dès que la guerre fut déclarée. Cent frégates et une quantité infinie de bricks et de corvettes complétaient cet armement. Nelson, à la tête d'une flotte d'élite, dut occuper la Méditerranée, bloquer Toulon, et empêcher une nouvelle tentative sur l'Égypte. Lord Cornwallis, à la tête d'une seconde flotte, fut chargé de bloquer Brest par lui-même, Rochefort et le Ferrol par ses lieutenants. Enfin, lord Keith, commandant toutes les forces navales de la Manche et de la mer du Nord, avait la mission de garder les côtes d'An-

Préparatifs que l'Angleterre oppose à ceux de la France.

Distribution des forces navales anglaises.

gleterre, et de surveiller les côtes de France. Il avait pour lieutenant sir Sidney Smith ; il croisait avec des vaisseaux de soixante-quatorze, des frégates, des bricks, des corvettes, et un certain nombre de chaloupes canonnières, depuis l'embouchure de la Tamise jusqu'à Portsmouth, depuis l'Escaut jusqu'à la Somme, couvrant d'une part le rivage de l'Angleterre, bloquant de l'autre les ports de France. Une chaîne de bâtiments légers, correspondant par des signaux dans toute cette étendue de mer, devait donner l'alarme au moindre mouvement aperçu dans nos ports.

Par ces mesures les Anglais croyaient avoir condamné à l'immobilité nos escadres de Brest, de Rochefort, du Ferrol, de Toulon, et constitué dans le détroit une surveillance suffisamment rassurante.

Mais il fallait faire davantage en présence d'un péril d'une espèce toute nouvelle, celui d'une invasion du sol britannique. Les marins consultés avaient presque tous déclaré, surtout à la vue des préparatifs du Premier Consul, qu'il était impossible d'assurer qu'à la faveur d'une brume, d'un calme, d'une longue nuit, les Français ne débarqueraient pas sur la côte d'Angleterre. Sans doute le nouveau Pharaon pouvait être précipité dans les flots avant de toucher au rivage ; cependant, une fois débarqué, non pas avec 150 mille hommes, mais seulement avec 100, et même avec 80, qui lui résisterait? Cette nation orgueilleuse, qui s'était si peu souciée des malheurs du continent, qui n'avait pas craint de renouveler une guerre qu'elle était habituée à faire avec le sang d'autrui, et un or dont elle est prodigue, était maintenant réduite à ses propres forces, obligée de s'armer, et de ne plus confier à des mercenaires, d'ailleurs trop peu nombreux, la défense de son propre sol. Elle, si fière de sa marine, regrettait alors de n'avoir pas des troupes de terre, pour les opposer aux redoutables soldats du général Bonaparte !

La composition d'une armée était donc, en ce moment, le sujet de toutes les discussions de la Chambre des Communes. Et comme c'est au milieu des plus grands périls que l'esprit de parti se montre toujours le plus ardent, c'était au sujet de cette question de la guerre, et de la manière de la soutenir, que se rencontraient, et se combattaient les principaux personnages du Parlement.

Le faible ministère Addington avait survécu à ses fautes; il dirigeait encore, mais pour peu de temps, la guerre qu'il avait si légèrement, si criminellement laissée renaître. La majorité du Parlement le savait inférieur à la tâche qu'il avait assumée; mais, ne voulant pas provoquer un renversement de cabinet, elle le maintenait contre ses adversaires, même contre M. Pitt, qu'elle désirait cependant revoir à la tête des affaires. Ce puissant chef de parti était revenu au Parlement, où l'appelaient sa secrète impatience, la grandeur des dangers publics, et sa haine contre la France. Toujours plus modéré néanmoins que ses auxiliaires Windham, Grenville et Dundas, il avait été averti, par un vote récent, de l'être davantage encore. En effet, on avait

Août 1803.

Discussion au Parlement sur la composition de l'armée.

voulu infliger un blâme au ministère, et cinquante-trois voix seulement s'étaient prononcées pour l'affirmative. La majorité, par une disposition assez ordinaire aux assemblées politiques, aurait voulu, sans passer par un bouleversement ministériel, amener au timon de l'État les hommes les plus renommés et les plus capables. Dans l'attente de sa prochaine rentrée aux affaires, M. Pitt prenait part à toutes les discussions, presque comme s'il eût été ministre, mais plutôt pour appuyer et compléter les mesures du gouvernement que pour les contredire.

La principale de ces mesures était l'organisation d'une armée. L'Angleterre en avait une, dispersée dans l'Inde, dans l'Amérique, dans tous les postes de la Méditerranée, composée d'Irlandais, d'Ecossais, de Hanovriens, de Hessois, de Suisses, de Maltais même, et formée par l'art des recruteurs, si répandu en Europe avant l'institution de la conscription. Elle s'était fort bien conduite en Égypte, comme on l'a vu précédemment. Elle s'élevait à 130 mille hommes environ. Or, on sait que, sur 130 mille hommes, il faut une bien bonne administration, pour en avoir 80 mille capables de servir activement. A cette force, dont le tiers au moins était absorbé par la garde de l'Irlande, se joignaient 50 mille hommes de milice, récemment portés à 70 mille, troupe nationale qu'on ne pouvait pas faire sortir de sa province, et qui n'avait jamais vu le feu. Elle était conduite par des officiers en retraite, par des seigneurs anglais, pleins de patriotisme sans doute, mais peu au fait de la guerre, et bien novices pour être opposés aux vieilles bandes qui avaient vaincu la coalition européenne.

Août 1803.

Comment pourvoir à une telle insuffisance? Le ministère, entouré des militaires les plus instruits, imagina la création d'une armée dite de réserve, forte de 50 mille hommes, formée d'Anglais, par tirage au sort, et ne pouvant être employée que dans l'étendue du Royaume-Uni. On suppléait ainsi à l'armée de ligne, et on lui ménageait un renfort de 50 mille hommes. Le remplacement était permis, mais il devait, vu les circonstances, se faire à un prix très-élevé. C'était peu de chose, et pourtant c'était tout ce qu'on pouvait entreprendre dans le moment. M. Windham, se plaçant au point de vue du parti de la guerre, attaqua la proposition comme insuffisante. Il demanda la création d'une grande armée de ligne, qui, composée d'après les mêmes principes que l'armée française, c'est-à-dire par la conscription, serait aux ordres absolus du gouvernement, et pourrait être portée en tout lieu. Il dit que ce qu'avait imaginé le ministère n'était qu'une extension des milices, ne vaudrait pas mieux, surtout en face des bandes éprouvées qu'on avait à combattre, nuirait au recrutement de l'armée par la faculté de remplacement introduite dans la nouvelle loi, car les individus disposés à servir trouveraient plus d'avantage à se faire remplaçants dans l'armée de réserve, qu'à s'enrôler dans l'armée de ligne; qu'une armée régulière formée de la population nationale, transportable partout où l'on

Le cabinet Addington propose la création d'une armée de réserve.

M. Windham demande une levée en masse, et la création d'une armée formée sur les principes de l'armée française.

Août 1803.

M. Pitt, rentré au Parlement, combat l'opinion de M. Windham.

ferait la guerre, ayant par conséquent le moyen de s'aguerrir, était la seule institution à opposer aux troupes du général Bonaparte. — Il faut, dit M. Windham, le diamant pour couper le diamant. —

L'Angleterre, qui avait déjà une marine, voulait avoir aussi une armée de terre, ambition bien naturelle, car il est rare qu'une nation qui a l'une des deux grandeurs ne veuille aussi avoir l'autre. Mais M. Pitt fit à ces propositions la réponse d'un esprit froid et positif. Toutes les idées de M. Windham, selon lui, étaient fort bonnes; mais comment créer une armée en quelques jours? comment l'aguerrir? comment lui composer des cadres, lui trouver des officiers? Une telle institution ne saurait être l'œuvre d'un moment. Ce qu'on venait d'imaginer était la seule chose actuellement praticable. Il serait déjà bien assez difficile d'organiser les 50 mille hommes demandés, de les instruire, de les pourvoir d'officiers de tout grade. M. Pitt conjura donc son ami M. Windham de renoncer à ses idées, pour le présent du moins, et d'adhérer avec lui au plan du gouvernement.

M. Windham ne tint guère compte des avis de M. Pitt, et persista dans son système, en l'appuyant de nouvelles et plus fortes considérations. Il demanda même une levée en masse, comme celle de la France en 1792, et reprocha au faible ministère Addington de n'avoir pas songé à cette grande ressource des peuples menacés dans leur indépendance. Cet ennemi de la France et de Napoléon, par un effet de la haine assez fréquent, trouva des éloges pour ce qu'il détestait le plus, exagéra presque notre grandeur, notre puissance, le danger dont le Premier Consul menaçait l'Angleterre, pour reprocher au ministère anglais de ne pas prendre assez de précautions.

L'armée de réserve fut votée, nonobstant les mépris du parti Windham, qui l'appelait une augmentation de milices. On comptait sur cette combinaison pour l'extension de l'armée de ligne. On espérait que les hommes désignés par le sort, et condamnés à servir, aimeraient mieux s'enrôler dans cette armée que dans toute autre. C'étaient peut-être vingt ou trente mille recrues de plus qu'on allait jeter dans ses cadres.

Cependant le danger croissant d'heure en heure, et surtout la coopération du continent étant chaque jour moins probable, on eut recours à la proposition du parti le plus ardent, et on aboutit à l'idée d'une levée en masse. Le ministère demanda et obtint la faculté d'appeler aux armes tous les Anglais depuis 17 jusqu'à 55 ans. On devait prendre les volontaires, et, à défaut, les hommes désignés par la loi, les former en bataillons, les instruire, pendant un certain nombre d'heures par semaine. Il devait leur être alloué une paye, pour les dédommager de la perte de leur temps; mais cette disposition ne concernait que les volontaires qui appartenaient aux classes ouvrières.

M. Windham, obligé cette fois de reconnaître qu'on prenait ses idées, se plaignit qu'on les prenait trop tard et mal, et critiqua plusieurs détails de la mesure. Mais elle fut votée, et, en peu de temps, on vit dans les villes et les comtés d'Angleterre la

Août 1803.

Adoption d'une partie des idées de M. Windham, et création des volontaires.

population, appelée aux armes, s'exercer tous les matins en uniforme de volontaires. Cet uniforme fut porté par toutes les classes. Le respectable M. Addington se rendit au Parlement dans ce costume, qui allait si peu à ses mœurs, et encourut même quelque ridicule, par une manifestation de ce genre. Le vieux roi, son fils, le prince de Galles, passèrent à Londres des revues, auxquelles les princes français exilés eurent l'impardonnable tort d'assister. On vit jusqu'à vingt mille de ces volontaires à Londres, ce qui n'était pas fort considérable, il est vrai, pour une si vaste population. Du reste, le nombre en était assez grand dans l'étendue de l'Angleterre, pour fournir une force imposante, si elle avait été organisée. Mais on n'improvise pas des soldats, et moins encore des officiers. Si en France on avait douté de la valeur des bateaux plats, en Angleterre on doutait bien davantage de la valeur de ces volontaires, et, sinon de leur courage, au moins de leur habitude de la guerre. A ces mesures on ajouta le projet de fortifications de campagne autour de Londres, sur les routes qui aboutissent à cette capitale, et sur les points les plus menacés des côtes. Une partie des forces actives fut disposée depuis l'île de Wight jusqu'à l'embouchure de la Tamise. Un système de signaux fut établi pour donner l'alarme, au moyen de feux allumés le long des côtes, à la première apparition des Français. Des chariots d'une forme particulière furent construits, afin de porter les troupes en poste sur les points menacés. En un mot, de ce côté du détroit comme de l'autre, on fit des efforts d'invention extraordinaires, pour imaginer des moyens nouveaux de défense et d'attaque, pour vaincre les éléments et les associer à sa cause. Les deux nations, comme attirées sur ce double rivage, y donnaient en ce moment un bien grand spectacle au monde : l'une, troublée quand elle songeait à son inexpérience des armes, était rassurée quand elle considérait cet Océan qui lui servait de ceinture; l'autre, pleine de confiance dans sa bravoure, dans son habitude de la guerre, dans le génie de son chef, mesurait des yeux le bras de mer qui arrêtait son ardeur, s'accoutumait tous les jours à le mépriser, et se regardait comme certaine de le franchir bientôt, à la suite du vainqueur de Marengo et des Pyramides.

Août 1803.

Aucune des deux ne supposait d'autres moyens que ceux qui étaient préparés sous ses yeux. Les Anglais, croyant Brest et Toulon exactement bloqués, n'imaginaient pas qu'une escadre pût paraître dans la Manche. Les Français, s'exerçant tous les jours à naviguer sur leurs chaloupes canonnières, n'imaginaient pas qu'il existât une autre manière de franchir le détroit. Personne ne soupçonnait la principale combinaison du Premier Consul. Cependant les uns craignaient, les autres espéraient quelque subite invention de son génie : c'était la cause du trouble qui régnait d'un côté de la Manche, et de la confiance qui régnait de l'autre.

Il faut le dire, les moyens préparés pour nous résister étaient peu de chose, si le détroit était franchi. En admettant qu'on parvînt à réunir, entre

Londres et la Manche, 50 mille hommes de l'armée de ligne, et 30 ou 40 mille de l'armée de réserve, et qu'on joignît à ces troupes régulières la plus grande masse possible de volontaires, on n'aurait pas même atteint la force numérique de l'armée française destinée à passer le détroit. Et qu'auraient-ils pu tous ensemble, même en nombre deux ou trois fois supérieur, contre les cent cinquante mille hommes, qui, en dix-huit mois, sous la conduite de Napoléon, battirent, à Austerlitz, à Iéna, à Friedland, toutes les armées européennes, apparemment aussi braves, certainement plus aguerries, et quatre ou cinq fois plus considérables que les forces britanniques? Les préparatifs des Anglais étaient donc en réalité d'une faible valeur, et l'Océan était toujours leur défense la plus sûre. En tout cas, quel que fût le résultat définitif, c'était déjà une cruelle punition de la conduite du gouvernement britannique, que cette agitation générale de toutes les classes, que ce déplacement des ouvriers arrachés à leurs ateliers, des négociants à leurs affaires, des seigneurs anglais à leur opulence : une telle agitation prolongée quelque temps serait devenue un immense malheur, peut-être un grave danger pour l'ordre public.

Le gouvernement britannique, dans son anxiété, eut recours à tous les moyens, même à ceux que la morale avouait le moins, pour conjurer le coup dont il était menacé. Pendant la première guerre, il avait fomenté des insurrections contre les pouvoirs de toutes formes qui s'étaient succédé en France. Depuis, quoique ces insurrections fussent peu présumables sous la forte administration du Premier Consul, il avait gardé à Londres, et soldé même pendant la paix, tous les états-majors de la Vendée et de l'émigration. Cette persistance à conserver sous sa main les coupables instruments d'une guerre peu généreuse, avait beaucoup contribué, comme on l'a vu, à brouiller de nouveau les deux pays. Les diversions sont, sans doute, l'une des ressources ordinaires de la guerre, et l'insurrection d'une province est l'une des diversions qu'on regarde comme les plus utiles, et qu'on se fait le moins de scrupule d'employer. Que les Anglais eussent essayé de soulever la Vendée, le Premier Consul le leur rendait en essayant d'insurger l'Irlande. Le moyen était réciproque et fort usité. Mais dans le moment une insurrection dans la Vendée était hors de toute probabilité. L'emploi des chouans et de leur chef, Georges Cadoudal, ne pouvait avoir qu'un effet, celui de tenter quelque coup abominable, comme la machine infernale, ou tel autre pareil. Pousser le moyen de l'insurrection jusqu'au renversement d'un gouvernement, c'est recourir à des pratiques d'une légitimité fort contestable; mais poursuivre ce renversement par l'attaque aux personnes qui gouvernent, c'est dépasser toutes les limites du droit des gens admis entre les nations.

Août 1803.

Caractère moral des moyens employés par le gouvernement britannique.

On jugera, du reste, par les faits eux-mêmes, du degré de complicité des ministres britanniques dans les projets criminels, médités de nouveau par l'émigration française, réfugiée à Londres. On se souvient de ce redoutable chef des chouans du Morbihan, Georges Cadoudal, qui seul entre les Vendéens présentés au Premier Consul, avait résisté à son ascendant, s'était retiré d'abord en Bretagne, et puis en Angleterre. Il vivait à Londres, au sein d'une véritable opulence, distribuant aux réfugiés français les sommes que leur accordait le gouvernement britannique, et passant son temps dans la société des princes émigrés, particulièrement des deux plus actifs, le comte d'Artois et le duc de Berry. Que ces princes voulussent rentrer en France, rien n'était plus naturel; qu'ils le voulussent par la guerre civile, rien n'était plus ordinaire, sinon légitime: mais, malheureusement pour leur honneur, ils ne pouvaient plus compter sur une guerre civile; ils ne pouvaient compter que sur des complots.

La paix avait désespéré tous les exilés, princes et autres; la guerre leur rendait leurs espérances, non-seulement parce qu'elle leur assurait le concours d'une partie de l'Europe, mais parce qu'elle devait, suivant eux, ruiner la popularité du Premier Consul. Ils correspondaient avec la Vendée par Georges, avec Paris par les émigrés rentrés. Ce qu'ils rêvaient en Angleterre, leurs partisans le rêvaient en France, et les moindres circonstances qui venaient concorder avec leurs illusions, changeaient tout de suite à leurs yeux ces illusions en réalité. Ils se disaient donc les uns aux autres dans ces déplorables correspondances, que la guerre allait porter un coup funeste au Premier Consul; que son pouvoir, illégitime pour les Français restés fidèles au sang des Bourbons, tyrannique pour les Français restés fidèles à la Révolution, n'avait pour se faire supporter que deux titres, le rétablissement de la paix, et le rétablissement de l'ordre; que l'un de ces titres disparaissait complétement depuis la rupture avec l'Angleterre, que l'autre était fort compromis, car il était douteux que l'ordre pût se maintenir au milieu des anxiétés de la guerre. Le gouvernement du Premier Consul allait donc être dépopularisé, comme tous les gouvernements qui l'avaient précédé. La masse tranquille devait lui en vouloir de cette reprise d'hostilités avec l'Europe; elle devait moins croire à son étoile, depuis que les difficultés ne semblaient plus s'aplanir sous ses pas. Il avait, en outre, des ennemis de différentes espèces, dont on pouvait se servir très-utilement : les révolutionnaires d'abord, et puis les hommes jaloux de sa gloire, qui fourmillaient dans l'armée. On disait les jacobins exaspérés; on disait les généraux fort peu satisfaits d'avoir contribué à faire d'un égal un maître. Il fallait de ces mécontents si divers créer un seul parti, pour renverser le Premier Consul. Tout ce qu'on mandait de France et tout ce qu'on répondait de Londres aboutissait toujours à ce plan : réunir les royalistes, les jacobins, les mécontents de l'armée en un parti unique, pour accabler l'usurpateur Bonaparte.

Telles étaient les idées dont se nourrissaient à Londres les princes français, et dont ceux-ci entretenaient le cabinet britannique, en lui deman-

Août 1803.

Vaste plan de conspiration tramé à Londres,

dant des fonds, qu'il prodiguait, sachant, d'une manière au moins générale, ce qu'on en voulait faire.

Une vaste conspiration fut donc ourdie sur ce plan, et conduite avec l'impatience ordinaire à des émigrés. Il en fut référé à Louis XVIII, alors retiré à Varsovie. Ce prince, toujours fort peu d'accord avec son frère, le comte d'Artois, dont il désapprouvait la stérile et imprudente activité, repoussa cette proposition. Singulier contraste entre ces deux princes! Le comte d'Artois avait de la bonté sans sagesse; Louis XVIII, de la sagesse sans bonté. Le comte d'Artois entrait dans des projets indignes de son cœur, que Louis XVIII repoussait parce qu'ils étaient indignes de son esprit. Louis XVIII résolut dès lors de rester étranger à toutes les menées nouvelles, dont la guerre allait redevenir la funeste occasion. Le comte d'Artois, placé à une grande distance de son frère aîné, excité par son ardeur naturelle, par celle des émigrés, et, ce qui est plus fâcheux, par celle des Anglais eux-mêmes, prit part à tous les projets que la circonstance fit naître, dans ces cerveaux troublés par une continuelle exaltation. Les communications des émigrés français avec le cabinet anglais, avaient lieu par le sous-secrétaire d'État, M. Hammon, qu'on a vu figurer dans plusieurs négociations. C'est à lui qu'ils s'adressaient pour toutes choses en Angleterre. Au dehors, ils s'adressaient à trois agents de la diplomatie britannique : M. Taylor, ministre en Hesse; M. Spencer Smith, ministre à Stuttgard; M. Drake, ministre en Bavière. Ces trois agents, placés près de nos frontières, cherchaient à nouer toute espèce d'intrigues en France, et à seconder de leur côté celles qu'on tramerait de Londres. Ils correspondaient avec M. Hammon, et avaient à leur disposition des sommes d'argent considérables. Il est difficile de croire que ce fussent là de ces obscures menées de police, que les gouvernements se permettent quelquefois comme simples moyens d'informations, et auxquelles ils consacrent de menus fonds. C'étaient de vrais projets politiques, passant par les agents les plus élevés, aboutissant au ministère le plus important, celui des affaires extérieures, et coûtant jusqu'à des millions.

Les princes français les plus mêlés à ces projets étaient le comte d'Artois, et son second fils, le duc de Berry. Le duc d'Angoulême résidait alors à Varsovie, auprès de Louis XVIII. Les princes de Condé vivaient à Londres, mais sans intimité avec les princes de la branche aînée, et toujours à part de leurs projets. On les traitait comme des soldats, constamment disposés à prendre les armes, et uniquement propres à ce rôle. Tandis que le grand-père et le père des Condés étaient à Londres, le petit-fils, le duc d'Enghien, était dans le pays de Baden, livré au plaisir de la chasse, et à la vive affection qu'il éprouvait pour une princesse de Rohan. Tous trois au service de la Grande-Bretagne, ils avaient reçu ordre de se tenir prêts à recommencer la guerre, et ils avaient obéi comme des soldats obéissent au gouvernement qui les paye : triste rôle sans doute pour des Condés, moins triste

Août 1803.

des agents de l'Angleterre.

Le comte d'Artois, le duc de Berry, le duc d'Angoulême, les Condés.

cependant que celui de tramer des complots !

Voici quel fut le plan de la nouvelle conjuration. Insurger la Vendée ne présentait plus guère de chance : au contraire, attaquer directement, au milieu de Paris, le gouvernement du Premier Consul, paraissait un moyen prompt et sûr d'arriver au but. Le gouvernement consulaire renversé, il n'y avait plus rien de possible, suivant les auteurs du projet, plus rien que les Bourbons. Or, comme le gouvernement consulaire consistait tout entier dans la personne du général Bonaparte, il fallait détruire celui-ci. La conclusion était forcée. Mais il fallait le détruire d'une manière certaine. Un coup de poignard, une machine infernale, tout cela était d'un succès douteux ; car tout cela dépendait de la sûreté de main d'un assassin, ou des hasards d'une explosion. Il restait un moyen jusqu'ici non essayé, à ce titre non discrédité encore : c'était de réunir une centaine d'hommes déterminés, l'intrépide Georges en tête; d'assaillir sur la route de Saint-Cloud ou de la Malmaison, la voiture du Premier Consul; d'attaquer sa garde, forte tout au plus de dix à douze cavaliers, de la disperser, et de le tuer ainsi dans une espèce de combat. De cette manière, on était certain de ne pas le manquer. Georges, qui était brave, qui avait des prétentions militaires, et ne voulait pas passer pour un assassin, exigeait qu'il y eût deux princes, un au moins, placés à ses côtés, et regagnant ainsi l'épée à la main la couronne de leurs ancêtres. Le croirait-on ? Ces esprits, pervertis par l'émigration, s'imaginaient qu'en attaquant ainsi le Premier Consul entouré de ses gardes, ils livraient une sorte de bataille, et qu'ils n'étaient pas des assassins! Apparemment qu'ils étaient les égaux du noble archiduc Charles, combattant le général Bonaparte au Tagliamento ou à Wagram, et ne lui étaient inférieurs que par le nombre des soldats! Déplorables sophismes, auxquels ne pouvaient croire qu'à moitié ceux qui les faisaient, et qui prouvent chez ces malheureux princes de Bourbon, non pas une perversité naturelle, mais une perversité acquise dans la guerre civile et dans l'exil! Un seul entre tous ces hommes était bien dans son rôle : c'était Georges. Il était maître dans cet art des surprises; il s'y était formé au milieu des forêts de la Bretagne; et cette fois, en exerçant son art aux portes de Paris, il ne craignait pas d'être relégué au rang de ces instruments, dont on se sert pour les répudier ensuite; car il espérait avoir des princes pour complices. Il s'assurait ainsi toute la dignité compatible avec le rôle qu'il allait jouer, et par son attitude audacieuse devant la justice, il prouva bientôt que ce n'était pas lui qui s'était abaissé en cette funeste conjoncture.

Ce n'est pas tout, il fallait après le combat recueillir le fruit de la victoire. Il fallait tout préparer pour que la France se jetât dans les bras des Bourbons. Les partis s'étaient entre-détruits les uns les autres, et il n'en restait aucun de véritablement puissant. Les révolutionnaires violents étaient odieux. Les révolutionnaires modérés, réfugiés auprès du

Août 1803.

Combinaisons des conspirateurs

général Bonaparte, étaient sans force. Il ne restait debout que l'armée. C'est elle qu'il importait de conquérir. Mais elle était dévouée à la Révolution, pour laquelle elle avait versé son sang, et elle éprouvait une sorte d'horreur pour ces émigrés, qu'elle avait vus tant de fois sous des uniformes anglais ou autrichiens. C'est ici que la jalousie, éternelle et perverse passion du cœur humain, offrait aux conspirateurs royalistes d'utiles et précieux secours.

Il n'était bruit que de la brouille du général Moreau avec le général Bonaparte. Nous avons déjà dit ailleurs que le général de l'armée du Rhin, sage, réfléchi, ferme à la guerre, était, dans la vie privée, nonchalant et faible, gouverné par ses entours; que, sous cette funeste influence, il n'avait pas échappé au vice du second rang, qui est l'envie; que, comblé des égards du Premier Consul, il s'était laissé aller à lui en vouloir, sans autre raison, sinon que lui général Moreau était le second dans l'État, et que le général Bonaparte était le premier; qu'ainsi disposé, Moreau avait manqué de convenance en refusant de suivre le Premier Consul à une revue, et que celui-ci, toujours prompt à rendre une offense, s'était abstenu d'inviter Moreau au festin qu'on donnait annuellement pour la fondation de la République; que Moreau avait commis la faute d'aller, ce même jour, dîner, en costume de ville, avec des officiers mécontents, dans un de ces lieux publics, où l'on est vu de tout le monde, au grand déplaisir des gens sages, à la grande joie des ennemis de la chose publique. Nous avons raconté ces misères de la vanité, qui commencent entre les femmes par de vulgaires démêlés, et vont finir entre les hommes par des scènes tragiques. Si une brouille entre personnages élevés est difficile à prévenir, elle est plus difficile encore à arrêter, lorsqu'elle est déclarée. Depuis ce jour Moreau n'avait cessé de se montrer de plus en plus hostile au gouvernement consulaire. Quand on avait conclu le Concordat, il avait crié à la domination des prêtres; quand on avait institué la Légion-d'Honneur, il avait crié au rétablissement de l'aristocratie, et enfin il avait crié au rétablissement de la royauté quand on avait constitué le Consulat à vie. Il avait fini par ne plus se montrer chez le chef du gouvernement, et même chez aucun des Consuls. Le renouvellement de la guerre eût été pour lui une occasion honorable de reparaître aux Tuileries, pour offrir ses services, non pas au général Bonaparte, mais à la France. Moreau, peu à peu entraîné dans ces voies du mal, où les pas sont si rapides, avait considéré, dans cette rupture de la paix, beaucoup moins le malheur du pays, qu'un échec pour un rival détesté, et s'était mis à part, pour voir comment sortirait d'embarras cet ennemi qu'il s'était fait lui-même. Il vivait donc à Grosbois, au milieu d'une aisance, juste prix de ses services, comme aurait pu faire un grand citoyen, victime de l'ingratitude du prince.

Le Premier Consul s'attirait des jaloux par sa gloire; il s'en attirait aussi par sa famille. Murat, qu'il avait refusé long-temps d'élever au rang de son

Août 1803.

beau-frère, qui avec un excellent cœur, de l'esprit naturel, une bravoure chevaleresque, se servait quelquefois très-mal de toutes ces qualités, Murat, par une vanité qu'il dissimulait devant le Premier Consul, mais qu'il montrait librement dès qu'il n'était plus sous les yeux de ce maître sévère, Murat offusquait ceux qui, étant trop petits pour envier le général Bonaparte, enviaient au moins son beau-frère. Il y avait donc les grands jaloux, et les petits. Les uns et les autres se groupaient autour de Moreau. A Paris, pendant l'hiver, à Grosbois, pendant l'été, on tenait une cour de mécontents, où l'on parlait avec une indiscrétion sans bornes. Le Premier Consul le savait, et s'en vengeait, non pas seulement par le progrès constant de sa puissance, mais aussi par des dédains affichés. Après s'être imposé long-temps une extrême réserve, il avait fini par ne plus se contenir, et il rendait à la médiocrité ses sarcasmes, mais les siens étaient ceux du génie. On les répétait, au moins autant que ceux qui échappaient à la société de Moreau.

Les partis inventent les brouilles qui n'existent pas, afin de s'en servir ; à plus forte raison se servent-ils, vite et perfidement, de celles qui existent. Sur-le-champ on avait entouré Moreau. A entendre les mécontents de tous les partis, il était le général accompli, le citoyen modeste et vertueux. Le général Bonaparte était le capitaine imprudent et heureux, l'usurpateur sans génie, le Corse insolent, qui osait renverser la République, et monter les marches du trône déjà relevé. Il fallait, disait-on, le laisser se perdre dans une entreprise folle et ridicule contre l'Angleterre, et se garder de lui offrir son épée. Ainsi, après avoir traité le vainqueur de l'Égypte et de l'Italie comme un aventurier, on traitait l'expédition patriotique qui lui tenait tant à cœur, comme la plus extravagante des échauffourées.

Les conspirateurs de Londres avaient, dans ces malheureuses divisions, des facilités pour ourdir la seconde moitié de leur projet. C'était Moreau qu'il fallait gagner, par Moreau, l'armée; et alors, le Premier Consul tué sur la route de la Malmaison, Moreau gagné viendrait, à la tête de l'armée, réconcilier cette redoutable partie de la nation avec les Bourbons, qui auraient eu le courage de reconquérir leur trône l'épée à la main. Mais comment aborder Moreau, qui était à Paris entouré d'une société toute républicaine, tandis qu'on était à Londres au milieu de l'élite des chouans? Il fallait un intermédiaire. Du fond des déserts de l'Amérique, il en était arrivé un, bien illustre, bien déchu par sa faute de sa première illustration, mais doué de grandes qualités, et tenant à la fois aux royalistes et aux républicains : c'était Pichegru, le vainqueur de la Hollande, déporté par le Directoire à Sinnamari. Il s'était échappé du lieu de sa déportation, et il était venu à Londres, où il vivait avec le secret désir de ne pas s'arrêter là, et de rentrer en France, en profitant de la politique qui rappelait sans distinction les coupables ou les victimes de tous les partis. Mais la guerre, suspendue un instant, avait recommencé bientôt, et

Août 1803.

Moyens imaginés par les royalistes pour se rapprocher de Moreau.

Pichegru employé à cet usage.

avec elle les illusions et les folies des émigrés, auxquels Pichegru avait aliéné sa liberté, en leur aliénant son honneur. On l'avait compris, presque malgré lui, dans la conspiration; on l'avait chargé d'être auprès de Moreau l'intermédiaire dont on avait besoin pour amener ce dernier à la cause des Bourbons, et pour fondre ensemble, dans un seul parti, les républicains et les royalistes de toute nuance.

Le plan qu'on avait adopté concordait assez avec certaines apparences du moment pour être spécieux, point assez avec la réalité pour réussir, mais il avait encore plus de vraisemblance qu'il n'en fallait à des impatients, à qui tout était bon, pourvu qu'ils s'agitassent, et remplissent par ces agitations la pesante oisiveté de l'exil. Le plan arrêté, on s'occupa de l'exécution.

Il fallait se rendre en France. Si Georges voulait y être suivi d'un ou de deux princes, il ne tenait pas cependant à les avoir immédiatement avec lui. Il admettait qu'il fallait tout préparer avant de les faire venir, afin de ne pas les exposer inutilement à un séjour prolongé dans Paris, sous les yeux d'une police vigilante. Il se décida donc à partir le premier, et à se rendre à Paris, pour y composer la bande de chouans avec lesquels il devait attaquer la garde du Premier Consul. Pendant ce temps, Pichegru était chargé de s'aboucher avec Moreau, d'abord par intermédiaire, puis directement, en se transportant lui-même à Paris. Enfin, quand on aurait tout préparé des deux côtés, quand on aurait à la fois les chouans pour livrer combat, et Moreau pour entraîner

DÉBARQUEMENT DE GEORGES À LA FALAISE DE BIVILLE.

l'adhésion de l'armée, les princes viendraient les derniers, la veille, ou le jour de l'exécution.

Août 1803.

Tout cela étant arrêté, Georges, avec une troupe de chouans, sur la résolution et la fidélité desquels il pouvait compter, quitta Londres pour se rendre en France. Ils étaient tous pourvus d'armes comme des malfaiteurs qui allaient courir les bois. Georges portait dans une ceinture un million en lettres de change. Ce n'était pas, bien entendu, les princes français, réduits aux derniers expédients pour vivre, qui avaient pu fournir les sommes qui circulaient entre ces entrepreneurs de complots. Elles venaient de la source commune, c'est-à-dire du trésor britannique.

Départ de Georges pour Paris.

Un officier de la marine royale anglaise, le capitaine Wright, marin intrépide, montant un léger navire, recevait à Deal ou Hastings les émigrés voyageurs, et venait les jeter, à leur choix, sur le point de la côte où ils voulaient aborder. Depuis que le Premier Consul, bien averti des fréquentes descentes des chouans, avait fait garder avec plus de soin que jamais les côtes de Bretagne, ils avaient changé de direction, et ils passaient par la Normandie. Entre Dieppe et le Tréport, le long d'une falaise escarpée, dite de Biville, se trouvait une issue mystérieuse, pratiquée dans une fente de rocher, et fréquentée par les contrebandiers seuls. Un câble, fortement attaché au sommet de la falaise, descendait dans cette fente de rocher, et venait toucher à la mer. A un cri qui servait de signal, les secrets gardiens du passage jetaient le câble, que le contrebandier sai-

Nouvelle route adoptée par les chouans pour pénétrer en France.

sissait, et à l'aide duquel il gravissait le précipice, haut de deux ou trois cents pieds, en portant un lourd fardeau sur les épaules. Les affidés de Georges avaient découvert cette voie, et avaient songé à s'en approprier l'usage, ce qui était facile avec l'argent dont ils disposaient. Pour compléter la communication avec Paris, ils avaient établi une suite de gîtes, soit dans des fermes isolées, soit dans des châteaux habités par des nobles normands, royalistes fidèles et discrets, sortant peu de leur retraite. On pouvait arriver ainsi du rivage de la Manche à Paris, sans passer par une grande route, sans toucher à une auberge. Enfin, pour ne pas compromettre cette voie en la fréquentant trop souvent, on la réservait aux personnages les plus importants du parti. L'argent abondamment répandu chez quelques-uns de ces royalistes, dont on empruntait la demeure, la fidélité chez les autres, mais surtout l'éloignement des lieux fréquentés, rendaient les indiscrétions difficiles, et le secret certain, au moins pour quelque temps.

C'est par là que Georges pénétra en France. Embarqué sur le navire du capitaine Wright, il descendit au pied de la falaise de Biville, le 21 août (1803), au moment même où le Premier Consul faisait l'inspection des côtes. Il franchit le pas des contrebandiers, et, de gîte en gîte, parvint, avec quelques-uns de ses plus fidèles lieutenants, jusqu'à Chaillot, dans l'un des faubourgs de Paris. On lui avait préparé dans ce faubourg un petit logement, d'où il pouvait venir la nuit à Paris, y voir ses associés, et préparer le coup de main pour lequel il s'était rendu en France.

Août 1803.

Courageux et sensé, Georges avait les passions sans les illusions de son parti, et jugeait mieux que les autres ce qui était praticable. Il tentait par courage ce que les émigrés, ses complices, tentaient par aveuglement. Arrivé à Paris, il vit bientôt que le Premier Consul n'était pas dépopularisé, ainsi qu'on l'avait écrit à Londres ; que les royalistes et les républicains n'étaient pas si disposés à se jeter dans les aventures, qu'on l'avait annoncé, et qu'ici, comme toujours, la réalité était fort loin des promesses. Mais il n'était pas homme à se décourager, ni surtout à décourager ses associés, en leur faisant part de ses observations. En conséquence, il se mit à l'œuvre. Après tout, pour un coup de main, il n'avait pas besoin du secours de l'opinion publique ; et, le Premier Consul mort, on forcerait bien la France, faute de mieux, à revenir aux Bourbons. Du fond de son impénétrable obscurité, il envoya des émissaires en Vendée, pour voir si, à l'occasion de la conscription, elle ne voudrait pas se soulever de nouveau, et si les conscrits de ce pays ne diraient pas, comme autrefois, que, servir pour servir, il valait mieux porter les armes contre le gouvernement révolutionnaire, que pour lui. Mais il trouva la plus grande inertie en Vendée. Son nom seul, entre tous les noms vendéens, avait conservé de la puissance, parce qu'on le regardait comme un royaliste incorruptible, qui avait mieux aimé l'exil que les faveurs du Premier Consul. On

Ce que Georges trouve à Paris.

avait de la sympathie pour le représentant d'une cause qui répondait aux plus secrètes affections de la population ; mais courir encore les bruyères et les grandes routes, n'était du goût de personne. Les prêtres d'ailleurs, vrais inspirateurs du peuple vendéen, étaient attirés vers le Premier Consul. Quelques rassemblements insignifiants étaient tout ce qu'on pouvait espérer ; et, chose désolante pour les conspirateurs, on trouvait déjà moins qu'autrefois de ces chouans déterminés, qui étaient prêts à tout, plutôt qu'à retourner à des occupations laborieuses et paisibles. Il fallait en trouver cependant, et qui fussent à la fois braves et discrets. Georges était depuis deux mois à Paris, qu'il en avait à peine réuni une trentaine. On ne leur disait pas le but de leur réunion, on ne les faisait pas connaître les uns aux autres. Ils savaient seulement qu'on les destinait à une entreprise prochaine pour les Bourbons, ce qui leur convenait ; et, en attendant, on les payait bien, ce qui ne leur convenait pas moins. Georges en secret leur préparait des uniformes et des armes pour le jour du combat.

Du sein du mystère où il vivait, et avec beaucoup de précautions, bien que la partie du projet qui regardait les républicains ne fût pas de son ressort, il avait voulu savoir si les affaires marchaient mieux de ce côté que du côté des royalistes. Il fit sonder par un Breton fidèle le secrétaire de Moreau, appelé Fresnières, lequel était Breton aussi, et lié avec tous les partis, même avec M. Fouché. C'était passer bien près du péril, car M. Fouché, en ce moment, regardait de tous ses yeux, pour avoir l'occasion de rendre service au Premier Consul. Fresnières ne dit rien de bien encourageant relativement à Moreau. Ses réponses furent au moins insignifiantes. Georges n'en tint compte, et, résolu à tout tenter, pressa ses mandataires de Londres d'agir; car, compromis au milieu de Paris depuis plusieurs mois, il y courait inutilement les plus grands dangers.

Août 1803.

Pendant que Georges était ainsi occupé, les agents de Pichegru avaient agi de leur côté, et avaient abordé Moreau. D'anciens commis aux vivres, espèces d'hommes qui deviennent parfois les familiers des généraux, furent employés à porter quelques paroles à Moreau, de la part de Pichegru. On lui demanda s'il se souvenait de cet ancien compagnon d'armes, et s'il gardait encore quelque ressentiment contre lui. Ce n'était pas Moreau qui devait en vouloir à Pichegru, qu'il avait dénoncé au Directoire, en livrant les papiers du fourgon de Klinglin. Tout entier d'ailleurs à la haine présente, il n'était guère capable de songer à des haines passées. Aussi n'exprima-t-il que de la bienveillance, de la sympathie même pour les malheurs de ce vieil ami. Alors on lui demanda s'il ne voudrait pas s'intéresser à Pichegru, et user de son influence pour obtenir sa rentrée en France. Pourquoi en effet l'amnistie accordée à tous les Vendéens, à tous les soldats de Condé, ne serait-elle pas faite aussi pour le vainqueur de la Hol-

Premières ouvertures faites à Moreau.

34.

lande?... Moreau répondit qu'il désirait ardemment le retour de cet ancien compagnon d'armes; qu'il regardait ce retour comme une justice due à ses services; qu'il y contribuerait bien volontiers, si ses relations actuelles avec le gouvernement étaient de nature à le lui permettre; mais que, brouillé avec les hommes qui gouvernaient, il ne remettrait jamais les pieds aux Tuileries. Puis vinrent naturellement les confidences sur ses griefs, sur son aversion pour le Premier Consul, sur son désir d'en voir la France bientôt délivrée.

Les dispositions de Moreau pressenties, on employa auprès de lui un de ses anciens officiers, le général Lajolais, l'un des familiers les plus dangereux qui pussent être admis dans l'intimité d'un homme faible, qui ne savait pas se gouverner. Ce général Lajolais était petit et boiteux, remarquablement doué de l'esprit d'intrigue, dévoré de besoins, presque réduit à l'indigence. On envoya pour se l'attacher un déserteur des armées républicaines, déguisé en marchand de dentelles, avec des lettres de Pichegru et une forte somme d'argent. Celui-ci n'eut pas de peine à conquérir la bonne volonté de Lajolais. Lajolais, gagné à la conspiration, s'attacha aux pas de Moreau, lui arracha la confidence de sa haine, de ses vœux, qui ne tendaient à rien moins qu'à la destruction du gouvernement consulaire par tous les moyens possibles. Lajolais n'alla point jusqu'à des propositions ouvertes; mais, crédule comme sont tous les entremetteurs, il imagina qu'il ne restait qu'un dernier mot à dire pour décider Moreau à prendre une part active dans la conspiration ; et, s'il crut au delà de ce qui était, il dit à ses mandataires au delà de ce qu'il croyait. C'est ainsi que s'ourdissent les trames de cette espèce, par des agents qui se trompent eux-mêmes pour une moitié, et trompent pour l'autre moitié ceux qui les emploient. Lajolais donna donc les plus grandes espérances aux envoyés de Pichegru, et, pressé par eux, consentit à partir pour Londres, afin d'aller lui-même faire son rapport verbal aux grands personnages, dont il était devenu l'instrument.

Lajolais et son conducteur furent obligés de passer par Hambourg, afin d'arriver à Londres plus sûrement. Ils perdirent ainsi beaucoup de temps. Débarqués en Angleterre, ils y trouvèrent des ordres donnés par les autorités britanniques, pour qu'on les reçût immédiatement. Ils parvinrent sur-le-champ à Londres, et furent introduits auprès de Pichegru et des meneurs de l'intrigue. L'arrivée de Lajolais remplit d'une joie folle toutes ces âmes impatientes. Le comte d'Artois avait l'imprudence d'assister à ces conciliabules, d'y compromettre son rang, sa dignité, sa famille. Il n'était connu que des principaux, il est vrai ; mais la vivacité de ses sentiments et de son langage excitant l'attention, il y fut bientôt connu de tous. En entendant Lajolais raconter avec une exagération ridicule tout ce qu'il avait recueilli de la bouche de Moreau, et affirmer que Pichegru n'avait qu'à paraître pour entraîner l'adhésion de ce général républicain, le comte d'Artois, ne contenant plus sa joie, s'écria : Si nos deux généraux sont d'accord, je serai bientôt de retour en France. — Ce mot attirant sur le prince les regards des conjurés, ceux-ci demandèrent, et surent quel était le personnage qui s'exprimait ainsi. Ils apprirent que c'était le premier prince du sang, le fils des rois, appelé à être roi lui-même, que l'influence corruptrice de l'exil conduisait à des actes si peu dignes de son rang et de son cœur. La satisfaction était si grande, dit l'un des agents, qui révéla plus tard ces détails, *que le roi d'Angleterre, s'il avait été présent, aurait voulu être du voyage*[1].

Il fut convenu que, sans plus tarder, on se rendrait en France, pour mettre la dernière main à l'exécution de l'entreprise. Il était temps de se hâter, car l'infortuné Georges, laissé seul en avant-garde, au milieu des agents de la police consulaire, courait les plus sérieux dangers. On lui avait, à la fin de décembre, envoyé un second détachement d'émigrés, pour qu'il ne se crût point abandonné. Il avait été décidé que cette fois Pichegru lui-même, accompagné des plus grands personnages, tels que M. de Rivière, l'un des messieurs de Polignac, s'embarquerait pour la France, et s'en irait rejoindre Georges par la voie déjà frayée. Dès que ces nouveaux envoyés auraient tout préparé, quand

---

[1] Ces paroles, ainsi que tout le récit de cette déplorable affaire, sont extraits avec une scrupuleuse fidélité de la volumineuse instruction qui suivit, et dont partie a été publiée, partie est demeurée dans les archives du gouvernement. Nous n'avons admis, comme dignes de foi, que les détails qui ont été mis hors de doute par le concours de toutes les révélations, et qui portent le caractère évident de la vérité.

M. de Rivière, qui avait plus de sang-froid, affirmerait que le moment était venu, et qu'il y avait assez de maturité[1] dans l'entreprise projetée pour risquer les princes eux-mêmes, le comte d'Artois ou le duc de Berry, ou tous les deux, devaient venir en France, pour prendre part à ce prétendu combat contre la personne du Premier Consul.

Pichegru partit donc avec les principaux émigrés français pour cette expédition, où il allait ensevelir à jamais sa gloire, déjà flétrie, et sa vie, qui aurait mérité d'être employée autrement. Il partit dans les premiers jours de l'année 1804, s'embarqua sur le bâtiment du capitaine Wright, et mit pied à terre à cette même falaise de Biville, le 16 janvier. Le vainqueur de la Hollande, accompagné des plus illustres membres de la noblesse française, prit la route des contrebandiers, trouva Georges, qui était venu à sa rencontre jusque près de la mer, et de gîte en gîte, à travers les forêts de la Normandie, il parvint à Chaillot, le 20 janvier.

Georges n'avait pas tout son monde; mais, audacieux comme il l'était, et avec la troupe qu'il avait réunie, il était prêt à se jeter sur la voiture du Premier Consul, et à le frapper infailliblement. Cependant il fallait s'entendre d'une manière définitive avec Moreau, pour être assuré d'un lendemain. Les intermédiaires l'allèrent voir de nouveau, lui dirent que Pichegru était arrivé secrètement, et demandait à l'entretenir. Moreau y consentit, et, ne voulant

---

[1] Voir plus bas la déposition de M. de Rivière.

pas recevoir Pichegru dans son hôtel, il donna un rendez-vous de nuit, au boulevard de la Madeleine. Pichegru s'y rendit. Il aurait voulu y être seul; car il était froid, prudent, et n'aimait point cette société de gens vulgaires et agités, qui l'obsédaient de leur impatience, et dont la compagnie était la première punition de sa conduite. Il vint avec un trop grand nombre de personnes au rendez-vous, il y vint surtout avec Georges, qui voulait tout examiner de ses yeux, apparemment pour savoir sur quels fondements il allait risquer sa vie, dans une tentative désespérée.

Par une nuit obscure et froide du mois de janvier, à un signal donné, Moreau et Pichegru s'abordèrent. C'était la première fois qu'ils se revoyaient depuis le temps où ils combattaient ensemble sur le Rhin, où leur vie était sans reproche, et leur gloire sans tache. Ils étaient à peine remis de l'émotion que devaient produire tant de souvenirs, que Georges survint, et se fit connaître. Moreau fut saisi, se montra tout à coup froid, visiblement mécontent, et parut en vouloir beaucoup à Pichegru d'une telle rencontre. Il fallut se séparer sans avoir rien dit de significatif, ni d'utile. On dut se revoir autrement, et ailleurs.

Cette première rencontre produisit sur Georges la plus fâcheuse impression. Cela va mal, furent ses premières paroles. Pichegru craignait lui-même de s'être un peu aventuré. Cependant les intrigants qui servaient d'entremetteurs virent Moreau, et, ne lui dissimulant plus rien, lui dirent qu'il s'agissait de conspirer pour renverser le gouvernement du Premier Consul. Moreau n'eut pas d'objection contre le renversement de ce gouvernement, par des moyens qui sans être énoncés pouvaient toutefois se deviner ; seulement il montra une répugnance invincible à travailler pour les Bourbons, et surtout à se mêler de sa personne dans une telle entreprise. Profiter pour la République et pour lui de la chute du Premier Consul, était son évidente ambition ; mais ce n'était qu'entre Pichegru et lui que pouvait se traiter une semblable affaire. Cette fois il le reçut dans sa propre demeure, et, après plusieurs accidents qui faillirent tout découvrir, il eut enfin avec cet ancien compagnon d'armes une longue et sérieuse entrevue. Là tout fut dit. Moreau ne voulut jamais sortir d'un certain cercle d'idées. Il avait, prétendait-il, un parti considérable dans le Sénat et dans l'armée. Si on venait à bout de délivrer la France des trois Consuls, le pouvoir serait certainement remis dans ses mains. Il en userait pour sauver la vie à ceux qui auraient débarrassé la République de son oppresseur ; mais on ne livrerait pas aux Bourbons la République affranchie. Quant à Pichegru, l'ancien conquérant de la Hollande, l'un des généraux les plus illustres de la France, on ferait mieux que de lui sauver la vie, on le réintégrerait dans ses honneurs, dans ses grades ; on l'élèverait aux premières positions de l'État. Moreau, entêté dans ces idées, exprima son étonnement à Pichegru de le voir mêlé avec de telles gens. Pichegru n'avait pas besoin des avis de Moreau pour trouver insupportable la société des

Janv. 1804.

au retour des Bourbons.

Nouvelle entrevue de Pichegru et Moreau, n'amenant pas plus de résultat que la première.

chouans dans laquelle il vivait; mais Moreau était lui-même la preuve que, lorsqu'on se mettait à comploter, il était difficile de n'être pas bientôt la proie du plus triste entourage. Pichegru était trop sensé, trop intelligent pour partager les illusions de Moreau, et il tenta de lui persuader qu'après la mort du Premier Consul, il n'y avait de possible que les Bourbons. Tout cela était au-dessus de l'intelligence de Moreau, intelligence médiocre hors du champ de bataille. Il s'obstinait à croire que, le général Bonaparte ayant cessé de vivre, lui, général Moreau, deviendrait le premier consul de la République. Quoiqu'on ne parlât jamais de la mort du Premier Consul, cette mort était toujours sous-entendue, comme le moyen de débarrasser la scène du personnage qui l'occupait. Du reste, sans chercher des excuses à ces fatales négociations, il faut dire, pour les apprécier exactement, que les personnages de cette époque avaient tant vu mourir sur l'échafaud et sur les champs de bataille, avaient tant donné ou subi d'ordres terribles, que la mort d'un homme n'avait pas pour eux la signification et l'horreur que la fin des guerres civiles, et les adoucissements de la paix, lui ont heureusement rendue parmi nous.

Pichegru sortit désespéré cette fois, et dit au confident qui l'avait conduit chez Moreau, et qui le reconduisait dans une obscure retraite : Celui-là aussi a de l'ambition; il veut gouverner la France à son tour. Pauvre homme! il ne saurait pas la gouverner vingt-quatre heures. — Georges, instruit de tout ce qui se passait, s'écria avec l'ordinaire énergie de son langage : Usurpateur pour usurpateur, j'aime mieux celui qui gouverne que ce Moreau, qui n'a ni cœur ni tête! — C'est ainsi qu'en le voyant de près, ils traitaient l'homme que leurs écrivains et leurs discoureurs présentaient comme le modèle des vertus publiques et guerrières.

Janv. 1804.

Cette connaissance bientôt acquise des dispositions de Moreau, jeta dans le désespoir ces malheureux et coupables émigrés. On eut encore une entrevue avec lui, à Chaillot même, chez Georges, probablement sans qu'il sût chez quel personnage il se trouvait. Georges, assistant au commencement de la conversation, se retira en disant brusquement à Pichegru et à Moreau : Je me retire; peut-être qu'en restant seuls vous finirez par vous entendre. —

Les deux généraux républicains ne s'entendirent pas davantage, et il fut évident pour tous les conjurés qu'ils s'étaient follement engagés dans un projet qui ne pouvait aboutir qu'à une catastrophe. M. de Rivière était désolé. Lui et ses amis disaient ce qu'on dit toujours, lorsqu'on ne trouve pas ses passions partagées : La France est apathique, elle ne veut que le repos, elle est infidèle à ses anciens sentiments. — La France, en effet, n'était pas, comme on le leur avait assuré, indignée contre le gouvernement consulaire; tous les partis n'étaient pas prêts à s'entendre pour le renverser. Il n'y avait que des jaloux sans génie qui songeassent à le détruire; encore ne voulaient-ils pas se compromettre dans un complot bien caractérisé. Et quant à la France, regrettant sans doute la paix si promptement rom-

Découragement des émigrés compromis dans la conspiration tramée à Londres.

pue, se défiant peut-être aussi du goût pour le pouvoir et la guerre, qui éclatait chez le général Bonaparte, elle ne cessait pas de le regarder comme son sauveur. Elle était éprise de son génie, et elle ne voulait à aucun prix se voir rejetée dans les hasards d'une nouvelle révolution.

Déjà ces malheureux étaient tentés de se retirer, les uns en Bretagne, les autres en Angleterre. Désabusés par la connaissance des faits, les plus élevés d'entre eux éprouvaient en outre un profond dégoût pour la compagnie au milieu de laquelle ils étaient réduits à vivre. M. de Rivière et Pichegru, de tous les plus sages, se confiaient leurs répugnances et leurs chagrins. Un jour même, Pichegru, voulant remettre à leur place ces chouans trop importuns, répondit avec amertume et mépris, à l'un d'eux qui lui disait : *Mais, général, vous êtes avec nous !* — *Non, je suis chez vous.* Ce qui signifiait que sa vie était entre leurs mains, mais que sa volonté et sa raison n'y étaient plus.

Tous ensemble se trouvaient plongés dans une cruelle incertitude : Georges cependant était toujours prêt à assaillir le Premier Consul, sauf à voir ensuite ce qu'on ferait le lendemain ; les autres se demandaient à quoi bon un attentat inutile. Ils en étaient là, lorsque ces menées, conduites sans interruption depuis six mois, finirent par donner à la police un éveil, trop tardif pour l'honneur de sa vigilance. La sagacité du Premier Consul le sauva, et perdit les imprudents ennemis qui conspiraient sa perte. C'est l'ordinaire punition de ceux qui s'engagent dans de telles entreprises, de s'arrêter trop tard : souvent ils sont découverts, saisis, punis, quand déjà la conscience, la raison, la crainte commençant à leur ouvrir les yeux, ils allaient rétrograder dans la voie du mal.

Ces allées et venues, continuées depuis août jusqu'en janvier, passant surtout si près d'un homme tel que l'ancien ministre Fouché, qui avait grande envie de faire des découvertes, ne pouvaient pas ne pas être un jour aperçues. Nous avons rapporté ailleurs que M. Fouché avait été privé du portefeuille de la police, à l'époque où le Premier Consul avait voulu inaugurer le Consulat à vie par la suppression d'un ministère de rigueur. La police avait été comme cachée alors dans le ministère de la justice. Le grand-juge Régnier, tout à fait étranger à une administration de cette nature, l'avait abandonnée au conseiller d'État Réal, homme d'esprit, mais vif, crédule, et n'ayant pas à beaucoup près la sagacité sûre et pénétrante de M. Fouché. Aussi la police était-elle médiocrement dirigée, et on affirmait au Premier Consul que jamais on n'avait moins conspiré. Le Premier Consul était loin de partager cette sécurité. D'ailleurs M. Fouché ne la lui laissait pas. Celui-ci, devenu sénateur, s'ennuyant de son oisiveté, ayant conservé ses relations avec ses anciens agents, était parfaitement informé, et venait entretenir le Premier Consul de ses observations. Le Premier Consul, écoutant tout ce que lui disaient MM. Fouché et Réal, lisant avec assiduité les rapports de la gendarmerie, toujours les plus utiles,

Janv. 1804.

Premiers indices du complot arrivés à la connaissance de la police.

parce qu'ils sont les plus exacts et les plus honnêtes, avait la conviction qu'il se tramait des complots contre sa personne. D'abord, une induction générale, tirée des circonstances, le portait à penser que le renouvellement de la guerre devait être une occasion pour les émigrés et les républicains d'essayer quelque tentative. Divers indices, tels que des chouans arrêtés dans tous les sens, des avis venus des chefs vendéens attachés à sa personne, lui prouvaient que l'induction était juste. Sur un renseignement partant de la Vendée même, et qui lui annonçait que l'on voyait des conscrits réfractaires se former en bandes, il envoya dans les départements de l'Ouest le colonel Savary, dont le dévouement était sans bornes, dont l'intelligence et le courage étaient également éprouvés. Il le dépêcha avec quelques hommes de la gendarmerie d'élite, pour suivre le mouvement, et diriger plusieurs colonnes mobiles lancées sur la Vendée. Le colonel Savary partit, observa tout de ses yeux, et aperçut clairement les signes d'une action sourde. Cette action était celle de Georges, qui, de Paris, s'efforçait de préparer une insurrection en Vendée. Cependant on ne découvrit rien de relatif au terrible secret, que Georges avait gardé pour lui et ses principaux associés. Les bandes dispersées, le colonel Savary revint à Paris sans avoir rien appris de bien important.

Une autre intrigue, dont le fil était tombé dans les mains du Premier Consul, et qu'il mettait une sorte de plaisir à suivre lui-même, promettait quelques lumières, sans toutefois les donner encore. Les trois ministres anglais en Hesse, en Wurtemberg, en Bavière, qui étaient chargés de nouer aussi des trames en France, s'y appliquaient avec un zèle assidu, mais maladroit. Des étrangers sont peu habiles à conduire de pareilles trames. Celui qui résidait en Bavière, M. Drake, était le plus actif. Il s'était même logé hors de Munich, pour recevoir plus facilement les agents qui lui viendraient de France ; et, pour mieux assurer sa correspondance, il avait séduit un directeur de poste bavarois. Un Français très-intrigant, autrefois républicain, avec lequel M. Drake avait entrepris ces menées, et auquel il avouait couramment le but des intrigues britanniques, avait tout livré à la police. M. Drake voulait d'abord se procurer les secrets du Premier Consul relativement à la descente, puis gagner quelque général important, s'emparer, s'il était possible, d'une place comme Strasbourg ou Besançon, et y commencer une insurrection. Se débarrasser du général Bonaparte était toujours, avec des termes plus ou moins explicites, la partie essentielle du projet. Le Premier Consul, charmé de saisir un diplomate anglais en flagrant délit, fit donner beaucoup d'argent à l'intermédiaire qui trompait M. Drake, à condition qu'il continuerait cette intrigue. Il fournit lui-même le modèle des lettres qu'on devait écrire à M. Drake. Il donnait dans ces lettres des détails nombreux et vrais sur ses habitudes personnelles, sur sa manière de rédiger ses plans, de dicter ses ordres, et ajoutait que tout le secret de ses opérations se trouvait contenu dans un grand portefeuille noir,

Janv. 1804.

avec la conspiration de Georges.

toujours confié à M. de Meneval, ou à un huissier de confiance. M. de Meneval était incorruptible, mais l'huissier ne l'était pas, et demandait un million pour livrer le portefeuille. Puis, le Premier Consul insinuait que certainement il y avait en France d'autres menées que celle que dirigeait M. Drake, qu'il importait de les bien connaître, pour ne pas se nuire réciproquement, et au contraire pour se servir. Enfin il ajoutait, comme une révélation très-importante, que le véritable projet de descente avait l'Irlande pour but; que ce qui se passait à Boulogne était une pure feinte, qu'on cherchait à rendre vraisemblable par l'étendue des préparatifs, mais qu'il n'y avait de sérieux que les deux expéditions ordonnées à Brest et au Texel[1].

---

[1] Voici les extraits curieux de ces lettres, dictées par le Premier Consul lui-même.

Au grand juge.

9 brumaire an XII (1ᵉʳ novembre 1803).

Il serait important d'avoir auprès de Drake, à Munich, un agent secret, qui tiendrait note de tous les Français qui se rendraient dans cette ville.

J'ai lu tous les rapports que vous m'avez envoyés, ils m'ont paru assez intéressants. Il ne faut pas se presser pour les arrestations. Lorsque l'auteur aura donné tous les renseignements, on arrêtera un plan avec lui, et on verra ce qu'il y a à faire.

Je désire qu'il écrive à Drake, et que, pour lui donner confiance, il lui fasse connaître qu'en attendant que le grand coup puisse être porté, il croit pouvoir promettre de faire prendre sur la table même du Premier Consul, dans son cabinet secret, et écrites de sa propre main, des notes relatives à sa grande expédition et tout autre papier important; que cet espoir est fondé sur un huissier du cabinet, qui, ayant été membre de la société des jacobins, ayant aujourd'hui la garde du ca-

Ce maladroit et coupable diplomate, qui avait le double tort de compromettre les fonctions les plus sacrées, et de faire si gauchement la police, recevait tous ces détails avec une avidité extrême, en demandait de nouveaux, surtout relativement à l'expédition qui se préparait à Boulogne, annonçait qu'il allait en référer à son gouvernement pour ce qui

binet du Premier Consul, et honoré de sa confiance, se trouve cependant dans le comité secret; mais que l'on a besoin de deux choses : la première, qu'on promettra cent mille livres sterling, si véritablement on remet ces pièces de si grande importance écrites de la main même du Premier Consul; la seconde, qu'on enverra un agent français du parti royaliste pour fournir des moyens de se cacher audit huissier, qui nécessairement serait arrêté si jamais des pièces de cette importance disparaissaient.

...... Bonaparte n'écrit presque jamais. Il dicte tout en se promenant dans son cabinet à un jeune homme de vingt ans, appelé Meneval, qui est le seul individu non-seulement qui entre dans son cabinet, mais encore qui approche des trois pièces qui suivent le cabinet. Ce jeune homme a succédé à Bourrienne, que le Premier Consul connaissait depuis son enfance, mais qu'il a renvoyé. . . . .
. . . Meneval n'est point de nature à ce qu'on puisse rien espérer de lui.
..... Mais les notes qui tiennent aux plus grands calculs, le Premier Consul ne les dicte pas, il les écrit lui-même. Il a sur sa table un grand portefeuille divisé en autant de compartiments que de ministères. Ce portefeuille, fait avec soin, est fermé par le Premier Consul, et toutes les fois que le Consul sort de son cabinet, Meneval est chargé de placer ce portefeuille dans une armoire à coulisse sous son bureau, et vissée au plancher.

Ce portefeuille peut être enlevé; Meneval ou l'huissier de cabinet qui seul allume le feu et approprie l'appartement peuvent être seuls soupçonnés. Il faudrait donc que l'huissier disparût. Dans ce portefeuille doit être tout ce que le Premier Consul a écrit depuis plusieurs années, car ce portefeuille est le seul qui voyage constamment avec lui, et qui va sans cesse de Paris à Malmaison et à Saint-Cloud. Toutes les notes secrètes des opérations militaires doivent s'y trouver, et, puisque

regardait le portefeuille noir, dont on exigeait un prix si élevé; et quant aux autres menées dont on désirait être informé pour ne pas se croiser les uns les autres, il disait qu'il n'en était pas instruit (ce qui était vrai); mais qu'il fallait, si on se rencontrait, se serrer, tendre tous ensemble au même but; car, ajoutait M. Drake, il importe fort peu par qui l'on ne peut arriver à détruire son autorité qu'en confondant ses projets, on ne doute pas que la soustraction de ce portefeuille ne les confondit tous.

Au grand juge.

Paris, 3 pluviôse an XII (24 janvier 1804).

Les lettres de Drake paraissent fort importantes. Je désirerais que Méhée, dans son prochain bulletin, dit que le comité avait été dans la plus grande joie de la pensée que Bonaparte voulait s'embarquer à Boulogne, mais qu'on a aujourd'hui la certitude que les démonstrations de Boulogne sont de fausses démonstrations, qui, quoique coûteuses, le sont beaucoup moins qu'elles ne le paraissent au premier coup d'œil.... que tous les bâtiments de la flottille pourront être utilisés pour des usages ordinaires; que ce soin fait voir que ces préparatifs ne sont que des menaces, et que ce n'est pas un établissement fixe qu'on voudrait conserver.

Qu'il ne fallait point se le dissimuler, que le Premier Consul était trop rusé et se croyait trop bien établi aujourd'hui pour tenter une opération douteuse où une masse de force serait compromise. Son véritable projet, autant qu'on en peut juger par ses relations extérieures, est l'expédition de l'Irlande, qui se ferait à la fois par l'escadre de Brest et l'escadre du Texel....

L'on ne dit rien sur l'expédition du Texel, quoiqu'on sache qu'elle est prête, et on fait beaucoup de bruit des camps de Saint-Omer, d'Ostende, de Flessingue. La grande quantité de troupes réunies en forme de camps a un but politique. Bonaparte est bien aise de les avoir sous la main, et de les tenir armées en guerre, et de faire un quart de conversion pour retomber sur l'Allemagne s'il croit nécessaire à ses projets de faire la guerre continentale.

Une autre expédition est celle de la Morée, qui est décidément arl'animal *soit terrassé, il suffit que vous soyez tous prêts à joindre la chasse*[1].

C'est à cet indigne rôle qu'un agent revêtu d'un caractère officiel, osait descendre; c'est ce langage odieux qu'il osait tenir.

Mais tout ceci ne donnait pas les lumières qu'on cherchait. M. Drake ignorait la grande conspiration de Georges, dont le secret n'avait pas été dispersé; et il n'avait pu, dans sa ridicule confiance, faire aucune révélation utile. Le Premier Consul était tou-

rêtée. Bonaparte a 40 mille hommes à Tarente. L'escadre de Toulon va s'y rendre. Il espère trouver une armée auxiliaire de Grecs très-considérable.

Il faut toujours continuer l'affaire du portefeuille, dire que (pour s'accréditer) l'huissier vient de présenter plusieurs morceaux de lettres écrites de la main même de Bonaparte; que l'on peut donc tirer le plus grand parti de cet homme, mais qu'il veut beaucoup d'argent. Le projet est effectivement de livrer ce portefeuille, dans lequel le Premier Consul mettra tous les renseignements qu'on désire qu'ils croient, mais, pour qu'ils attachent une grande importance à ce portefeuille, il faut qu'ils avancent de l'argent, au moins 50 mille livres sterling.

Au citoyen Réal.

Malmaison, 28 ventôse an XII (19 mars 1804).

Je vous prie d'envoyer au citoyen Maret la dernière lettre écrite par Drake pour qu'il la fasse imprimer à la suite du recueil de pièces relatives à cette affaire.

Je vous prie aussi de mettre deux notes, l'une pour faire connaître que l'aide-de-camp du général supposé n'est autre chose qu'un officier envoyé par le préfet de Strasbourg; et l'autre qui fasse connaître que l'huissier était une pure invention de l'agent, qu'il n'y a pas un huissier ni employé près le gouvernement qui ne soit au-dessus de l'or corrupteur de l'Angleterre.

[1] Ce sont les propres expressions employées par M. Drake. Les lettres écrites de sa main furent déposées au Sénat, et montrées à tous les agents du corps diplomatique qui voulurent les voir.

jours persuadé que les hommes qui avaient conçu le projet de la machine infernale, devaient à plus forte raison préparer quelque chose dans les circonstances présentes; et, frappé de diverses arrestations exécutées à Paris, en Vendée, en Normandie, il dit à Murat, qui était alors gouverneur de Paris, et à M. Réal, qui dirigeait la police : Les émigrés sont certainement en travail. On a opéré plusieurs arrestations; il faut choisir quelques-uns des individus arrêtés, les envoyer à une commission militaire, qui les condamnera, et ils parleront avant de se laisser fusiller. — Ce que nous rapportons ici se passait du 25 au 30 janvier, pendant les entrevues de Pichegru avec Moreau, et alors que les conjurés commençaient à se livrer au découragement. Le Premier Consul se fit apporter la liste des individus arrêtés. Parmi eux se trouvaient quelques-uns des agents de Georges, venus avant ou après lui, et dans ce nombre un ancien médecin des armées vendéennes, débarqué en août avec Georges lui-même. Après examen des circonstances particulières à chacun d'eux, le Premier Consul en désigna cinq en disant : Ou je me trompe fort, ou il y a là quelques hommes informés, qui ne manqueront pas de faire des révélations. — Depuis longtemps on n'avait pas appliqué les lois rendues antérieurement, et qui permettaient l'institution des tribunaux militaires. Le Premier Consul, durant la paix, avait voulu les laisser tomber en désuétude; mais, à la reprise de la guerre, il crut devoir en user, surtout pour les espions qui venaient observer ses préparatifs contre l'Angleterre. Il en avait fait arrêter, juger et fusiller quelques-uns. Les cinq individus par lui désignés furent mis en jugement. Deux obtinrent leur acquittement ; deux autres, convaincus par l'instruction, de crimes que la loi punissait de mort, furent condamnés, et se laissèrent fusiller sans rien avouer, mais en déclarant qu'ils étaient venus pour servir la cause du roi légitime, laquelle serait bientôt triomphante sur les ruines de la République. Ils proférèrent en outre d'affreuses menaces contre la personne du chef du gouvernement. Le cinquième, que le Premier Consul avait particulièrement désigné comme celui qui devait tout dire, déclara, au moment de se rendre au supplice, qu'il avait de grands secrets à découvrir. On lui envoya sur-le-champ l'un des employés les plus habiles de la police. Il avoua tout, déclara qu'il avait débarqué dans le mois d'août à la côte de Biville avec Georges lui-même, qu'ils étaient venus à travers les bois, de gîte en gîte, jusqu'à Paris, dans le but de tuer le Premier Consul, en essayant une attaque de vive force sur son escorte. Il indiqua quelques-uns des lieux où logeaient les chouans aux ordres de Georges, et particulièrement plusieurs marchands de vins.

Cette déclaration fut un trait de lumière. La présence de Georges à Paris était significative au plus haut point. Ce n'était pas pour une tentative sans importance qu'un tel personnage avait pu séjourner six mois dans la capitale même, avec une bande de sicaires. On connaissait le point du débarquement à la falaise de Biville, l'existence d'une route

Janv. 1804.

Révélation importante obtenue de l'un des agents de Georges.

d'étapes à travers les bois, et quelques-uns des logements obscurs où se cachaient les conjurés. Un hasard des plus singuliers avait révélé un nom, qui mit sur la trace des circonstances les plus graves. A une époque antérieure, des chouans, débarquant à la même falaise de Biville, avaient échangé des coups de fusil avec les gendarmes, et le nom de *Troche* s'était trouvé sur un fragment de papier, qui avait servi de bourre. Ce Troche était horloger à Eu. Il avait un fils fort jeune, et employé justement à la correspondance. On le fit secrètement arrêter, et conduire à Paris. On l'interrogea; il avoua tout ce qu'il savait. Il déclara que c'était lui qui allait recevoir les conjurés à la falaise de Biville, et qui les conduisait aux premières stations. Il raconta les trois débarquements dont on a vu l'histoire, celui de Georges en août, ceux de décembre et de janvier, où se trouvaient Pichegru, MM. de Rivière et de Polignac. Mais il ne connaissait pas le nom et la qualité des personnages auxquels il avait servi de guide. Seulement il savait que, dans les premiers jours de février, un quatrième débarquement devait avoir lieu à la falaise. Il était même chargé de recevoir les nouveaux débarqués.

Sur-le-champ, dans ces premiers jours de février, on se mit en recherche, et on fouilla, depuis Paris jusqu'à la côte, les lieux indiqués, afin de découvrir les gîtes qui servaient aux émigrés voyageurs. On fit bonne garde chez les marchands de vins dénoncés par l'agent de Georges, et, en peu de jours, on opéra diverses arrestations importantes,

CONSPIRATION DE GEORGES.

deux surtout qui jetèrent un grand jour sur toute l'affaire. On saisit d'abord un jeune homme, nommé Picot, domestique de Georges, chouan intrépide, qui, étant armé de pistolets et de poignards, fit feu sur les agents de la police, et ne se rendit qu'à la dernière extrémité, en déclarant qu'il voulait mourir pour le service de son roi. On saisit avec celui-là un nommé Bouvet de Lozier, principal officier de Georges, qui se laissa prendre sans provoquer le même tumulte, et en montrant plus de calme.

Ces hommes étaient armés comme des malfaiteurs prêts à commettre les plus grands crimes, et, outre les armes qu'ils portaient sur eux, ils avaient des sommes considérables en or et en argent. Au premier instant, ils paraissaient fort exaltés; puis ils se calmaient, et finissaient par faire des aveux. C'est ce qui arriva pour le nommé Picot. Arrêté le 8 février (18 pluviôse), il ne voulut rien dire d'abord, et ensuite peu à peu il fut induit à parler. Il avoua qu'il était venu d'Angleterre avec Georges, qu'il se trouvait avec lui depuis six mois à Paris, et ne déguisa guère le motif de leur voyage en France. Ainsi, la présence de Georges à Paris pour un grand but, ne pouvait plus être mise en doute. Mais on n'en savait pas davantage. Bouvet de Lozier ne disait rien. C'était un personnage fort au-dessus de Picot, par l'éducation et par les manières. Dans la nuit du 13 au 14 février, ce Bouvet de Lozier appela tout à coup son geôlier. Il avait essayé de se pendre, et, n'y ayant pas réussi, livré à une sorte de délire, il demanda qu'on reçût les déclarations qu'il avait à faire.

Fév. 1804.

Arrestation de quelques agents de Georges.

La présence de Georges à Paris, constatée par plusieurs déclarations.

Fév. 1804.

Révélations inattendues de Bouvet de Lozier, gravement compromettantes pour Moreau.

Alors ce malheureux raconta qu'avant de mourir pour la cause du roi légitime, il voulait démasquer le personnage perfide qui avait entraîné de braves gens dans un abîme, en les compromettant inutilement. Il fit ensuite à M. Réal, surpris et confondu, le plus étrange récit. Ils étaient, disait-il, à Londres autour des princes, quand Moreau avait envoyé à Pichegru un de ses officiers, pour offrir de se mettre à la tête d'un mouvement en faveur des Bourbons, promettant d'entraîner l'armée par son exemple. A cette nouvelle, ils étaient tous partis, avec Georges et Pichegru lui-même, pour coopérer à cette révolution. Arrivés à Paris, Georges et Pichegru étaient accourus chez Moreau, pour s'entendre, et celui-ci avait alors changé de langage, et avait demandé qu'on renversât le Premier Consul à son profit, afin de se faire dictateur lui-même. Georges, Pichegru et leurs amis avaient refusé une telle proposition, et c'est dans les funestes lenteurs amenées par les prétentions de Moreau, qu'ils avaient été livrés aux recherches de la police. Ce tragique déposant ajoutait, qu'*il échappait aux ombres de la mort*, pour venir venger lui et ses amis de l'homme qui les avait perdus tous [1].

[1] Je cite la propre déclaration de Bouvet de Lozier. Cette pièce, comme toutes celles qui sont relatives à la conspiration de Georges et qui seront citées ci-après, est tirée d'un Recueil en huit volumes in-8°, ayant pour titre :

PROCÈS INSTRUIT PAR LA COUR DE JUSTICE CRIMINELLE ET SPÉCIALE DU DÉPARTEMENT DE LA SEINE, SÉANTE A PARIS, CONTRE GEORGES, PICHEGRU ET AUTRES, PRÉVENUS DE CONSPIRATION CONTRE LA PERSONNE DU PREMIER CONSUL. PARIS, C.-F. PATRAS, IMPRIMEUR DE LA COUR DE JUSTICE CRIMINELLE. 1804. (EXEMPLAIRE DE LA BIBLIOTHÈQUE ROYALE.)

Ainsi, du milieu d'un suicide interrompu, sortait contre Moreau une dénonciation terrible; dénonciation fort exagérée par le désespoir, mais présentant cependant l'ensemble du complot. M. Réal, stupéfait, courut aux Tuileries. Il trouva, comme d'usage, le Premier Consul s'arrachant de bonne heure au sommeil, pour se livrer au travail. Le Premier Consul était encore dans les mains de son valet de chambre Constant, lorsqu'aux premiers mots de M. Réal, il lui mit la main sur la bouche, le fit taire, et s'enferma seul avec lui pour entendre son récit. Il ne parut point étonné. Cependant il refusa

Fév. 1804.

Attitude du Premier Consul en apprenant la participation de Moreau à la conjuration. Il veut, avant d'agir contre lui, que la présence de Pichegru soit constatée.

Déclaration de Athanase-Hyacinthe Bouvet de Lozier, faite en présence du grand juge, ministre de la justice.

Tome II, page 168.

C'est un homme qui sort des portes du tombeau, encore couvert des ombres de la mort, qui demande vengeance de ceux qui, par leur perfidie, l'ont jeté, lui et son parti, dans l'abîme où il se trouve.

Envoyé pour soutenir la cause des Bourbons, il se trouve obligé ou de combattre pour Moreau, ou de renoncer à une entreprise qui était l'unique objet de sa mission.

Monsieur devait passer en France pour se mettre à la tête d'un parti royaliste; Moreau promettait de se réunir à la cause des Bourbons. Les royalistes rendus en France, Moreau se rétracte.

Il leur propose de travailler pour lui et de le faire nommer dictateur.

L'accusation que je porte contre lui n'est appuyée peut-être que de demi-preuves.

Voici les faits; c'est à vous de les apprécier.

Un général qui a servi sous les ordres de Moreau, Lajolais, est envoyé par lui auprès du prince à Londres; Pichegru était l'intermédiaire: Lajolais adhère, au nom et de la part de Moreau, aux points principaux du plan proposé.

Le prince prépare son départ; le nombre des royalistes en France est augmenté, et dans les conférences qui ont lieu à Paris entre Moreau,

de croire entièrement à la déclaration qui concernait Moreau. Il comprenait très-bien ce projet de réunir tous les partis contre lui, d'employer Pichegru comme intermédiaire entre les royalistes et les républicains ; mais, pour croire à la culpabilité de Moreau, il voulait que la présence de Pichegru à Paris fût bien constatée. Si de nouvelles révélations levaient tous les doutes à cet égard, le lien entre les royalistes et Moreau se trouvait établi, et on pouvait aller droit à celui-ci. Du reste, il ne lui échappait

Pichegru et Georges, le premier manifeste ses intentions, et déclare ne pouvoir agir que pour un dictateur et non pour un roi.

De là, l'hésitation, la dissension et la perte presque totale du parti royaliste.

Lajolais était auprès du prince au commencement de janvier de cette année, comme je l'ai appris par Georges.

Mais ce que j'ai vu, c'est, le dix-sept janvier, son arrivée à la Poterie, le lendemain de son débarquement avec Pichegru, par la voie de notre correspondance, que vous ne connaissez que trop.

J'ai vu encore le même Lajolais, le vingt-cinq ou le vingt-six de janvier, lorsqu'il vint prendre Georges et Pichegru à la voiture où j'étais avec eux, boulevard de la Madeleine, pour les conduire à Moreau, qui les attendait à quelques pas de là. Il y eut entre eux, aux Champs-Élysées, une conférence qui déjà nous fit présager ce que proposa Moreau ouvertement dans la suivante qu'il eut avec Pichegru seul ; savoir : qu'il n'était pas possible de rétablir le roi ; et il proposa d'être mis à la tête du gouvernement sous le titre de dictateur, ne laissant aux royalistes que la chance d'être ses collaborateurs et ses soldats.

Je ne sais quel poids aura près de vous l'assertion d'un homme arraché depuis une heure à la mort qu'il s'était donnée lui-même, et qui voit devant lui celle qu'un gouvernement offensé lui réserve.

Mais je ne puis retenir le cri du désespoir et ne pas attaquer un homme qui m'y réduit.

Au surplus, vous pourrez trouver des faits conformes à ce que j'avance dans la suite de ce grand procès où je suis impliqué.

Signé BOUVET,
adjudant-général de l'armée royale.

aucun accent de colère ou de vengeance ; il paraissait plus curieux, plus méditatif qu'irrité.

On songea de nouveau à interroger Picot, le domestique de Georges, pour savoir s'il avait connaissance de la présence de Pichegru à Paris. On le questionna le même jour, et, en y mettant beaucoup de douceur, on finit par l'amener à s'ouvrir entièrement. Il déclara lui-même tout ce qui était relatif à Pichegru et à Moreau. Il en savait moins que Bouvet de Lozier ; mais ce qu'il savait était plus significatif peut-être, car il en résultait que le désespoir produit par la conduite de Moreau était descendu jusque dans les derniers rangs des conjurés. Quant à Pichegru, il déclara l'avoir vu très-positivement à Paris, et peu de jours auparavant ; il affirma même qu'il y était encore. Quant à Moreau, il raconta qu'il avait entendu les officiers de Georges exprimer le plus vif regret de s'être adressé à ce général, qui était prêt à tout faire manquer par ses prétentions ambitieuses [1].

Ces faits ayant été connus dans le courant de la journée du 14, le Premier Consul convoqua sur-le-

La présence de Pichegru constatée.

---

[1] *Extrait de la deuxième déclaration de Louis Picot*, le 24 pluviôse an XII (14 février, à une heure du matin), *devant le préfet de police.*

Tome II, page 392.

A déclaré :

Que les chefs ont tiré au sort à qui attaquerait le Premier Consul ;

Qu'ils veulent l'enlever, s'ils le rencontrent sur la route de Boulogne, ou l'assassiner, en lui présentant une pétition à la parade, ou lorsqu'il va au spectacle ;

Qu'il croit bien fermement que Pichegru est non-seulement en France, mais encore à Paris.

champ un conseil secret aux Tuileries, composé des deux consuls Cambacérès et Lebrun, des principaux ministres, et de M. Fouché, qui, bien que n'étant plus ministre, avait la plus grande part à cette information. Le conseil se tint dans la nuit du 14 au 15. La question méritait un sérieux examen. La conspiration était d'une évidence incontestable. Le projet d'assaillir le Premier Consul avec une troupe de chouans, Georges en tête, ne faisait pas de doute. Le concours de tous les partis, républicains ou royalistes, devenait certain aussi, par la présence de Pichegru, qui avait dû servir d'intermédiaire entre les uns et les autres. Quant à la culpabilité de Moreau, il était difficile d'en préciser l'étendue; mais ni Bouvet de Lozier dans son désespoir, ni Picot dans sa naïveté de subalterne, ne pouvaient avoir inventé cette singulière circonstance, du tort fait au parti royaliste par les vues personnelles de Moreau. Il était clair que, si l'on n'arrêtait pas ce général, l'instruction se poursuivant, on le trouverait dénoncé à chaque instant ; que ces dénonciations s'ébruiteraient, et qu'alors on aurait tout à fait l'apparence

Extrait de la troisième déclaration de Louis Picot,
24 pluviôse (14 février).

Tome II, page 395.

A déclaré :

Que Pichegru a constamment porté le nom de Charles, et qu'il l'a entendu nommer ainsi plusieurs fois ;

Que souvent il a entendu parler du général Moreau, et que les chefs ont répété fréquemment devant lui, qu'ils étaient fâchés que les princes aient mis Moreau dans l'affaire, mais qu'il ignore quand Georges a vu Moreau.

ou de le calomnier perfidement, ou d'avoir peur de lui, et de ne pas oser poursuivre un criminel, parce que sous ce criminel se trouvait le second personnage de la République.

Fév. 1804.

C'était là pour le Premier Consul la considération décisive. Laisser mettre en question la fermeté de son gouvernement, était ce qui coûtait le plus à son orgueil et à sa politique. — On dirait, s'écria-t-il, que j'ai peur de Moreau. Il n'en sera point ainsi. J'ai été le plus clément des hommes, mais je serai le plus terrible, quand il faudra l'être; et je frapperai Moreau comme un autre, puisqu'il entre dans des complots, odieux par leur but, honteux par les rapprochements qu'ils supposent. — Il n'hésita donc pas un instant à décider l'arrestation de Moreau. Il y avait d'ailleurs une autre raison, et celle-là était pressante. Georges, Pichegru n'étaient pas arrêtés. On avait pris trois ou quatre de leurs complices; mais la bande des exécuteurs se trouvait tout entière hors des mains de la police, et il était possible que la crainte d'être découverts les portât à brusquer la tentative pour laquelle ils étaient venus en France. Il fallait pour ce motif précipiter l'instruction, et s'emparer de tous les chefs qu'on avait le moyen de saisir. On serait ainsi conduit inévitablement à d'autres découvertes. L'arrestation de Moreau fut donc immédiatement résolue, et avec la sienne celle de Lajolais et autres entremetteurs, dont le nom avait été révélé.

Motifs qui décident le Premier Consul à faire arrêter Moreau.

Le Premier Consul était irrité, mais non pas contre Moreau précisément. Il avait plutôt l'apparence d'un homme qui cherchait à se prémunir, que d'un homme qui cherchait à se venger. Il voulait avoir Moreau en son pouvoir, le convaincre, en obtenir les lumières dont il avait besoin, et ensuite lui faire grâce. Il estimait que ce serait le comble de l'habileté et du bonheur, que d'en sortir de cette manière.

Il fallait choisir la juridiction. Le consul Cambacérès, qui avait une grande connaissance des lois, montra le danger de la juridiction ordinaire dans une affaire de cette nature, et proposa, puisque Moreau était militaire, de l'envoyer devant un conseil de guerre, composé de ce qu'il y aurait de plus élevé dans l'armée. Les lois existantes en fournissaient le moyen. Le Premier Consul s'y opposa[1]. — On dirait, ajouta-t-il, que j'ai voulu me débarrasser de Moreau, et le faire assassiner juridiquement par mes propres créatures. — Il chercha donc un moyen terme. En conséquence on imagina d'envoyer Moreau devant le tribunal criminel de la Seine; mais la constitution permettant de suspendre le jury dans certains cas, et dans l'étendue de certains départements, on décida que cette suspension serait prononcée immédiatement pour le département de la Seine. C'était une faute, dont le principe était honorable. Le public envisagea la suspension du jury comme un acte aussi rigoureux qu'aurait pu l'être l'envoi devant une commission militaire; et, sans se donner le mérite d'avoir respecté les formes de la justice, on s'en donna tous les inconvénients, comme on le verra bientôt.

---

[1] Je répète ici le témoignage de M. Cambacérès lui-même.

CONSPIRATION DE GEORGES. 359

Il fut résolu, en outre, que le grand-juge Régnier rédigerait un rapport sur le complot qu'on venait de découvrir, sur les motifs de l'arrestation de Moreau, et que ce rapport serait communiqué au Sénat, au Corps Législatif, au Tribunat.

Fév. 1804.

Ce conseil avait duré toute la nuit. Dès le matin (15 février), on envoya un détachement de gendarmes d'élite, avec des officiers de justice, à la demeure qu'habitait Moreau. On ne l'y trouva pas, et on partit pour Grosbois. On le rencontra au pont de Charenton, revenant à Paris. Il fut arrêté sans éclat, avec beaucoup d'égards, et conduit au Temple. En même temps que lui furent arrêtés Lajolais, et les employés des vivres, qui avaient servi d'intermédiaires.

Le message contenant le rapport de Régnier fut porté dans la même journée au Sénat, au Corps Législatif et au Tribunat. Il y produisit un étonnement douloureux chez les amis du gouvernement, et une sorte de joie malicieuse chez ses ennemis, ennemis plus ou moins ouverts, dont un certain nombre restait encore dans les grands corps de l'État. C'était, suivant ceux-ci, une invention de la police, une machination du Premier Consul, qui voulait se débarrasser d'un rival dont il était jaloux, et refaire sa popularité compromise en inspirant de l'inquiétude pour ses jours. Les langues se déchaînèrent, comme il arrive toujours en pareille circonstance, et au lieu de dire : *la conspiration de Moreau*, les beaux-esprits dirent : *la conspiration contre Moreau*. Le frère du général, qui était membre du Tribunat, s'élança vivement à la tribune de cette assemblée, déclara que

Effet produit dans le public par l'arrestation de Moreau.

son frère avait été calomnié, et qu'il ne demandait qu'une chose, pour démontrer son innocence, c'est qu'il fût renvoyé à la justice ordinaire, et non devant une justice spéciale. Il ne réclamait pour son frère que les moyens de faire éclater la vérité. — On écouta ces paroles froidement, mais avec chagrin. La majorité des trois corps était à la fois dévouée et affligée. Il semblait que, depuis la rupture de la paix, la fortune du Premier Consul, jusque-là aussi heureux qu'il était grand, se fût un peu démentie. On ne croyait pas qu'il eût inventé cette conspiration; mais on était désolé de voir que sa vie fût encore en péril, et qu'il fallût la défendre en frappant les plus hautes têtes de la République. On répondit donc au message du gouvernement par un message qui contenait l'expression, ordinaire en ces circonstances, de l'intérêt, de l'attachement qu'on portait au chef de l'État, et des vœux ardents qu'on formait pour que justice fût promptement et loyalement rendue.

Le bruit causé par ces arrestations fut très-grand, et devait l'être. Le gros du public était fort disposé à s'indigner contre toute tentative, qui mettrait en péril les jours précieux du Premier Consul; cependant on révoquait en doute la réalité du complot. Certes l'abominable machine infernale avait rendu tout croyable; mais le crime avait alors précédé l'instruction, et s'était produit d'ailleurs sous la forme du plus atroce attentat. Cette fois, au contraire, on annonçait un projet d'assassinat, et, sur la simple annonce d'un projet, on commençait par arrêter l'un des hommes les plus illustres de la République, qui passait pour être l'objet de toute la jalousie du Premier Consul. Les esprits méchants demandaient où était donc Georges, où était donc Pichegru? Ces deux personnages, à les entendre, n'étaient certainement pas à Paris; on ne les y trouverait pas, car tout cela n'était que fable maladroite et invention odieuse.

<small>Fév. 1804.</small>

Si le Premier Consul avait été d'abord assez calme à l'aspect du nouveau danger dont sa personne était menacée, il s'irrita profondément, en voyant de quelles noires calomnies ce danger était l'occasion. Il se demandait si ce n'était pas assez d'être en butte aux complots les plus affreux, s'il fallait encore passer soi-même pour machinateur de complots, pour envieux, quand on était poursuivi par la plus basse envie, pour auteur de projets perfides contre la vie d'autrui, quand sa propre vie courait les plus grands périls. Il fut saisi d'une colère que chaque progrès de l'instruction ne cessa d'augmenter. Il mit à découvrir les auteurs de la conspiration une sorte d'acharnement : non pas qu'il tînt à garantir sa vie; il n'y pensait guère, tant il était confiant dans sa fortune; mais il tenait à confondre l'infamie de ses détracteurs, qui le présentaient comme l'inventeur des trames dont il avait failli, et dont il pouvait encore devenir la victime.

<small>Irritation du Premier Consul en voyant que quelques personnes doutent de la réalité du complot.</small>

Ce n'était pas contre les républicains qu'il était le plus irrité cette fois, mais contre les royalistes. Lors de la machine infernale, bien que les royalistes en fussent les auteurs, il s'en prenait obstinément

<small>L'irritation du Premier Consul dirigée cette fois, non pas contre les républicains,</small>

aux républicains, parce qu'il voyait dans ceux-ci l'obstacle à tout le bien qu'il projetait. Mais dans le moment, son indignation avait un autre objet. Depuis son avénement au pouvoir, il avait tout fait pour les royalistes : il les avait tirés de l'oppression et de l'exil; il leur avait rendu la qualité de Français et de citoyens; il leur avait restitué leurs biens autant qu'il l'avait pu; et cela malgré l'avis et contre le gré de ses plus fidèles partisans. Pour rappeler les prêtres, il avait bravé les préjugés les plus enracinés du pays et du siècle; pour rappeler les émigrés, il avait bravé les alarmes de la classe la plus ombrageuse, celle des acquéreurs de biens nationaux. Enfin il avait investi quelques-uns de ces royalistes des fonctions les plus importantes; il commençait même à les placer auprès de sa personne. Quand on compare, en effet, l'état dans lequel il les avait trouvés au sortir du régime de la Convention et du Directoire, et celui où il les avait mis, on ne peut s'empêcher de reconnaître que jamais on ne fit plus pour un parti, que jamais on ne fut protecteur plus généreux, dans des vues de justice plus élevées, et que jamais une aussi noire ingratitude ne paya une aussi noble conduite. Le Premier Consul était allé pour les royalistes jusqu'à risquer sa popularité, et, ce qui est pis, la confiance de tous les hommes sincèrement et honnêtement attachés à la Révolution; car il avait laissé dire et croire qu'il songeait à rétablir les Bourbons. Pour prix de ces efforts et de ces bienfaits, les royalistes avaient voulu le faire sauter au moyen d'un baril de poudre en 1800; et ils voulaient aujourd'hui l'égorger sur une grande route ; et c'étaient eux qui l'accusaient, dans leurs salons, d'inventer les complots, qu'ils avaient ourdis eux-mêmes.

Fév. 1804.

C'est là le sentiment qui remplit promptement son âme ardente, et qui produisit chez lui une réaction soudaine contre le parti coupable de telles ingratitudes. Aussi sa vengeance ne cherchait-elle plus les républicains dans cette occasion : sans doute il n'était pas fâché de voir Moreau réduit à recevoir l'accablant bienfait de sa clémence; mais il voulait faire tomber sur les royalistes tout le poids de sa colère, et il était résolu, comme il le disait, à ne leur accorder aucun quartier. Les révélations qui suivirent ajoutèrent encore à ce sentiment, et le convertirent en une sorte de passion.

Les conjurés sont unanimes pour déclarer qu'un prince doit venir à Paris.

Tandis qu'on cherchait Georges et Pichegru avec le plus grand soin, on opéra de nouvelles arrestations, et on obtint de Picot et de Bouvet de Lozier des détails plus complets, et plus graves que tous ceux qu'on leur avait arrachés jusqu'ici. Ces hommes, ne voulant pas se donner pour des assassins, se hâtèrent de raconter qu'ils étaient venus à Paris dans la plus haute compagnie, qu'ils avaient avec eux les plus grands seigneurs de la cour des Bourbons, notamment MM. de Polignac et de Rivière ; et enfin ils déclarèrent positivement qu'ils devaient avoir un prince à leur tête. Ils l'attendaient, disaient-ils, à chaque instant; ils croyaient même que ce prince, tant attendu, devait faire partie du dernier débarquement, de celui qui était annoncé pour février. On répandait parmi eux que c'était le duc de Berry[1].

Les dépositions devinrent sur ce point on ne peut pas plus précises, plus concordantes, plus complètes. Le complot acquit aux yeux du Premier Consul une funeste clarté. Il vit le comte d'Artois, le duc de Berry, entourés d'émigrés, affiliés par Pichegru aux républicains, ayant à leur service une troupe de sicaires, promettant même de se mettre à leur tête

---

[1] *Extrait de la quatrième déclaration de Louis Picot devant le préfet de police,* 25 pluviôse (15 février).

Tome II, page 398.

A déclaré :

Je suis débarqué avec Georges entre Dunkerque et la ville d'Eu. J'ignore s'il y a eu des débarquements antérieurs ; il y en a eu deux depuis. Il était question d'un quatrième débarquement bien plus considérable, qui devait être composé de vingt-cinq personnes : de ce nombre devait être le duc de Berry. J'ignore si ce débarquement a eu lieu ; je sais que Bouvet et le nommé Armand devaient aller chercher le prince.

Extrait du deuxième interrogatoire de Bouvet, le 30 pluviôse (20 février).

Tome II, page 172.

Demande. A quelle époque et de quelle manière croyez-vous que Moreau et Pichegru se soient concertés pour le plan que Georges était venu exécuter en France, et qui tendait au rétablissement des Bourbons ?

Réponse. Je crois que depuis long-temps Pichegru et Moreau entretenaient une correspondance entre eux ; et ce n'est que sur la certitude que Pichegru donna au prince, que Moreau étayait de tous ses moyens un mouvement en France en leur faveur, que le plan fut vaguement arrêté : le rétablissement des Bourbons ; les conseils travaillés par Pichegru ; un mouvement dans Paris, et soutenu de la présence du prince ; une attaque de vive force dirigée contre le Premier Consul ; la présentation du prince aux armées par Moreau, qui, d'avance, devait avoir préparé tous les esprits.

pour l'égorger dans un guet-apens, qu'ils appelaient un combat loyal, à armes égales. En proie à une sorte de fureur, il n'eut plus qu'un désir, ce fut de s'emparer de ce prince qu'on devait envoyer à Paris par la falaise de Biville. Cette vivacité de langage à laquelle il se livrait, lors de la machine infernale, contre les jacobins, était maintenant tournée tout entière contre les princes et les grands seigneurs qui descendaient à un tel rôle. — Les Bourbons croient, disait-il, qu'on peut verser mon sang, comme celui des plus vils animaux. Mon sang cependant vaut bien le leur. Je vais leur rendre la terreur qu'ils veulent m'inspirer. Je pardonne à Moreau sa faiblesse, et l'entraînement d'une sotte jalousie; mais je ferai impitoyablement fusiller le premier de ces princes qui tombera sous ma main. Je leur apprendrai à quel homme ils ont affaire. — Tel était le langage qu'il ne cessait de tenir pendant cette terrible procédure. Il était sombre, agité, menaçant, et, signe singulier chez lui, il travaillait beaucoup moins. Il semblait pour un moment avoir oublié Boulogne, Brest et le Texel.

Mars 1804.

Sans perdre un instant, il manda auprès de lui le colonel Savary, sur le dévouement duquel il se reposait entièrement. Le colonel Savary n'était pas un méchant homme, quoi qu'en aient dit les détracteurs ordinaires de tout régime déchu. Il possédait un esprit remarquable; mais il avait vécu dans les armées, ne s'était fait de principes arrêtés sur rien, et ne connaissait d'autre morale que la fidélité à un maître dont il avait reçu les plus grands bienfaits.

Mission du colonel Savary à la falaise de Biville, pour arrêter le prince dont on annonçait l'arrivée.

Il venait de passer quelques semaines dans le Bocage, déguisé, et exposé aux plus grands périls. Le Premier Consul lui ordonna de se déguiser de nouveau, et d'aller avec un détachement de la gendarmerie d'élite, se poster à la falaise de Biville. Ces gendarmes d'élite étaient à la gendarmerie ce que la garde consulaire était au reste de l'armée, c'est-à-dire la réunion des soldats les plus braves, les plus réguliers de leur arme. On pouvait les charger des commissions les plus difficiles, sans craindre la moindre infidélité. Quelquefois, pour un besoin imprévu du service, deux d'entre eux partaient dans une voiture de poste, et allaient porter plusieurs millions en or, au fond des Calabres ou de la Bretagne, sans que jamais ils songeassent à trahir leur devoir. Ce n'étaient donc pas des sicaires, comme on l'a prétendu, mais des soldats qui obéissaient à leurs chefs avec une exactitude rigoureuse, exactitude redoutable, il est vrai, sous un régime arbitraire, et avec les lois du temps. Le colonel Savary dut prendre avec lui une cinquantaine de ces hommes, les revêtir d'un déguisement, les bien armer, et les conduire à la falaise de Biville. Aucun des déposants ne doutait de la présence d'un prince dans la troupe qui allait débarquer prochainement. On ne variait que sur un point; on ne savait si ce serait le duc de Berry ou le comte d'Artois. Le colonel Savary eut ordre de passer jour et nuit au sommet de la falaise, d'attendre le débarquement, de s'emparer de tous ceux qui en feraient partie, et de les transporter à Paris. La résolution du Premier Consul était arrêtée;

Mars 1804.

Fatale

il était décidé à traduire devant une commission militaire, et à faire fusiller sur le champ, le prince qui tomberait dans ses mains. Déplorable et terrible résolution, dont on verra bientôt les suites affreuses. —

Tandis qu'il donnait ces ordres, le Premier Consul montra de tout autres sentiments à l'égard de Moreau. Il le tenait à ses pieds, compromis, déconsidéré ; il voulait le traiter avec une générosité sans bornes. Il dit au grand-juge, le jour même de l'arrestation : Il faut que tout ce qui regarde les républicains finisse entre Moreau et moi. Allez l'interroger dans sa prison ; amenez-le dans votre voiture aux Tuileries ; qu'il convienne de tout avec moi, et j'oublierai les égarements produits par une jalousie, qui était plutôt celle de son entourage que la sienne même. — Malheureusement, il était plus facile au Premier Consul de pardonner, qu'à Moreau d'accepter son pardon. Tout avouer, c'est-à-dire se jeter aux genoux du Premier Consul, était un acte d'abattement qu'on ne pouvait guère attendre d'un homme, dont l'âme tranquille s'élevait peu, mais s'abaissait peu aussi. C'est M. Fouché, s'il eût été encore ministre de la police, qu'il aurait fallu charger du soin de voir Moreau. Il était l'homme le plus capable, par son esprit familier et insinuant, de s'introduire dans une âme fermée par l'orgueil et le malheur, de mettre cet orgueil à l'aise, en lui disant avec une sorte d'indulgence, dont seul il savait trouver le langage : Vous avez voulu renverser le Premier Consul, mais vous avez succombé. Vous êtes son prisonnier. Il sait tout ; il vous pardonne,

Mars 1804.

résolution du Premier Consul à l'égard du premier prince qu'il pourra saisir.

Le Premier Consul, tandis qu'il veut faire fusiller un prince de Bourbon, veut pardonner à Moreau.

et veut vous rendre votre situation. Acceptez sa bonne volonté, ne soyez pas dupe d'une fausse dignité, au point de refuser une grâce inespérée, qui vous replacera où vous seriez, si vous n'aviez pas joué votre existence en conspirant. — Au lieu de cet entremetteur peu scrupuleux, mais habile, on envoya auprès de Moreau un honnête homme, qui, abordant l'illustre accusé avec tout l'appareil de son ministère, fit échouer les bonnes intentions du Premier Consul. Le grand-juge Régnier vint dans la prison, en simarre, accompagné du secrétaire du conseil d'État, Locré. Il fit comparaître Moreau, et l'interrogea longuement, avec de froids égards. Dans la journée, Lajolais, arrêté, avait à peu près tout dit, quant à ce qui concernait les relations de Moreau avec Pichegru. Il avouait avoir servi d'intermédiaire pour rapprocher Pichegru de Moreau, être allé à Londres, avoir ramené Pichegru, l'avoir mis dans les bras de Moreau, tout cela dans l'intention, disait-il, d'obtenir le rappel de l'un par les sollicitations de l'autre. Lajolais n'avait tu que les relations avec Georges, qui, une fois avouées, auraient rendu sa version inadmissible. Mais ce malheureux ignorait que les relations de Pichegru avec Georges, et avec les princes émigrés, étant constatées d'une manière certaine par d'autres dépositions, livrer seulement le secret des entrevues de Moreau avec Pichegru, c'était établir un lien fatal entre Moreau, Georges et les princes émigrés. Les dépositions de Lajolais suffisaient donc pour mettre en évidence les torts de Moreau. La première chose à faire était d'éclairer amicalement ce dernier sur la marche de l'instruction, pour ne pas l'exposer à mentir inutilement. Il fallait, en lui prouvant qu'on savait tout, l'amener à tout dire. Si l'on y eût ajouté le ton, le langage qui pouvaient l'inviter à la confiance, peut-être on aurait provoqué un moment d'abandon qui aurait sauvé cet infortuné. Au lieu d'agir ainsi, le grand-juge interrogea Moreau sur ses rapports avec Lajolais, Pichegru, Georges, et sur chacun de ces points lui laissa toujours dire qu'il ne savait rien, qu'il n'avait vu personne, qu'il ignorait pourquoi on lui adressait toutes ces questions, et ne l'avertit point qu'il s'engageait dans un dédale de dénégations inutiles et compromettantes. Cette entrevue avec le grand-juge n'eut donc point le résultat qu'en attendait le Premier Consul, et qui eût rendu possible un acte de clémence aussi noble qu'utile.

Mars 1804.

M. Régnier revint aux Tuileries pour rapporter le résultat de l'interrogatoire de Moreau. — Hé bien, reprit le Premier Consul, puisqu'il ne veut pas s'ouvrir à moi, il faudra bien qu'il s'ouvre à la justice. — Le Premier Consul fit donc suivre l'affaire avec la dernière rigueur, et déploya la plus extrême activité pour saisir les coupables. Il songeait surtout à sauver l'honneur de son gouvernement, très-gravement compromis, si on ne fournissait la preuve de la réalité du complot, par la double arrestation de Georges et de Pichegru. Sans cette arrestation, il passait pour un bas envieux, qui avait voulu compromettre et perdre le second gé-

Moreau, ayant refusé de s'ouvrir au grand-juge, est livré à la justice.

néral de la République. On prenait tous les jours de nouveaux complices de la conjuration qui ne laissaient aucun doute sur l'ensemble et les détails du plan, particulièrement sur la résolution d'assaillir la voiture du Premier Consul entre Saint-Cloud et Paris, sur la présence d'un jeune prince à la tête des conjurés, sur l'arrivée de Pichegru pour se concerter avec Moreau, sur leurs divergences de vues, sur les retards qui s'en étaient suivis, et qui avaient amené leur perte à tous. On connaissait donc tous les faits, mais on ne prenait encore aucun des chefs, dont la présence aurait convaincu les esprits les plus incrédules; on ne prenait pas le prince tant attendu, dont le Premier Consul, dans sa colère, voulait faire un sanglant sacrifice. Le colonel Savary, placé à la falaise de Biville, écrivait qu'il avait tout vu, tout vérifié sur les lieux mêmes, et qu'il avait constaté la parfaite exactitude des révélations obtenues quant au mode des débarquements, quant à la route mystérieuse frayée entre Biville et Paris, quant à l'existence du petit bâtiment qui chaque soir courait des bordées le long de la côte, et semblait toujours vouloir s'approcher, sans s'approcher jamais. On avait lieu de croire que les signaux convenus entre les conjurés, n'étant pas faits sur le sommet de la falaise (parce qu'on ne les connaissait pas), ou bien des avertissements ayant été envoyés de Paris à Londres, le nouveau débarquement était contremandé ou au moins suspendu. Le colonel Savary avait ordre d'attendre avec une imperturbable patience.

Dans Paris, on saisissait chaque jour la trace de

Pichegru ou de Georges. On avait failli les arrêter, mais chaque fois on les avait manqués d'un instant. Le Premier Consul, qui ne ménageait pas les moyens, résolut de présenter une loi, dont le caractère prouvera quelle idée on se faisait, au sortir de la Révolution, des garanties des citoyens, aujourd'hui si respectées. On proposa donc au Corps Législatif une loi par laquelle tout individu qui recèlerait Georges, Pichegru et soixante de leurs complices, dont on donnait le signalement, serait puni, non pas de la prison ou des fers, mais de la mort. Quiconque, les ayant vus, ou ayant connu leur retraite, ne les dénoncerait pas, serait puni de six ans de fers. Cette loi formidable, qui ordonnait, sous peine de mort, un acte barbare, fut adoptée, le jour même où elle avait été présentée, sans aucune réclamation.

Mars 1804.

Loi contre ceux qui donneront asile à Georges et à ses complices.

A peine était-elle rendue, qu'elle fut suivie de précautions non moins rigoureuses. On pouvait craindre que les conjurés, pourchassés de la sorte, ne songeassent à prendre la fuite. Paris fut donc fermé. Tout le monde put y entrer; personne n'eut la permission d'en sortir, pendant un certain nombre de jours. Pour assurer l'exécution de cette mesure, la garde à pied fut placée par détachements à toutes les portes de la capitale; la garde à cheval fit des patrouilles continuelles le long du mur d'octroi, avec ordre d'arrêter quiconque passerait par-dessus le mur, ou de faire feu sur quiconque voudrait s'enfuir. Enfin les matelots de la garde, distribués dans des canots, sta-

Paris fermé pendant plusieurs jours.

tionnèrent sur la Seine, pendant le jour et la nuit. Les courriers du gouvernement avaient seuls la faculté de sortir, après avoir été fouillés, et reconnus de manière qu'on ne pût s'y tromper.

Un moment on sembla revenu aux plus mauvais temps de la Révolution. Une sorte de terreur s'était répandue dans Paris. Les ennemis du Premier Consul en abusaient cruellement, et disaient de lui tout ce qu'on avait dit autrefois de l'ancien comité de salut public. Dirigeant la police lui-même, il était instruit de tous ces propos, et son exaspération sans cesse accrue le rendait capable des actes les plus violents. Il était sombre, dur, et ne ménageait personne. Depuis les derniers événements il ne dissimulait plus son humeur contre M. de Markoff; et la circonstance présente fit éclater cette humeur d'une manière extrêmement fâcheuse. Parmi les gens arrêtés se trouvait un Suisse, attaché, on ne sait à quel titre, à l'ambassade de Russie, véritable intrigant, qu'il était peu convenable à une légation étrangère de prendre à son service. A cette inconvenance M. de Markoff avait ajouté l'inconvenance plus grande encore de le réclamer. Le Premier Consul donna l'ordre de ne pas le rendre, de le tenir plus à l'étroit qu'auparavant, et de faire sentir à M. de Markoff toute l'indécence de sa conduite. A cette occasion il fut frappé de deux circonstances, auxquelles jusquelà il n'avait pas pris garde, c'est que M. d'Entraigues, l'ancien agent des princes émigrés, était à Dresde, avec une commission diplomatique de l'empereur de Russie; qu'un nommé Vernègues, autre émigré attaché aux Bourbons, envoyé par eux à la cour de Naples, se trouvait à Rome, et prenait la qualité de sujet russe. Le Premier Consul fit demander à la cour de Saxe le renvoi de M. d'Entraigues, à la cour de Rome l'arrestation immédiate et l'extradition de l'émigré Vernègues, et réclama ces actes rigoureux d'une manière péremptoire, qui ne laissait guère la faculté de répondre par un refus. A la première réception diplomatique, il mit à une rude épreuve la morgue de M. de Markoff, comme il y avait mis naguère la roideur de lord Withworth. Il lui dit qu'il trouvait fort étrange que des ambassadeurs eussent à leur service des hommes qui conspiraient contre le gouvernement, et osassent encore les réclamer. — Est-ce que la Russie, ajouta-t-il, croit avoir sur nous une supériorité, qui lui permette de tels procédés ? Est-ce qu'elle nous croit *tombés en quenouille*, jusqu'au point de supporter de telles choses ? Elle se trompe ; je ne souffrirai rien d'inconvenant, d'aucun prince sur la terre. —

Dix ans auparavant, la bienveillante Révolution de quatre-vingt-neuf était devenue la sanglante Révolution de quatre-vingt-treize, par les provocations continuelles d'ennemis insensés. Un effet du même genre se produisait en ce moment dans l'âme bouillante de Napoléon. Ces mêmes ennemis se comportant avec Napoléon, comme ils s'étaient comportés avec la Révolution, faisaient tourner du bien au mal, de la modération à la violence, celui qui, jusqu'à ce jour, n'avait été qu'un sage à la tête de l'État. Les royalistes, qu'il avait tirés de l'oppression, l'Europe, qu'il avait essayé de vaincre par sa modération, après l'avoir vaincue par son épée, tout ce qu'il avait, en un mot, le plus ménagé, il était disposé à le maltraiter maintenant, en actes et en paroles. C'était une tempête excitée dans une grande âme par l'ingratitude des partis, et l'imprudente malveillance de l'Europe.

Une profonde anxiété régnait dans Paris. La terrible loi portée contre ceux qui recèleraient Georges, Pichegru et ses complices, n'avait fait naître chez personne la basse résolution de les livrer; mais personne aussi ne voulait leur donner asile. Ces malheureux, que nous avons laissés désunis, déconcertés par leurs divergences, erraient la nuit, de maisons en maisons, payant quelquefois six à huit mille francs la retraite qu'on leur accordait seulement pour quelques heures. Pichegru, M. de Rivière, Georges, vivaient dans d'affreuses perplexités. Ce dernier supportait courageusement sa situation, habitué qu'il était aux aventures de la guerre civile. D'ailleurs il ne se sentait pas abaissé; il avait compromis autour de lui tout ce qu'il y avait de plus auguste, et il songeait seulement à se tirer de ce mauvais pas, comme de tant d'autres dont il était sorti heureusement, par son intelligence et son courage. Mais ces membres de la noblesse française, qui avaient cru que la France, ou tout au moins leur parti, allait leur ouvrir les bras, et qui ne trouvaient que froideur, embarras ou blâme, étaient désolés de leur entreprise. Ils sentaient mieux maintenant l'odieux d'un projet, qui ne s'offrait plus sous les couleurs décevantes, que l'espérance du succès prête à toutes choses. Ils sentaient l'indignité des relations auxquelles ils s'étaient condamnés, en s'introduisant en France avec une troupe de chouans. Pichegru, qui à des vices déplorables joignait certaines qualités, le sang-froid, la prudence, une haute pénétration, Pichegru voyait bien qu'au lieu de se relever de sa première chute, il était tombé dans le fond d'un abîme. Une première faute commise quelques années auparavant, celle d'accepter de coupables relations avec les Condés, l'avait conduit à devenir un traître, puis un proscrit. Maintenant il allait être trouvé parmi les complices d'un guet-apens. Cette fois il ne resterait plus rien de la gloire du vainqueur de la Hollande! En apprenant l'arrestation de Moreau, il devina le sort qui l'attendait, et s'écria qu'il était perdu. La familiarité de ces chouans lui était odieuse. Il se consolait dans la société de M. de Rivière, qu'il trouvait plus sage, plus sensé que les autres amis du comte d'Artois, envoyés à Paris. Un soir, réduit au désespoir, il saisit un pistolet, et allait se brûler la cervelle, lorsqu'il en fut empêché par M. de Rivière lui-même. Une autre fois, privé de gîte, il eut une inspiration qui l'honore, et qui honore surtout l'homme auquel il eut recours dans le moment. Parmi les ministres du Premier Consul, se trouvait un des proscrits du 18 fructidor : c'était M. de Marbois. Pichegru n'hésita pas à venir, pour une nuit, frapper à sa porte, et lui montrer de nouveau le proscrit de Sinnamari, demandant à un autre proscrit de Sinnamari, devenu mi-

Mars 1804.

nistre du Premier Consul, de violer la loi de son maître. M. de Marbois le reçut avec douleur, mais sans inquiétude pour lui-même. L'honneur qu'on lui faisait en comptant sur sa générosité, il le faisait à son tour au Premier Consul, en ne doutant pas de son approbation. C'est un spectacle qui console de ces tristes scènes, de voir ces trois hommes, si divers, compter les uns sur les autres : Pichegru sur M. de Marbois, M. de Marbois sur le Premier Consul. Plus tard, en effet, M. de Marbois avoua ce qu'il avait fait, et le Premier Consul lui répondit par une lettre qui était une noble approbation de sa généreuse conduite.

Mais une telle situation devait avoir un terme prochain. Un officier qui avait été attaché à Pichegru trahit son secret, et le livra à la police. La nuit, pendant que le général dormait, entouré des armes dont il ne se séparait jamais, et des livres dont il faisait sa lecture accoutumée, la lampe étant éteinte, un détachement de la gendarmerie d'élite pénétra dans sa retraite, pour le saisir. Éveillé par le bruit, il voulut se jeter sur ses armes, n'en eut pas le temps, et se défendit quelques minutes avec une grande vigueur. Bientôt vaincu, il se rendit, et fut transporté au Temple, où devait finir de la manière la plus malheureuse une vie jadis si brillante.

A peine était-il arrêté que M. Armand de Polignac, après lui M. Jules de Polignac, et enfin M. de Rivière, poursuivis sans relâche, non pas dénoncés, mais bientôt aperçus en changeant d'asile, furent saisis à leur tour. Ces arrestations produisirent sur l'opinion un effet profond et général. La masse des gens honnêtes, dénuée d'esprit de parti, fut édifiée sur la réalité du complot. La présence de Pichegru, des amis personnels de M. le comte d'Artois, ne laissait plus de doute. Apparemment ils n'avaient pas été amenés en France par la police, cherchant à échafauder un complot. La gravité des dangers qu'avait courus et que courait encore le Premier Consul, se révéla tout entière, et on éprouva plus vivement que jamais l'intérêt que devait inspirer une vie si précieuse. Ce n'était plus l'envieux rival de Moreau qui avait voulu perdre ce général, c'était le sauveur de la France exposé aux machinations incessantes des partis. Toutefois les malveillants, quoique un peu déconcertés, ne se taisaient pas. A les entendre, MM. de Polignac, de Rivière, étaient des imprudents, incapables de se tenir en repos, s'agitant sans cesse avec M. le comte d'Artois, et venus uniquement pour voir si les circonstances étaient favorables à leur parti. Mais il n'y avait là ni complot sérieux, ni péril menaçant, de nature à justifier l'intérêt qu'on cherchait à inspirer pour la personne du Premier Consul.

Il fallait, pour fermer la bouche à ces discoureurs, pour les confondre, une arrestation de plus, celle de Georges. Alors il ne serait guère possible de dire, en trouvant ensemble MM. de Polignac, de Rivière, Pichegru et Georges, qu'ils étaient à Paris en simples observateurs. Cette dernière preuve devait être bientôt obtenue, grâce aux moyens terribles employés par le gouvernement.

Georges, traqué par une multitude d'agents, obligé de changer de gîte tous les jours, ne pouvant sortir de Paris, qui était gardé par terre et par eau, Georges devait finir par succomber. On était sur ses traces ; mais il est juste de reconnaître, à l'honneur du temps, que personne n'avait consenti à le livrer, bien que le vœu de son arrestation fût général. Ceux qui se hasardaient à le recevoir ne voulaient le cacher que pour un jour. Il fallait que tous les soirs il changeât de retraite. Le 9 mars, vers l'entrée de la nuit, plusieurs officiers de paix entourèrent une maison, devenue suspecte par les allées et venues de gens de mauvaise apparence. Georges, qui l'avait occupée, essaya d'en sortir pour se procurer un asile ailleurs. Il partit vers sept heures du soir, et monta, près du Panthéon, dans un cabriolet conduit par un serviteur de confiance, jeune chouan déterminé. Les officiers de paix suivirent ce cabriolet en courant à perte d'haleine, jusqu'au carrefour de Bussy. Georges pressait son compagnon de hâter le pas, lorsque l'un des agents de la police, arrivé le premier, se jeta sur la bride du cheval. Georges d'un coup de pistolet l'étendit roide mort à ses pieds. Il s'élança ensuite du cabriolet pour s'enfuir, et tira un second coup sur un autre agent, qu'il blessa grièvement. Mais, enveloppé par le peuple, arrêté malgré ses efforts, il fut livré à la force publique, accourue en toute hâte. On le reconnut sur-le-champ pour ce terrible Georges qu'on cherchait depuis si long-temps, et qu'on tenait enfin, ce qui produisit dans Paris une joie générale. On vivait, en effet, dans une sorte d'oppression dont on était maintenant soulagé. Avec Georges venait d'être arrêté le serviteur qui l'accompagnait, et qui avait eu à peine le temps de faire quelques pas.

Georges fut conduit à la préfecture de police. La première émotion passée, ce chef des conjurés était redevenu parfaitement calme. Il était jeune et vigoureux ; il avait les épaules larges, le visage plein, plutôt ouvert et serein que sombre et méchant, comme son rôle aurait pu le faire croire. Il portait sur lui des pistolets, un poignard, et une soixantaine de mille francs, tant en or qu'en billets de banque. Interrogé immédiatement, il avoua, sans hésiter, son nom, et le motif de sa présence à Paris. Il était venu, disait-il, pour attaquer le Premier Consul, non pas en s'introduisant avec quatre assassins dans son palais, mais en l'abordant ouvertement, en rase campagne, au milieu de sa garde consulaire. Il devait agir en compagnie d'un prince français, qui se proposait de venir en France, mais qui n'y était pas encore arrivé. Georges était presque fier de la nature toute nouvelle de ce complot, qu'il mettait beaucoup de soin à distinguer d'un assassinat. Cependant, lui disait-on, vous avez envoyé Saint-Réjant à Paris, pour y préparer la machine infernale. — Je l'ai envoyé, répondait Georges, mais je ne lui avais pas prescrit les moyens dont il devait se servir. — Mauvaise justification, qui prouvait bien que Georges n'était pas étranger à cet horrible attentat ! Du reste, sur tout ce qui concernait d'autres que lui, ce hardi conjuré s'obstinait à se taire, répétant qu'il y avait assez de victimes, et qu'il n'en voulait pas augmenter le nombre[1].

Après l'arrestation de Georges et ses déclarations, le complot était avéré, le Premier Consul justifié ; on ne pouvait plus répéter, comme on le faisait depuis un mois, que la police inventait les conspirations qu'elle prétendait découvrir ; on n'avait plus qu'à baisser les yeux, si on était du parti royaliste, en voyant un prince français promettre de se rendre en France avec une bande de chouans, pour

[1] *Extrait du premier interrogatoire de Georges par le préfet de police*, 18 ventôse (9 mars).

Tome II, page 79.

Nous, conseiller d'État, préfet de police, avons fait comparaître par-devant nous Georges Cadoudal, et l'avons interrogé ainsi qu'il suit :

Demande. Que veniez-vous faire à Paris ?

Réponse. Je venais pour attaquer le Premier Consul.

D. Quels étaient vos moyens pour attaquer le Premier Consul ?

R. J'en avais encore bien peu ; je comptais en réunir.....

D. De quelle nature étaient vos moyens d'attaque contre le Premier Consul ?

R. Des moyens de vive force.

D. Aviez-vous beaucoup de monde avec vous ?

R. Non, parce que je ne devais attaquer le Premier Consul que lorsqu'il y aurait un prince français à Paris, et il n'y est point encore.

D. Vous avez, à l'époque du 3 nivôse, écrit à Saint-Réjant, et vous lui avez fait des reproches de la lenteur qu'il mettait à exécuter vos ordres contre le Premier Consul ?

R. J'avais dit à Saint-Réjant de réunir des moyens à Paris, mais je ne lui avais pas dit de faire l'affaire du 3 nivôse......

Extrait du deuxième interrogatoire de Georges Cadoudal, 18 ventôse (9 mars).

Tome II, page 83.

Demande. Depuis quel temps êtes-vous à Paris ?

Réponse. Depuis environ cinq mois ; je n'y suis point resté quinze jours en totalité.

livrer une soi-disant bataille sur une grande route. Il restait, à la vérité, l'excuse de dire qu'il n'y serait pas venu. C'est possible, même probable; mais mieux aurait valu tenir parole, que de promettre en vain aux malheureux qui risquaient leur tête sur de telles assurances. Au surplus, ce n'était pas seulement Georges qui annonçait un prince; les amis

D. Où avez-vous logé?
R. Je ne veux pas le dire....
D. Quel est le motif qui vous a amené à Paris?
R. J'y suis venu dans l'intention d'attaquer le Premier Consul.
D. Quels étaient vos moyens d'attaque?
R. L'attaque devait être de vive force.
D. Où comptiez-vous trouver cette force-là?
R. Dans toute la France.
D. Il y a donc dans toute la France une force organisée à votre disposition et à celle de vos complices?
R. Ce n'est pas ce qu'on doit entendre par la force dont j'ai parlé ci-dessus.
D. Que faut-il donc entendre par la force dont vous parlez?
R. Une réunion de force à Paris. Cette réunion n'est pas encore organisée; elle l'eût été aussitôt que l'attaque aurait été définitivement résolue.
D. Quel était donc votre projet et celui des conjurés?
R. De mettre un Bourbon à la place du Premier Consul.
D. Quel était le Bourbon désigné?
R. Charles-Xavier-Stanislas, ci-devant Monsieur, reconnu par nous pour Louis XVIII.
D. Quel rôle deviez-vous jouer lors de l'attaque?
R. Celui qu'un des ci-devant princes français, qui devait se trouver à Paris, m'aurait assigné.
D. Le plan a donc été conçu et devait donc être exécuté d'accord avec les ci-devant princes français?
R. Oui, citoyen juge.
D. Vous avez donc conféré avec ces ci-devant princes en Angleterre?
R. Oui, citoyen.
D. Qui devait fournir les fonds et les armes?
R. J'avais depuis long-temps les fonds à ma disposition : je n'avais pas encore les armes......

de M. le comte d'Artois, MM. de Rivière et de Polignac tenaient le même langage. Ils confessaient la partie la plus importante du projet. Ils repoussaient loin d'eux l'idée d'avoir participé à un projet d'assassinat ; mais ils avouaient être venus en France pour quelque chose qu'ils ne définissaient pas, pour une espèce de mouvement, à la tête duquel devait figurer un prince français. Ils n'avaient fait que le devancer, pour s'assurer de leurs propres yeux, s'il était utile et convenable qu'il arrivât[1]. Comme

[1] *Extrait du premier interrogatoire de M. de Rivière par le conseiller d'État Réal*, le 16 ventôse (7 mars).

Tome II, page 259.

Demande. Depuis quel temps êtes-vous à Paris?

Réponse. Il y a environ un mois.

D. Par quelle voie êtes-vous venu de Londres en France?

R. Par la côte de Normandie, sur un bâtiment anglais, capitaine Wright, à ce que je crois.

D. Combien y avait-il de passagers, et quels étaient les passagers?

R. Je ne sais pas.

D. Vous savez que l'ex-général Pichegru et Lajolais faisaient partie de ces passagers, ainsi que monsieur Jules de Polignac?

R. Cela ne me regardant pas, je l'ignore.

. . . .

D. Arrivé sur la côte où vous êtes débarqué, par quelle voie vous êtes-vous rendu à Paris?

R. Tantôt à pied, et tantôt à cheval, par la route de Rouen, que j'ai été gagner . . . .

D. Quels sont les motifs de votre voyage et de votre séjour en cette ville?

R. De m'assurer de l'état des choses, et de la situation politique et intérieure, afin d'en faire part aux princes, qui auraient jugé, d'après mes observations, s'il était de leur intérêt de venir en France, ou de rester en Angleterre. Je dois dire cependant que je n'avais point de mission particulière d'eux dans le moment ; mais les ayant souvent servis avec zèle. . . . .

D. Quel a été le résultat des observations que vous avez faites sur

Georges, ces messieurs cherchaient à s'excuser d'être trouvés en si mauvaise compagnie, en répétant qu'un prince français devait être avec eux. Ce prince n'étant pas venu, ne se proposant plus de venir, ils étaient assurés de ne pas le mettre en péril, car il était couvert par toute la largeur de la Manche. Les imprudents ne se doutaient pas qu'il y en avait d'autres moins bien abrités, et qui payeraient peut-être de leur sang les projets conçus et préparés à Londres.

Mars 1804.

Certitude acquise qu'un prince devait venir à Paris.

la situation politique, sur le gouvernement, et sur l'opinion? Qu'auriez-vous marqué aux princes à ce sujet, si vous aviez pu leur écrire et vous rendre auprès d'eux?

R. En général, j'ai cru voir en France beaucoup d'égoïsme, d'apathie, et un grand désir de conserver la tranquillité.

Extrait du deuxième interrogatoire de M. Armand de Polignac,
22 ventôse (13 mars).

Tome II, page 239.

Je suis débarqué sur les côtes de Normandie; après plusieurs séjours, j'ai logé près l'Isle-Adam, dans un endroit où se trouvait Georges, aussi connu sous le nom de Lorière.

Nous sommes venus à Paris ensemble, et avec quelques officiers à sa disposition.

Lorsque je suis parti cette dernière fois de Londres, je savais quels étaient les projets du comte d'Artois; je lui étais trop attaché pour ne pas l'accompagner.

Son plan était d'arriver en France, de faire proposer au Premier Consul d'abandonner les rênes du gouvernement, afin qu'il pût en saisir son frère.

Si le Premier Consul eût rejeté cette proposition, le comte était décidé à engager une attaque de vive force, pour tâcher de reconquérir les droits qu'il regardait comme appartenant à sa famille.

Je n'ignorais pas qu'il n'était pas encore prêt à tenter la descente lorsque je suis parti; si je l'ai devancé, c'est par désir de voir, comme je l'ai dit, mes parents, ma femme et mes amis.

Lorsqu'il fut question d'un second débarquement, le comte d'Artois

Mars 1804.

Résolution persistante du Premier Consul de frapper un prince de Bourbon.

Plût au ciel que le Premier Consul se fût contenté de ce qu'il avait sous la main pour confondre ses ennemis! Il avait le moyen de les faire trembler, en leur infligeant légalement les peines contenues dans nos codes; il pouvait de plus les couvrir de confusion, car les preuves obtenues étaient accablantes. C'était plus qu'il n'en fallait à sa sûreté et à son honneur. Mais, comme nous l'avons déjà dit, indulgent alors pour les révolutionnaires, il était indigné contre les royalistes, révolté de leur ingratitude, et résolu à leur faire sentir le poids de sa puissance. Il y avait dans son cœur, outre la vengeance, un autre sentiment : c'était une sorte d'orgueil. Il disait tout haut, à tout venant, qu'un Bourbon pour lui n'était pas plus que Moreau ou Pichegru, et même moins; que ces princes, se croyant inviolables, compromettaient à leur gré une foule de malheureux de tout rang, et puis se met-

me fit entendre qu'en raison de la confiance qu'il avait en moi et du zèle que j'avais toujours témoigné, il désirait que j'en fisse partie; c'est ce qui me détermina à passer sur le premier bâtiment.

Je dois vous observer qu'au moment de mon départ, j'ai hautement déclaré que, si tous ces moyens n'avaient pas le cachet de la loyauté, je me retirerais et repasserais en Russie. . . . .

Demande. Est-il à votre connaissance que le général Moreau voyait Pichegru et Georges Cadoudal?

Réponse. J'ai su qu'il y avait eu une conférence très-sérieuse à Chaillot maison numéro six, où logeait Georges Cadoudal, entre ledit Cadoudal, le général Moreau, et Pichegru, ex-général.

On m'a assuré que Georges Cadoudal, après différentes ouvertures et explications, avait dit au général Moreau : Si vous voulez, je vous laisserai avec Pichegru, et alors vous finirez peut-être par vous entendre;

Qu'enfin le résultat n'avait laissé que des incertitudes désagréables, attendu que Georges Cadoudal et Pichegru paraissaient bien fidèles à la cause du prince; mais que Moreau restait indécis, et faisait soupçonner

taient à l'abri derrière la mer ; qu'ils avaient tort de tant compter sur cet asile ; qu'il finirait bien par en prendre un, et que celui-là il le ferait fusiller comme un coupable ordinaire ; qu'il fallait qu'on sût enfin à qui on avait affaire, en s'attaquant à lui ; qu'il n'avait pas plus peur de verser le sang d'un Bourbon que le sang du dernier des chouans ; qu'il apprendrait bientôt au monde que les partis étaient tous égaux à ses yeux ; que ceux qui attireraient sur leur tête sa main redoutable, en sentiraient le poids, quels qu'ils fussent, et qu'après avoir été le plus clément des hommes, on verrait qu'il pouvait devenir le plus terrible.

<small>Mars 1804.</small>

Personne n'osait le contredire : le consul Lebrun se taisait ; le consul Cambacérès se taisait aussi, en laissant voir pourtant cette désapprobation silencieuse, qui était sa résistance à certains actes du Premier Consul. M. Fouché, qui voulait se remettre

<small>Les dispositions du Premier Consul peu combattues.</small>

des idées d'intérêts particuliers. J'ai su, depuis, qu'il y avait eu d'autres conférences entre le général Moreau et l'ex-général Pichegru.

Extrait de l'interrogatoire subi par M. Jules de Polignac devant le conseiller d'État Réal, le 16 ventôse (7 mars), et cité dans l'acte d'accusation.

Tome I, page 61.

Interpellé. . . . .

A répondu : Que lui paraissant, ainsi qu'à son frère, que ce qu'on voulait faire n'était pas aussi noble qu'ils devaient naturellement l'espérer, ils avaient parlé de se retirer en Hollande.

Invité à expliquer le motif de ses craintes,

Il a répondu, qu'il soupçonnait qu'au lieu de remplir une mission quelconque relative à un changement de gouvernement, il était question d'agir contre un seul individu, et que c'était le Premier Consul que le parti de Georges se proposait d'attaquer.

en faveur, et qui, porté en général à l'indulgence, désirait néanmoins brouiller le gouvernement avec les royalistes, approuvait fort la nécessité d'un exemple. M. de Talleyrand, qui certes n'était pas cruel, mais qui ne savait jamais contredire le pouvoir, à moins qu'il n'en fût devenu l'ennemi, et qui avait à un degré funeste le goût de lui plaire quand il l'aimait, M. de Talleyrand disait aussi avec M. Fouché, qu'on avait trop fait pour les royalistes, qu'à force de les bien traiter, on était allé jusqu'à donner aux hommes de la Révolution des doutes fâcheux, et qu'il fallait punir enfin, punir sévèrement et sans exception. Sauf le consul Cambacérès, tout le monde flattait cette colère, qui, dans le moment, n'avait pas besoin d'être flattée pour devenir redoutable, peut-être cruelle.

Cette idée de porter tout le châtiment sur les royalistes seuls, pour ne montrer que clémence aux révolutionnaires, était si enracinée alors dans l'esprit du Premier Consul, qu'il essaya pour Pichegru ce qu'il avait voulu faire pour Moreau. Une pitié profonde l'avait saisi en pensant à la situation affreuse de ce général illustre, associé à des chouans, exposé à perdre devant un tribunal non-seulement la vie, mais les derniers restes de son honneur. — Belle fin, dit-il à M. Réal, belle fin pour le vainqueur de la Hollande! Mais il ne faut pas que les hommes de la Révolution se dévorent entre eux. Il y a long-temps que je songe à Cayenne; c'est le plus beau pays de la terre pour y fonder une colonie. Pichegru y a été proscrit, il le connaît; il est de tous nos généraux le plus capable d'y créer un grand établissement. Allez le trouver dans sa prison, dites-lui que je lui pardonne, que ce n'est ni à lui, ni à Moreau, ni à ses pareils, que je veux faire sentir les rigueurs de la justice. Demandez-lui combien il faut d'hommes et de millions pour fonder une colonie à Cayenne; je les lui donnerai, et il ira refaire sa gloire, en rendant des services à la France. —

M. Réal porta dans la prison de Pichegru ces nobles paroles. Quand celui-ci les entendit, il refusa d'abord d'y croire; il imagina qu'on voulait le séduire pour l'engager à trahir ses compagnons d'infortune. Bientôt, convaincu par l'insistance de M. Réal, qui ne lui demandait aucune révélation, puisqu'on savait tout, il s'émut : son âme fermée s'ouvrit, il versa des larmes, et parla longuement de Cayenne. Il avoua que, par une singulière prévision, il avait souvent, dans son exil, songé à ce qu'on pourrait y faire, et préparé même des projets. On verra bientôt par quelle fatale rencontre les généreuses intentions du Premier Consul n'eurent pour effet qu'une déplorable catastrophe.

Il attendait toujours avec la plus vive impatience des nouvelles du colonel Savary, placé en sentinelle avec cinquante hommes à la falaise de Biville. Le colonel était en observation depuis vingt et quelques jours, et aucun débarquement n'avait lieu. Le brick du capitaine Wright paraissait chaque soir, courait des bordées, mais ne touchait jamais au rivage, soit, comme nous l'avons dit, que les passagers que portait le capitaine Wright attendissent un signal qu'on ne leur faisait pas, soit que les nouvelles de Paris les engageassent à ne pas débarquer. Le colonel Savary dut enfin déclarer que sa mission se prolongeait inutilement et sans but.

Le Premier Consul, dépité de ne pas saisir l'un de ces princes qui en voulaient à sa vie, promenait ses regards sur tous les lieux où ils résidaient. Un matin, dans son cabinet, entouré de MM. de Talleyrand et Fouché, il se faisait énumérer les membres de cette famille infortunée, autant à plaindre pour ses fautes que pour ses malheurs. On lui disait que Louis XVIII, avec le duc d'Angoulême, habitait Varsovie; que M. le comte d'Artois et le duc de Berry se trouvaient à Londres; que les princes de Condé se trouvaient aussi à Londres, hors un seul, le troisième, le plus jeune, le plus entreprenant, le duc d'Enghien, qui vivait à Ettenheim, fort près de Strasbourg. C'était de ce côté aussi que MM. Taylor, Smith et Drake, agents anglais, cherchaient à fomenter des intrigues. L'idée que ce jeune prince pouvait se servir du pont de Strasbourg, comme le comte d'Artois avait voulu se servir de la falaise de Biville, vint tout à coup à l'esprit du Premier Consul, et il résolut d'envoyer sur les lieux un sous-officier de gendarmerie intelligent, pour prendre des informations. On en avait un qui avait servi autrefois, lorsqu'il était jeune, auprès des princes de Condé. On lui ordonna de se déguiser, de se rendre à Ettenheim, et de se procurer des renseignements sur le prince, sur son genre de vie, sur ses relations.

Le sous-officier partit avec cette commission, et

se rendit à Ettenheim. Le prince y vivait depuis quelque temps auprès d'une princesse de Rohan, à laquelle il était fort attaché, partageant son temps entre cette affection et le goût de la chasse, qu'il satisfaisait dans la Forêt-Noire. Il avait reçu ordre du cabinet britannique de se rendre aux bords du Rhin, sans doute dans la prévision du mouvement dont MM. Drake, Smith et Taylor donnaient la fausse espérance à leur gouvernement. Ce prince croyait avoir à faire prochainement la guerre contre son pays, déplorable rôle qui avait déjà été le sien pendant plusieurs années. Mais rien ne prouve qu'il connût le complot de Georges. Tout porte à croire, au contraire, qu'il l'ignorait. Il s'absentait souvent pour aller à la chasse, et même, disaient quelques personnes, pour assister au spectacle à Strasbourg. Il est certain que ce bruit avait reçu assez de consistance, pour que son père lui écrivît de Londres, et lui donnât l'avis d'être plus prudent, en termes assez sévères [1]. Ce prince avait auprès de lui

---

[1] *Le prince de Condé au duc d'Enghien.*

Wanstead, le 16 juin 1803.

Mon cher enfant,

On assure ici, depuis plus de six mois, que vous avez été faire un voyage à Paris; d'autres disent que vous n'avez été qu'à Strasbourg. Il faut convenir que c'était un peu inutilement risquer votre vie et votre liberté : car, pour vos principes, je suis très-tranquille de ce côté-là; ils sont aussi profondément gravés dans votre cœur que dans les nôtres. Il me semble qu'à présent vous pourriez nous confier le passé, et, si la chose est vraie, ce que vous avez observé dans vos voyages.

A propos de votre santé, qui nous est si chère à tant de titres, je vous ai mandé, il est vrai, que la position où vous êtes pouvait être très-utile à beaucoup d'égards. Mais vous êtes bien près : prenez garde

quelques émigrés attachés à sa personne, notamment un certain marquis de Thumery.

Le sous-officier envoyé pour prendre des renseignements arriva déguisé, et se fit donner, dans la maison même du prince, une foule de détails dont il était facile à des esprits prévenus de tirer de funestes inductions. On disait que le jeune duc s'absentait souvent; qu'il s'absentait même pour plusieurs jours, quelquefois, ajoutait-on, pour aller à Strasbourg. Il avait avec lui un personnage qu'on présentait comme beaucoup plus important qu'il n'était, et qui s'appelait d'un nom que les Allemands, auteurs de ces rapports, prononçaient mal, et de manière à faire croire que c'était le général Dumouriez. Ce personnage était le marquis de Thumery, dont nous venons de citer le nom, et que le sous-officier, trompé par la prononciation allemande, prit de bonne foi pour le célèbre général Dumouriez. Il consigna ces détails dans son rapport, écrit, comme on le voit, sous l'influence des illusions les plus malheureuses, et envoyé sur-le-champ à Paris.

Ce rapport fatal arriva le 10 mars au matin. La veille au soir, dans la nuit, et le matin encore du même jour, une déposition non moins fatale avait été plusieurs fois renouvelée. On avait obtenu cette déposition du nommé Léridant, qui était le serviteur

à vous, et ne négligez aucune précaution pour être averti à temps et faire votre retraite en sûreté, au cas qu'il passât par la tête du Consul de vous faire enlever. N'allez pas croire qu'il y ait du courage à tout braver à cet égard. . . . .

Signé : Louis-Joseph de Bourbon.

de Georges, arrêté avec lui. Il avait résisté d'abord aux interrogations pressantes de la justice; puis il avait fini par parler avec une sincérité qui semblait complète; et il venait enfin de déclarer qu'en effet il y avait un complot, qu'un prince était à la tête de ce complot, que ce prince allait arriver, ou était même arrivé; que quant à lui, il avait lieu de le croire, car il avait vu venir quelquefois chez Georges un homme jeune, bien élevé, bien vêtu, objet du respect général. Cette déposition, souvent répétée, et chaque fois avec de nouveaux détails, avait été portée au Premier Consul. Le rapport du sous-officier de gendarmerie lui ayant été remis au même instant, il se produisit dans sa tête le plus funeste concours d'idées. Les absences du duc d'Enghien se lièrent avec la prétendue présence d'un prince à Paris. Ce jeune homme pour lequel les conjurés montraient tant de respect, ne pouvait être un prince venu de Londres, car la falaise de Biville était soigneusement gardée. Ce ne pouvait être que le duc d'Enghien, venant en quarante-huit heures d'Ettenheim à Paris, et retournant de Paris à Ettenheim dans le même espace de temps, après quelques moments passés au milieu de ses complices. Mais, ce qui achevait aux yeux du Premier Consul cette malheureuse démonstration, c'était la présence supposée de Dumouriez. Le plan se complétait ainsi d'une manière frappante. Le comte d'Artois devait arriver par la Normandie avec Pichegru, le duc d'Enghien par l'Alsace avec Dumouriez. Les Bourbons pour rentrer en France se faisaient accompagner par deux célèbres généraux de la République. La tête, ordinairement si saine, si forte du Premier Consul, ne tint pas à tant d'apparences trompeuses. Il fut convaincu. Il faut avoir vu des esprits tendus par une recherche de ce genre, surtout si une passion quelconque les dispose à croire ce qu'ils soupçonnent, pour comprendre à quel point les inductions sont promptes, et pour bénir cent fois les lenteurs de la justice, qui sauvent les hommes de ces fatales conclusions, tirées si vite de quelques coïncidences fortuites.

Le Premier Consul, en lisant le rapport du sous-officier envoyé à Ettenheim, que venait de lui remettre le général Moncey, commandant de la gendarmerie, fut saisi d'une extrême agitation. Il reçut fort mal M. Réal qui survint dans le moment, lui reprocha de lui avoir laissé ignorer si longtemps des détails d'une telle importance, et il crut de très-bonne foi tenir la seconde et la plus redoutable partie du complot. Cette fois la mer ne l'arrêtait plus; le Rhin, le duc de Baden, le corps germanique n'étaient pas des obstacles pour lui. Il convoqua sur-le-champ un conseil extraordinaire, composé des trois Consuls, des ministres, et de M. Fouché, redevenu ministre de fait, quoiqu'il n'en eût plus le titre. Il appela en même temps aux Tuileries les généraux Ordener et Caulaincourt. Mais, en attendant ces messieurs, il avait pris des cartes du Rhin, pour ordonner un plan d'enlèvement, et, ne trouvant pas celles qu'il cherchait, il renversait confusément à terre toutes les cartes de sa bibliothèque. M. de Meneval, homme doux, sage, incorruptible, dont il ne pouvait jamais se passer, parce qu'il lui dictait ses lettres les plus secrètes, M. de Meneval s'était absenté ce jour-là pour quelques instants. Il le fit appeler aux Tuileries avec des reproches très-peu mérités sur son absence, et continua son travail sur la carte du Rhin dans un état d'émotion extraordinaire.

<small>Mars 1804.</small>

Le conseil eut lieu. Un témoin oculaire en a consigné le récit dans ses mémoires.

L'idée d'enlever le prince et le général Dumouriez, sans s'inquiéter de la violation du sol germanique, en adressant toutefois une excuse pour la forme au grand-duc de Baden, fut sur-le-champ proposée. Le Premier Consul demanda les avis, mais avec toutes les apparences d'une résolution prise. Cependant il écouta les objections avec patience. Son collègue Lebrun parut effrayé de l'effet qu'un tel événement produirait en Europe. Le consul Cambacérès eut le courage de résister ouvertement à l'avis qu'on venait de proposer. Il s'efforça de montrer tout ce qu'avait de dangereux une résolution de cette nature, soit pour le dedans, soit pour le dehors, et le caractère de violence qu'elle ne pouvait manquer d'imprimer au gouvernement du Premier Consul. Il fit valoir surtout cette considération, qu'il serait déjà bien grave d'arrêter, de juger, de fusiller un prince du sang royal, même surpris en flagrant délit sur le sol français, mais que l'aller chercher sur le sol étranger, c'était, indépendamment d'une violation de territoire, le saisir quand il avait pour lui toutes les

<small>Conseil extraordinaire dans lequel est résolu l'enlèvement du duc d'Enghien.</small>

<small>Opinion du consul Cambacérès</small>

apparences de l'innocence, et se donner à soi toutes les apparences d'un abus odieux de la force; il conjura le Premier Consul, pour sa gloire personnelle, pour l'honneur de sa politique, de ne pas se permettre un acte qui replacerait son gouvernement au rang de ces gouvernements révolutionnaires, dont il avait mis tant de soin à se distinguer. Il insista enfin plusieurs fois avec une chaleur qui ne lui était pas ordinaire, et proposa, comme terme moyen, d'attendre que ce prince, ou tout autre, fût saisi sur le territoire français, pour lui appliquer alors les lois du temps, dans toute leur rigueur. Cette proposition ne fut point admise. On répondit qu'il ne fallait plus espérer que le prince destiné à s'introduire par la Normandie ou par le Rhin, vînt s'exposer à des dangers certains, inévitables, quand déjà Georges et tous les agents de la conspiration étaient arrêtés; que d'ailleurs, en allant prendre celui qui se trouvait à Ettenheim, on prendrait avec lui ses papiers et ses complices, qu'on acquerrait ainsi des preuves qui attesteraient sa criminalité, et que dès lors on pourrait sévir en s'appuyant sur l'évidence acquise; que souffrir patiemment qu'à la faveur d'un territoire étranger les émigrés conspirassent aux portes de France, c'était accorder la plus dangereuse des impunités; que les Bourbons et leurs partisans recommenceraient tous les jours; qu'il faudrait punir dix fois pour une, tandis qu'en frappant un grand coup, on rentrerait ensuite dans le système de clémence naturel au Premier Consul; que les royalistes avaient besoin d'un avertissement;

que, relativement à la question de territoire, il fallait donner à ces petits princes allemands une leçon comme à tout le monde ; que, du reste, c'était rendre un service au grand-duc de Baden, que de prendre le prince sans le lui demander, car il lui serait impossible de refuser l'extradition à une puissance comme la France, et il serait mis au ban de l'Europe pour l'avoir accordée. On ajouta enfin qu'il ne s'agissait, après tout, que de s'assurer de la personne du prince, de ses complices, de ses papiers ; qu'on verrait après ce qu'il faudrait faire quand on le tiendrait, et quand on aurait examiné les preuves et le degré de sa culpabilité.

Le Premier Consul entendit à peine ce qui fut dit pour et contre ; il écouta comme un homme résolu. Personne ne put se vanter d'avoir influé sur sa détermination. Cependant il ne parut pas savoir mauvais gré à M. Cambacérès de sa résistance. — Je sais, dit-il, le motif qui vous fait parler ; c'est votre dévouement pour moi. Je vous en remercie ; mais je ne me laisserai pas tuer sans me défendre. Je vais faire trembler ces gens-là, et leur enseigner à se tenir tranquilles. —

L'idée de terrifier les royalistes, de leur apprendre qu'on ne s'attaquait pas impunément à un homme comme lui, de leur faire connaître que le sang sacré des Bourbons n'avait pas à ses yeux plus de valeur que celui de tout autre personnage illustre de la République, cette idée et d'autres dans lesquelles le calcul, la vengeance, l'orgueil de sa puissance, avaient une part égale, le dominaient violemment.

Il donna les ordres immédiatement. En présence du général Berthier, il prescrivit aux colonels Ordener et Caulaincourt la conduite qu'ils avaient à tenir. Le colonel Ordener devait se rendre sur les bords du Rhin, prendre avec lui 300 dragons, quelques pontonniers et plusieurs brigades de gendarmerie, pourvoir ces troupes de vivres pour quatre jours, emporter une somme d'argent, afin de n'être point à charge aux habitants, passer le fleuve à Rheinau, courir sur Ettenheim, envelopper la ville, enlever le prince et tous les émigrés qui l'entouraient. Pendant ce temps, un autre détachement, appuyé de quelques pièces d'artillerie, devait se porter par Kehl à Offenbourg, et rester là en observation, jusqu'à ce que l'opération fût achevée. Tout de suite après, le colonel Caulaincourt devait se rendre auprès du grand-duc de Baden, pour lui présenter une note contenant des explications sur l'acte qu'on venait de commettre. L'explication consistait à dire qu'en souffrant ces rassemblements d'émigrés, on avait obligé le gouvernement français à les dissiper lui-même; que d'ailleurs la nécessité d'agir promptement et secrètement n'avait pas permis une entente préalable avec le gouvernement badois.

Il est inutile d'ajouter qu'en donnant ces ordres aux officiers chargés de les exécuter, le Premier Consul ne prenait pas la peine d'expliquer quelles étaient ses intentions en enlevant le prince, ni ce qu'il voulait faire de lui. Il commandait en général à des hommes qui obéissaient en soldats. Cependant le colonel Caulaincourt, que des relations de naissance attachaient à l'ancienne famille royale, et particulièrement aux Condés, était profondément triste, bien qu'il n'eût pour sa part qu'une lettre à porter, et qu'il fût bien loin de prévoir l'horrible catastrophe qui se préparait. Le Premier Consul ne parut pas y prendre garde, et leur enjoignit à tous de se mettre en route au sortir des Tuileries.

Mars 1804.

Les ordres qu'il venait de donner furent ponctuellement exécutés. Cinq jours après, c'est-à-dire le 15 mars, le détachement de dragons, avec toutes les précautions ordonnées, partit de Schelestadt, passa le Rhin, surprit et enveloppa la petite ville d'Ettenheim, avant qu'aucune nouvelle de ce mouvement pût y parvenir. Le prince, qui avait reçu antérieurement des conseils de prudence, mais qui au moment même n'eut point d'avis positif de l'expédition dirigée contre sa personne, se trouvait alors dans la demeure qu'il avait coutume d'habiter à Ettenheim. En se voyant assailli par une troupe armée, il voulut d'abord se défendre, mais il en comprit bientôt l'impossibilité. Il se rendit, déclara lui-même son nom à ceux qui le cherchaient sans le connaître, et, avec un vif chagrin de perdre sa liberté, car l'étendue du péril lui était encore inconnue, il se laissa conduire à Strasbourg, et enfermer dans la citadelle.

Arrestation du duc d'Enghien, le 15 mars.

On n'avait découvert ni les papiers importants qu'on avait espéré se procurer, ni le général Dumouriez qu'on supposait auprès du prince, ni aucune de ces preuves du complot tant alléguées pour motiver l'expédition. Au lieu du général Dumouriez, on

On ne trouve à Ettenheim ni les papiers qu'on cherchait, ni le général Dumouriez.

avait trouvé le marquis de Thumery et quelques autres émigrés de peu d'importance. Le rapport contenant les stériles détails de l'arrestation fut envoyé immédiatement à Paris.

Le résultat de l'expédition aurait dû éclairer le Premier Consul, et ses conseillers, sur la témérité des conjectures qu'on avait formées. L'erreur surtout commise au sujet du général Dumouriez était fort significative. Voici les idées qui s'emparèrent malheureusement du Premier Consul, et de ceux qui pensèrent comme lui en cette circonstance. On tenait l'un de ces princes de Bourbon, auxquels il en coûtait si peu d'ordonner des complots, et qui rencontraient des imprudents et des fous toujours prompts à se compromettre à leur suite. Il en fallait faire un exemple terrible, ou s'exposer à provoquer un rire de mépris de la part des royalistes, en relâchant le prince après l'avoir enlevé. Ils ne manqueraient pas de dire qu'après s'être rendu coupable d'une étourderie en l'envoyant prendre à Ettenheim, on avait eu peur de l'opinion publique, peur de l'Europe; qu'en un mot, on avait eu la volonté du crime, mais qu'on n'en avait pas eu le courage. Au lieu de les faire rire, il valait mieux les faire trembler. Ce prince, après tout, était à Ettenheim, si près de la frontière, dans des circonstances pareilles, pour quelque motif apparemment. Était-il possible qu'averti comme il l'avait été (et des lettres trouvées chez lui le prouvaient), était-il possible qu'il restât si près du danger, sans aucun but? qu'il ne fût pas complice à quelque degré, du projet d'assassinat? Dans tous les cas, il était certainement à Ettenheim, pour seconder un mouvement d'émigrés dans l'intérieur, pour exciter à la guerre civile, pour porter encore une fois les armes contre la France. Ces actes, les uns ou les autres, étaient punis de peines sévères par les lois de tous les temps : il fallait les lui appliquer.

Tels furent les raisonnements que le Premier Consul se fit à lui-même, et qu'on lui répéta plus d'une fois. Il n'y eut plus de conseil comme celui que nous avons rapporté; il y eut des entretiens fréquents, entre le Premier Consul, et ceux qui flattaient sa passion. Il ne sortait pas de cette funeste idée : les royalistes sont incorrigibles; il faut les terrifier. On ordonna donc la translation du prince à Paris, et sa comparution devant une commission militaire, pour avoir cherché à exciter la guerre civile, et porté les armes contre la France. La question ainsi posée était résolue d'avance, d'une manière sanglante. Le 18 mars le prince fut extrait de la citadelle de Strasbourg, et conduit sous escorte à Paris.

Au moment où ce terrible sacrifice approchait, le Premier Consul voulut être seul.

Il partit le 18 mars, dimanche des Rameaux, pour la Malmaison, retraite où il était plus assuré de trouver l'isolement et le repos. Excepté les Consuls, les ministres et ses frères, il n'y reçut personne. Il s'y promenait seul des heures entières, affectant sur son visage un calme qui n'était pas dans son cœur. La preuve de ses agitations est dans son oisiveté même, car il ne dicta presque pas une lettre, pendant les huit jours de son séjour à la Malmaison, exemple d'oisiveté unique dans sa vie : et cependant Brest, Boulogne, le Texel, occupaient, quelques jours avant, toute l'activité de sa pensée! Sa femme, qui était instruite, comme toute sa famille, de l'arrestation du prince, sa femme, qui, avec cette sympathie dont elle ne pouvait se défendre pour les Bourbons, avait horreur de l'effusion du sang royal, qui, avec cette prévoyance du cœur propre aux femmes, apercevait peut-être dans un acte cruel des retours de vengeance possibles contre son époux, contre ses enfants, contre elle-même, sa femme fondant en larmes lui parla plusieurs fois du prince, ne croyant pas encore, mais craignant que sa perte ne fût résolue. Le Premier Consul, qui mettait une sorte d'orgueil à comprimer les mouvements de son cœur, généreux et bon, quoi qu'en aient dit ceux qui ne l'ont pas connu, le Premier Consul repoussait ces larmes, dont il craignait l'effet sur lui-même. Il répondait à madame Bonaparte, avec une familiarité qu'il cherchait à rendre dure : Tu es une femme, tu n'entends rien à ma politique; ton rôle est de te taire. —

Le malheureux prince partit le 18 mars de Strasbourg, arriva le 20 à Paris, vers midi. Il fut retenu jusqu'à cinq heures à la barrière de Charenton, gardé dans sa voiture par l'escorte qui l'accompagnait[1]. Il y

---

[1] Il vient de paraître un écrit excellent, sur la catastrophe du duc d'Enghien, par M. Nougarède de Fayet. Les recherches consciencieuses et pleines de sagacité qui distinguent ce morceau d'histoire spéciale, doivent lui mériter la plus grande confiance. M. Nougarède de Fayet

avait en cette fatale occurrence quelque confusion dans les ordres, parce qu'il y avait quelque agitation dans ceux qui les donnaient.

Mars 1804.

D'après les lois militaires, le commandant de la division devait former la commission, la réunir, et ordonner l'exécution de la sentence. Murat était commandant de Paris et de la division. Quand l'arrêté des Consuls lui parvint, il fut saisi de douleur. Murat, comme nous l'avons dit, était brave, quelquefois irréfléchi, mais parfaitement bon. Il avait applaudi, quelques jours auparavant, à la vigueur du gouvernement, quand on avait ordonné l'expédition d'Ettenheim ; mais, chargé maintenant d'en poursuivre les cruelles conséquences, son excellent cœur faillit. Il dit avec désespoir à un de ses amis, en montrant les basques de son uniforme, que le Premier Consul y voulait imprimer une tache de sang. Il courut à Saint-Cloud, exprimer à son redoutable beau-frère les sentiments dont il était pénétré. Le Premier Consul, qui lui-même était plus enclin à les partager qu'il n'aurait voulu, cacha sous un visage de fer l'agitation dont il était secrètement atteint. Il craignait que son gouvernement ne parût faiblir devant le rejeton d'une race ennemie. Il adressa de dures paroles à Murat, lui reprocha sa faiblesse, qu'il qualifia en termes méprisants, et finit par lui dire, avec hauteur, qu'il couvrirait ce qu'il appelait sa lâcheté, en signant lui-même de sa main

Douleur et résistance de Murat.

dit que le prince fut conduit à la porte du ministère des affaires étrangères. Il est possible que ce fait soit exact, mais n'ayant pu le constater d'une manière certaine, j'ai admis la tradition la plus générale.

consulaire les ordres à donner dans la journée.

Le Premier Consul avait rappelé le colonel Savary de cette falaise de Biville, où l'on avait vainement attendu les princes mêlés au complot, et il lui confia le soin de veiller au sacrifice du prince qui n'y avait aucune part. Le colonel Savary était prêt à donner au Premier Consul sa vie, son honneur. Il ne conseillait rien, il exécutait en soldat ce que lui commandait un maître, auquel il portait un attachement sans bornes. Le Premier Consul fit rédiger tous les ordres, les signa lui-même, puis enjoignit à Savary de les porter à Murat, et d'aller à Vincennes pour présider à leur exécution. Ces ordres étaient complets et positifs. Ils contenaient la composition de la Commission, la désignation des colonels de la garnison qui devaient en être membres, l'indication du général Hullin comme président, l'injonction de se réunir immédiatement, pour tout finir dans la nuit; et si, comme on ne pouvait en douter, la condamnation était une condamnation à mort, de faire exécuter le prisonnier sur-le-champ. Un détachement de la gendarmerie d'élite et de la garnison devait se rendre à Vincennes, pour garder le tribunal, et procéder à l'exécution de la sentence. Tels étaient ces ordres funestes, signés de la propre main du Premier Consul. Légalement, ils devaient être exécutés au nom de Murat; en réalité il n'y prit presque aucune part. Le colonel Savary, comme il en avait reçu la mission, se rendit à Vincennes, pour veiller à leur accomplissement.

Cependant tout n'était pas irrévocable dans ces

ordres; il restait un moyen encore de sauver le prince infortuné. M. Réal devait se transporter à Vincennes, pour l'interroger longuement, et lui arracher ce qu'il savait sur le complot, dont toujours on le croyait complice, sans pouvoir en alléguer la preuve. M. Maret avait lui-même, dans la soirée, déposé chez le conseiller d'État Réal l'injonction écrite de se rendre à Vincennes pour faire cet interrogatoire. Si M. Réal voyait le prisonnier, entendait de sa bouche la véridique explication des faits, se sentait touché par sa franchise, par ses demandes instantes d'être conduit devant le Premier Consul, M. Réal pouvait communiquer ses impressions à celui qui tenait la vie du prince en ses puissantes mains. Il y avait donc encore, même après la condamnation, un moyen de sortir de l'affreuse voie dans laquelle on s'était engagé, en faisant au duc d'Enghien une grâce noblement demandée, et noblement accordée!

C'était la dernière chance qui restât pour sauver la vie du jeune prince et pour épargner une grande faute au Premier Consul. Ce dernier y pensait dans ce moment, même après les ordres qu'il venait de donner. En effet, pendant cette triste soirée du 20 mars, il était enfermé à la Malmaison avec sa femme, son secrétaire, quelques dames et quelques officiers. Seul, distrait, affectant le calme, il avait fini par s'asseoir devant une table, et il jouait aux échecs avec l'une des dames les plus distinguées de la cour consulaire[1], laquelle, sachant que le

---

[1] Cette dame est madame de Rémusat, et elle a consigné ce récit

prince était arrivé, tremblait d'épouvante en pensant aux conséquences possibles de cette fatale journée. Elle n'osait lever les yeux sur le Premier Consul, qui, dans sa distraction, murmura plusieurs fois les vers les plus connus de nos poètes sur la clémence, d'abord ceux que Corneille a mis dans la bouche d'Auguste, et puis ceux que Voltaire a mis dans la bouche d'Alzire.

Ce ne pouvait être là une sanglante ironie; elle eût été trop basse et trop inutile. Mais cet homme si ferme était agité, et il revenait parfois à considérer en lui-même la grandeur, la noblesse du pardon accordé à un ennemi vaincu et désarmé. Cette dame crut le prince sauvé; elle en fut remplie de joie. Malheureusement il n'en était rien.

La commission s'était réunie à la hâte, ses membres ignorant pour la plupart de quel accusé il s'agissait. On leur dit que c'était un émigré poursuivi pour avoir attenté aux lois de la République. On leur apprit son nom. Quelques-uns de ces soldats de la République, enfants quand la monarchie avait croulé, savaient à peine que le nom d'Enghien était porté par l'héritier présomptif des Condés. Leur cœur cependant souffrait d'une telle mission, car depuis plusieurs années on ne condamnait plus d'émigrés. Le prince fut amené devant eux. Il était calme, même fier, et doutait encore du sort qui l'attendait. Interrogé sur son nom, sur ses actes, il répondit avec fermeté, repoussa toute participation au complot

dans ses Mémoires, restés manuscrits jusqu'à ce jour, et aussi intéressants que spirituellement écrits.

actuellement poursuivi par la justice, mais avoua peut-être avec trop d'ostentation, qu'il avait servi contre la France, et qu'il était sur les bords du Rhin pour servir de nouveau, et de la même manière. Le président insistant sur ce point avec l'intention de lui révéler le danger d'une telle déclaration, faite en de tels termes, il répéta ce qu'il avait dit, avec une assurance que le danger ennoblissait, mais qui blessa ces vieux soldats, habitués à verser leur sang pour défendre le sol de leur patrie. Cette impression fut fâcheuse. Le prince demanda plusieurs fois, et avec force, à voir le Premier Consul. On le ramena dans le donjon, et on entra en délibération. Bien que ses déclarations répétées eussent révélé en lui un implacable ennemi de la Révolution, ces cœurs de soldats étaient touchés par la jeunesse, par le courage du prince. La question posée comme elle l'était, ne pouvait amener qu'une solution funeste. Les lois de la République et de tous les temps punissaient de peines capitales le fait de servir contre la France. Cependant il y avait bien des lois violées contre le prince, comme de l'avoir enlevé sur le sol étranger, comme de le priver d'un défenseur, et c'étaient des considérations qui auraient dû agir sur la détermination des juges. Dans la confusion où ils étaient plongés, ces malheureux juges, affligés de leur rôle plus qu'on ne peut dire, prononcèrent la mort. Cependant la plupart d'entre eux exprimèrent le désir de renvoyer la sentence à la clémence du Premier Consul, et surtout de lui présenter le prince, qui demandait à le voir.

Mars 1804.

Arrêt de la commission militaire, et son exécution.

Mais les ordres du matin, qui portaient de tout finir dans la nuit, étaient précis. M. Réal seul pouvait, en arrivant, en interrogeant le prince, obtenir un sursis. M. Réal ne parut point. La nuit s'était écoulée, le jour approchait. On conduisit le prince dans un fossé du château, et là il reçut, avec une fermeté digne de sa naissance, le feu des soldats de la République, qu'il avait combattus tant de fois du milieu des rangs autrichiens. Tristes représailles de la guerre civile! Il fut enseveli sur la place même où il était tombé.

Le colonel Savary partit immédiatement, pour rendre compte au Premier Consul de l'exécution de ses ordres.

En route, il rencontra M. Réal, qui venait interroger le prisonnier. Ce conseiller d'État, exténué de fatigue par un travail de plusieurs jours et de plusieurs nuits, avait défendu à ses domestiques de l'éveiller. L'ordre du Premier Consul ne lui avait été remis qu'à cinq heures du matin. Il arrivait, mais trop tard. Ce n'était pas une machination ourdie, comme on l'a dit, pour surprendre un crime au Premier Consul; point du tout. C'était un accident, un pur accident, qui avait ôté au prince infortuné la seule chance de sauver sa vie, et au Premier Consul une heureuse occasion de sauver une tache à sa gloire. Déplorable conséquence de la violation des formes ordinaires de la justice! Quand on viole ces formes sacrées, inventées par l'expérience des siècles, pour garder la vie des hommes de l'erreur des juges, on est à la merci d'un hasard, d'une légèreté! La vie des accusés, l'honneur des gouvernements, dépendent quelquefois de la rencontre la plus fortuite! Sans doute la résolution du Premier Consul était prise, mais il était agité; et si le cri du malheureux Condé demandant la vie, fût arrivé jusqu'à lui, ce cri ne l'aurait pas trouvé insensible; il eût cédé à son cœur, il aurait été glorieux d'y céder.

Le colonel Savary arriva fort ému à la Malmaison. Sa présence provoqua une scène de douleur. Madame Bonaparte, en le voyant, devina que tout était fini, et se mit à verser des larmes. M. de Caulaincourt poussait des cris de désespoir, en disant qu'on avait voulu le déshonorer. Le colonel Savary pénétra dans le cabinet du Premier Consul, qui était seul avec M. de Meneval. Il lui rendit compte de ce qui avait été fait à Vincennes. Le Premier Consul lui dit tout de suite : Réal a-t-il vu le prisonnier? — Le colonel avait à peine achevé sa réponse négative, que M. Réal parut, et s'excusa en tremblant de l'inexécution des ordres qu'il avait reçus. Sans exprimer ni approbation ni blâme, le Premier Consul congédia ces instruments de ses volontés, s'enferma dans une pièce de sa bibliothèque, et y demeura seul pendant plusieurs heures.

Le soir, quelques personnes de sa famille dînaient à la Malmaison. Les visages étaient graves et tristes. On n'osait point parler, on ne parla point. Le Premier Consul était silencieux comme tout le monde. Ce silence finit par être embarrassant. En sortant de table, il le rompit lui-même. M. de Fontanes étant arrivé dans le moment, devint le seul interlocuteur du Premier Consul. Il était épouvanté de l'acte dont le bruit remplissait Paris, mais il ne se serait pas permis d'en dire son sentiment, dans le lieu où il se trouvait. Il écouta beaucoup, et répondit rarement. Le Premier Consul parlant presque toujours, et cherchant à remplir le vide laissé par le silence des assistants, discourut sur les princes de tous les temps, sur les empereurs romains, sur les rois de France, sur Tacite, sur les jugements de cet historien, sur les cruautés qu'on prête souvent aux chefs d'empire quand ils n'ont cédé qu'à des nécessités inévitables; enfin, arrivant par de longs détours au tragique sujet de la journée, il prononça ces paroles : On veut détruire la Révolution en s'attaquant à ma personne : je la défendrai, car je suis la Révolution, moi, moi... On y regardera à partir d'aujourd'hui, car on saura *de quoi nous sommes capables.* —

Il est affligeant pour l'honneur de l'humanité d'être obligé de dire, que la terreur inspirée par le Premier Consul agit efficacement sur les princes de Bourbon et sur les émigrés. Ils ne se crurent plus en sûreté, en voyant que le sol germanique n'avait pas même couvert le malheureux duc d'Enghien; et, à partir de ce jour, les complots de ce genre cessèrent. Mais cette triste utilité ne saurait justifier de tels actes ! Mieux valait un danger de plus pour la personne du Premier Consul, si souvent exposée sur les champs de bataille, que la sécurité acquise à un tel prix.

Le bruit se répandit bientôt dans Paris qu'un prince avait été saisi, transféré à Vincennes, et fusillé. L'effet fut grand et déplorable. Depuis l'arrestation de Pichegru et de Georges, le Premier Consul était devenu l'objet de toutes les sollicitudes. On était indigné contre tous ceux qui s'étaient associés à des chouans pour menacer sa vie; on était fort sévère pour Moreau, dont la culpabilité moins démontrée commençait cependant à devenir vraisemblable; on faisait des vœux ardents pour l'homme qui ne cessait pas d'être, aux yeux de tous, le génie tutélaire de la France. La sanglante exécution de Vincennes opéra une réaction subite. Les royalistes furent prodigieusement irrités et plus effrayés encore; mais les gens honnêtes furent désolés de voir un gouvernement admirable jusque-là, tremper les mains dans le sang, et en un jour se mettre au niveau de ceux qui avaient fait mourir Louis XVI, et, il faut le reconnaître, sans l'excuse des passions révolutionnaires, qui en 1793 avaient troublé les têtes les plus fermes et les cœurs les meilleurs.

Il n'y avait de satisfaits que les révolutionnaires ardents, ceux dont le Premier Consul était venu terminer le règne insensé. Ils le trouvaient en un jour devenu presque leur égal. Aucun d'eux ne craignait plus que le général Bonaparte travaillât désormais pour les Bourbons.

Singulière misère de l'esprit humain! Cet homme extraordinaire, d'un esprit si grand, si juste, d'un cœur si généreux, était naguère encore plein de sévérité pour les révolutionnaires, et pour leurs excès! Il jugeait leurs égarements sans aucune indulgence, quelquefois même sans aucune justice. Il leur reprochait amèrement d'avoir versé le sang de Louis XVI, déshonoré la Révolution, rendu la France inconciliable avec l'Europe! Il jugeait ainsi dans le calme de sa raison : et tout à coup, quand ses passions avaient été excitées, il avait égalé, en un instant, l'acte commis sur la personne de Louis XVI, qu'il reprochait si amèrement à ses devanciers, et s'était placé à l'égard de l'Europe dans un état d'opposition morale, qui rendit bientôt la guerre générale inévitable, et l'obligea d'aller chercher la paix, paix magnifique il est vrai, aux extrémités de l'Europe, à Tilsitt!

Combien de tels spectacles sont propres à confondre l'orgueil de la raison humaine, et à enseigner que le plus transcendant génie ne sauve pas des fautes les plus vulgaires, quand on abandonne aux passions, même pour un seul instant, le gouvernement de soi-même!

Mais, pour être tout à fait justes, après avoir déploré ce funeste égarement des passions, remontons à ceux qui le provoquèrent. Quels furent-ils? Toujours ces mêmes émigrés, qui, après avoir irrité la Révolution innocente encore, quittèrent leur patrie, pour chercher en tous lieux des ennemis à la France. Cette Révolution, revenue de ses égarements, et conduite par un grand homme, se montrait maintenant sage, humaine et pacifique. Ces émigrés, elle les avait rappelés, réintégrés dans leur patrie, dans leurs biens, et se préparait à leur rendre tout l'éclat de leur ancienne situation. Comment répondaient-ils à tant de clémence? Étaient-ils reconnaissants, paisibles au moins? Non. Ils étaient allés chez une nation voisine, jalouse de notre grandeur, et ils s'étaient servis des libertés de cette nation pour les tourner contre la France. A force d'indignes pamphlets, ils avaient irrité l'orgueil de deux peuples trop faciles à exciter; et, après avoir contribué à leur remettre les armes à la main, ils ne s'étaient pas bornés à être les soldats du gouvernement britannique, ils lui avaient prêté le secours des complots. On avait tramé une indigne conspiration; on avait coloré de sophismes misérables un projet d'assassinat; on avait envoyé en France Georges et Pichegru. S'il y avait un cœur que la gloire du Premier Consul eût blessé, c'est à lui qu'on avait eu recours. On avait égaré, perverti le faible Moreau; on l'avait trompé, on s'était fait tromper par lui; et puis, quand, à force d'imprudences, on avait été découvert par l'œil vigilant de l'homme qu'on voulait détruire, on s'était dénoncé les uns les autres; et l'on avait cru se justifier, se relever en disant bien haut qu'un prince français devait être à la tête de ces horribles exploits! Le grand homme contre lequel étaient dirigés de si odieux complots, révolté d'être en butte aux meurtrières attaques de ceux qu'il avait arrachés à la persécution, avait cédé à une colère funeste. Il avait attendu au pied d'un rocher ce prince dont on lui annonçait l'arrivée; il l'avait attendu vainement, et, la tête troublée par les déclarations des conjurés eux-mêmes, il avait aperçu, en effet, un prince sur les bords du Rhin, qui attendait là le renouvellement de la guerre civile. A cette vue, sa raison s'était égarée; il avait pris ce prince pour le chef des conspirateurs qui menaçaient sa vie ; il avait mis une sorte d'orgueil à le saisir sur le sol germanique, à frapper un Bourbon comme un individu vulgaire, et il l'avait frappé pour apprendre aux émigrés et à l'Europe combien il était dangereux et insensé de s'attaquer à sa personne.

Douloureux spectacle, où tout le monde était en faute, même les victimes ; où l'on voyait des Français se faire les instruments de la grandeur britannique contre la grandeur française ; des Bourbons, fils, frères de rois, destinés à être rois à leur tour, se mêler à des coureurs de grandes routes ; le dernier des Condés payer de son sang des complots dont il n'était pas l'auteur, et ce Condé, qu'on voudrait trouver irréprochable parce qu'il fut victime, se rendre coupable aussi, en se plaçant encore cette fois sous le drapeau britannique contre le drapeau français ; enfin un grand homme égaré par la colère, par l'instinct de la conservation, par l'orgueil, perdre en un instant cette sagesse que l'univers admirait, et descendre au rôle de ces révolutionnaires sanglants, qu'il était venu comprimer de ses mains triomphantes, et qu'il se faisait gloire de ne pas imiter ! Fatal enchaînement des passions humaines ! Celui qui est frappé veut frapper à son tour ; chaque coup reçu est rendu à l'instant ; le sang appelle le sang, et les révolutions deviennent ainsi une suite de sanglantes représailles, qui seraient éternelles, s'il n'arrivait enfin un jour, un jour où l'on s'arrête, où l'on renonce à rendre coup pour coup, où l'on substitue à cette chaîne de vengeances une justice calme, impartiale et humaine, où l'on place au-dessus même de cette justice, s'il peut y avoir quelque chose de supérieur à elle, une politique élevée et clairvoyante, qui, entre les arrêts des tribunaux, ne laisse exécuter que les plus nécessaires, faisant grâce des autres aux cœurs égarés, susceptibles de retour et de raison. Défendre l'ordre social, en se conformant aux règles strictes de la justice, et sans rien donner à la vengeance, telle est la leçon qu'il faut tirer de ces tragiques événements. Il en faut tirer encore une autre, c'est de juger avec indulgence les hommes de tous les partis, qui, placés avant nous dans la carrière des révolutions, nourris au milieu des troubles corrupteurs des guerres civiles, sans cesse excités par la vue du sang, n'avaient pas pour la vie les uns des autres le respect que nous ont heureusement inspiré le temps, la réflexion et une longue paix.

FIN DU LIVRE DIX-HUITIÈME ET DU TOME QUATRIÈME.

TABLE DES MATIÈRES

CONTENUES

DANS LE TOME QUATRIÈME.

LIVRE QUINZIÈME.

LES SÉCULARISATIONS.

Félicitations adressées au Premier Consul par tous les cabinets, à l'occasion du Consulat à vie. — Premiers effets de la paix en Angleterre. — L'industrie britannique demande un traité de commerce avec la France. — Difficulté de mettre d'accord les intérêts mercantiles des deux pays. — Pamphlets écrits à Londres par les émigrés contre le Premier Consul. — Rétablissement des bons rapports avec l'Espagne. — Vacance du duché de Parme, et désir de la cour de Madrid d'ajouter ce duché au royaume d'Étrurie. — Nécessité d'ajourner toute résolution à ce sujet. — Réunion définitive du Piémont à la France. — Politique actuelle du Premier Consul à l'égard de l'Italie. — Excellents rapports avec le Saint-Siége. — Contestation momentanée à l'occasion d'une promotion de cardinaux français. — Le Premier Consul en obtient cinq à la fois. — Il fait don au Pape de deux bricks de guerre, appelés *le Saint-Pierre* et *le Saint-Paul*. — Querelle promptement terminée avec le dey d'Alger. — Troubles en Suisse. — Description de ce pays et de sa Constitution. — Le parti unitaire et le parti oligarchique. — Voyage à Paris du landamman Reding. — Ses promesses au Premier Consul, bientôt démenties par l'événement. — Expulsion du landamman Reding, et retour au pouvoir du parti modéré. — Établissement de la Constitution du 29 mai, et danger de nouveaux troubles par suite de la faiblesse du gouvernement helvétique. — Efforts du parti oligarchique pour appeler sur la Suisse l'attention des puissances. — Cette attention exclusivement attirée par les affaires germaniques. — État de l'Allemagne à la suite du traité de Lunéville. — Principe des sécularisations posé par ce traité. — La suppression des États ecclésiastiques entraîne de grands changements dans la Constitution germanique. — Description de cette Constitution. — Le parti protestant et le parti catholique ; la Prusse et l'Autriche ; leurs prétentions diverses. — Étendue et valeur des territoires à distribuer. — L'Autriche s'efforce de faire indemniser les archiducs dépouillés de leurs États d'Italie, et se sert de ce motif pour s'emparer de la Bavière jusqu'à l'Inn et jusqu'à l'Isar. — La Prusse, sous prétexte de se dédommager de ce qu'elle a perdu sur le Rhin, et de faire indemniser la maison d'Orange, aspire à se créer un établissement considérable en Franconie. — Désespoir des petites cours, menacées par l'ambition des grandes. — Tout le monde en Allemagne tourne ses regards vers le Premier Consul. — Il se décide à intervenir, pour faire exécuter le traité de Lunéville, et pour terminer une affaire qui peut à chaque instant embraser l'Europe. — Il opte pour l'alliance de la Prusse, et appuie les prétentions de cette puissance dans une certaine mesure. — Projet d'indemnité arrêté de concert avec la Prusse et les petits princes d'Allemagne. — Ce projet communiqué à la Russie. — Offre à cette cour de concourir avec la France à une grande médiation. — L'empereur Alexandre accepte cette offre. — La France et la Russie présentent à la diète de Ratisbonne, en qualité de puissances médiatrices, le projet d'indemnité arrêté à Paris. — Désespoir de l'Autriche abandonnée de tous les cabinets, et sa résolution d'opposer au projet du Premier Consul les lenteurs de la Constitution germanique. — Le Premier Consul déjoue ce calcul, et fait adopter par la députation extraordinaire le plan proposé, moyennant quelques modifications. — L'Autriche, pour intimider le parti prussien, que la France appuie, fait occuper Passau. — Prompte résolution du Premier Consul, et sa menace de recourir aux armes. — Intimidation générale. — Continuation de la négociation. — Débats à la diète. — Le projet entravé un moment par l'avidité de la Prusse. — Le Premier Consul, pour en finir, fait une concession à la maison d'Autriche, et lui accorde l'évêché d'Aichstedt. — La cour de Vienne se rend, et adopte le conclusum de la diète. — Recès de février 1803, et règlement définitif des affaires germaniques. — Caractère de cette belle et difficile négociation.

1 à 161

LIVRE SEIZIÈME.

RUPTURE DE LA PAIX D'AMIENS.

Efforts du Premier Consul pour rétablir la grandeur coloniale de la France. — Esprit de l'ancien commerce. — Ambition de toutes les puissances de posséder des colonies. — L'Amérique, les Antilles et les Indes orientales. — Mission du général Decaen dans l'Inde. — Efforts pour recouvrer Saint-Domingue. — Description de cette île. — Révolution des noirs. — Caractère, puissance, politique de Toussaint Louverture. — Il aspire à se rendre indépendant. — Le Premier Consul fait partir une expédition pour assurer l'autorité de la métropole. — Débarquement des troupes françaises à Santo-Domingo, au Cap et au Port-au-Prince. — Incendie du Cap. — Soumission des noirs. — Prospérité momentanée de la colonie. — Application du Premier Consul à restaurer la marine. — Mission du colonel Sébastiani en Orient. — Soins donnés à la prospérité intérieure. — Le Simplon, le mont Genèvre, la place d'Alexandrie. — Camp de vétérans dans les provinces conquises. — Villes nouvelles fondées en Vendée. — La Rochelle et Cherbourg. — Le Code civil, l'Institut, l'administration du clergé. — Voyage en Normandie. — La jalousie de l'Angleterre excitée par la grandeur de la France. — Le haut commerce anglais plus hostile à la France que l'aristocratie anglaise. — Déchaînement des gazettes écrites par les émigrés. — Pensions accordées à Georges et aux chouans. — Réclamations du Premier Consul. — Faux-fuyants du cabinet britannique. — Articles de représailles insérés au *Moniteur*. — Continuation de l'affaire suisse. — Les petits cantons s'insurgent sous la conduite du landamman Reding, et marchent sur Berne. — Le gouvernement des modérés obligé de fuir à Lausanne. — Demande d'intervention refusée d'abord, puis accordée par le Premier Consul. — Il fait marcher le général Ney avec trente mille hommes, et appelle à Paris des députés choisis dans tous les partis, pour donner une constitution à la Suisse. — Agitation en Angleterre; cris du parti de la guerre contre l'intervention française. — Le cabinet anglais, effrayé par ces cris, commet la faute de contremander l'évacuation de Malte, et d'envoyer un agent en Suisse pour soudoyer l'insurrection. — Promptitude de l'intervention française. — Le général Ney soumet l'Helvétie en quelques jours. — Les députés suisses réunis à Paris sont présentés au Premier Consul. — Discours qu'il leur adresse. — Acte de médiation. — Admiration de l'Europe pour la sagesse de cet acte. — Le cabinet anglais est embarrassé de la promptitude et de l'excellence du résultat. — Vive discussion dans le Parlement britannique. — Violences du parti Grenville, Windham, etc. — Nobles paroles de M. Fox en faveur de la paix. — L'opinion publique un moment calmée. — Arrivée de lord Withworth à Paris, du général Andréossy à Londres. — Bon accueil fait de part et d'autre aux deux ambassadeurs. — Le cabinet britannique, regrettant d'avoir retenu Malte, voudrait l'évacuer, mais ne l'ose pas. — Publication intempestive du rapport du colonel Sébastiani sur l'état de l'Orient. — Fâcheux effet de ce rapport en Angleterre. — Le Premier Consul veut avoir une explication personnelle avec lord Withworth. — Long et mémorable entretien. — La franchise du Premier Consul mal comprise et mal interprétée. — Exposé de l'état de la République, contenant une phrase blessante pour l'orgueil britannique. — Message royal en réponse. — Les deux nations s'adressent une sorte de défi. — Irritation du Premier Consul, et scène publique faite à lord Withworth, en présence du corps diplomatique.

— Le Premier Consul passe subitement des idées de paix aux idées de guerre. — Ses premiers préparatifs. — Cession de la Louisiane aux États-Unis, moyennant quatre-vingts millions.—M. de Talleyrand s'efforce de calmer le Premier Consul, et oppose une inertie calculée à l'irritation croissante des deux gouvernements. — Lord Withworth le seconde. — Prolongation de cette situation. — Nécessité d'en sortir. — Le cabinet britannique finit par avouer qu'il veut garder Malte. — Le Premier Consul répond par la sommation d'exécuter les traités. — Le ministère Addington, de peur de succomber dans le Parlement, persiste à demander Malte. — On imagine plusieurs termes moyens qui n'ont aucun succès. — Offre de la France de mettre Malte en dépôt dans les mains de l'empereur Alexandre. — Refus de cette offre. — Départ des deux ambassadeurs. — Rupture de la paix d'Amiens. — Anxiété publique tant à Londres qu'à Paris. — Causes de la brièveté de cette paix. — A qui appartiennent les torts de la rupture ?
162 à 343

LIVRE DIX-SEPTIÈME.

CAMP DE BOULOGNE.

Message du Premier Consul aux grands corps de l'État, et réponse à ce message. — Paroles de M. de Fontanes. — Violences de la marine anglaise à l'égard du commerce français. — Représailles. — Les communes et les départements, par un mouvement spontané, offrent au gouvernement des bateaux plats, des frégates, des vaisseaux de ligne. — Enthousiasme général. — Ralliement de la marine française dans les mers d'Europe. — État dans lequel la guerre place les colonies. — Suite de l'expédition de Saint-Domingue. — Invasion de la fièvre jaune.—Destruction de l'armée française.—Mort du capitaine général Leclerc. — Insurrection des noirs. — Ruine définitive de la colonie de Saint-Domingue.—Retour des escadres.—Caractère de la guerre entre la France et l'Angleterre. — Forces comparées des deux pays. — Le Premier Consul se résout hardiment à tenter une descente.— Il la prépare avec une activité extraordinaire. — Constructions dans les ports et dans le bassin intérieur des rivières. — Formation de six corps de troupes, depuis le Texel jusqu'à Bayonne. — Moyens financiers.— Le Premier Consul ne veut pas recourir à l'emprunt.—Vente de la Louisiane. — Subsides des alliés. — Concours de la Hollande, de l'Italie et de l'Espagne. —Incapacité de l'Espagne. — Le Premier Consul la dispense de l'exécution du traité de Saint-Ildephonse, à condition d'un subside. — Occupation d'Otrante et du Hanovre. — Manière de penser de toutes les puissances, au sujet de la nouvelle guerre. — L'Autriche, la Prusse, la Russie. — Leurs anxiétés et leurs vues. — La Russie prétend limiter les moyens des puissances belligérantes. — Elle offre sa médiation, que le Premier Consul accepte avec un empressement calculé. — L'Angleterre répond froidement aux offres de la Russie. — Pendant ces pourparlers, le Premier Consul part pour un voyage sur les côtes de France, afin de presser les préparatifs de sa grande expédition. — Madame Bonaparte l'accompagne. — Le travail le plus actif mêlé à des pompes royales. — Amiens, Abbeville, Boulogne. — Moyens imaginés par le Premier Consul, pour transporter une armée de Calais à Douvres. — Trois espèces de bâtiments. — Leurs qualités et leurs défauts. — Flottille de guerre et flottille de transport. — Immense établissement maritime élevé à Boulogne par enchantement. — Projet de concentrer deux mille bâtiments à Boulogne, quand les constructions auront été achevées dans les ports et les rivières. — Préférence donnée à Boulogne sur Dunkerque et Calais. — Le détroit, ses vents et ses courants. — Creusement des ports de Boulogne, Étaples, Wimereux et Ambleteuse. — Ouvrages destinés à protéger le mouillage. — Distribution des troupes le long de la mer. — Leurs travaux et leurs exercices militaires. — Le Premier Consul, après avoir tout vu et tout réglé, quitte Boulogne, pour visiter Calais, Dunkerque, Ostende, Anvers. — Projets sur Anvers. — Séjour à Bruxelles. — Concours dans cette ville des ministres, des ambassadeurs, des évêques. — Le cardinal Caprara en Belgique. — Voyage à Bruxelles de M. Lombard, secrétaire du roi de Prusse. — Le Premier Consul cherche à rassurer le roi Frédéric-Guillaume par de franches communications. — Retour à Paris. — Le Premier Consul veut en finir de la médiation de la Russie, et annonce une guerre à outrance contre l'Angleterre. — Il veut enfin obliger l'Espagne à s'expliquer, et à exécuter le traité de Saint-Ildephonse, en lui laissant le choix des moyens. — Conduite étrange du prince de la Paix. — Le Premier Consul fait une démarche auprès du roi d'Espagne, pour lui dénoncer ce favori et ses turpitudes. — Triste abaissement de la cour d'Espagne. — Elle se soumet, et promet un subside. — Continuation des préparatifs de Boulogne. — Le Premier Consul se dispose à exécuter son entreprise dans l'hiver de 1803. — Il se crée un pied-à-terre près de Boulogne, au Pont-de-Briques, et y fait des apparitions fréquentes. — Réunion dans la Manche de toutes les divisions de la flottille. — Brillants combats des chaloupes canonnières contre des bricks et des frégates. — Confiance acquise dans l'expédition. — Intime union des matelots et des soldats. — Espérance d'une exécution prochaine. — Événements imprévus qui rappellent un moment l'attention du Premier Consul sur les affaires intérieures. 344 à 499

LIVRE DIX-HUITIÈME.

CONSPIRATION DE GEORGES.

Craintes de l'Angleterre à la vue des préparatifs qui se font à Boulogne. — Ce que la guerre est ordinairement pour elle. — Opinion qu'on se fait d'abord à Londres des projets du Premier Consul; terreur qu'on finit par en concevoir. — Moyens imaginés pour résister aux Français. — Discussion de ces moyens au Parlement. — Rentrée de M. Pitt à la Chambre des Communes. — Son attitude, et celle de ses amis. — Force militaire des Anglais. — M. Windham demande l'établissement d'une armée régulière, à l'imitation de l'armée française. — On se borne à la création d'une armée de réserve, et à une levée de volontaires. — Précautions prises pour la garde du littoral. — Le cabinet britannique revient aux moyens anciennement pratiqués par M. Pitt, et seconde les complots des émigrés. — Intrigues des agents diplomatiques anglais, MM. Drake, Smith et Taylor. — Les princes réfugiés à Londres se réunissent à Georges et à Pichegru, et entrent dans un complot dont le but est d'assaillir le Premier Consul, avec une troupe de chouans, sur la route de la Malmaison. — Afin de s'assurer l'adhésion de l'armée, dans la supposition du succès, on s'adresse au général Moreau, chef des mécontents. — Intrigues du nommé Lajolais. — Folles espérances conçues sur quelques propos du général Moreau. — Premier départ d'une troupe de chouans conduits par Georges. — Leur débarquement à la falaise de Biville; leur route à travers la Normandie. — Georges, caché dans Paris, prépare des moyens d'exécution. — Second débarquement, composé de Pichegru et de plusieurs émigrés de haut rang. — Pichegru s'abouche avec Moreau. — Il le trouve irrité contre le Premier Consul, souhaitant sa chute et sa mort, mais nullement disposé à seconder le retour des Bourbons. — Désappointement des conjurés. — Leur découragement, et la perte de temps que ce découragement entraîne. — Le Premier Consul, que la police servait mal depuis la retraite de M. Fouché, découvre le danger dont il est menacé. — Il fait livrer à une commission militaire quelques chouans récemment arrêtés, pour les contraindre à dire ce qu'ils savent. — Il se procure ainsi un révélateur. — Le complot dénoncé tout entier. — Surprise en apprenant que Georges et Pichegru sont dans Paris, que Moreau est leur complice. — Conseil extraordinaire, et résolution d'arrêter Moreau. — Dispositions du Premier Consul. — Il est plein d'indulgence pour les républicains, et de colère contre les royalistes. — Sa résolution de frapper ceux-ci d'une manière impitoyable. — Il charge le grand-juge de lui amener Moreau, pour tout terminer dans une explication personnelle et amicale. — L'attitude de Moreau devant le grand-juge fait avorter cette bonne résolution. — Les conjurés arrêtés déclarent tous qu'un prince français devait être à leur tête, et qu'il avait le projet d'entrer en France par la falaise de Biville. — Résolution du Premier Consul de s'en saisir, et de le livrer à une commission militaire. — Le colonel Savary envoyé à la falaise de Biville, pour attendre le prince, et l'arrêter. — Loi terrible, qui punit de mort quiconque donnera asile aux conjurés. — Paris fermé pendant plusieurs jours. — Arrestation successive de Pichegru, de MM. de Polignac, de M. de Rivière, et de Georges lui-même. — Déclaration de Georges. — Il est venu pour attaquer le Premier Consul de vive force. — Nouvelle affirmation qu'un prince devait être à la tête des conjurés. — Irritation croissante du Premier Consul. — Inutile attente du colonel Savary à la falaise de Biville. — On est conduit à rechercher où se trouvent les princes de la maison de Bourbon. — On songe au duc d'Enghien, qui était à Ettenheim, sur les bords du Rhin. — Un sous-officier de gendarmerie est envoyé pour prendre des renseignements. — Rapport erroné de ce sous-officier, et fatale coïncidence de son rapport avec une nouvelle déposition d'un domestique de Georges. — Erreur, et aveugle colère du Premier Consul. — Conseil extraordinaire, à la suite duquel l'enlèvement du prince est résolu. — Son enlèvement et sa translation à Paris. — Une partie de l'erreur est découverte, mais trop tard. — Le prince, envoyé devant une commission militaire, est fusillé dans un fossé du château de Vincennes. — Caractère de ce funeste événement. 500 à 613

FIN DE LA TABLE DU QUATRIÈME VOLUME.

www.ingramcontent.com/pod-product-compliance
Lightning Source LLC
Chambersburg PA
CBHW051320230426
43668CB00010B/1085